Bibliografische Information der Deutschen Nationalbibliothek

Die Deutsche Nationalbibliothek verzeichnet diese Publikation in der
Deutschen Nationalbibliografie; detaillierte bibliografische Daten sind
im Internet über http://dnb.d-nb.de abrufbar.

©Copyright Logos Verlag Berlin GmbH 2009
Alle Rechte vorbehalten.

ISBN 978-3-8325-2359-6

Logos Verlag Berlin GmbH
Comeniushof, Gubener Str. 47,
10243 Berlin
Tel.: +49 (0)30 42 85 10 90
Fax: +49 (0)30 42 85 10 92
INTERNET: http://www.logos-verlag.de

Methode zur Messung und Steigerung der individuellen Akzeptanz von Informationslogistik in Unternehmen

DISSERTATION
der Universität St. Gallen,
Hochschule für Wirtschafts-,
Rechts- und Sozialwissenschaften (HSG),
zur Erlangung der Würde eines
Doktors der Wirtschaftswissenschaften

vorgelegt von
Moritz Andreas Schmaltz
aus
Deutschland

Genehmigt auf Antrag von
Herrn Prof. Dr. Robert Winter
und
Frau Prof. Dr. Andrea Back

Dissertation Nr. 3711
Logos Verlag, Berlin 2009

Die Universität St. Gallen, Hochschule für Wirtschafts-, Rechts- und Sozialwissenschaften (HSG), gestattet hiermit die Drucklegung der vorliegenden Dissertation, ohne damit zu den darin ausgesprochenen Anschauungen Stellung zu nehmen.

St. Gallen, den 19. Oktober 2009

Der Rektor:

Prof. Ernst Mohr, PhD

Vorwort

Diese Dissertation steht am Ende meiner Doktorandenlaufbahn im Competence Center Enterprise Information Warehousing am IWI-HSG. Im Sinne des Forschungsansatzes der St. Galler Wirtschaftsinformatik war das CC bestrebt, nicht nur einen Beitrag zum Stand der Wissenschaft zu leisten, sondern auch der Praxis nützliche Impulse zu geben.

Um ein Dissertationsvorhaben abschliessen zu können, ist der Doktorand auf die Unterstützung zahlreicher Personen angewiesen. Auch mir ist diese Unterstützung grosszügig gewährt worden. Bei allen Unterstützern möchte ich mich daher an dieser Stelle bedanken.

An erster Stelle zu nennen ist mein Doktorvater Prof. Dr. Robert Winter, der mir mit vielfältiger Unterstützung bei der Findung meines Dissertationsthemas, konstruktiver Kritik und wo nötig sanft motivierendem Einwirken bei der Entstehung dieser Dissertation sehr geholfen hat. Zudem hat er an seinem Lehrstuhl Dissertationsbedingungen mit Referenzmodell-Charakter zur Verfügung gestellt, die das Leben und Arbeiten sehr angenehm gemacht haben. Frau Prof. Dr. Andrea Back hat mit grossem Einsatz das Korreferat meiner Dissertation übernommen und ebenfalls sehr bereichernde Beiträge zu ihrem Gelingen beigetragen.

Meinen Projektleitern, Dr. Barbara Dinter und Ulrich Wlk, danke ich für ihren Einsatz für unser Forschungsprojekt, durch den erst die vielfachen, für den Erfolg meines Dissertationsprojekts zentralen Praxiskontakte möglich geworden sind. Darüber hinaus waren sie mir fachlich anregende Diskussionspartner und angenehme Vorgesetzte.

Zu danken ist ausserdem in besonderem Masse über 150 Kolleginnen und Kollegen aus unseren Partnerunternehmen. Nur mit ihrer Hilfe waren der empirische Teil meiner Arbeit zu verwirklichen und der angestrebte Bezug zur Praxis herzustellen. Sie haben durch das Beitragen von Fallstudien, Interviews, Fragebögen und konstruktivem Feedback dieser Dissertation entscheidende Impulse gegeben. Leider verbietet die den Partnerunternehmen zugesicherte Anonymität, diesen wichtigen Helfern hier persönlich zu danken.

Wissenschaft ist ein kollektiver Prozess. Die Unterstützung zahlreicher Kollegen war für das Gelingen meines Vorhabens unerlässlich. Zahlreiche St. Galler Kolleginnen und Kollegen haben diesen Prozess mit konstruktiver Kritik, Ideen zur Lösung diverser kleiner Probleme, Literaturhinweisen, Korrekturlesen und geduldigem Zuhören unterstützt. Ohne diese Unterstützung wäre das Fertigstellen dieser Dissertation unendlich viel mühsamer gewesen. Besonders hervorzuheben sind in diesem Zusammenhang die sonntäglichen Diskussionen mit Dr. Felix Reinshagen und Dr. Stefan Kurpjuweit, die mir gerade in der Anfangsphase entscheidende Impulse gegeben haben. Weitere wichtige Unterstützung habe ich erfahren von Dr. Stephan Aier, Lars Baacke, Rudolf Brühwiler, Anne Cleven, Dr. des. Nico Ebert, Christian Fischer, Marion Fässler, Rebecca Fitterer, René Fitterer, Dr. Ronny Fischer, Dr. Wojciech Ganczarski, Dr. Anke Gericke, Bettina Gleichauf, Philipp Gubler, Dr. Mario Klesse, Gerrit Lahrmann, Bernadette Mayer-Schawalder, Frederik Marx, Tobias Mettler, Dr. Jochen Müller, Christian Riege, Jan Saat, Prof. Dr. Joachim Schelp, Daniel Stock, Florian Stroh, Matthias Stutz, Dr. Christian Wilhelmi, Dr. Felix Wortmann und vielen weiteren Kollegen.

Dr. Axel Winkelmann und Dr. Stefan Schwarz danke ich für ihren Anteil an den entscheidenden Weichenstellungen, durch die ich erst den Weg nach St. Gallen gefunden habe.

Mein Freundeskreis in St. Gallen und darüber hinaus hat dazu beigetragen, die Jahre in St. Gallen zu einer nicht nur in beruflicher Sicht erfolgreichen, sondern auch in privater Sicht unvergesslichen Zeit werden zu lassen. Zahlreiche gemeinsame Aktivitäten in den Bergen und am Esstisch bleiben mir in schönster Erinnerung.

Meiner Freundin Sabine Glagau möchte ich danken dafür, dass sie mich stets liebevoll unterstützt und mein in der Endphase der Dissertation bisweilen kauziges Verhalten langmütig ertragen hat.

Abschliessend besonders danken möchte ich meiner Familie, ohne die diese Dissertation nicht möglich gewesen wäre. Meine Eltern, Prof. Dr. Wiebke Schmaltz und Prof. Dr. Achim Schmaltz, haben mich während meiner umfassenden Studien stets ideell und materiell aufs grosszügigste unterstützt. Mein Bruder Dr. Robert Schmaltz war mir stets ein wichtiger Unterstützer und Ansporn.

Euch allen sei herzlich gedankt.

Zürich, im November 2009   Moritz Schmaltz

Inhaltsübersicht

Inhaltsübersicht v

Inhaltsverzeichnis viii

Abkürzungsverzeichnis xv

Abbildungsverzeichnis xvii

Kurzfassung xxiv

1	**Einleitung** 1	
1.1	Motivation 1	
1.2	Problemstellung und Forschungsbedarf 2	
1.3	Forschungsfrage und Ziele 4	
1.4	Adressaten und Nutzenpotenziale 5	
1.5	Forschungsmethodik und -prozess 7	
1.6	Vorgehen und Aufbau der Arbeit 13	
2	**Grundlagen** 15	
2.1	Informationslogistik 15	
2.2	Akzeptanz von Informationssystemen 24	
3	**Kontext, Anforderungen und Lösungsansatz** 27	
3.1	Annahmen zur Situation 27	
3.2	Anforderungen an die Artefakte 29	
3.3	Ergebnisse des Forschungsprojekts 33	
3.4	Verbindlichkeit der Teilartefakte 37	
4	**Stand der Forschung und verwandte Arbeiten** 38	
4.1	Modelle zur Erklärung der Technologieakzeptanz 38	
4.2	Steigerung der Akzeptanz von Informationssystemen 53	
5	**Messung der Akzeptanz von Informationslogistik** 67	
5.1	Akzeptanzmodell für die Informationslogistik 67	
5.2	Operationalisierung des Akzeptanzmodells 81	

5.3	Empirische Validierung des Akzeptanzmodells	86
5.4	Zusammenfassung der Ergebnisse	113
6	**Fallstudien zur Akzeptanz der Informationslogistik**	**114**
6.1	Einführung in die Fallstudien	114
6.2	Fallstudie 1 – Telekommunikationsunternehmen	116
6.3	Fallstudie 2 – Bank	122
6.4	Fallstudie 3 – Automobilhersteller	129
6.5	Fallstudie 4 – Versicherung	134
6.6	Fallstudie 5 – Expertenworkshop	141
6.7	Zusammenfassung der Fallstudien	146
7	**Massnahmen zur Steigerung der Informationslogistik-Akzeptanz**	**150**
7.1	Dokumentation der Massnahmen als Patterns	151
7.2	Auswahl der Massnahmen-Patterns	153
7.3	Massnahmen-Patterns zur Steigerung der IL-Akzeptanz	155
8	**Methode zur Steigerung der Akzeptanz von Informationslogistik**	**184**
8.1	Grundlagen der Methodenkonstruktion	184
8.2	Vorgehensmodell der Methode	188
8.3	Aktivitäten und Techniken der Methode	190
8.4	Rollenmodell	237
8.5	Informationsmodell	239
8.6	Dokumentationsmodell	242
9	**Evaluation der Methode**	**243**
9.1	Evaluation von gestaltungsorientierter Forschung	243
9.2	Auswahl der Evaluationsansätze	244
9.3	Analytische Evaluation	246
9.4	Empirische Evaluation	251
10	**Zusammenfassung und Ausblick**	**261**
10.1	Zusammenfassung	261

| 10.2 | Kritische Würdigung | 263 |
| 10.3 | Ausblick und weiterer Forschungsbedarf | 267 |

Anhang A: Fragebogen **270**

Anhang B: Interviewleitfaden für die Fallstudien **280**

Anhang C: Interviewleitfaden für die Evaluation **283**

Literaturverzeichnis **286**

Inhaltsverzeichnis

1		**Einleitung**	**1**
	1.1	Motivation	1
	1.2	Problemstellung und Forschungsbedarf	2
	1.3	Forschungsfrage und Ziele	4
	1.4	Adressaten und Nutzenpotenziale	5
	1.5	Forschungsmethodik und -prozess	7
		1.5.1 Gestaltungsorientierte und behavioristische Forschung in der Wirtschaftsinformatik	7
		1.5.2 Artefakte der gestaltungsorientierten Wirtschaftsinformatik	9
		1.5.3 Der Forschungsprozess in der gestaltungsorientierten Wirtschaftsinformatik	11
	1.6	Vorgehen und Aufbau der Arbeit	13
2		**Grundlagen**	**15**
	2.1	Informationslogistik	15
		2.1.1 Ansätze zur Realisierung analytischer Informationssysteme	15
		2.1.2 Das St. Galler Konzept der Informationslogistik	17
		2.1.3 Realisierung der Informationslogistik	19
	2.2	Akzeptanz von Informationssystemen	24
3		**Kontext, Anforderungen und Lösungsansatz**	**27**
	3.1	Annahmen zur Situation	27
	3.2	Anforderungen an die Artefakte	29
		3.2.1 Inhaltliche Anforderungen	29
		3.2.2 Methodische Anforderungen	32
	3.3	Ergebnisse des Forschungsprojekts	33
		3.3.1 Ergebnisse des Konstruktionsprozesses	34
		3.3.2 Ergebnisse der Methodenanwendung	35
	3.4	Verbindlichkeit der Teilartefakte	37

4		**Stand der Forschung und verwandte Arbeiten**	**38**
	4.1	Modelle zur Erklärung der Technologieakzeptanz	38
	4.1.1	Auswahl- und Bewertungskriterien für bestehende Ansätze	38
	4.1.2	Modelle für die Akzeptanz von Informationssystemen	40
	4.1.2.1	Innovation Diffusion Theory	41
	4.1.2.2	Theory of Reasoned Action und Theory of Planned Behavior	42
	4.1.2.3	Technology Acceptance Model	44
	4.1.2.4	Modifikationen des TAM	48
	4.1.3	Bewertung der Akzeptanzmodelle	51
	4.1.4	Einschränkungen der Akzeptanzmodelle	53
	4.2	Steigerung der Akzeptanz von Informationssystemen	53
	4.2.1	Massnahmen in der Akzeptanz-Literatur	54
	4.2.2	Ausgewählte Ansätze zur Messung und Beeinflussung von Systemeigenschaften	59
	4.2.2.1	Total Data Quality Management	60
	4.2.2.2	Six Sigma	61
	4.2.2.3	Mitarbeiterbefragungen	62
	4.2.2.4	Umfragen in der empirischen Forschung	64
	4.2.3	Bewertung der Ansätze	65
5		**Messung der Akzeptanz von Informationslogistik**	**67**
	5.1	Akzeptanzmodell für die Informationslogistik	67
	5.1.1	Rahmenbedingungen für die Konstruktion des Akzeptanzmodells	68
	5.1.2	Konstruktion des Akzeptanzmodells für die IL	69
	5.1.3	Massnahmenklassen zur Akzeptanzsteigerung	80
	5.2	Operationalisierung des Akzeptanzmodells	81
	5.3	Empirische Validierung des Akzeptanzmodells	86
	5.3.1	Ziele der Umfrage	86
	5.3.2	Datenerhebung	88

5.3.3	Demographische Merkmale der Stichprobe	89
5.3.4	Vorüberlegungen zur Modellprüfung	92
5.3.4.1	Verfahren	92
5.3.4.2	Vorbehandlung der Datensätze	94
5.3.4.3	Teststärkenanalyse	95
5.3.4.4	Modellumsetzung	96
5.3.5	Güteprüfung des Strukturmodells	97
5.3.5.1	Prüfung der Messmodelle	97
5.3.5.2	Prüfung des Gesamtmodells	101
5.3.6	Interpretation der Ergebnisse	106
5.3.6.1	Übersicht über die Hypothesen	106
5.3.6.2	Einflussfaktoren auf die Nutzungsabsicht (BI)	106
5.3.6.3	Einflussfaktoren auf die Nützlichkeit (U)	108
5.3.6.4	Einflussfaktoren auf die Nutzerfreundlichkeit (EOU)	109
5.3.6.5	Einflussfaktoren auf Daten- und Systemqualität (DQ und SQ)	109
5.3.6.6	Erklärungsgehalt des Modells	110
5.3.6.7	Generalisierbarkeit der Ergebnisse	112
5.4	Zusammenfassung der Ergebnisse	113
6	**Fallstudien zur Akzeptanz der Informationslogistik**	**114**
6.1	Einführung in die Fallstudien	114
6.2	Fallstudie 1 – Telekommunikationsunternehmen	116
6.2.1	Umfeld der Fallstudie	117
6.2.2	Akzeptanz der Informationslogistik	118
6.3	Fallstudie 2 – Bank	122
6.3.1	Umfeld der Fallstudie	123
6.3.2	Akzeptanz der Informationslogistik	124
6.4	Fallstudie 3 – Automobilhersteller	129
6.4.1	Umfeld der Fallstudie	129

6.4.2	Akzeptanz der Informationslogistik	131
6.5	Fallstudie 4 – Versicherung	134
6.5.1	Umfeld der Fallstudie	135
6.5.2	Akzeptanz der Informationslogistik	136
6.6	Fallstudie 5 – Expertenworkshop	141
6.6.1	Hintergrund	142
6.6.2	Akzeptanz der Informationslogistik	142
6.7	Zusammenfassung der Fallstudien	146

7 Massnahmen zur Steigerung der Informationslogistik-Akzeptanz 150

7.1	Dokumentation der Massnahmen als Patterns	151
7.2	Auswahl der Massnahmen-Patterns	153
7.3	Massnahmen-Patterns zur Steigerung der IL-Akzeptanz	155
7.3.1	Pattern 1 – Integration von Metadaten in Reports	155
7.3.2	Pattern 2 – Katalogisierung verfügbarer Reports	158
7.3.3	Pattern 3 – Senken der Interfacekomplexität	161
7.3.4	Pattern 4 – Prototypgestützte Informationsbedarfsanalyse	165
7.3.5	Pattern 5 – Internes Marketing für die IL	168
7.3.6	Pattern 6 – Sponsoring durch das Top-Management	171
7.3.7	Pattern 7 – Einheitliche Leistungsverrechnung	174
7.3.8	Pattern 8 – Technikbezogene Schulungen	177
7.3.9	Pattern 9 – Analytische Dienstleistungen	179
7.3.10	Pattern 10 – Fachlicher Support durch den Fachbereich	181

8 Methode zur Steigerung der Akzeptanz von Informationslogistik 184

8.1	Grundlagen der Methodenkonstruktion	184
8.1.1	Vorgehen zur Konstruktion der Methode	184
8.1.2	Dokumentation der Methode	186
8.2	Vorgehensmodell der Methode	188
8.3	Aktivitäten und Techniken der Methode	190

8.3.1 Aktivität 1.1 – Dokumentation der Situation 190

    8.3.1.1 Überblick 190

    8.3.1.2 Schritt 1 – Dokumentation der IL-Architektur 192

    8.3.1.3 Schritt 2 – Dokumentation der IL-Organisation 195

8.3.2 Aktivität 1.2 – Erstellung des Untersuchungsplans 197

    8.3.2.1 Überblick 197

    8.3.2.2 Schritt 1 – Definition des Projektfokus 199

    8.3.2.3 Schritt 2 – Identifikation der Zielgruppe 199

    8.3.2.4 Schritt 3 – Festlegen des Befragungsmodus 202

    8.3.2.5 Schritt 4 – Festlegen des Zeitplans 204

8.3.3 Aktivität 1.3 – Anpassen der Dokumente 205

    8.3.3.1 Überblick 205

    8.3.3.2 Schritt 1 – Anpassen des Fragebogens 207

    8.3.3.3 Schritt 2 – Erstellen der Vorabinformation 210

    8.3.3.4 Schritt 3 – Erstellen des Begleitschreibens 210

    8.3.3.5 Schritt 4 – Erstellen der Nachfassschreiben 212

8.3.4 Aktivität 2.1 – Erhebung der Daten 213

    8.3.4.1 Überblick 213

    8.3.4.2 Schritt 1 – Verteilen der Fragebögen 213

    8.3.4.3 Schritt 2 – Ausfüllen der Fragebögen 215

    8.3.4.4 Schritt 3 – Nachfassen 215

8.3.5 Aktivität 3.1 – Auswertung des Datensatzes 216

    8.3.5.1 Überblick 216

    8.3.5.2 Schritt 1 – Codieren und Datenerfassung 216

    8.3.5.3 Schritt 2 – Fehlerkontrolle und -bereinigung 219

    8.3.5.4 Schritt 3 – Auswertung der Daten 220

8.3.6 Aktivität 3.2 – Auswahl der Massnahmen 224

    8.3.6.1 Übersicht 224

Inhaltsverzeichnis xiii

- 8.3.6.2 Schritt 1 – Gewichtung der Concerns 226
- 8.3.6.3 Schritt 2 – Vorselektion der Massnahmen 227
- 8.3.6.4 Schritt 3 – Bewertung des Nutzens je Concern 228
- 8.3.6.5 Schritt 4 – Bewertung des Gesamtnutzens je Massnahme 229
- 8.3.6.6 Schritt 5 – Kostenbewertung und Massnahmenauswahl 230
- 8.3.7 Aktivität 4.1 – Spezifizierung der Massnahmen 231
  - 8.3.7.1 Übersicht 231
  - 8.3.7.2 Vorgehen 232
- 8.3.8 Aktivität 4.2 – Umsetzung der Massnahmen 233
  - 8.3.8.1 Übersicht 233
  - 8.3.8.2 Vorgehen 234
- 8.3.9 Aktivität 4.3 – Etablierung der Betriebsprozesse 235
  - 8.3.9.1 Übersicht 235
  - 8.3.9.2 Vorgehen 237
- 8.4 Rollenmodell 237
  - 8.4.1 Rollen der Methode 238
  - 8.4.2 Zuordnung der Rollen zu den Aktivitäten 239
- 8.5 Informationsmodell 239
- 8.6 Dokumentationsmodell 242

9 Evaluation der Methode 243

- 9.1 Evaluation von gestaltungsorientierter Forschung 243
- 9.2 Auswahl der Evaluationsansätze 244
- 9.3 Analytische Evaluation 246
  - 9.3.1 Evaluation bezüglich der inhaltlichen Anforderungen 246
  - 9.3.2 Evaluation bezüglich der methodischen Anforderungen 250
- 9.4 Empirische Evaluation 251
  - 9.4.1 Fallstudie 1 – Versicherung 252
  - 9.4.2 Fallstudie 2 – Versorger 256

10	**Zusammenfassung und Ausblick**	**261**
10.1	Zusammenfassung	261
10.2	Kritische Würdigung	263
10.3	Ausblick und weiterer Forschungsbedarf...	267

Anhang A: Fragebogen **270**

Anhang B: Interviewleitfaden für die Fallstudien..**280**

Anhang C: Interviewleitfaden für die Evaluation..**283**

Literaturverzeichnis..**286**

Abkürzungsverzeichnis

AC	Accuracy/Genauigkeit
BE	Business Engineering
BI	Behavioral Intention to Use/Nutzungsabsicht
BPM	Business Performance Management
CBAM	Cost Benefit Analysis Method
CC	Competence Center
CFO	Chief Financial Officer
CO	Completeness/Vollständigkeit
CR	Correctness/Korrektheit
CSE	Computer Self-Efficacy/Interne Kontrollüberzeugung
CU	Currency/Aktualität
DEV	Durchschnittliche erklärte Varianz
DM	Data Mart
DQ	Datenqualität
DR	Design Research
DSS	Decision Support Systems
DTPB	Decomposed Theory of Planned Behavior
DWH	Data Warehouse
EA	Enterprise Architecture
EDWH	Enterprise Data Warehouse
EIS	Executive Information Systems
EOU	Perceived Ease of Use/Wahrgenommene Benutzerfreundlichkeit
ERP	Enterprise Ressource Planning
EXP	Experience/Erfahrung
FAQ	Frequently Asked Questions/Häufig gestellte Fragern
FL	Flexibilität
FO	Format
FU	Fördernde Umstände
HCI	Human-Computer-Interaction
IDT	Innovation Diffusion Theory
IL	Informationslogistik
ILV	Innerbetriebliche Leistungsverrechnung
IMUT	Integrated Model of User Satisfaction and Technology Acceptance

IN	Integration
IS	Informationssystem
ISR	Information Systems Research
IT	Informationstechnologie
ITIL	IT Infrastructure Library
MD	Metadaten
MDM	Metadatenmanagement
ME	Methodenengineering
MF	Methodenfragment
MIS	Management Information Systems
MS	Management Support
MSS	Management Support Systems
NE	Nachweisbarkeit der Ergebnisse
OE	Organisationseinheit
OLAP	On-Line Analytical Processing
PLS	Partial Least Squares
RE	Reliability/Zuverlässigkeit
ROI	Return on Investment
SEM	Strukturgleichungsmodellierung
SLA	Service Level Agreements
SQ	Systemqualität
TAM	Technology Acceptance Model
TDQM	Total Data QualityManagement
TK	Telekommunikation
TP	Transparenz
TPB	Theory of Planned Behavior
TR	Tätigkeitsrelevanz
TRA	Theory of Reasoned Action
U	Perceived Usefulness/Wahrgenommene Nützlichkeit/
UML	Unified Modelling Language
UTAUT	Unified Theory of Acceptance and Use of Technology
WI	Wirtschaftsinformatik

Abbildungsverzeichnis

Abbildung 1-1: IS-Erfolgsmodell von DELONE und MCLEAN 3

Abbildung 1-2: DR-Forschungsprozess 11

Abbildung 1-3: Forschungsprozess der Arbeit 14

Abbildung 2-1: Datenflüsse der Informationslogistik 18

Abbildung 2-2: Komponenten der IL-Architektur 20

Abbildung 2-3: Prozesse der IL 21

Abbildung 2-4: Typen von IL-Organisationen 22

Abbildung 2-5: Einstellungsakzeptanz und Nutzung 26

Abbildung 3-1: Hub and Spoke-Architektur 28

Abbildung 3-2: Ergebnisse der Methode 34

Abbildung 4-1: Zusammenhänge zwischen den Akzeptanzmodellen 41

Abbildung 4-2: TRA und TPB 44

Abbildung 4-3: TAM 45

Abbildung 4-4: TAM3 48

Abbildung 4-5: UTAUT 49

Abbildung 4-6: IMUT 50

Abbildung 5-1: Akzeptanzmodell für die IL 70

Abbildung 5-2: Geschlechts- und Altersverteilung 90

Abbildung 5-3: Verteilungen von Funktionen und Erfahrung 90

Abbildung 5-4: Ausgeführte Tätigkeiten 91

Abbildung 5-5: Pfaddiagramm eines Strukturgleichungsmodells 93

Abbildung 5-6: Pfaddiagramm für das IL-Akzeptanzmodell (vereinfacht) 97

Abbildung 5-7: Ergebnisse der Modellschätzung 102

Abbildung 8-1: Elemente der Methode 185

Abbildung 8-2: Elemente des UML-Aktivitätsdiagramms 187

Abbildung 8-3: Elemente des UML-Klassendiagramms 188

Abbildung 8-4: Vorgehensmodell der Methode 190

Abbildung 8-5: Applikationslandkarte (Ausschnitt) 195

Abbildung 8-6: Prozesslandkarte 197

Abbildung 8-7: Beispiel Begleitschreiben 212

Abbildung 8-8: Auszug aus dem Codebuch 218

Abbildung 8-9: Dominanzpaarvergleich für zwei Urteilende 228

Abbildung 8-10: Informationsmodell 240

Abbildung 9-1: Evaluationsansätze 244

Tabellenverzeichnis

Tabelle 1-1: Ziele der Dissertation ... 5

Tabelle 2-1: Tätigkeitsbereiche der IL-Organisationen ... 22

Tabelle 4-1: Anforderungen an ein Akzeptanzmodell ... 39

Tabelle 4-2: Beurteilung der Akzeptanzmodelle ... 52

Tabelle 4-3: Klassen von Massnahmen zur Akzeptanzsteigerung ... 55

Tabelle 4-4: Vorgehensmodell von TDQM ... 61

Tabelle 4-5: Vorgehensmodell von Six Sigma ... 62

Tabelle 4-6: Vorgehensmodell für Mitarbeiterbefragungen ... 63

Tabelle 4-7: Vorgehensmodell für wissenschaftliche Umfragen ... 65

Tabelle 4-8: Verwandte Methoden ... 65

Tabelle 5-1: Massnahmenklassen und ihre Einflussmöglichkeiten ... 81

Tabelle 5-2: Quellen für die Messmodelle ... 84

Tabelle 5-3: Struktur des Fragebogens ... 85

Tabelle 5-4: Hypothesen des Akzeptanzmodells ... 87

Tabelle 5-5: Eignung der Erhebungsmethodik ... 89

Tabelle 5-6: Akzeptanzfaktor-Scores der Unternehmen ... 92

Tabelle 5-7: Indikatorreliabilität ... 99

Tabelle 5-8: Konstruktreliabilität ... 100

Tabelle 5-9: Bestimmtheitsmass der endogenen Variablen ... 103

Tabelle 5-10: Vorhersagekraft der endogenen Variablen ... 103

Tabelle 5-11: Hypothesen, Pfadkoeffizienten und t-Werte ... 105

Tabelle 5-12: Einflüsse auf Datenqualität und Systemqualität ... 110

Tabelle 6-1: Übersicht Fallstudien ... 114

Tabelle 6-2: Fallstudienraster ... 116

Tabelle 6-3: Übersicht Fallstudie Telekommunikationsunternehmen ... 116

Tabelle 6-4: Übersicht Fallstudie Bank ... 123

Tabelle 6-5: Übersicht Fallstudie Automobilhersteller 129

Tabelle 6-6: Übersicht Fallstudie Versicherung 134

Tabelle 6-7: Übersicht Expertenworkshop 141

Tabelle 6-8: Übersicht über die Massnahmen 149

Tabelle 7-1: Bestandteile von Mustern 151

Tabelle 7-2: Beschreibung der Massnahmen-Muster 152

Tabelle 7-3: Concerns für die Akzeptanzsteigerung 153

Tabelle 7-4: Übersicht über die Massnahmen-Patterns 154

Tabelle 7-5: Pattern 1- Integration von Metadaten in Reports 155

Tabelle 7-6: Pattern 2 – Katalogisierung verfügbarer Reports 158

Tabelle 7-7: Pattern 3 – Senken der Interfacekomplexität 161

Tabelle 7-8: Pattern 4 – Prototypgestützte Informationsbedarfsanalyse 165

Tabelle 7-9: Pattern 5 – Internes Marketing für die IL 168

Tabelle 7-10: Pattern 6 – Sponsoring durch das Top-Management 171

Tabelle 7-11: Pattern 7 – Einheitliche Leistungsverrechnung 174

Tabelle 7-12: Pattern 8 – Technikbezogene Schulungen 177

Tabelle 7-13: Pattern 9 – Analytische Dienstleistungen 179

Tabelle 7-14: Pattern 10 – Fachlicher Support durch den Fachbereich 181

Tabelle 8-1: Verantwortlichkeitstypen 187

Tabelle 8-2: RACI-Matrix (Beispiel) 188

Tabelle 8-3: Überblick über das Vorgehensmodell 189

Tabelle 8-4: Aktivitätsübersicht 1.1– Dokumentation der Situation 191

Tabelle 8-5: Architekturmatrix 194

Tabelle 8-6: Aktivitätsübersicht 1.2 – Erstellung des Untersuchungsplans 198

Tabelle 8-7: Umfrage-Technologien 203

Tabelle 8-8: Aktivitätsübersicht 1.3 – Anpassung der Dokumente 206

Tabelle 8-9: Anpassungen am Fragebogen 209

Tabelle 8-10: Elemente des Begleitschreibens 211

Tabelle 8-11: Aktivitätsübersicht 2.1 – Erhebung der Daten 214

Tabelle 8-12: Aktivitätsübersicht 3.1 – Auswertung des Datensatzes 217

Tabelle 8-13: Normwerte für die Akzeptanzfaktoren (Beispielwerte) 222

Tabelle 8-14: Ermittlung der Normabweichung (Beispielwerte) 223

Tabelle 8-15: Bewertung von Qualitätseinschätzungen 223

Tabelle 8-16: Aktivitätsübersicht 3.2 – Auswahl der Massnahmen 225

Tabelle 8-17: Normierung der Akzeptanzfaktoren (Beispielwerte) 227

Tabelle 8-18: Gewichtung der Concerns (Beispielwerte) 227

Tabelle 8-19: Bildung der Nutzenscores für einen Concern 229

Tabelle 8-20: Berechnung des Gesamtnutzens der Massnahmen (Beispielwerte) 230

Tabelle 8-21: ROI-Berechnung und Rangfolge 231

Tabelle 8-22: Aktivitätsübersicht 4.1 – Spezifizierung der Massnahmen 232

Tabelle 8-23: Aktivitätsübersicht 4.2 – Umsetzung der Massnahmen 234

Tabelle 8-24: Aktivitätsübersicht 4.3 – Modifikation der IL-Prozesse 236

Tabelle 8-25: Verantwortlichkeiten der Methode 239

Tabelle 8-26: Entitäten des Informationsmodells 242

Tabelle 8-27: Dokumentationsmodell 242

Tabelle 9-1: Adressierung der Anforderungen durch die Ergebnisse 246

Tabelle 9-2: Methodische Anforderungen und Adressierung in dieser Arbeit 251

Tabelle 9-3: Interviewpartner für die Evaluation 252

Tabelle 9-4: Evaluation Fallstudie 1: Patterns 253

Tabelle 9-5: Evaluation Fallstudie 1: Phase 1 253

Tabelle 9-6: Evaluation Fallstudie 1: Phase 2 254

Tabelle 9-7: Evaluation Fallstudie 1: Phase 3 254

Tabelle 9-8: Evaluation Fallstudie 1: Phase 4 255

Tabelle 9-9: Evaluation Fallstudie 1: Gesamturteil 255

Tabelle 9-10: Evaluation Fallstudie 2: Patterns 257

Tabelle 9-11: Evaluation Fallstudie 2: Phase 1 257

Tabelle 9-12: Evaluation Fallstudie 2: Phase 2 258

Tabelle 9-13: Evaluation Fallstudie 2: Phase 3 258

Tabelle 9-14: Evaluation Fallstudie 2: Phase 4 259

Tabelle 9-15: Evaluation Fallstudie 2: Gesamturteil 260

Tabelle 10-1: Adressierung der Ziele der Arbeit 264

Hinweis zur Verwendung geschlechtsneutraler Formulierungen

In der vorliegenden Arbeit werden konform der Zielsetzung der Konferenz der Gleichstellungs- und Frauenbeauftragten an Schweizer Universitäten und Hochschulen (vgl. KOFRAH 2005) die Empfehlungen der Dudenredaktion zur sprachlichen Gleichstellung von Frauen und Männern soweit möglich berücksichtigt (vgl. Eickhoff 1999).

Der Praxis der Dudenredaktion folgend wird jedoch im Sinne der Lesbarkeit auf die Verwendung von Doppelnennungen und Kurzformen verzichtet (vgl. Eickhoff 1999, S. 3). Um die sprachliche Gleichbehandlung von Frauen zu gewährleisten, wird deshalb – wo immer möglich – auf Partizipien oder Sachbezeichnungen an Stelle von Personenbezeichnungen zurückgegriffen. Sofern dies aus sachlogischen Gründen oder aus Gründen der sprachlichen Ästhetik nicht sinnvoll erscheint, wird in Ausnahmefällen stellvertretend für beide Geschlechter und ohne Einschränkung der sprachlichen Gleichstellung von Frauen die männliche Form verwendet.

Dadurch werden in der vorliegenden Arbeit Frauen und Männer gleichermassen berücksichtigt.

Kurzfassung

Ausgangspunkt dieser Arbeit ist die Feststellung, dass die Nutzungsintensität von analytischen Informationssystemen (Informationslogistik) in Unternehmen oft hinter den Erwartungen zurückbleibt. Um eine systematische Messung und Steigerung dieser mangelnden Akzeptanz zu ermöglichen, wird basierend auf dem *Technology Acceptance Model* von DAVIS ein Akzeptanzmodell für die Informationslogistik entworfen. Dieses Akzeptanzmodell wird empirisch validiert. Aus Fallstudien werden Muster für Massnahmen zur Steigerung der Akzeptanz der Informationslogistik abgeleitet. Eine Methode zur Messung und Steigerung der Akzeptanz erlaubt, anhand des Akzeptanzmodells die Akzeptanz im Unternehmen zu messen und geeignete Massnahmenmuster zur Steigerung der Akzeptanz zu einem Massnahmenprogramm zu kombinieren.

Schlüsselwörter: Informationslogistik, Data Warehouse, Business Intelligence, Entscheidungsunterstützungssysteme, Analytische Informationssysteme, Technologieakzeptanz, Technology Acceptance Model, TAM, Massnahmen, Design Research.

Abstract

This work is based on the observation that the utilization of analytical information systems (information logistics) in professional environments frequently falls short of expectations. In order to enable system owners to systematically measure and increase the acceptance of these systems, an acceptance model for information logistics is designed based on the Technology Acceptance Model introduced by DAVIS. This acceptance model is evaluated empirically based on a field study. Interventions for increasing the acceptance are derived from case studies. A method for measuring and increasing the acceptance of information logistics is proposed. This allows for a measurement of information logistics acceptance based on the acceptance model and for the selection of appropriate interventions based on the measurement results.

Keywords: Information Logistics, Data Warehouse, Business Intelligence, Decision Support Systems, Analytical Information Systems, Technology Acceptance, Technology Acceptance Model, TAM, Interventions, Design Research.

1 Einleitung

1.1 Motivation

Unternehmen sehen sich heute zunehmend schärferem Wettbewerb ausgesetzt – sei es durch Internationalisierung und Globalisierung,[1] sei es durch die zunehmende Verbreitung von internetbasierten Koordinationsformen.[2] Der Informationstechnologie (IT) kommt erhebliche Bedeutung zur Sicherung der Wettbewerbsfähigkeit unter diesen Bedingungen zu.[3] Dennoch wird gefordert, dass die IT noch mehr zum Unternehmenserfolg beitragen müsse.[4]

Die Informationslogistik (IL) will als übergreifender Ansatz zur Versorgung der Organisation mit entscheidungsunterstützenden Informationen dazu beitragen, dass dieser Beitrag erbracht wird, indem die in den zahlreichen IT-Systemen der Organisation verteilten Daten übergreifend nutzbar gemacht werden. Die bessere Verfügbarkeit von Daten hilft, unternehmerische Entscheidungen zu verbessern. Damit trägt die Informationslogistik entscheidend zur Verwirklichung von Synergien in der Organisation bei.[5]

Trotz dieser erstrebenswerten Funktion sind Projekte zur Umsetzung der Informationslogistik mit grossen Risiken verbunden. Viele Projekte zur Einführung analytischer Informationssysteme (IS) scheitern oder bleiben hinter den Erwartungen zurück.[6] Diese Probleme können zumindest in Teilen auf die mangelnde Akzeptanz der IS durch die (tatsächlichen wie potenziellen) Nutzenden zurückgeführt werden.[7]

Vor diesem Hintergrund untersucht die vorliegende Arbeit, welche Faktoren die Akzeptanz von IS im speziellen Fall der Informationslogistik beeinflussen. Basierend auf der reichhaltigen Forschung zur IS-Akzeptanz soll eine Methode zur Messung und Steigerung der Akzeptanz von Informationslogistik im Unternehmen entwickelt werden.

---

[1] Vgl. WTO 2007.
[2] Vgl. Porter 2001; Schmid 2004.
[3] Vgl. Earl, Feeny 2000; Henderson, Venkatraman 1999.
[4] Vgl. Kagermann, Österle 2006, S. 277ff.
[5] Vgl. Winter et al. 2008, S. 8f.
[6] Vgl. Foshay et al. 2007; Ramamurthy et al. 2008; Watson 2005; Watson et al. 1999; Wixom, Watson 2001.
[7] Vgl. Davis et al. 1989; DeLone, McLean 2003.

1.2 Problemstellung und Forschungsbedarf

Der IL werden vielfältige Nutzenpotenziale für die Schaffung strategischer Wettbewerbsvorteile, für die Optimierung von Prozessen und für die Kostensenkung zugesprochen.[8] Diesen Nutzenpotenzialen entsprechend sind IL-Systeme, d. h. Informationssysteme zur Unterstützung von Entscheidungen mit Informationen, ein wichtiger Bestandteil der betrieblichen Anwendungslandschaft.[9] Das Marktvolumen für Software und softwarenahe Dienstleistungen von 5.8 Mrd. USD weltweit allein für Business Intelligence-Tools[10] als Software für eine Untergruppe von IL-Systemen und der grosse Anteil an Unternehmen, die in diesem Umfeld Aktivitäten entwickeln, zeigen die Bedeutung des Themas.[11]

Trotz der grossen Investitionen bleiben die Ergebnisse von Informationslogistik-Projekten vielfach hinter den Erwartungen zurück: Bis zu 50% (je nach Erhebung) der Projekte müssen als Misserfolge gelten. Insbesondere werden vielfach die erwarteten Ergebnisse in Bezug auf Akzeptanz und Nutzen nicht erreicht.[12] Noch im Jahr 2009 bezeichneten über 50% der Systemverantwortlichen Defizite in der Akzeptanz als grösstes Problem in der Ausrichtung ihrer IL-Systeme.[13] Durchschnittlich nutzen nur 18% der potenziellen Nutzenden in den Unternehmen die Systeme auch tatsächlich.[14] Vor diesem Hintergrund stellt sich die Frage, warum die erwarteten Ergebnisse in Bezug auf Akzeptanz und Nutzen verfehlt werden.

Nur wenn IS auch genutzt werden, können sie die Leistung von Nutzenden steigern.[15] Nutzung ist daher einer der zentralen zu erklärenden Aspekte in der (schwerpunktmässig angelsächsischen) Wirtschaftsinformatik.[16] Empirische Forschung zeigt, dass die tatsächliche Nutzung von IS Einfluss auf den individuellen Nutzen von IS für die Anwendenden hat.[17] Im Kontext der IL ist dies dadurch begründet, dass Informationen

---

[8] Vgl. Cooper et al. 2000, S. 558f.; Gorla 2003, S. 111; Schmaltz, Töpfer 2008, S. 170ff.
[9] Vgl. March, Hevner 2007; Shim et al. 2002.
[10] Vgl. Beuthner 2008. GOEKE und FALEY berichten von 200 Mrd. USD Marktvolumen für DWH-Hard- und Software. Trotz ihrer Differenz zu den von BEUTHNER berichteten Zahlen zeigen diese Werte die Grössenordnung der erzielten Umsätze. Vgl. Goeke, Faley 2007, S. 107.
[11] Vgl. Ramamurthy et al. 2008, S. 817f.; Sommer 2007.
[12] Vgl. Goeke, Faley 2007, S. 108; Ikart 2005, S. 56; Quaddus, Intrapairot 2001, S. 224; Ramamurthy et al. 2008, S. 818; Watson 2005; Watson et al. 1999.
[13] Vgl. Pütter 2009.
[14] Vgl. Eckerson, Howson 2005, S. 10.
[15] Vgl. Lapointe, Rivard 2005; Straub et al. 1995, S. 1328.
[16] Vgl. Burton-Jones, Gallivan 2007, S. 659.
[17] Vgl. DeLone, McLean 1992; DeLone, McLean 2003; Devaraj, Kohli 2003; Rai et al. 2002; Sabherwal et al. 2006. Anzumerken ist in diesem Zusammenhang, dass der Nutzen des IS-Einsatzes auf organisationaler

die Qualität von Entscheidungen verbessern und dass die IL Informationen zur Verfügung stellt, die nicht oder nur mit erheblich höherem Aufwand auf alternativen Wegen (ohne die Nutzung der IL-Systeme) zu beziehen wären.[18]

Eines der verbreitetsten Modelle für die Erklärung des Erfolgs von IS entwickelten DELONE und MCLEAN in ihrer Arbeit von 1992, es hat in Wissenschaft und Praxis breite Anerkennung gefunden.[19] DELONE und MCLEAN erklären in ihrem IS-Erfolgsmodell den Nettonutzen von IS für das Individuum (und infolgedessen für die Organisation) durch Nutzung, die durch die Nutzungsabsicht gesteuert wird, und durch Nutzerzufriedenheit (vgl. Abbildung 1-1). Diese Arbeit befasst sich im Kontext der IL mit der Messung und Beeinflussung der Nutzungsabsicht und ihrer Einflussfaktoren als wichtigen Determinanten des Nutzens von IS.

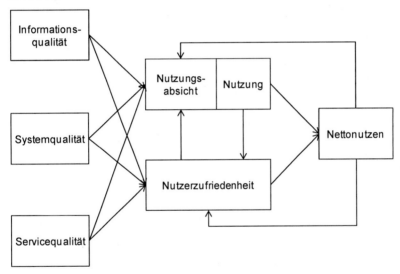

Quelle: DeLone, McLean 2003, S. 24.

Abbildung 1-1: IS-Erfolgsmodell von DELONE und MCLEAN

Die Nutzung von IS hängt von der Akzeptanz durch die Nutzenden ab. Das Problem der IS-Akzeptanz wurde von der Wissenschaft umfassend aufgearbeitet. Es existiert ein umfangreicher Korpus an Forschungsarbeiten zur Akzeptanz von IS auf individuel-

---

Ebene nicht unumstritten ist, vgl. z. B. Hitt, Brynjolfsson 1996 und Kobelsky et al. 2008. Hier wird jedoch auf die individuelle Ebene fokussiert.

[18] Vgl. Park 2006, S. 53; Pijpers 2001, S. 2.

[19] Das Modell wird von über 300 begutachteten Veröffentlichungen zitiert, 2003 wurde eine überarbeitete Version veröffentlicht. Vgl. DeLone, McLean 1992; DeLone, McLean 2003; Iivari 2005; Seddon 1997.

ler Ebene.[20] Neben den Mechanismen, die die Akzeptanz von IS steuern, sind auch generische externe Einflussfaktoren wie z. B. Datenqualität oder Management-Unterstützung identifiziert worden, die auf die Akzeptanz wirken,[21] sowie spezielle externe Einflussfaktoren für eine Reihe von Situationen und Typen von IS.[22] Unerforscht ist in diesem Zusammenhang, welche speziellen Einflussfaktoren auf die Akzeptanz von Informationslogistik wirken.

Bezüglich der Erklärung der Akzeptanz und ihrer Einflüsse hat die Forschung einen hohen Grad an Reife erreicht. In der jüngeren Literatur zur Akzeptanzforschung wird jedoch bemängelt, dass die Erklärung der Akzeptanz und ihrer Einflussfaktoren allein nicht ausreiche.[23] Obwohl die Idee von Massnahmen zur Akzeptanzsteigerung schon in der frühen Literatur formuliert wird, liefert die Akzeptanzforschung bis dato nur wenige umsetzbare Hinweise zur Steigerung der Akzeptanz.[24] Vor diesem Hintergrund wird gefordert, dass konkrete Massnahmen zu entwickeln seien, mit denen das Management die Akzeptanz von IS in Organisationen erhöhen kann.[25] Diese Forderung ist in der jüngsten Literatur zwar positiv aufgenommen worden, Ergebnisse liegen jedoch erst in Ansätzen vor.[26] Auch für den speziellen Fall der Informationslogistik hat sich die Forschung dieser Forderung noch nicht angenommen. Es fehlt mithin eine Methode zur systematischen Messung und Steigerung der Akzeptanz von IL, die situative Akzeptanzkonstellationen und Spezifika der IL berücksichtigt.

1.3 Forschungsfrage und Ziele

Aus der oben erläuterten Problemstellung ergibt sich folgende Forschungsfrage für diese Dissertation:

> Wie kann die Akzeptanz der Informationslogistik in Unternehmen gemessen und gesteigert werden?

Analog der in Abschnitt 1.5.1 dargestellten integrativen Konzeption von WI lässt sich diese Forschungsfrage in ein Zielsystem aus Erkenntniszielen und Gestaltungszielen

---

[20] Vgl. für einen ersten Überblick Lee et al. 2003; Venkatesh, Bala 2008; Venkatesh et al. 2003 sowie Abschnitt 2.2 für eine detaillierte Einführung in das Thema.
[21] Vgl. Venkatesh 2000; Venkatesh, Davis 2000.
[22] Vgl. Venkatesh, Bala 2008, S. 275; Wilde et al. 2008, S. 1032.
[23] Vgl. Benbasat, Barki 2007; Goodhue 2007; Straub, Burton-Jones 2007; Venkatesh 2006.
[24] Vgl. Davis et al. 1989, S. 988; Lee et al. 2003, S. 766f.; Venkatesh, Bala 2008, S. 291ff.
[25] Vgl. Benbasat, Barki 2007, S. 215; Goodhue 2007, S. 221; Jasperson et al. 2005, S. 545; Venkatesh 2006, S. 506f.; Venkatesh, Bala 2008, S. 274.
[26] Vgl. Venkatesh, Bala 2008, S. 291ff.

Einleitung

verfeinern.[27] Die Erkenntnisziele zielen dabei auf das Verständnis bestimmter Sachverhalte, die Gestaltungsziele darauf aufbauend auf die Veränderung dieser Sachverhalte.[28]

Das erste Erkenntnisziel fordert, ein vertieftes Verständnis der Akzeptanz von IL zu entwickeln. Es sollen externe, d. h. auf die akzeptanzrelevanten Einstellungen der Nutzenden wirkende Faktoren, identifiziert und in Form eines Akzeptanzmodells für die IL formalisiert werden. Das zweite Erkenntnisziel zielt auf eine Quantifizierung der Zusammenhänge im Akzeptanzmodell. Die Stärke der im Akzeptanzmodell postulierten Zusammenhänge soll beziffert und die Kausalitäten sollen nachgewiesen werden.

Das erste Gestaltungsziel bedingt, dass eine wissenschaftlich fundierte Messung der Akzeptanz im Unternehmen ermöglicht wird, die als Basis einer gezielten Akzeptanzsteigerung dienen kann. Zur Adressierung des zweiten Gestaltungsziels müssen Massnahmen identifiziert und dokumentiert werden, die auf die externen Einflussfaktoren wirken und so den Verantwortlichen für die IL eine Steigerung der Akzeptanz ermöglichen. Das dritte Gestaltungsziel schliesslich soll eine auf der Messung basierende Auswahl von für die Situation im Unternehmen geeigneten Massnahmen ermöglichen, um die IL-Akzeptanz systematisch zu steigern.

Erkenntnisziel: Welche externen Variablen beeinflussen die Akzeptanz von IL in Unternehmen?	
E_1	Welche externen Variablen beeinflussen die Akzeptanz von IL?
E_2	Wie stark sind die Einflüsse der jeweiligen externen Faktoren auf die IL-Akzeptanz?
Gestaltungsziel: Wie kann die Akzeptanz von IL im Unternehmen gesteigert werden?	
G_1	Die Akzeptanz von IL im Unternehmen soll in einem Modell abgebildet und gemessen werden.
G_2	Es sollen Massnahmen identifiziert werden, die ermöglichen, die Bewertung der einzelnen externen Variablen durch die Nutzenden zu steigern.
G_3	Basierend auf dem Modell, der Messung und den einzelnen Massnahmen zur Steigerung der Akzeptanz soll eine gesamthafte Methode zur Steigerung der Akzeptanz der IL im Unternehmen konstruiert werden.

Tabelle 1-1: Ziele der Dissertation

1.4 Adressaten und Nutzenpotenziale

Die WI richtet sich in ihrem Wirken sowohl an die Wissenschaft als auch an die Praxis.[29] In dieser Dissertation werden diese beiden Seiten der WI-Community adressiert.

---

[27] Vgl. Becker et al. 2003, S. 11f.; Frank 1997, S. 31ff.; March 2006, S. 338.
[28] Vgl. Becker et al. 2003, S. 11f.; Heinrich 2000, S. 8; Heinzl et al. 2001, S. 223ff.

Für die wissenschaftliche Gemeinschaft verspricht die vorliegende Arbeit Aufschluss über die Einflussfaktoren auf die Akzeptanz analytischer IS, indem ein generisches Akzeptanzmodell für die Informationslogistik spezifiziert wird. Über ein geeignetes Messinstrument wird es operationalisiert und so für die Forschungsarbeit nutzbar gemacht. Hiermit wird das Wissen im Kontext der Akzeptanz von Technologie vertieft und die bestehenden Theorien werden für den Kontext der Informationslogistik spezifiziert bzw. gefestigt.

Durch die Konstruktion und Evaluation einer Methode wird zudem die Wissensbasis im Bereich der Gestaltungsmethoden vergrössert. Dies ermöglicht eine zielgerichtetere Gestaltung bzw. Optimierung von analytischen IS im Hinblick auf die Akzeptanz. Damit wird für den Kontext der IL ein Beitrag zur Erfüllung des u. a. von VENKATESH und BALA sowie von BENBASAT und BARKI formulierten Gestaltungsauftrags für die Akzeptanzforschung geleistet.[30] Zudem kann die Methodenkonstruktion Aufschluss über die Anwendbarkeit und Qualität von Verfahren aus dem Bereich des Methodenengineering liefern. Durch die Operationalisierung der Erkenntnisse aus der Akzeptanzforschung wird zudem die Kritik des mangelnden Praxisbezugs empirischer WI-Forschung adressiert.[31]

Für die Praxis verspricht die Arbeit Hinweise auf Möglichkeiten für eine zielgerichtete Gestaltung bzw. Optimierung analytischer IS und der zugehörigen organisatorischen Strukturen im Hinblick auf höhere Akzeptanz und Nutzung. Mit Hilfe der Messmethode wird eine wissenschaftlich fundierte Messung der Akzeptanz ermöglicht. Durch die Bereitstellung einer evaluierten Methode wird zudem eine effiziente Steigerung der Akzeptanz bestehender IL-Systeme ermöglicht.

Damit fokussieren die Erkenntnisziele in erster Linie die Interessen der Wissenschaft, während die Belange der Praxis vorrangig über die Gestaltungsziele adressiert werden, wobei sich die beiden Zielkomplexe ergänzen.

---

[29] Vgl. March 2006, S. 338; Straub et al. 1994, S. 23; Wissenschaftliche Kommission Wirtschaftsinformatik 1994, S. 81.
[30] Vgl. Benbasat, Barki 2007, S. 215; Venkatesh, Bala 2008, S. 274.
[31] Vgl. z. B. Benbasat, Zmud 1999; Klein, Rowe 2008.

1.5 Forschungsmethodik und -prozess

1.5.1 Gestaltungsorientierte und behavioristische Forschung in der Wirtschaftsinformatik

Die Forschung zu IS im Umfeld von Organisationen (Wirtschaftsinformatik, WI, bzw. Information Systems Research, ISR)[32] zeigt zwei grosse methodische Strömungen. Auf der einen Seite findet sich behavioristische Forschung, auf der anderen Seite gestaltungsorientierte Forschung.[33] Dieser Dualismus rührt daher, dass IS und Organisationen künstlich geschaffene Phänomene sind und die Wissenschaft sich daher einerseits mit dem Verständnis dieser Phänomene, andererseits aber auch mit deren Gestaltung befassen kann.[34]

Die **behavioristische Forschungsströmung** beschäftigt sich mit dem Verständnis von Phänomenen im Kontext von IS und ihrer Umwelt sowie der Erklärung und ggf. Prognose dieser Phänomene. Ihr Schwerpunkt liegt auf dem Verständnis davon, wie IT zum Nutzen der Organisation gemanagt werden kann und wie IT in Organisationen genutzt wird.[35] Hierzu werden Theorien bezüglich der organisatorischen und menschlichen Phänomene in Zusammenhang mit der Gestaltung, Implementierung und Nutzung von IS entwickelt und validiert.[36] Die genutzten Forschungsmethoden stammen schwerpunktmässig aus dem Bereich der empirischen Sozialforschung.[37] Diese Forschungsströmung dominiert die internationale (stark US-amerikanisch geprägte) Literatur.[38]

Die **gestaltungsorientierte Strömung** der IS-Forschung befasst sich hingegen mit der Gestaltung der betrachteten Phänomene und der Lösung von praktischen Problemen. Sie hat das Ziel, innovative Ideen, Praktiken, technische Fähigkeiten und Produkte für die Gestaltung, Implementierung und Nutzung von IS zur Verfügung zu stellen.[39] Hierzu erstellt und evaluiert die gestaltungsorientierte Forschung Artefakte,[40] die an

---

[32] Die Begriffe WI und ISR werden in diesem Kontext trotz bestehender Unterschiede (die SCHAUER und FRANK im Detail darstellen) synonym verwendet. Vgl. Frank 2006, S. 2ff.; Schauer, Frank 2007.
[33] Vgl. Becker, Pfeiffer 2006; Frank 2006; Hevner et al. 2004; Schauer, Frank 2007.
[34] Vgl. March, Smith 1995, S. 252f.
[35] Vgl. Zmud 1997, S. XXI.
[36] Vgl. Gregor 2006, S. 612ff.; Hevner et al. 2004, S. 76.
[37] Vgl. Chen, Hirschheim 2004, S. 207f.; Schauer, Frank 2007, S. 134ff.
[38] Vgl. Niehaves 2006, S. 3; Schauer, Frank 2007, S. 121ff.
[39] Vgl. Hevner et al. 2004, S. 76.
[40] Vgl. den nächsten Abschnitt für eine Diskussion der verschiedenen Artefakttypen.

Problemen der Praxis orientiert und nützlich sein sollen.[41] Die Methodik dieser Strömung ist eher an die der Ingenieurwissenschaften angelehnt.[42] In der deutschsprachigen Literatur wird diese Forschungsrichtung infolge ihrer dominierenden Stellung teils mit dem Begriff WI gleichgesetzt,[43] in der englischsprachigen Literatur wird sie i. d. R. als Design Research (DR) bezeichnet.[44]

Initial grenzten sich die beiden Strömungen deutlich von einander ab,[45] insbesondere aufgrund unterschiedlicher Schwerpunktsetzungen – Wahrheit als Ziel und *Rigour*, d. h. methodische Stringenz als Priorität auf Seiten der behavioristischen Forschung versus Nutzen als Ziel und Relevanz für die Praxis als Priorität auf der DR-Seite.[46] Jüngere Quellen betonen jedoch, dass *Rigour* und Relevanz sich nicht ausschliessen. Sie fordern einen integrativen Ansatz, der die beiden Strömungen als sich ergänzende Teile betrachtet und somit einen Methodenpluralismus in der WI.[47] Nach diesem integrativen, multimethodischen Ansatz[48] liefert die behavioristische Forschung Theorien, die für DR als theoretische Grundlage (Kerntheorien)[49] für die Schaffung von Artefakten dienen. Diese Artefakte und die bei der Konstruktion gemachten Erfahrungen können wiederum zur Prüfung von Theorien beitragen und infolge ihrer Anwendung und Nutzung die Bildung von Theorien beeinflussen.[50] Die DR-Ergebnisse gehen in eine gemeinsame *Knowledge Base* ein, die die Grundlage für alle weitergehenden Forschungsaktivitäten bildet.[51] Relevanz wird dadurch garantiert, dass die Forschung an *Business Needs* (d. h. betriebswirtschaftlichen Anforderungen) ausgerichtet wird, *Rigour* wird durch die angemessene Anwendung von bestehenden Grundlagen und Methodiken sichergestellt.[52]

---

[41] Vgl. Becker, Pfeiffer 2006, S. 3; March, Smith 1995, S. 253ff.
[42] Vgl. Goldkuhl 2004, S. 61f.; Kuechler et al. 2007, S. 6; Simon 1996.
[43] Vgl. Niehaves 2006, S. 8; Schauer, Frank 2007, S. 121.
[44] Die Begriffe Design Science, Design Research bzw. Design Science Research scheinen derzeit weitgehend austauschbar verwendet zu werden (vgl. Kuechler et al. 2007), im Folgenden wird im Bezug auf Artefaktkonstruktion und -evaluation von Design Research gesprochen. Vgl. z. B. Hevner et al. 2004; Rossi, Sein 2003; Schelp, Winter 2008; Winter 2008b, S. 471.
[45] Vgl. Kuechler et al. 2007, S. 4.
[46] Vgl. Benbasat, Zmud 1999, S. 5f.; Hevner et al. 2004, S. 80; Lee 1999, S. 29ff.; March, Smith 1995, S. 252ff.; Niehaves 2006, S. 6f.
[47] Vgl. Becker, Pfeiffer 2006, S. 5ff.; Frank 2006, S. 40ff.; Hevner et al. 2004, S. 78ff.; Kuechler et al. 2007, S. 12f.; Niehaves 2006, S. 68ff.; Schelp, Winter 2008, S. 80ff.; Winter 2007. Mit der Aufnahme von DR-Exponenten in das Editorial Board führender IS-Journals scheint diese Ansicht an Zugkraft zu gewinnen. Vgl. Straub 2008, S. V.
[48] Vgl. Becker et al. 2003; Frank 2006; Niehaves 2006, S. 70ff.
[49] Vgl. Kuechler, Vaishnavi 2008, S. 2.
[50] Vgl. Becker, Pfeiffer 2006, S. 13; Kuechler et al. 2007, S. 12; Niehaves 2006, S. 70ff.
[51] Vgl. Goldkuhl 2004, S. 65ff.; Hevner, March 2003, S. 112.
[52] Vgl. Hevner 2007; Hevner et al. 2004, S. 79f.

1.5.2 Artefakte der gestaltungsorientierten Wirtschaftsinformatik

Wie oben beschrieben, befasst sich die gestaltungsorientierte WI mit der Konstruktion von Artefakten. Dabei werden fünf Klassen von Artefakten unterschieden: MARCH und SMITH sowie HEVNER ET AL. nennen Konstrukte, Modelle, Methoden und Instanziierungen,⁵³ zusätzlich zählen zahlreiche Autoren auch Theorien zu den möglichen Artefakttypen.⁵⁴

Konstrukte konzeptualisieren und formalisieren ggf. die grundlegenden Bausteine der Fachsprache, in der die Probleme und ihre Lösungen kommuniziert werden.⁵⁵

Modelle stellen die Beziehungen zwischen Konstrukten dar. Ein Modell ist somit eine komplexitätsreduzierende Abbildung der Realität oder eines Realitätsausschnitts. Diese Abbildung referenziert ein Original und abstrahiert davon, d. h. sie stellt nur Teile des Objekts dar, wobei die Auswahl von Objekt und abgebildeten Teilen vom Einsatzzweck abhängen.⁵⁶ Dabei wird in der behavioristischen Forschung eher eine abbildungsorientierte Perspektive auf den Modellbegriff eingenommen, während in der konstruktionsorientierten WI eher eine konstruktionsorientierte Perspektive vorherrscht.⁵⁷ Dies ist primär darin begründet ist, dass in den beiden Forschungsströmungen unterschiedliche epistemologische Paradigmen vorherrschen.⁵⁸

Methoden sind eine Abfolge von Schritten zur Erreichung eines Ziels.⁵⁹ Methoden bestehen dabei nach GUTZWILLER aus fünf Elementtypen:⁶⁰

- Aktivitäten beschreiben Verrichtungseinheiten zur Erzeugung definierter Ergebnisse. Ein Vorgehensmodell beschreibt die Ablauffolge der Aktivitäten.
- Ergebnisse halten die Produkte der Aktivitäten fest.
- Techniken beschreiben, wie Entwurfsergebnisse erzeugt werden.
- Rollen fassen Aktivitäten aus Sicht des Aufgabenträgers zusammen.
- Das Informationsmodell beschreibt das konzeptionelle Datenmodell der Ergebnisse.

---

⁵³ Vgl. Hevner et al. 2004, S. 78; March, Smith 1995, S. 256ff.
⁵⁴ Vgl. Kuechler, Vaishnavi 2008, S. 2f.; Purao 2002, S. 5ff.; Venable 2006, S. 2ff. Vgl. zur Rolle von Theorien im DR auch Gericke 2008; Winter 2008b.
⁵⁵ Vgl. March, Smith 1995, S. 256.
⁵⁶ Vgl. Schmincke 1997, S. 97; Stachowiak 1973, S. 113ff.; Wand et al. 1995, S. 285; Weber 2003.
⁵⁷ Vgl. Schütte 1998; vom Brocke 2003, S. 9ff.
⁵⁸ Vgl. Niehaves 2006, S. 26.
⁵⁹ Vgl. March, Smith 1995, S. 257.
⁶⁰ Vgl. Gutzwiller 1994, S. 12ff.; Winter 2003, S. 88f.

Je nach Methodenverständnis sind dabei nicht alle diese Elemente zwingend erforderlich.[61] Konstituierende Eigenschaften von Methoden sind Zielorientierung, Systematik, Prinzipienorientierung und Wiederholbarkeit.[62] GREIFFENBERG betont zudem den Anleitungscharakter von Methoden.[63]

Instanziierungen bzw. **Implementierungen** von Artefakten sind Realisierungen von Artefakten in ihrer Umwelt, z. B. in Form von Software-Produkten, die Konstrukte, Modelle und Methoden operationalisieren. Sie zeigen die Umsetzbarkeit von Artefakten und weisen somit nach, dass die Artefakte ihren Problemlösungsanspruch erfüllen.[64]

Theorien können im Kontext von DR in zwei Kategorien unterteilt werden. Kerntheorien stammen häufig von ausserhalb der DR-Domäne, etwa aus der behavioristischen WI/ISR, und dienen als Grundlage für die Formulierung von Problemlösungen. Designtheorien liefern im Gegensatz dazu Vorschriften bzw. Richtlinien für die Ausführung bestimmter Gestaltungsaufgaben. Während letztere als originäres Produkt von DR angesehen werden, können erstere durch DR gemäss KUECHLER und VAISHNAVI zumindest überprüft und modifiziert werden.[65]

Die Teildisziplin der gestaltungsorientierten WI, die sich mit der Entwicklung, Adaption und Implementierung von Methoden zur Entwicklung bzw. Transformation von IS beschäftigt, wird als **Methodenengineering** (ME) bezeichnet.[66] Um praktisch nutzbar zu sein, müssen Methoden i. d. R. an die besonderen Charakteristika des spezifischen Projekts, d. h. die Situation, angepasst werden. Der Ansatz zur Konstruktion anpassbarer Methoden wird als situatives ME bezeichnet.[67]

Hinsichtlich der **Situation** differenzieren BUCHER ET AL. zwischen Kontexttyp und Projekttyp. Der Kontexttyp umfasst diejenigen Teile des IS und seiner Umwelt, die nicht Gegenstand des Projekts sind und damit im Rahmen des Projekts nicht verändert werden, dennoch aber das Projekt beeinflussen können. Der Projekttyp umfasst den Ausgangszustand und den Zielzustand des im Projekt transformierten IS. Damit beinhaltet der Projekttyp „die Aspekte des Entwicklungsprojekts, die sowohl den Entwick-

---

[61] Vgl. Braun et al. 2005, S. 1297.
[62] Vgl. Braun et al. 2005, S. 1297.
[63] Vgl. Greiffenberg 2003, S. 11.
[64] Vgl. Hevner, March 2003, S. 84; March, Smith 1995, S. 258.
[65] Vgl. Gregor 2006, S. 614ff.; Kuechler, Vaishnavi 2008, S. 2ff.; Nunamaker et al. 1990, S. 94; Venable 2006, S. 9ff.
[66] Vgl. Brinkkemper 1996, S. 276; Bucher, Winter 2008, S. 47; Harmsen et al. 1994, S. 172.
[67] Vgl. Brinkkemper et al. 1999; Bucher et al. 2007, S. 34; Harmsen et al. 1994, S. 172; Ralyté, Rolland 2001, S. 471.

Einleitung 11

lungsprozess beeinflussen, wie auch durch den Entwicklungsprozess verändert bzw. transformiert werden".[68]

In der Literatur werden zwei Techniken zur Anpassung von Methoden unterschieden: **Konfiguration** und **Komposition**. Einerseits können Methoden konfiguriert werden, d. h. unter Nutzung von während der Methodenkonstruktion vordefinierten Anpassungsmechanismen an die Situation angepasst werden.[69] Andererseits können Methoden aber auch komponiert werden, d. h. aus in einer Methodenbasis abgelegten, unabhängigen Methodenteilen gemäss den situativen Anforderungen anhand von festgelegten Kompositionsregeln zusammengestellt werden.[70] Diese Methodenteile werden weitgehend synonym als **Methodenfragmente** (MF), Methodenkomponenten oder Methodenstücke (*method chunks*) bezeichnet.[71] Im Folgenden wird der weit verbreitete Begriff des Methodenfragments verwendet.[72]

1.5.3 Der Forschungsprozess in der gestaltungsorientierten Wirtschaftsinformatik

Um die Forschung zu strukturieren sowie die Bewertung der methodischen Aspekte von Forschung zu erleichtern, bietet es sich an, einen Forschungsprozess zur Grobgliederung des Forschungsablaufs zu definieren.[73] ROSSI und SEIN schlagen einen vierstufigen Forschungsprozess für DR vor, der in Abbildung 1-2 dargestellt ist.[74]

Quelle: Vgl. Rossi, Sein 2003.

Abbildung 1-2: DR-Forschungsprozess

Der Prozess gliedert sich in die vier Schritte *Identify Need, Build, Evaluate* und *Learn and Theorize*.

---

[68] Bucher, Winter 2008, S. 48, vgl. auch Bucher et al. 2007, S. 38.
[69] Vgl. Bucher et al. 2007, S. 35; Karlsson, Ågerfalk 2004, S. 622ff.; Ralyté et al. 2003, S. 97.
[70] Vgl. Brinkkemper 1996, S. 214ff.; Ralyté, Rolland 2001, S. 472.
[71] Vgl. Ågerfalk et al. 2007; Brinkkemper et al. 1999; Harmsen et al. 1994; Karlsson, Ågerfalk 2004; Ralyté, Rolland 2001, S. 473f. Die Unterschiede in den Methodenteil-Konzepten liegen in erster Linie in unterschiedlichen möglichen Granularitäten und unterschiedlichen Bestandteilen der Methodenteile (vgl. Ågerfalk et al. 2007).
[72] Vgl. Ågerfalk et al. 2007, S. 360.
[73] Vgl. Peffers et al. 2006, S. 86f.
[74] Derzeit scheint sich noch kein allgemein akzeptierter Standard-Forschungsprozess für DR herausgebildet zu haben, der dem hier gewählten Prozess aufgrund weiterer Verbreitung oder nachgewiesener Überlegenheit vorzuziehen wäre. Vgl. Peffers et al. 2006.

Im ersten Schritt, **Identify Need**, wird die Forschungslücke identifiziert und begründet. Der Forschungsbedarf begründet sich dabei immer aus *Business Needs*, d. h. Problemen, die im Spannungsfeld von Menschen, Organisationen und Technologien entstehen.[75] Diese Orientierung an der Praxis stellt die Relevanz der Forschung sicher.[76] Durch einen Abgleich mit bestehenden Ergebnissen wird überprüft, ob keine passenden Artefakte zur Lösung des Problems zur Verfügung stehen.[77] Die Analyse des Problems ermöglicht es, das Problem in detaillierte (quantitative oder qualitative) Ziele und Anforderungen zu zerlegen und so einerseits seine Komplexität handhabbar zu machen und andererseits eine Evaluation des Artefakts zu erleichtern.[78]

Der zweite Schritt, **Build**, umfasst die eigentliche Konstruktion des Artefakts. Dabei wird wo möglich auf bestehende Teillösungen, Methoden und Theorien aus der *Knowledge Base* zurückgegriffen, um den Aufwand zu senken und die Qualität des konstruierten Artefakts zu steigern.[79] Bedingt durch die Natur der zu lösenden Probleme[80] ist allerdings eine einfache Kombination bestehenden Wissens nicht ausreichend. Letzten Endes umfasst die *Build*-Phase immer auch einen kreativen Akt und erzeugt dadurch einen neuen Beitrag zum Fundus bestehenden Wissens.[81]

An die *Build*-Phase schliesst sich die **Evaluate**-Phase an, in der das Artefakt auf seine Tauglichkeit zur Lösung des Problems überprüft wird.[82] Ziel dieser Phase ist es, Nützlichkeit, Qualität und Wirksamkeit des Artefakts zu demonstrieren.[83] Hierzu ist eine multiperspektivische Evaluation hilfreich, die unterschiedliche Methoden und unterschiedlich begründete Qualitätskriterien umfasst.[84] Dabei können einerseits empirische Methoden wie Tests, Laborexperimente, Umfragen oder prototypische Implementierungen eingesetzt werden. Andererseits können auch analytische Methoden genutzt werden, wie z. B. modellbasierte Evaluationsmethoden oder -metriken bzw. eigenschaftsorientierte Methoden, die sich an den in der *Identify Need*-Phase identifizierten Anforderungen oder bestehender Theorie orientieren können.[85] Die analytischen Me-

---

[75] Vgl. Hevner, March 2003, S. 112.
[76] Vgl. Benbasat, Zmud 1999, S. 7ff.; Hevner et al. 2004, S. 84f.
[77] Vgl. Hevner et al. 2004, S. 81; Rossi, Sein 2003.
[78] Vgl. Peffers et al. 2006, S. 89.
[79] Vgl. Hevner et al. 2004, S. 80; Peffers et al. 2006, S. 90; Vaishnavi, Kuechler .
[80] Vgl. Hevner et al. 2004, S. 81; March 2006, S. 342.
[81] Vgl. Hevner et al. 2004, S. 81; Vaishnavi, Kuechler .
[82] Vgl. Bucher et al. 2008; Frank 2000; Hevner et al. 2004.
[83] Vgl. Hevner et al. 2004, S. 85f.
[84] Vgl. Bucher et al. 2008, S. 78ff.; Fettke, Loos 2003, S. 82ff.; Frank 2007, S. 123f.; Hevner et al. 2004, S. 85ff.; Siau, Rossi 2007.
[85] Vgl. Fettke, Loos 2003.

thoden lassen dabei nur eine Evaluation gegenüber der identifizierten Forschungslücke zu, nicht jedoch gegenüber dem zugrunde liegenden Ausschnitt der Realwelt.[86] Die Ergebnisse der Evaluation können dann als Ausgangspunkt für eine weitere Iteration der *Build*-Phase dienen, um allfällige Einschränkungen des konstruierten Artefakts zu beheben.[87]

Im abschliessenden Schritt, **Learn and Theorize**, wird versucht, die Erfahrungen aus Konstruktion und Evaluation zu generalisieren sowie die ursprünglich gemachten Annahmen zu bestätigen oder zu modifizieren.[88] Dabei können einerseits die Kerntheorien, die der Forschung zugrunde liegen, im Einklang mit den Ergebnissen weiterentwickelt werden. Andererseits können auch Designtheorien (weiter-)entwickelt werden, die beschreiben, wie Gestaltungsaufgaben auszuführen sind.[89]

1.6 Vorgehen und Aufbau der Arbeit

Aus den in Abschnitt 1.3 formulierten Zielen ergeben sich zwei Fragenkomplexe, die im Rahmen dieser Arbeit beantwortet werden müssen. Einerseits sollen die Akzeptanz der IL und ihre Einflussfaktoren erklärt werden. Andererseits soll eine Methode zur Steigerung der Akzeptanz konstruiert werden, die eine Messung der Akzeptanz beinhaltet.

Um diese Ziele erreichen zu können, verfolgt diese Arbeit einen multimethodischen Ansatz, der behavioristische und gestaltungsorientierte Forschungsmethoden verbindet. Der behavioristische Teil der Forschungsarbeit legt dabei die Grundlagen für die Artefaktkonstruktion im gestaltungsorientierten Teil der Arbeit.[90] Insbesondere wird eine auf behavioristischen Forschungsergebnissen beruhende Kerntheorie herangezogen, um die Akzeptanz der IL zu erklären und so Einflussfaktoren auf die Akzeptanz zu identifizieren und zu gewichten.[91] Diese Erkenntnisse begründen die Notwendigkeit der Artefaktkonstruktion und leiten die Artefaktgestaltung.

Basierend auf dem oben vorgestellten DR-Zyklus wird dann eine Methode zur Messung und Steigerung der IL-Akzeptanz konstruiert. Abschliessend wird diese evaluiert und Potenziale für weitere Forschungsarbeiten werden aufgezeigt. Abbildung 1-3 zeigt die Integration der behavioristischen und gestaltungsorientierten Teile der Arbeit.

---

[86] Vgl. Bucher et al. 2008, S. 78ff.
[87] Vgl. Baskerville et al. 2008; Peffers et al. 2006, S. 92; Vaishnavi, Kuechler .
[88] Vgl. Rossi, Sein 2003, S. 10.
[89] Vgl. Kuechler, Vaishnavi 2008, S. 5; Venable 2006, S. 9ff.
[90] Vgl. Hevner et al. 2004, S. 77.
[91] Vgl. Reinshagen 2007, S. 8.

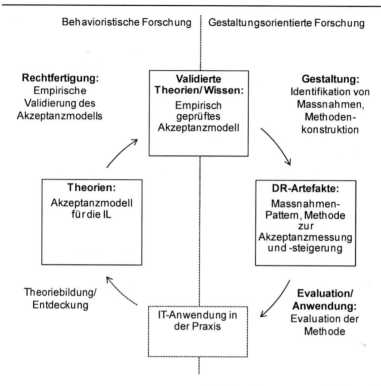

Quelle: Forschungsprozess vgl. Niehaves 2006, S. 71.

Abbildung 1-3: Forschungsprozess der Arbeit

Die Arbeit gliedert sich in zehn Kapitel. Im Anschluss an diese Einleitung werden Grundlagen zu IL und IS-Akzeptanz vorgestellt. In Kapitel 3 werden Annahmen zum Kontext expliziert, Anforderungen an die Ergebnisse abgeleitet und die zu konstruierenden Teilergebnisse eingeführt. In Kapitel 4 werden verwandte Arbeiten zur Erklärung und Steigerung der IS-Akzeptanz vorgestellt. Das Akzeptanzmodell für die IL wird in Kapitel 5 auf Basis bestehender Theorien konstruiert und empirisch validiert. In Kapitel 6 werden Fallstudien zur Steigerung der IL-Akzeptanz in der Praxis dokumentiert, auf deren Basis in Kapitel 7 Massnahmen zur Steigerung der Akzeptanz abgeleitet werden. In Kapitel 8 wird eine Methode zur Akzeptanzsteigerung konstruiert, die die Ergebnisse der vorhergehenden Kapitel integriert. Diese wird in Kapitel 9 evaluiert. Die Arbeit schliesst mit einer kritischen Würdigung und einem Ausblick in Kapitel 10.

2 Grundlagen

Zentraler Gegenstand dieser Arbeit ist die Informationslogistik, die im folgenden Abschnitt eingeführt wird. Im darauf folgenden Abschnitt wird die Akzeptanz von IS als zentraler Einflussfaktor auf deren Nutzung vorgestellt.

2.1 Informationslogistik

Die Informationslogistik (IL) als umfassendes Konzept für die übergreifende Informationsversorgung im Unternehmen wurzelt in einer Reihe von Ansätzen für die Realisierung analytischer IS und integriert und erweitert diese. **Informationssysteme** werden im Kontext dieser Arbeit als soziotechnische Systeme verstanden, die aus menschlichen und technischen Komponenten bestehen.[92] Analog zu ALTERS Konzept von *Work Systems* umfasst dieses Verständnis Systeme, Prozesse, Menschen, Informationen und ihre Umwelt.[93]

2.1.1 Ansätze zur Realisierung analytischer Informationssysteme

In den vergangenen Jahrzehnten wurden unterschiedliche Konzepte zur Realisierung von analytischen IS diskutiert, die im Rahmen der technischen Möglichkeiten und aufbauend auf gesammelten Erfahrungen unterschiedliche Schwerpunkte setzen. Diese Konzepte können als Vorläufer der IL betrachtet werden. Die Ansätze haben gemein, dass sie die Unterstützung von Entscheidungen im Unternehmen mit Informationen zum Ziel haben, wobei sich jedoch die Art der unterstützten Entscheidungen, die Adressaten und die technische Umsetzung unterscheiden.

Frühe Ansätze können unter dem Sammelbegriff **Management Support Systems** (MSS) zusammengefasst werden.[94] Die wichtigsten Vertreter dieser Klasse von Systemen sind Management Information Systems (MIS), Decision Support Systems (DSS) und Executive Information Systems (EIS). MIS sind der früheste Ansatz für eine informatorische Unterstützung des Managements mit Hilfe von IS. Ziel der MIS ist die Versorgung des mittleren Managements mit Berichten zur Unterstützung strukturierter Entscheidungen.[95] Diese Berichte werden aus den operativen Systemen des Unternehmens erzeugt und sind i. d. R. statisch, eng subjektbezogen und teilweise histori-

---

[92] Vgl. Wissenschaftliche Kommission Wirtschaftsinformatik 1994, S. 80.
[93] Vgl. Alter 2003, S. 369.
[94] Vgl. Holten 1999, S. 29; Krallmann et al. 2001.
[95] Vgl. Abschnitt 2.1.2 und Gorry, Scott Morton 1971 für eine Erläuterung der Typisierung von Entscheidungen.

siert.⁹⁶ DSS hingegen unterstützen semistrukturierte Managemententscheidungen, indem Datenhaltungskomponenten um Datenanalysemodelle für flexible, interaktive Auswertungen erweitert werden.⁹⁷ EIS schliesslich richten sich an das Top-Management und sollen unstrukturierte, strategische Entscheidungen unterstützen. Hierzu ermöglichen sie u. a. die Integration und Aggregation von Daten aus internen und externen Quellen, Recherche in verschiedenen Datenquellen und Visualisierungs- und Kommunikationsfunktionen.⁹⁸

Diese frühen Systemarchitekturen haben begrenzte Fähigkeiten zur Integration von Daten aus verschiedenen Quellen. Das Ende der 1980er Jahre aufkommende Konzept des Data Warehousing stellt diese Integrationsperspektive in den Vordergrund. Das **Data Warehouse** (DWH) ist „a subject-oriented, integrated, non-volatile, and time variant collection of data in support of management's decisions"⁹⁹. Es bildet eine persistente Integrationsschicht zwischen Datenquellen (vorwiegend den operativen Systemen im Unternehmen) und Auswertungsapplikationen. Diese Schicht entkoppelt die Datenhaltung für Analysezwecke von den operativen Datenspeichern und integriert Daten aus verschiedenen Systemen.¹⁰⁰ Auf diese integrierte Datenbasis greifen die analytischen Applikationen zu. Unter Data Warehousing wird analog die Gesamtheit der Prozesse und Systeme zu Betrieb und Nutzung eines DWH-IS verstanden.¹⁰¹ Die deutliche Fokussierung auf Management-Entscheidungen in der frühen Literatur wird in jüngeren Quellen zunehmend auf Nutzungsformen im Rahmen operativer Prozesse erweitert.¹⁰² Dabei konzentriert sich auch die jüngere Literatur meist weitgehend auf technische Aspekte.¹⁰³ Fragen z. B. zu Strategie- und Prozessgestaltung werden häufig vernachlässigt.

Während sich das Data Warehousing schwerpunktmässig mit der integrierten Datenbasis als zentraler Komponente einer analytischen IS-Architektur befasst, werden unter dem Stichwort **Business Intelligence** in erster Linie die Auswertungssysteme betrach-

---

⁹⁶ Vgl. Davis, Olson 1985, S. 6; Laudon, Laudon 2006, S. 86f.; O'Brien 1996, S. 370f.
⁹⁷ Im angelsächsischen Sprachgebrauch wird DSS auch häufig als Sammelbegriff für analytische Informationssysteme gebraucht. Vgl. Arnott, Pervan 2005, S. 69; Back 2002, S. 370ff.; Davis, Olson 1985, S. 11f.; Hedgebeth 2007, S. 414f.; Holten 1999, S. 36f.; O'Brien 1996, S. 373ff.; Sprague, Watson 1996, S. 13ff.; Turban, Aronson 2001, S. 96ff.
⁹⁸ Vgl. Back, Seufert 2001, S. 192f.; Gluchowski, Kemper 2006, S. 12; Holten 1999, S. 32ff.; Laudon, Laudon 2006, S. 89; O'Brien 1996, S. 382ff.; Watson et al. 1997, S. 3f.
⁹⁹ Inmon 2002, S. 31.
¹⁰⁰ Vgl. Devlin 1997, S. 20f.; Devlin, Murphy 1988, S. 60ff.; Kemper et al. 2006, S. 17; von Maur, Winter 2003, S. 9.
¹⁰¹ Vgl. Klesse 2007, S. 27; March, Hevner 2007, S. 1031; von Maur, Winter 2003, S. 5.
¹⁰² Vgl. Bucher, Dinter 2008; Kemper et al. 2006, S. 21ff.; Klesse 2007, S. 26.
¹⁰³ Vgl. z. B. Bauer, Günzel 2004; Chamoni, Gluchowski 2006; Kemper et al. 2006.

tet. In der durch das Marktforschungsunternehmen Gartner Group populär gemachten, ursprünglichen Bedeutung des Begriffs werden unter Business Intelligence Datenanalyse-, Reporting- und Abfragewerkzeuge verstanden.[104] In den folgenden Jahren ist das Begriffsverständnis jedoch zunehmend verschwommen.[105] Einerseits wird unter Business Intelligence die Gesamtheit der analytischen Applikationen und der sie speisenden DWHs und Datenbanken verstanden,[106] andererseits finden sich auch ganzheitliche Ansätze, die Business Intelligence als Gesamtheit von Systemen und Prozessen zur Analyse des Unternehmens und seiner Umwelt verstehen.[107] Diese Ansätze kommen dem unten skizzierten Verständnis von IL am nächsten.

2.1.2 Das St. Galler Konzept der Informationslogistik

Um der zunehmenden Reife und Komplexität der analytischen IS gerecht zu werden und um die bestehenden Konzepte zu integrieren, wurde das Konzept der IL als umfassender Ansatz zur Diskussion von analytischen IS entwickelt.[108] Diese Arbeit folgt der an den Logistikbegriff[109] angelehnten Definition von WINTER ET AL.:

„Als **Informationslogistik** wird die Planung, Steuerung, Durchführung und Kontrolle der Gesamtheit der Datenflüsse verstanden, die über eine Betrachtungseinheit hinausgehen, sowie die Speicherung und Aufbereitung dieser Daten. Dabei werden nur solche Datenflüsse zur IL gezählt, die der Unterstützung von Entscheidungen dienen."[110]

Ziel der IL ist es, mit Hilfe geeigneter Organisationsstrukturen und IS die Informationsbedarfe von Betrachtungseinheiten auch dann zu befriedigen, wenn die zur Befriedigung dieser Informationsbedarfe erforderlichen Daten in anderen Betrachtungseinheiten anfallen.

Betrachtungseinheiten können sämtliche Arten von Organisationseinheiten (OE) im Unternehmen sein, von der Stelle als kleinster selbständig handelnder OE[111] bis hin zum Gesamtunternehmen. Die IL ist damit unabhängig von der Grösse des Unternehmens, sie kann im Ein-Personen-Unternehmen ebenso realisiert werden wie im Gross-

---

[104] Vgl. Anandarajan et al. 2003, S. 18f.; Hedgebeth 2007, S. 415f.; Jung, Winter 2000, S. 11. Erste Erwähnung findet der Begriff BI schon 1958 bei LUHN (vgl. Luhn 1958).
[105] Vgl. Kemper et al. 2006; Mertens 2002.
[106] Vgl. z. B. Gluchowski 2001, S. 6; Negash 2004, S. 178.
[107] Vgl. Bucher, Dinter 2008; Gartner Group 2004, S. 48; Grothe, Gentsch 2000, S. 11; Lönnqvist, Pirttimäki 2006; Strauch, Winter 2002, S. 442.
[108] Vgl. Winter et al. 2008.
[109] Vgl. z. B. Bichler, Schröter 2004, S. 17; Heiserich 2002, S. 8; Schulte 2005, S. 1.
[110] Winter et al. 2008, S. 2.
[111] Vgl. Bleicher 1991, S. 45.

konzern. Zudem umfasst die IL explizit auch unternehmensübergreifende Datenflüsse und erweitert in dieser Hinsicht das DWH-Konzept.[112]

Aufgabe der IL ist es, Daten, die in einer Betrachtungseinheit anfallen, für die Nutzung in anderen Betrachtungseinheiten zugänglich zu machen. Diese Einschränkung auf betrachtungseinheit-übergreifende Datenflüsse bedingt eine mehrstufige Konzeption von IL: Datenflüsse z. B. innerhalb eines Unternehmensbereichs können je nach gewählter Betrachtungseinheit Teil der IL sein (bei Wahl einer Betrachtungseinheit innerhalb des Unternehmensbereichs) oder nicht (bei Betrachtung auf Ebene der Unternehmensbereiche). Dieser Zusammenhang ist in Abbildung 2-1 dargestellt.

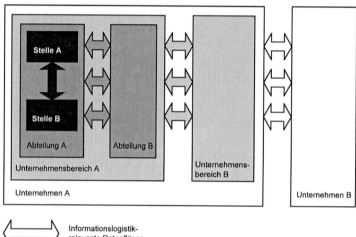

Quelle: Winter et al. 2008, S. 4.

Abbildung 2-1: Datenflüsse der Informationslogistik

Unter analytischer Nutzung von Informationen wird verstanden, dass die Informationen zur Unterstützung von Entscheidungen (als bewusste Auswahl einer von zwei oder mehreren Handlungsalternativen)[113] genutzt werden. Informationen ergeben sich aus Daten, wenn sie „von einer Person in einem bestimmten Kontext empfangen und interpretiert werden"[114]. Im Kontext der IL wird von Daten-, nicht von Informationsflüs-

---

[112] Vgl. von Maur et al. 2003, S. 19.
[113] Vgl. Wöhe 1993, S. 156.
[114] Jung 2006, S. 44.

Grundlagen 19

sen gesprochen, da diese bis zur tatsächlichen Nutzung verwendungsneutral sind und in keinem Kontext stehen.[115]

Hinsichtlich der Entscheidungen differenzieren GORRY und SCOTT MORTON zwischen unterschiedlichen Strukturierungsgraden von Entscheidungen (strukturiert, semistrukturiert und unstrukturiert) und unterschiedlichen Hierarchieebenen im Unternehmen, auf denen Entscheidungen gefällt werden (strategische Entscheidungsfindung, Managementkontrolle und operative Kontrolle).[116] Anders als das auf Managementkontrolle fokussierte MIS-Konzept und das frühe Verständnis von Data Warehousing deckt die IL diese Dimensionen vollständig ab.

Die durch die IL unterstützten Entscheidungen können im Kontext verschiedener Arten von Prozessen getroffen werden. Das Neue St. Galler Management-Modell unterscheidet zwischen Geschäftsprozessen, Unterstützungsprozessen und Managementprozessen.[117] Während bestehende Konzepte primär auf die Unterstützung von Managementprozessen abzielen,[118] befasst sich die IL auch mit der Unterstützung von Geschäftsprozessen und Unterstützungsprozessen, wie sie z. B. im Rahmen der prozessorientierten IL in jüngerer Zeit diskutiert wird.[119]

Ebenso abstrahiert der IL-Ansatz vom klassischen Verständnis von technischen Realisierungsformen. Während das Data Warehousing in der Regel die Speicherung in einer zentralen, von den operativen Systemen entkoppelten Datenbasis in den Vordergrund stellt,[120] fokussiert die IL auf die Realisierung von Datenflüssen zur Befriedigung von Informationsbedarfen unabhängig von deren technischer Umsetzung. In dieser Hinsicht vergleichbar ist das aktuelle Verständnis von DSS in der amerikanischen Literatstur, wo DSS als Sammelbegriff für die diversen in Abschnitt 2.1.1 angeführten Technologien genutzt wird.[121]

2.1.3 Realisierung der Informationslogistik

Systemarchitektur: Die Systemarchitektur der IL ist in der Regel in Form eines mehrstufigen Systems realisiert, das die Daten aus den internen Quellen (i. d. R. operativen Systemen) und externen Quellsystemen extrahiert, aufbereitet und speichert.

---

[115] Vgl. Klesse 2007, S. 20.
[116] Vgl. Gorry, Scott Morton 1971, S. 62; Laudon, Laudon 2006, S. 141.
[117] Vgl. Rüegg-Stürm 2002, S. 68-69.
[118] Da die Managementprozesse ein Spezifikum des St. Galler Management-Modells sind, sind sie allerdings i.d.R. in der Literatur nicht explizit benannt.
[119] Vgl. Bucher, Dinter 2008; Kemper et al. 2006, S. 21ff.
[120] Vgl. Bauer, Günzel 2004, S. 34ff.; Inmon 2002, S. 36; Kemper et al. 2006, S. 31; Mucksch 2006, S. 131.
[121] Vgl. Arnott, Pervan 2005; Arnott, Pervan 2008.

Diese Daten werden über analytische Applikationen den Nutzenden zugänglich gemacht, in Data Marts (DM) auszugsweise zwischengespeichert oder direkt an operative Systeme geliefert. Über die analytischen Applikationen werden Daten für die Nutzenden in Form von vordefinierten oder frei zu erstellenden Reports, Analysen, *Dashboards* und ähnlichen Dokumenten bereitgestellt (im Folgenden werden diese Produkte der IL-Applikationen der Einfachheit halber summarisch als Reports bezeichnet).[122] Gemeinsame Komponenten stellen übergreifende Funktionalitäten wie Metadaten (MD), Autorisierung oder Qualitätsmanagement bereit, die IL-Plattform stellt technische Basisdienste wie Datenbank-Management bereit.[123] In Abbildung 2-2 sind die typischen Komponenten der IL-Architektur dargestellt.

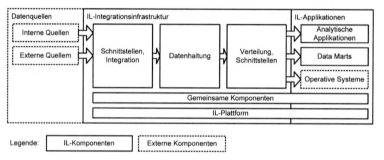

Abbildung 2-2: Komponenten der IL-Architektur

Organisation: Die Organisation der IL im Unternehmen kann verschiedenartig ausgestaltet werden, wobei die Organisationsformen sich in der Verteilung der Zuständigkeiten für die Teilprozesse der IL unterscheiden. Die Prozesse der IL lassen sich in die drei Bereiche Nutzung, Entwicklung und Betrieb gliedern. Die Bereiche Entwicklung und Betrieb lassen sich zusätzlich nach den Systemkomponenten Plattform, Integrationsinfrastruktur und Applikationen unterteilen (vgl. Abbildung 2-3).[124]

---

[122] Vgl. Bange 2006a, S. 97ff.
[123] Vgl. z. B. Bauer, Günzel 2004, S. 36; Humm, Wietek 2005, S. 9; von Maur et al. 2003, S. 10f.
[124] Vgl. Klesse, Schmaltz 2008, S. 85ff.

Grundlagen

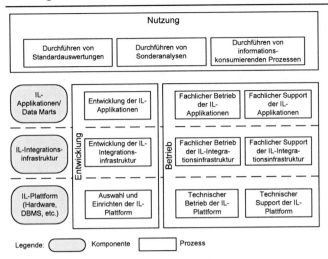

Quelle: Vgl. Klesse, Schmaltz 2008, S. 87.

Abbildung 2-3: Prozesse der IL

Häufig findet sich eine spezialisierte OE, die eine koordinierende Rolle einnimmt und in der die IL-spezifischen Kompetenzen gebündelt sind. Diese OE wird häufig als IL- oder DWH-*Competence Center* (CC) bezeichnet,[125] im Folgenden wird sie als IL-Organisation bezeichnet. Diese IL-Organisation kann verschieden grosse Anteile an den Prozessen der IL selbst übernehmen bzw. von anderen OE beziehen. Partner in diesen Prozessen sind (interne oder externe) Zulieferer (z. B. für Implementierung und Systembetrieb) und Leistungsabnehmer (i. d. R. die Fachbereiche des Unternehmens). KLESSE identifiziert vier Typen von IL-Organisationen, die sich anhand ihrer Fertigungstiefe in den Bereichen Nutzung, DWH-IS[126] und Technik unterscheiden.[127] In Tabelle 2-1 sind die zu diesen Bereichen zusammengefassten Tätigkeiten dargestellt.

---

[125] Vgl. Meyer 2000, S. 147; Strange, Dresner 2002.
[126] Im Kontext der Untersuchung von KLESSE wird angenommen, dass ein DWH als zentrale Integrationskomponente für die IL existiert.
[127] Vgl. Klesse, Schmaltz 2008, S. 88ff.; Klesse, Winter 2007.

Tätigkeitsbereich	Inhalte
Nutzung	Der Bereich Nutzung umfasst die Durchführung von Standardauswertungen, die Erstellung von Sonderanalysen und das Durchführen von informationskonsumierenden Prozessen oder Teilen davon (wie z. B. das Erstellen von Jahresabschlüssen).
DWH-IS	Der Bereich DWH-IS umfasst die Entwicklung, den fachlichen Betrieb und fachlichen Support für die Integrations- und Datenhaltungskomponenten.
Technik	Im Bereich Technik sind die Beschaffung bzw. Implementierung der technischen Plattform sowie der technische Betrieb und Support zusammengefasst.

Quelle: Vgl. Klesse, Winter 2007.

Tabelle 2-1: Tätigkeitsbereiche der IL-Organisationen

Die IL-Organisation kann dabei mehr oder weniger geschäftsnah aufgestellt sein und mehr oder weniger technische Leistungen selber erbringen. Daraus ergeben sich die in Abbildung 2-4 dargestellten Typen. Eine empirische Untersuchung zeigte, dass das IL-CC die in der Praxis am häufigsten anzutreffende Organisationsform ist.[128]

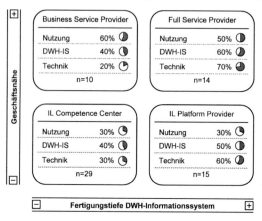

Quelle: Vgl. Klesse, Schmaltz 2008, S. 92.

Abbildung 2-4: Typen von IL-Organisationen

Die Organisationsform IL-CC legt den Schwerpunkt auf die Koordination der Gesamtheit der IL, während Teile der Leistungen für Implementierung und Betrieb fremdbezogen werden.[129] Im Bereich der Nutzung erbringt das IL-CC in erster Linie unterstützende Leistungen und hat eher geringen Anteil an den Nutzungsprozessen, z.B. bei der Erstellung von Sonderanalysen. Auch im Bereich des DWH-IS können Teile der Leistungen, z. B. für die Implementierung einzelner Module, fremdbezogen

---
[128] Vgl. Klesse 2007, S. 50.
[129] Vgl. Klesse, Schmaltz 2008, S. 97ff.

Grundlagen

sein. Im Bereich der Technik werden vielfach die Routineaufgaben für Betrieb und Wartung von Zulieferern bezogen.

Nutzung: Hinsichtlich der Nutzung der IL-Systeme lassen sich in zwei Arten von Nutzungsprozessen differenzieren.[130] Einerseits werden Standardauswertungen durchgeführt, die mit Hilfe von immer wieder gleichartig erstellten Reports oder parametrisierten multidimensionalen Abfragen ausgeführt werden. Diese Art der Nutzung ist bei wiederkehrenden, gleichartigen Informationsbedarfen üblich. Eine Sonderform dieser Art der Nutzung ist die Nutzung von Informationssystemen für das Top-Management, die die wichtigsten Informationen aggregiert in Form eines Dashboards zur Verfügung stellt.[131] Während diese Art von Nutzung häufig auf einem standardisierten Dashboard beruht, unterscheidet sich die Nutzung hinsichtlich der genutzten Kennzahlen, der Detailtiefe und der genutzten Funktionalität erheblich.[132]

Andererseits werden Sonderanalysen durchgeführt, die zur Befriedigung von einmaligen, nicht wiederkehrenden und durch die Standardreports nicht abgedeckten Informationsbedarfen beruhen. Dafür werden freier Zugriff auf die Daten und fortgeschrittene Analysetechniken genutzt.

Die Nutzenden der IL können in der Regel in Klassen mit unterschiedlicher Nutzungsintensität unterteilt werden, die mit den Nutzungsprozessen korrespondieren. Einerseits finden sich Nutzende, die in erster Linie einfache Nutzungsaufgaben wahrnehmen. Diese umfassen schwerpunktmässig das Abrufen vordefinierter Reports und das Parametrisieren bestehender Analysen. Diese Nutzenden führen in der Regel die erste Klasse von Nutzungsprozessen (Standardauswertungen) durch.[133]

Andererseits existieren Nutzende mit erweiterten Kompetenzen und Befugnissen, die mit dem Erstellen von Reports für die spätere Verwendung durch die Nutzenden der ersten Gruppe und mit dem Durchführen von individuellen Ad hoc-Analysen befasst sind. Diese Nutzendengruppen führen die zweite Art von Nutzungsprozessen durch (Individualauswertungen). Zudem übernehmen sie mit dem Entwickeln von Reports vorbereitende Arbeiten für die erste Kategorie von Nutzungsprozessen.

---

[130] Die in Abbildung 2-3 ebenfalls aufgeführten informationskonsumierenden Prozesse werden an dieser Stelle nicht betrachtet. Vgl. Winter, Klesse 2008, S. 5; Winter, Klesse 2009, S. 8.
[131] Vgl. Reinshagen 2009. Der Übergang zwischen Standardauswertungen und Sonderanalysen ist hier fliessend.
[132] Vgl. Reinshagen 2009, S. 47ff.
[133] REINSHAGEN zeigt für die Nutzenden von Management-Dashboards abhängig vom Entscheidungsstil deutlich differenzierte Arten der Nutzung von Standardreporting. Vgl. Reinshagen 2009, S. 47ff., siehe auch Fox, Spence 1999; Pijpers 2001; Seeley, Targett 1999.

Die erste Gruppe ist dabei in der Regel die grössere Gruppe.[134] Während die Mitglieder der ersten Gruppe in der Regel Mitarbeitende von Fachbereichen sind, die nur einen geringen Teil ihrer Arbeitszeit mit IL-Nutzung verbringen, finden sich in der zweiten Gruppe häufig Analysten, die schwerpunktmässig mit der IL-Nutzung befasst sind. Der Trend zur Förderung der IL-Nutzung unter den Mitarbeitenden und zur stärkeren Durchdringung der Organisation mit IL-Systemen sollte diese erste Gruppe weiter verstärken.[135]

Diese Unterschiede in der Art der Nutzung können die Akzeptanz beeinflussen: Auf Grund unterschiedlicher Anforderungen an die Systeme können einerseits Einflussfaktoren auf die Akzeptanz unterschiedlich wichtig für die Akzeptanz sein und andererseits können Systemeigenschaften je nach Nutzungsart unterschiedlich auf die Wahrnehmung der Akzeptanzfaktoren wirken.

2.2 Akzeptanz von Informationssystemen

Der Begriff der Akzeptanz ist in verschiedenen Forschungsrichtungen unterschiedlich definiert. Die folgenden Ausführungen konzentrieren sich auf den Akzeptanzbegriff im Bereich der WI, die sich in Zusammenhang mit Akzeptanz mit der Bereitschaft zur Nutzung und der tatsächlichen Nutzung von IS befasst.[136] Dabei kann zwischen gesellschaftlicher, organisationaler und individueller Akzeptanz unterschieden werden.[137]

Auf der **gesellschaftlichen** Akzeptanzebene findet der Diskurs über die öffentliche Diskussion und die Medien statt und beeinflusst einen grossen Teil der Bevölkerung. Die gebildeten Meinungen sind allerdings bezüglich bestimmter Technologien eher unspezifisch. Den Schwerpunkt der Akzeptanzdiskussion auf **organisationaler** Ebene bilden Kosten-Nutzen-Betrachtungen. Akzeptanz auf dieser Ebene äussert sich in Unterstützung durch das Management und wichtige Anspruchsgruppen,[138] sie wird von der Aufnahmekapazität der Organisation beeinflusst.[139]

---

[134] Vgl. Dresner et al. 2002, S. 32; Eckerson 2005, S. 8.
[135] Vgl. Eckerson, Howson 2005, S. 10, für Vergleichzahlen aus den letzten Jahren siehe auch Eckerson 2006, S. 16; TDWI 2008, S. 20.
[136] Vgl. Simon 2001, S. 88. Vgl. Betz 2003, S. 97ff. für einen Überblick über die davon abweichenden Akzeptanzkonzepte in Soziologie, Organisationswissenschaft und Marketingwissenschaft. Eine detaillierte Auseinandersetzung mit der soziologischen Akzeptanzforschung findet sich bei LUCKE, Vertiefungen zum Akzeptanzkonzept im Marketing bei KOLLMANN (vgl. Kollmann 1999; Kollmann 2000; Lucke 1995).
[137] Vgl. Martin 1993, S. 23.
[138] Vgl. Zmud 1984.
[139] Vgl. Cohen, Levinthal 1990; Ramamurthy et al. 2008, S. 820f. Siehe Ramamurthy et al. 2008 für eine beispielhafte aktuelle Untersuchung zur Akzeptanz von DWH auf organisationaler Ebene.

Grundlagen

Im Rahmen dieser Arbeit steht die **individuelle** Akzeptanz im Vordergrund des Interesses, da sie die Analyse und Steigerung individueller Nutzung von analytischen IS zum Gegenstand hat. Das Konzept der individuellen Akzeptanz hat seine Wurzeln in der Sozialpsychologie. Individuelle Akzeptanz von Technologien wird in der Literatur über die beiden Dimensionen Einstellung und Verhalten definiert.[140] Unter Einstellungsakzeptanz wird eine positive Einstellung von Individuen oder Gruppen gegenüber einem Objekt (hier einer Technologie oder einem IS) verstanden, verbunden mit der Bereitschaft, dieses auch zu nutzen. Diese Einstellungen ändern sich langsam und haben sowohl affektive (gefühlsmässige) als auch kognitive (verstandesmässige) Komponenten.[141] Unter Verhaltensakzeptanz wird die tatsächliche, wiederholte Nutzung des Systems verstanden.[142]

Ziel der in dieser Dissertation entwickelten Methode ist es, die Akzeptanz des Systems durch die Nutzenden zu steigern, d. h. Einstellungen und Verhalten zu verändern. Dies kann über die kognitive Komponente (d. h. über Informationen) oder die affektive Komponente von Einstellungen (über angenehme oder unangenehme Erfahrungen) sowie über die Verhaltenskomponente (z. B. über Gebote oder Verbote) geschehen.

Einstellungsakzeptanz ist ein mentales Konstrukt, das in den Köpfen der potenziellen Nutzenden entsteht.[143] Sie wird beeinflusst von subjektiven Wahrnehmungen bzw. Überzeugungen des Individuums, die den wahrgenommenen Akzeptanzkontext bilden und die zur Bereitschaft bzw. Absicht zur Nutzung von IS führen. Die Absicht steuert wiederum die Nutzung (Verhaltensakzeptanz). Basierend auf bestehenden, gespeicherten Einstellungen wird in Entscheidungssituationen ein Urteil gebildet, das von bestehendem Wissen und externen Informationen beeinflusst wird. Dieses Urteil kann zu einer Änderung der gespeicherten Einstellungen führen, was wiederum zukünftige Entscheidungen beeinflusst.[144] Für die Akzeptanzforschung ist dabei die Spezifität der gemessenen Einstellungen relevant: Je spezifischer die beobachteten Einstellungen in Bezug auf ein bestimmtes Verhalten sind, desto eher lässt sich aus ihnen das Verhalten vorhersagen.[145]

---

[140] Vgl. Agarwal 2000, S. 90f.; Martin 1993, S. 18ff.; Müller-Böling 1986, S. 23ff.; Simon 2001, S. 89. Dabei werden von unterschiedlichen Autoren entweder nur die Einstellungen, nur das Verhalten oder beide Dimensionen betrachtet (vgl. Müller-Böling 1986, S. 24).
[141] Vgl. Krosnick et al. 2005, S. 22ff.; Müller-Böling 1986, S. 25f.; Swoboda 1996, S. 22.
[142] Vgl. Agarwal 2000, S. 91.
[143] Vgl. Aronson 2004, S. 252ff.
[144] Vgl. Albarracín et al. 2005, S. 5f.; Triandis 1975, S. 215ff.; Wegener, Carlston 2005, S. 495f.
[145] Vgl. Aronson 2004, S. 255.

Die Verhaltensakzeptanz zeigt sich in einem beobachtbaren Verhalten, d. h. in der tatsächlichen, wiederholten Nutzung einer Technologie oder eines IS.[146] Sie hat sich in der Literatur vor der Zufriedenheit der Nutzenden als der wichtigste Indikator von Akzeptanz durchgesetzt.[147] Allerdings ist auch hier die innere Einstellung (Verhaltensbereitschaft) als Auslöserin des tatsächlichen Verhaltens wichtiger Bestandteil der Betrachtungen.[148] Die positive Beziehung zwischen Handlungsbereitschaft und Handlung (hier Nutzung von IS) wurde in zahlreichen empirischen Studien nachgewiesen und kann als gesichert gelten.[149]

Das den im Abschnitt 4.1.2 diskutierten Akzeptanzmodellen zugrunde liegende Akzeptanzkonzept ist in Abbildung 2-5 dargestellt. Die individuellen Reaktionen auf IS-Nutzung ergeben sich nach KLEE aus dem Akzeptanzkontext, der das IS, das organisatorische Umfeld und das soziale Umfeld umfasst. Dieser Kontext wird anhand des bestehenden Wissens des Individuums interpretiert und bewertet, was zu einem wahrgenommenen Akzeptanzkontext führt. Dieser determiniert die Nutzungsbereitschaft (Absicht), welche wiederum auf die Nutzung (Verhalten) wirkt.[150]

Hinsichtlich der konstituierenden Elemente des wahrgenommenen Akzeptanzkontexts, d. h. der Wahrnehmungen und Überzeugungen des Individuums, die die Nutzungsbereitschaft beeinflussen, unterscheiden sich die Akzeptanzmodelle. In Abschnitt 4.1.2 werden einschlägige alternative Theorien und ihre Akzeptanzkonzeptionen vorgestellt.

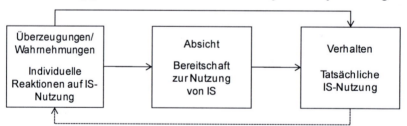

Quelle: Vgl. Davis 1986, S. 10; Klee 1989, S. 7ff.; Venkatesh et al. 2003, S. 427.

Abbildung 2-5: Einstellungsakzeptanz und Nutzung

---

[146] Vgl. Davis 1986, S. 25.
[147] Vgl. Igbaria et al. 1997, S. 282.
[148] Vgl. Agarwal 2000, S. 90f.; Dillon, Morris 1996, S. 4; Müller-Böling 1986, S. 26f.
[149] Vgl. Sheppard et al. 1988; Straub et al. 1995; Taylor, Todd 1995.
[150] Vgl. Agarwal 2000, S. 90; Klee 1989, S. 7ff.

3 Kontext, Anforderungen und Lösungsansatz

Die vorliegende Arbeit zielt auf die Gestaltung einer Methode zur Steigerung der Akzeptanz von IL im Unternehmen ab. Hinsichtlich der Situation in den Unternehmen, insbesondere zur Organisation der IL und zur technischen Realisierung der IL werden Annahmen getroffen, die in Abschnitt 3.1 expliziert werden. An die Methode lassen sich aus den Zielen des Forschungsvorhabens inhaltliche und methodische Anforderungen ableiten, die die Konstruktion der Artefakte leiten und als Richtschnur für die Evaluation der Ergebnisse dienen sollen (siehe Abschnitt 3.2). Um die Ziele der Dissertation zu erreichen und den Anforderungen gerecht zu werden, wurde eine bestimmte Struktur für die konstruierte Methode gewählt, die in Abschnitt 3.3 dokumentiert ist.

3.1 Annahmen zur Situation

Um die Methode zur Steigerung der IL-Akzeptanz auszugestalten, wird eine Reihe von Annahmen getroffen. Sie betreffen die Situation, in der die Methode angewandt werden soll und sollen die Operationalisierung der Methode vereinfachen.

Für die **Systemarchitektur** existiert eine Vielzahl von Realisierungsformen, die sich in der Organisation der Datenspeicherung und des Zugriffs unterscheiden.[151] Die am häufigsten eingesetzte Architektur ist die auf INMON zurückgehende Hub and Spoke-Architektur (vgl. Abbildung 3-1), die im Folgenden auf Grund ihrer weiten Verbreitung als vorliegende Architektur vorausgesetzt wird.[152] In dieser Architektur werden die Daten in einem zentralen DWH gespeichert und historisiert, daraus gespeiste DMs enthalten anwendungsspezifische Ausschnitte aus den Gesamtdaten, um die Abfrageleistung zu steigern.

---

[151] Vgl. z.B. Inmon 2002, Kimball, Ross 2002; für einen Überblick vgl. Lahrmann, Stroh 2008.
[152] Vgl. Eckerson 2006, S. 15; Inmon 2002, S. 35ff.

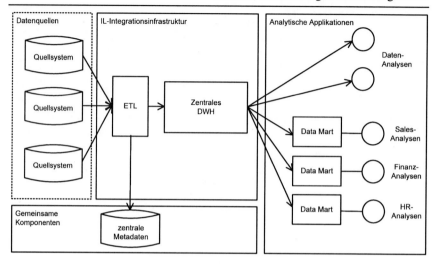

Quelle: Vgl. Inmon 2002, S. 36; Lahrmann, Stroh 2008, S. 156.

Abbildung 3-1: Hub and Spoke-Architektur

Für die einzelnen Komponenten der IL-Systeme, insbesondere im Frontend-Bereich, wird dabei zunehmend Standardsoftware eingesetzt.[153] Die Frontend-Werkzeuge integrieren Funktionalitäten wie z. B. Analyse- und Visualisierungsmöglichkeiten, Portale zur Verwaltung von Reports sowie Schnittstellen zu den Datenbanken und vereinfachen so die Entwicklung von IL-Anwendungen.[154] Im Folgenden wird angenommen, dass überwiegend (angepasste) Standardsoftware genutzt wird.

Hinsichtlich der **Organisation** der IL wird aufgrund der Häufigkeit der Organisationsform im Folgenden angenommen, dass ein IL-CC vorliegt. Für diese Annahme spricht ebenfalls, dass Trends zur Industrialisierung bei der Erstellung von IT-Leistungen verstärkt zu einer Reduktion der Fertigungstiefe insbesondere beim Betrieb von IS führen. Weiterhin führt der verstärkte Einsatz von Standardsoftware gerade im IL-Bereich zu einer Reduktion der Fertigungstiefe im Bereich der Entwicklung.[155] Schliesslich erfordert die Umsetzung einer unternehmensweiten IL eine zentrale Instanz, die IL-Kompetenz bündelt und IL-Initiativen koordiniert.[156]

---

[153] Vgl. Richardson 2008. Vergleichszahlen zeigen, dass der Anteil an Eigenentwicklungen im IL-Bereich in den letzten Jahren erheblich abgenommen hat, vgl. Eckerson 2002, S. 11; Eckerson 2005, S. 10f.
[154] Vgl. Bange 2006b, S. 69ff.
[155] Vgl. Eckerson 2005, S. 10ff.; Richardson 2008; von Jouanne-Diedrich et al. 2005, S. 18.
[156] Vgl. Dresner et al. 2002, S. 10.

Hinsichtlich der **Nutzenden** wird angenommen, dass diese überwiegend in einer oder mehreren (von der IL-Organisation disjunkten) Fachabteilungen angesiedelt sind (begründet durch die in der CC-Organisation geringe Fertigungstiefe im Bereich der Nutzungsprozesse). Damit sind sie aus der Perspektive der IL-Organisation als Kunden zu betrachten. Darüber hinaus wird angenommen, dass es eine Art von Hierarchie unter den Nutzenden gibt, die *Power User* mit erweiterten Kompetenzen und Nutzungsrechten und einfache Nutzende mit reduziertem Nutzungsumfang umfasst, wobei letztere Gruppe zahlenmässig überwiegt.

3.2 Anforderungen an die Artefakte

3.2.1 Inhaltliche Anforderungen

Aus den Erkenntnis- und Gestaltungszielen für diese Arbeit (vgl. Abschnitt 1.3) ergeben sich inhaltliche Anforderungen:

AI_1 – Modellierung der Akzeptanz von IL: Für die Messung der IL-Akzeptanz ist die Konstruktion eines Akzeptanzmodells erforderlich, das in einer Messmethode genutzt werden kann. Dieses Modell muss den Akzeptanzkontext der IL abbilden, d. h. es muss die internen und externen Einflussfaktoren auf die Akzeptanz von IL-Systemen im Unternehmen abbilden. Dadurch kann es tieferen Einblick in die Zusammenhänge der IL-Akzeptanz liefern, als dies ein generisches Modell tun kann (bei entsprechend eingeschränkter Validität).[157]

Das Modell soll mit Hilfe der externen Einflussfaktoren einen möglichst grossen Teil der Varianz der Nutzungsabsicht (bzw. von Nützlichkeit und Nutzerfreundlichkeit) erklären.[158] Dieses Ziel steht teilweise im Widerspruch zu den weiteren hier identifizierten Zielen – insbesondere eine geringe Konstruktzahl dürfte auch mit verringertem Erklärungsgehalt einhergehen. Vor diesem Hintergrund ist davon auszugehen, dass das Akzeptanzmodell für die IL nicht unbedingt den Erklärungsgehalt konkurrierender Modelle erreichen kann (Erkenntnisziele E_1 und E_2).[159]

AI_2 – Messung der IL-Akzeptanz: Die Methode muss auf Basis eines Akzeptanzmodells eine Messung der IL-Akzeptanz im Unternehmen unterstützen, um erfolgversprechende Massnahmen zur Steigerung der Akzeptanz zu identifizieren und um u. U. nach Durchführung der Massnahmen eine Erfolgskontrolle zu ermöglichen (Gestal-

---

[157] Vgl. Johns 2006, S. 395ff.
[158] Vgl. Backhaus et al. 2006, S. 341f.; Kaplan 2000, S. 5f.
[159] Vgl. Sun, Zhang 2006 für beispielhafte Zahlen.

tungsziel G_1). Das Modell soll dabei sein Erklärungsziel mit einer möglichst geringen Anzahl an modellierten Konstrukten erreichen (es soll sparsam bzw. *parsimonious* sein). Die Anforderung begründet sich neben wissenschaftstheoretischen Überlegungen[160] auch aus dem geplanten Einsatz im praktischen Umfeld: Für jedes modellierte Konstrukt müssen im Fragebogen Fragen zur Messung vorgesehen werden (i. d. R. mindestens zwei pro Konstrukt).[161] Für die Messung mit Hilfe des Fragebogens im Unternehmenskontext ist jedoch eine möglichst geringe Zahl an Fragen erstrebenswert, um die zum Ausfüllen nötige Zeit und damit den Aufwand zur Messung zu minimieren.[162]

AI$_3$ – Steigerung der IL-Akzeptanz: Die Methode muss geeignet sein, die Akzeptanz der IL im Unternehmen zu steigern. Dazu muss sie die situative Identifikation relevanter Massnahmen zur Steigerung der IL-Akzeptanz auf Basis einer Akzeptanzmessung ermöglichen. Zudem muss die Methode die Messung der Akzeptanz und die Auswahl von Massnahmen zu einer Gesamtmethode integrieren, um eine Steigerung der Akzeptanz zu ermöglichen (Gestaltungsziele G_1 und G_2).

AI$_4$ – Einsetzbarkeit im Unternehmen: Die Methode zur Akzeptanzsteigerung soll im Unternehmen praktisch einsetzbar sein. Dies hat Auswirkungen auf die zu konstruierenden Artefakte. Vor allem muss die Methode dem Prinzip der Wirtschaftlichkeit genügen,[163] sie soll also weniger ein theoretisches Optimum erreichen als vielmehr wirtschaftlich sinnvoll sein. Bei der Modellierung der Akzeptanz sind diejenigen Konstrukte von besonderem Interesse, die sich durch die IL-Organisation gestalten lassen. Die Modellierung anderer, eher breit gefasster bzw. von der individuellen Psyche der Nutzenden abhängiger Konstrukte, wie z. B. die im TAM3 genannten *Computer Anxiety* und *Computer Playfulness*,[164] kann möglicherweise den Erklärungsgehalt des Modells steigern. Für den Einsatz im Unternehmen ist sie aber weniger interessant, da diese Konstrukte sich einer Beeinflussung durch die IS-Organisation weitgehend entziehen.[165] Ähnliches gilt für die Modellierung von potenziell moderierenden individuellen Einflüssen wie Alter, Geschlecht oder Freiwilligkeit, da diese in der Regel kaum zu beeinflussen sein dürften.[166]

---

[160] Vgl. Popper 2002, S. 97ff.; Sober 1981, S. 145f.; Whetten 1989, S. 490.
[161] Vgl. Churchill 1979, S. 66; Venkatraman, Grant 1986, S. 78.
[162] Vgl. Chin et al. 2008, S. 688.
[163] Vgl. Kosiol 1972.
[164] Vgl. Venkatesh, Bala 2008, S. 280.
[165] Vgl. Venkatesh, Bala 2008, S. 278ff.
[166] In der Literatur werden solche Einflüsse en detail untersucht: vgl. z. B. Pijpers 2001; Sun, Zhang 2006; Venkatesh, Morris 2000; Venkatesh et al. 2003.

Die Methode muss im Hinblick auf die Vorgehen und verwendete Techniken praxisgerecht gestaltet werden. Insbesondere muss das Vorgehensmodell hinreichend vollständig und detailliert ausgestaltet werden, um die Umsetzung ohne umfassende Anpassungen zu ermöglichen. Die verwendeten Techniken sollten ohne spezialisierte Kenntnisse umsetzbar sein. Für komplexe Verfahren sollten einfache Alternativen angegeben werden. Schliesslich gilt für Massnahmen zur Steigerung der IL-Akzeptanz, dass eine nachgewiesene Umsetzbarkeit im Kontext der IL zu fordern ist (Gestaltungsziele G_1 und G_2).

AI_5 – Anpassbarkeit: Die Methode soll in verschiedenen Unternehmen einsetzbar sein, die sich naturgemäss in strategischer Ausrichtung, Organisation und technischer Realisierung ihrer IL unterscheiden und in denen die Akzeptanz der IL unterschiedlich ausgeprägt sein kann.[167] Um diesen Unterschieden gerecht werden zu können, muss die Methode an die Situation des einsetzenden Unternehmens angepasst werden können (Gestaltungsziel G_2).

AI_6 – IL-Spezifität: Die Methode muss den speziellen Eigenschaften der IL Rechnung tragen, um im Kontext der IL ohne umfassende Modifikationen anwendbar zu sein. Insbesondere müssen die in Abschnitt 2.1 dargestellten inhaltlichen, organisatorischen und technischen Eigenheiten der IL berücksichtigt werden. Inhaltlich unterscheidet sich die IL von operativen Systemen dadurch, dass die von der IL gelieferten Daten der Entscheidungsunterstützung dienen. Dies hat Folgen für die Anforderungen der Nutzenden an Qualität und Umfang der zu liefernden Daten.[168] In organisatorischer Hinsicht ist dies der OE-übergreifende Charakter der IL, der dazu führt, dass die Datenflüsse vielfach nicht vollständig der Kontrolle der IL-Organisation unterstehen.[169] Insbesondere die Prozesse der Datenentstehung finden vielfach in Fachabteilungen statt, die von der IL-Organisation nur indirekt beeinflusst werden können. Die Methode muss diese Einflussmöglichkeiten berücksichtigen. Aus technischer Perspektive ist zu beachten, dass es sich bei diesen IS um mehrstufige Systeme handelt, die in komplexen Prozessen Daten aus operativen Quellsystemen extrahieren, diese transformieren, speichern und für die Auswertung aufbereiten. Dabei können eine Vielzahl verschiedener IS-Architekturen genutzt werden.[170]

---

[167] Vgl. Wilhelmi 2008, S. 211ff.
[168] Vgl. Otto et al. 2008, S. 211f.
[169] Vgl. Schmaltz, Bucher 2008, S. 44.
[170] Vgl. Lahrmann, Stroh 2008, S. 146ff.

3.2.2 Methodische Anforderungen

Aus der in Abschnitt 1.5 dargestellten Forschungsmethodik an der Schnittstelle von Design Research und empirischer Forschung ergeben sich methodische Anforderungen an die Artefakte und den Konstruktionsprozess, die mit dem Ziel methodischer Stringenz (*Rigour*) und nachvollziehbarer Ergebnisse einzuhalten sind. HEVNER ET AL. spezifizieren sieben Richtlinien für DR, die diese Anforderungen explizieren:[171]

AM$_1$ – Artefaktproduktion: DR muss Artefakte (Konstrukte, Modelle, Methoden, Instanziierungen, Theorien) produzieren (vgl. Abschnitt 1.5.2).

AM$_2$ – Relevanz: DR muss Artefakte produzieren, die nützlich sind, indem sie praktische Probleme lösen. Die Probleme ergeben sich aus den *Business Needs* von Unternehmen, insbesondere aus Diskrepanzen zwischen dem Ist-Zustand und dem Soll-Zustand von Systemen – hier der Akzeptanz von IL-Systemen. Die Relevanz ist immer von den Adressaten der Forschung abhängig – hier der wissenschaftlichen und praktischen WI-Community (vgl. Abschnitt 1.4).

AM$_3$ – Evaluation: Nützlichkeit, Qualität und Wirksamkeit der Artefakte müssen nachgewiesen werden, um die Lösung des Problems nachzuweisen und um Informationen für die nächste Iteration des DR-Zyklus zu liefern. Hierzu sind anerkannte Evaluationsmethoden wie z. B. Beobachtungen oder Experimente zu nutzen.

AM$_4$ – Forschungsbeitrag: DR muss neue Beiträge in den Bereichen Artefakte, Grundlagen oder Methodiken liefern. Artefakte erlauben die Lösung praktischer Probleme, Grundlagen und Methodiken erweitern die *Knowledge Base*, die als Basis für weitere Forschung dient.

AM$_5$ – Methodische Stringenz: Zur Konstruktion und Evaluation der Artefakte müssen stringente (*rigorous*) Forschungsmethoden genutzt werden. Stringenz (*Rigour*) ergibt sich aus der Nutzung passender Methodiken und Theorien aus der *Knowledge Base* im DR-Prozess und deren korrekter Anwendung.

AM$_6$ – Suchprozess: DR muss einen iterativen Prozess von Entwurf und Prüfung verfolgen. Zum Finden initialer Lösungen werden vielfach einschränkende Annahmen hinsichtlich des Kontexts getroffen oder nur Teilprobleme betrachtet. Von solchen Vereinfachungen bzw. ersten, zufriedenstellenden Lösungen ausgehend können in folgenden Forschungszyklen die Ergebnisse schrittweise verfeinert werden, die Annah-

---

[171] Vgl. Hevner et al. 2004, S. 82ff.

men der Realität angenähert werden bzw. die Funktionsweise der Lösungen besser verstanden werden.

AM$_7$ – Kommunikation der Ergebnisse: DR-Ergebnisse müssen sowohl an die Wissenschaft als auch an die Praxis kommuniziert werden. Um im Sinne einer inkrementellen Forschung zur Lösung praktischer Probleme beizutragen und um die K*nowledge Base* zu erweitern, ist es unerlässlich, die Ergebnisse den verschiedenen Adressatengruppen über angemessene Veröffentlichungskanäle zu kommunizieren.

Auch für den empirischen Teil der Arbeit ergeben sich Anforderungen, die an alle empirische Forschungsvorhaben gestellt werden. Dies sind insbesondere die üblichen Anforderungen an eine korrekte Datenerhebung und Anwendung der statistischen Methoden.[172] Besonderer Wert sollte dabei auf Anschlussfähigkeit gelegt werden.

AM$_8$ – Anschlussfähigkeit: Das Modell sollte im Sinne einer kumulativen Forschung und zur Sicherstellung methodischer Stringenz so weit wie möglich auf bestehende Theorien, Modelle und Konstrukte aus der *Knowledge Base* der WI zurückgreifen, deren Wirkungen und Zusammenhänge empirisch nachgewiesen sind.[173] In methodischer Hinsicht soll sie üblichen wissenschaftlichen Standards entsprechen. Die Übernahme von Theorien, Modellen und Konstrukten aus der bestehenden *Knowledge Base* bietet eine Reihe an Vorteilen. Einerseits stellt sie *Rigour* sicher, indem bestehende, überprüfte Grundlagen und Methodiken verwendet werden.[174] Andererseits vereinfacht sie einen Vergleich mit bestehenden Arbeiten. Zudem kann bei Nutzung eingeführter Konstrukte auf bestehende, geprüfte Messmodelle aus der Literatur zurückgegriffen werden.[175] Dies hilft, die Validität und Vergleichbarkeit der Ergebnisse zu erhöhen und senkt den Aufwand für die Konstruktion.

3.3 Ergebnisse des Forschungsprojekts

Diese Dissertation hat das Ziel der Konstruktion einer Methode zur Messung und Steigerung der Akzeptanz der IL im Unternehmen. Um dabei den oben explizierten Anforderungen gerecht werden zu können ist eine Anzahl an Teilergebnissen erforderlich, deren Erstellung die Methode ermöglichen muss. Diese Ergebnisse resultieren aus der Methodenanwendung. Im Rahmen der Methodenkonstruktion müssen Aktivitäten und Techniken zur Erstellung dieser Ergebnisse konstruiert werden.

---

[172] Vgl. z. B. Bortz, Döring 2006, S. 40ff..
[173] Vgl. Bortz, Döring 2006, S. 358ff.; Hevner et al. 2004, S. 80.
[174] Vgl. Hevner et al. 2004, S. 80.
[175] Vgl. Bruner et al. 1992, S. IXff.

Weiterhin müssen im Rahmen des Konstruktionsprozesses eine Reihe von zusätzlichen Forschungsergebnissen erstellt werden, die als Grundlagen in die Anwendung der Methode einfliessen. Abbildung 3-2 zeigt die einzelnen Ergebnisse und ihre Zusammenhänge. In den nächsten Abschnitten werden die Ergebnisse im Einzelnen erläutert.

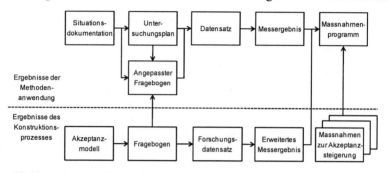

Abbildung 3-2: Ergebnisse der Methode

3.3.1 Ergebnisse des Konstruktionsprozesses

Um eine gezielte Messung der Akzeptanz und ihrer Einflussfaktoren zu ermöglichen ist ein theoretisches Modell erforderlich, das den Untersuchungsgegenstand (d. h. die zu betrachtenden Konstrukte und ihre Zusammenhänge) formalisiert darstellt.[176] Es umfasst in diesem Fall die Akzeptanz der Nutzenden, diejenigen Einstellungen der Nutzenden, die die Akzeptanz beeinflussen und externe Variablen, die ihrerseits auf diese akzeptanzbeeinflussenden Einstellungen einwirken. Über die Abbildung von Kausalbeziehungen dokumentiert es die Wirkbeziehungen zwischen diesen Konstrukten. Dieses Modell wird im Folgenden als **Akzeptanzmodell** bezeichnet. Das Akzeptanzmodell dient der Erreichung der Erkenntnisziele E_1 und E_2 (Einfluss auf Nützlichkeit bzw. Nutzerfreundlichkeit).

Das Akzeptanzmodell spezifiziert also, wie die Akzeptanz zu messen ist. Da es sich bei den akzeptanzbeeinflussenden Konstrukten um Einstellungen der Nutzenden handelt, ist eine Messung dieser Konstrukte mit technischen Mitteln, etwa über Auswertung von Zugriffsmustern, nicht möglich. Vielmehr ist eine Befragung der Nutzenden erforderlich, um deren Einstellungen zu messen.[177] Zur Durchführung der Befragung muss ein **Fragebogen** als Messinstrument konstruiert werden. In diesem Fragebogen werden die Konstrukte des Akzeptanzmodells mittels Fragen operationalisiert. Aus der

---

[176] Vgl. Bortz, Döring 2006, S. 360ff.; Creswell 2008, S. 49ff.
[177] Vgl. Bortz, Döring 2006, S. 190f.

Kontext, Anforderungen und Lösungsansatz 35

Beantwortung dieser Fragen durch die Nutzenden lassen sich den Konstrukten Werte zuweisen.[178]

Durch die Auswertung empirischer Daten muss das Akzeptanzmodell validiert werden. Um diese Auswertung zu ermöglichen, ist ein **Forschungsdatensatz** erforderlich. Dieser ist im geplanten Umfeld der Methodenanwendung zu erheben, damit die Auswertungsergebnisse auf spätere Methodenanwendungen übertragbar sind.

Zur Erreichung des Erkenntnisziels E_3 (Zusammenhänge zwischen den akzeptanzbeeinflussenden Konstrukten) ist eine Auswertung erforderlich, mit der die Wirkung der externen Einflussfaktoren auf Nützlichkeit bzw. Benutzerfreundlichkeit quantifiziert werden kann. Diese Auswertung geht über die Auswertung im Rahmen der Methodenanwendung hinaus, die zu einem **erweiterten Messergebnis** führt. In folgenden Anwendungen der Methode können die Erkenntnisse dieser Auswertung dann als Grundlage für die Massnahmenauswahl genutzt werden.

Auf Basis des Ergebnisses der Akzeptanzmessung sollen Massnahmen ausgewählt werden, mit denen die IL-Akzeptanz gesteigert werden kann. Hierzu sind zweckdienlich dokumentierte **Massnahmen** erforderlich, aus denen situativ geeignete Kandidaten ausgewählt werden können. Die Dokumentation der Massnahmen sollte neben Ziel und Vorgehen auch weitere für die Auswahl relevante Eckdaten enthalten, etwa zu Wirkung der Massnahmen, Einsatzvoraussetzungen und Aufwandstreibern. Diese Massnahmen adressieren das Gestaltungsziel G_2 (Massnahmen zur Akzeptanzsteigerung).

3.3.2 Ergebnisse der Methodenanwendung

Zur Anwendung einer Methode in einem spezifischen Entwicklungsprojekt ist es i. d. R. erforderlich, die Methode an die speziellen Anforderungen der Projektsituation anzupassen.[179] Bei der vorliegenden Methode beeinflusst die Anwendungssituation die Gestaltung des Fragebogens, die Ausgestaltung des Untersuchungsplans und im weiteren Verlauf die Auswahl und Spezifizierung der Massnahmen. Um diese Anpassungen zielgerichtet zu ermöglichen, müssen vorab relevante Aspekte der Situation, in der die Methode angewendet wird, expliziert werden.[180] Dies betrifft u. a. die Systemarchitektur und die Organisationsstrukturen im Umfeld der IL. Diese Aspekte werden in einer **Situationsdokumentation** zusammengefasst.

---

[178] Vgl. Churchill 1979, S. 65.
[179] Vgl. Bucher et al. 2007, S. 34.
[180] Vgl. Bucher et al. 2007, S. 42.

Vor der Messung muss eine Anzahl von Rahmenbedingungen der Messung geklärt werden.[181] Während sich zahlreiche Untersuchungsparameter durch den Verwendungszweck der Befragung (d. h. Messung der IL-Akzeptanz) ergeben, müssen auch Festlegungen bezüglich des Untersuchungsgegenstands, der Untersuchungsteilnehmenden, der Technologie zur Datenerhebung etc. getroffen werden. Diese Rahmenbedingungen werden in einem **Untersuchungsplan** zusammengefasst.[182]

Für die Messung der Akzeptanz wurde im Rahmen des Konstruktionsprozesses ein Fragebogen erstellt. Vor dem konkreten Einsatz im Unternehmen kann dieser Fragebogen in Hinblick auf die Situation optimiert werden, hieraus ergibt sich ein situativ **angepasster Fragebogen**. Für die Befragung werden weitere begleitende Dokumente benötigt, insbesondere ein Begleitschreiben, das den Fragebogen um Hintergrundinformationen für die Teilnehmenden ergänzt und zur Teilnahme motiviert.

Basierend auf diesen Ergebnissen kann die Messung durchgeführt werden. Hierzu werden die Fragebögen an die Befragten verteilt und von diesen ausgefüllt. Der aus der Erfassung dieser Fragebögen resultierende **Datensatz** kann im nächsten Schritt ausgewertet werden.

Um die Auswahl von Massnahmen für die Steigerung der IL-Akzeptanz zu ermöglichen, ist eine Auswertung der erhobenen Daten erforderlich, an deren Ende ein **Messergebnis** steht. Für die Nutzung der Daten zur Massnahmenauswahl im Rahmen der Methodenanwendung ist an dieser Stelle eine grundlegende Auswertung mit dem Ziel der Populationsbeschreibung hinreichend.[183] Die Auswertung muss die Ausprägung der einzelnen Akzeptanzfaktoren identifizieren, um diese dann gezielt über Massnahmen adressieren zu können. Über die Gesamtheit der Ergebnisse aus dem Bereich Messung der Akzeptanz wird die Anforderung AI_2 (Messung der Akzeptanz) adressiert.

Aus diesen Massnahmen wird dann basierend auf dem Messergebnis und der Kontextdokumentation mit Hilfe geeigneter Entscheidungsregeln ein **Massnahmenprogramm** ausgewählt. Dieses Massnahmenprogramm enthält eine Reihe geeigneter Massnahmen und eine sinnvolle Reihenfolge der Implementierung. Es dient damit als Ausgangspunkt für eine situative Spezifizierung und Implementierung der Massnahmen. Hierüber wird die Anforderung AI_3 (Steigerung der Akzeptanz) adressiert.

---

[181] Vgl. Bortz, Döring 2006, S. 46ff.
[182] Vgl. Creswell 2008, S. 146ff.
[183] Vgl. Bortz, Döring 2006, S. 394ff.

3.4 Verbindlichkeit der Teilartefakte

Methoden haben den Anspruch, als Anleitung für den wiederholten Einsatz zur Lösung einer Klasse von ähnlichen Problemen dienen zu können - in diesem Fall soll die Akzeptanz der IL gesteigert werden.[184] Die angestrebte flexible Einsetzbarkeit bringt es mit sich, dass verschiedene Teilartefakte einen unterschiedlichen Grad an Allgemeingültigkeit aufweisen. Das Akzeptanzmodell und die Methodenteile zur Messung und Auswertung der Akzeptanz basieren auf einem umfassenden Literaturkorpus und werden empirisch validiert. Sie sind in vielen Fällen mit nur geringen Anpassungen einsetzbar, da zwar die Ausprägungen der einzelnen Akzeptanzfaktoren, nicht aber ihre Zusammenhänge im Allgemeinen situationsspezifisch sind. Diese Teile der Methode können daher detailliert spezifiziert werden.

Bei den Massnahmen ist diese Art der Spezifikation nicht möglich, da sie in ihrer konkreten Umsetzung deutlich mehr von der individuellen Situation abhängig sind, insbesondere von der technischen und organisatorischen Umsetzung der IL in den einzelnen Unternehmen. Die Variabilität in diesen Aspekten der Situation macht es unmöglich, allgemeingültige Vorgaben mit hohem Detaillierungsgrad zu machen. Vielmehr können lediglich wenig detaillierte Vorschläge in Form von Mustern zur Problemlösung gemacht werden.[185] Hier ist vor dem Einsatz eine Anpassung an die Situation notwendig, die aber aufgrund der grossen Zahl der möglichen Ausprägungen im konkreten Einsatzumfeld geleistet werden muss. Im Rahmen dieser Arbeit können die notwendigen Anpassungen nur aufgezeigt und auf die bestehende Literatur zu den Massnahmen verwiesen werden.

---

[184] Vgl. Braun et al. 2005, S. 1297; Bucher et al. 2009.
[185] Vgl. Buckl et al. 2007, S. 152; Gamma et al. 1996, S. 3.

4 Stand der Forschung und verwandte Arbeiten

Wie in Abschnitt 3.3 erläutert, soll für die Erklärung der Akzeptanz von IL vorzugsweise auf einen bestehenden Theorieansatz aus dem reichhaltigen Fundus an Akzeptanztheorien aus dem Umfeld der angelsächsischen WI zurückgegriffen werden.[186] In diesem Abschnitt werden Auswahlkriterien für einen solchen Ansatz entwickelt (Abschnitt 4.1.1), verschiedene Theorieansätze und Akzeptanzmodelle vorgestellt (Abschnitt 4.1.2 ff.) und diese hinsichtlich ihrer Eignung für die vorliegende Arbeit bewertet (Abschnitt 4.1.3 f.).

Darüber hinaus soll im Rahmen dieser Arbeit eine Methode zur Steigerung der Akzeptanz entwickelt werden. Daher werden in Abschnitt 4.2 bestehende Ansätze zu akzeptanzsteigernden Interventionen aus der Literatur (Abschnitt 4.2.1) und weitere potenziell nutzbare Ansätze (Abschnitt 4.2.2) vorgestellt.

4.1 Modelle zur Erklärung der Technologieakzeptanz

4.1.1 Auswahl- und Bewertungskriterien für bestehende Ansätze

Um für diese Arbeit nützlich zu sein, muss eine Theorie zur IS-Akzeptanz einer Reihe von Kriterien genügen, die sich aus dem geplanten Einsatz der Theorie als Basis für ein Messmodell zur Messung der Akzeptanz von IL im Unternehmen (spezifiziert durch die Abschnitt 3.2 genannten Anforderungen und den in Abschnitt 3.3 dargestellten Lösungsansatz) ergeben. Das Akzeptanzmodell ist insbesondere für die Erreichung der Erkenntnisziele E_1 und E_2 und des Gestaltungsziels G_1 relevant. Diese Ziele führen zu den inhaltlichen Anforderungen AI_{1-5}. Diese inhaltlichen Anforderungen resultieren ihrerseits in Anforderungen an ein theoretisches Modell AT_{1-7}. Je weitergehend diese Theorieanforderungen erfüllt sind, desto höher ist der zu erwartende Nutzen des Ansatzes für diese Arbeit. In Tabelle 4-1 sind diese Theorieanforderungen aufgeführt. Nicht in die Bewertung mit einbezogen wurde der empirisch ermittelte Erklärungsgehalt (z. B. die erklärte Varianz der Nutzungsabsicht), da diese Daten nicht für alle Studien vorliegen und zwischen den Modellen nur eingeschränkt vergleichbar sind.[187]

---

[186] In der deutschsprachigen WI-Community ist das Thema Technologieakzeptanz kaum behandelt worden, weshalb hier Ansätze aus dem angelsächsischen Raum im Vordergrund stehen.

[187] Vgl. Sun, Zhang 2006 für einen Überblick über die erreichten Erklärungsgrade beispielhafter Studien.

Stand der Forschung und verwandte Arbeiten 39

Anforderung	Begründung	Zugrunde liegende Anforderungen
AT_1 – Gesicherte Empirie	Falls für das Modell gesicherte empirische Befunde vorliegen, darf von hoher Validität und Robustheit des Modells ausgegangen werden. Insbesondere sind hohe Fallzahlen und Untersuchungssubjekte nicht nur aus dem universitären Umfeld wünschenswert.	AI_1 – Modellierung der IL-Akzeptanz, AI_2 – Messung der IL-Akzeptanz, AM_8 - Anschlussfähigkeit
AT_2 – Geringe Konstruktzahl	Das Modell soll mit einer geringen Anzahl an Konstrukten auskommen. Für ein praktisches Messmodell ist eine geringe Anzahl an Konstrukten sinnvoll, da durch sie die Zahl der für die Messung erforderlichen Fragen bestimmt wird. Um den Aufwand für die Teilnahme an der Messung gering zu halten, sollte die Zahl der Fragen möglichst niedrig sein. Falls externe Variablen modelliert werden, muss die Konstruktzahl naturgemäss höher sein.	AI_1 – Modellierung der IL-Akzeptanz, AI_2 – Messung der IL-Akzeptanz, AI_4 – Einsetzbarkeit im Unternehmen
AT_3 – Modellierung externer Variabler	Im Modell müssen für den geplanten Einsatz externe Variablen modelliert sein. Dadurch wird die Analyse der Akzeptanz vereinfacht, da Einflussfaktoren auf die Akzeptanz expliziert werden. Diese können zudem als Ansatzpunkte für mögliche optimierende Massnahmen dienen.	AI_1 – Modellierung der IL-Akzeptanz, AI_2 – Messung der IL-Akzeptanz, AI_3 – Steigerung der IL-Akzeptanz
AT_4 – IS-Spezifität	Das Modell soll IS-spezifisch sein, da IS-Spezifität sicherstellt, dass die Konstrukte des Modells für den Kontext der IS-Akzeptanz einschlägig sind. Sie lässt somit einen gegenüber generischen Modellen gesteigerten Erklärungsgrad oder eine leichtere Ableitung von Massnahmen erwarten. Eine nachgewiesene Anwendbarkeit auf die IL ist von besonderem Vorteil.	AI_1 – Modellierung der IL-Akzeptanz, AI_2 – Messung der IL-Akzeptanz, AI_6 – IL-Spezifität
AT_5 – Operationalisierbarkeit	Da diese Arbeit auf die Optimierung von IS abzielt, sollte das Modell operationalisierbare Aussagen über die Gestaltung des betrachteten IS ermöglichen. Andernfalls ist unklar, wie aus den Ergebnissen der Akzeptanzmessung auf sinnvolle Massnahmen zur Steigerung der Akzeptanz geschlossen werden kann.	AI_3 – Steigerung der IL-Akzeptanz, AI_4 – Einsetzbarkeit im Unternehmen
AT_6 – IS-Gesamtlebenszyklus	Das Modell sollte auch auf bestehende IS anwendbar sein. Da die zu entwickelnde Methode auch bei bereits bestehenden Systemen anwendbar sein soll, sind Modelle, die ausschliesslich in der Einführungsphase von neuen Systemen anwendbar sind, möglicherweise nur beschränkt aussagekräftig.	AI_3 – Steigerung der IL-Akzeptanz, AI_5 – Anpassbarkeit
AT_7 – Freiwilligkeit	Das Modell soll bei freiwilliger und unfreiwilliger IS-Nutzung gleichermassen aussagekräftig sein, da im betrieblichen Kontext Nutzung oft nicht freiwillig ist und die zu konstruierende Methode in dieser Dimension nicht eingeschränkt sein soll.[188]	AI_4 - Einsetzbarkeit im Unternehmen, AI_5 – Anpassbarkeit

Tabelle 4-1: Anforderungen an ein Akzeptanzmodell

---

[188] Vgl. Amoako-Gyampah, Salam 2004, S. 736.

Die einzelnen Anforderungen an die Theorie werden dabei von mehr als einer inhaltlichen Anforderung getrieben. Die Zusammenhänge zwischen den AI und den AT ergeben sich wie folgt:

AI_1 – **Modellierung der IL-Akzeptanz**: Diese Anforderung führt zu AT_1 (Gesicherte Empirie stellt sicher, dass die Akzeptanz zu grossen Teilen vom Modell erklärt wird), AT_2 (Geringe Konstruktzahl sorgt für theoretisch angemessene Modellierung), AT_3 (Modellierung externer Konstrukte ermöglicht Messung der Einflussfaktoren auf die Akzeptanz) und AT_4 (IS-Spezifität führt zu Abbildung von im IS-Kontext relevanten, gezielt beeinflussbaren Konstrukten)

AI_2 – **Messung der IL-Akzeptanz**: Diese Anforderung treibt AT_1 (Gesicherte Empirie stellt sicher, dass die Akzeptanz valide und reliabel gemessen wird), AT_2 (Geringe Konstruktzahl sorgt für geringen Aufwand bei der Messung), AT_3 (Modellierung externer Konstrukte ermöglicht Messung der Einflussfaktoren auf die Akzeptanz) und AT_4 (IS-Spezifität führt zu hohem Erklärungsgehalt).

AI_3 – **Steigerung der IL-Akzeptanz**: Aus dieser Anforderung ergeben sich AT_3 (Modellierung externer Einflussfaktoren ermöglicht eine gezielte Akzeptanzbeeinflussung), AT_5 (Operationalisierbarkeit sorgt dafür, dass tatsächlich durch die IS-Verantwortlichen beeinflussbare Einflussfaktoren abgebildet werden) und AT_6 (Anwendbarkeit über den IS-Gesamtlebenszyklus ermöglicht Anwendung bei neuen und bereits eingeführten IS).

AI_4 - **Einsetzbarkeit im Unternehmen**: Diese Anforderung führt zu AT_2 (Geringe Konstruktzahl sorgt für praxisgerechte, kurze Fragebögen zur Erhebung), AT_5 (Operationalisierbarkeit sorgt dafür, dass sich aus der Messung Hinweise auf konkrete Massnahmen zur Akzeptanzsteigerung ergeben) und AT_7 (Freiwilligkeit ermöglicht eine Anwendung in verschiedenen organisatorischen Situationen).

AI_5 – **Anpassbarkeit**: Diese Anforderung treibt AT_6 (Anwendbarkeit über den IS-Gesamtlebenszyklus ermöglicht Anwendung bei neuen und bereits eingeführten IS) und AT_7 (Freiwilligkeit ermöglicht eine Anwendung in verschiedenen Nutzungskontexten).

4.1.2 Modelle für die Akzeptanz von Informationssystemen

Für die Erklärung der Akzeptanz von IS existiert eine Vielzahl an Modellen. Neben den unabhängigen Arbeiten zur *Innovation Diffusion Theory* gibt es einen umfangreichen Komplex an Theorien, die auf die *Theory of Reasoned Action* zurückgehen und in deren Zentrum das *Technology Acceptance Model* steht. Dieses Modell wurde in vielfacher Weise erweitert und mit anderen Theorien kombiniert, um den Erklärungsgrad der Modelle zu erhöhen. Im Folgenden werden die massgeblichen Modelle vorgestellt. Der „Stammbaum" der Akzeptanzmodelle in Abbildung 4-1 zeigt die Entwicklung der einzelnen Modelle aus der *Theory of Reasoned Action*, der *Innovation Diffusion Theory* und weiteren Theorien.[189]

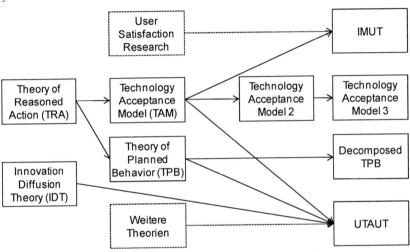

IMUT: Integrated Model of User Satisfaction and Technology Acceptance
UTAUT: Unified Theory of Acceptance and Use of Technology

Abbildung 4-1: Zusammenhänge zwischen den Akzeptanzmodellen

4.1.2.1 Innovation Diffusion Theory

Die **Innovation Diffusion Theory** (Diffusionstheorie, IDT)[190] ist ein verbreiteter Ansatz zur Erklärung der Akzeptanz von Innovationen in der Einführungsphase auf individueller und organisatorischer Ebene. Die IDT befasst sich mit dem Prozess der

---

[189] An dieser Stelle können nicht sämtliche Modellkombinationen und -erweiterungen vorgestellt werden, VENKATESH ET AL. fassen die wichtigsten der bis 2003 publizierten Modelle zusammen (vgl. Venkatesh et al. 2003).

[190] Zur Steigerung der Lesbarkeit werden im Folgenden die Namen der von den Modellen verwendeten Konstrukte soweit möglich ins Deutsche übersetzt. Dabei wurde wo vorhanden auf die deutschsprachige Literatur zurückgegriffen (vgl. Aronson 2004; Bierhoff 2000; Simon 2001; Stroebe et al. 2003; Wilde et al. 2008). Ein gewisser Mangel an Intuitivität gerade bei den Bezeichnungen sozialpsychologischer Konstrukte ist dem Sprachgebrauch in der Fachliteratur geschuldet.

Verbreitung einer Innovation von der Erfindung bis hin zur weit verbreiteten Nutzung (oder Nicht-Nutzung).[191]

Dabei wirken gemäss der IDT fünf Eigenschaften von Innovationen auf ihre Verbreitung:[192]

- Relativer Vorteil durch die Nutzung der Innovation gegenüber vorhandenen Technologien
- Kompatibilität mit bestehenden Praktiken und Normen der Nutzenden
- Komplexität der Innovation und damit Lernaufwand
- Erprobbarkeit mit geringem Aufwand vor der Übernahme der Innovation
- Kommunizierbarkeit der Innovationseigenschaften

Verschiedenen Arbeiten aus dem ISR-Umfeld haben die IDT auf die Einführung von IS übertragen.[193] Die IDT kann dabei nur in geringem Masse zur Erklärung von Akzeptanz beitragen. Die Begründung der Diffusion über Eigenschaften der Innovation macht dieses Modell gut operationalisierbar, allerdings ist es nur während der Einführungsphase von Innovationen nutzbar.

4.1.2.2 Theory of Reasoned Action und Theory of Planned Behavior

Die **Theory of Reasoned Action** (Theorie des überlegten Handelns, TRA) wurde von FISHBEIN und AIJZEN Mitte der 1970er Jahre entwickelt, um die Gründe für das Verhalten von Individuen zu erklären.[194] Die TRA und die verwandte *Theory of Planned Behavior* erklären Verhaltensabsichten in verschiedensten Situationen über Überzeugungen und deren Bewertung.[195]

Gemäss der TRA werden Verhaltensweisen von der Intention bestimmt, diese Verhaltensweisen auszuführen (vgl. Abbildung 4-2). Diese Intention wird von Einstellung und subjektiver Norm beeinflusst. Einstellungen sind die „positiven oder negativen Gefühle des Individuums bezüglich des Ausführens der Verhaltensweise"[196], die subjektive Norm ist „die Wahrnehmung der Person, dass die meisten Personen, die ihr wichtig sind, glauben, dass sie die fragliche Verhaltensweise ausführen sollte oder

---

[191] Vgl. Moore, Benbasat 1991, S. 194ff.; Rogers 2003, S. 219ff.; Venkatesh et al. 2003, S. 431.
[192] Vgl. Jeyaraj et al. 2006; Rogers 2003, S. 222.
[193] Vgl. z. B. Moore, Benbasat 1991.
[194] Vgl. Ajzen 1980, S. 5ff.; Davis et al. 1989, S. 983ff.; Sheppard et al. 1988; Stroebe et al. 2003, S. 208ff.; Venkatesh et al. 2003, S. 428.
[195] Vgl. Agarwal 2000, S. 92ff.; Stroebe et al. 2003, S. 308.
[196] Fishbein, Ajzen 1975, S. 216.

nicht"[197], und damit die subjektiv wahrgenommenen sozialen Konsequenzen. Die Einstellungen werden wiederum beeinflusst von den Überzeugungen des Individuums bezüglich der Konsequenzen der Handlung und deren Bewertung durch das Individuum. Die subjektive Norm wird ihrerseits von den normativen Überzeugungen des Individuums und seiner Motivation zur Einhaltung der Normen beeinflusst.

Die relevanten Überzeugungen sind jeweils kontextspezifisch und sollen im Rahmen der Studiendurchführung durch Befragung der Testpersonen jeweils neu identifiziert werden.[198]

Die **Theory of Planned Behavior** (Theorie des geplanten Verhaltens, TPB) ist eine Erweiterung der TRA, in der AJZEN diese um wahrgenommene Verhaltenskontrolle als dritten Einflussfaktor auf die Absicht neben Einstellung und subjektiver Norm ergänzt.[199] Die wahrgenommene Verhaltenskontrolle bezeichnet den Grad der Kontrolle, den das Individuum über sein Verhalten zu haben glaubt. Er wird beeinflusst von den (subjektiv) zur Verfügung stehenden Verhaltensmöglichkeiten und Ressourcen sowie den wahrgenommenen hemmenden oder förderlichen Einflüssen. Die relevanten Überzeugungen sind dabei wie bei der TRA kontextspezifisch und sollten daher im Rahmen von empirischen Untersuchungen jeweils neu erhoben werden.[200] In Abbildung 4-2 sind die Konstrukte von TRA und TPB zusammengefasst und die Unterschiede zwischen den Theorien hervorgehoben. In der Abbildung nicht eingezeichnet sind mögliche Interaktionen zwischen den Überzeugungen.

---

[197] Fishbein, Ajzen 1975, S. 302.
[198] Vgl. Ajzen 1980, S. 62ff.; Aronson 2004, S. 151; Taylor, Todd 1995, S. 255.
[199] Vgl. Ajzen 1991, S. 179ff.; Aronson 2004, S. 254ff.; Bierhoff 2000, S. 276ff.; Taylor, Todd 1995, S. 159.
[200] Vgl. Agarwal 2000, S. 92; Taylor, Todd 1995, S. 151.

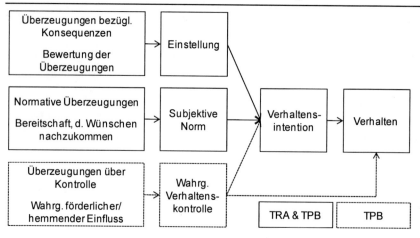

Quelle: Vgl. Taylor, Todd 1995, S. 146.

Abbildung 4-2: TRA und TPB

Die TPB wurde ihrerseits von TAYLOR und TODD modifiziert zur **Decomposed TPB** (DTPB).[201] Die DTPB schlägt allgemeingültige Überzeugungsdimensionen für den Kontext der IS-Akzeptanz vor. Für die Einstellung sind dies wahrgenommene Benutzerfreundlichkeit, Nützlichkeit und Kompatibilität. Die subjektive Norm wird beeinflusst von den Einstellungen von verschiedenen Referenzgruppen wie Peers, Vorgesetzten und Untergebenen. Die wahrgenommene Verhaltenskontrolle schliesslich wird von Selbstvertrauen, unterstützenden Ressourcen und unterstützenden Technologien beeinflusst.

TRA und TPB wurden in einer Vielzahl von Kontexten zur Erklärung menschlichen Verhaltens eingesetzt,[202] TPB erzielt dabei höhere Erklärungsgrade als TRA.[203] Die Anforderung, die relevanten Überzeugungen jeweils kontextspezifisch individuell zu erheben, macht die Anwendung dieser Theorien sehr aufwändig.

4.1.2.3 Technology Acceptance Model

Das **Technology Acceptance Model** (Technologie-Akzeptanzmodell, TAM) geht auf Arbeiten von DAVIS aus den 1980er Jahren zurück[204] und hat sich seitdem zur am wei-

---

[201] Vgl. Taylor, Todd 1995, S. 151.
[202] Vgl. Aronson 2004, S. 256.
[203] Vgl. Madden et al. 1992.
[204] Vgl. Davis 1986; Davis 1989; Davis et al. 1989.

testen verbreiteten Theorie zur Erklärung der Nutzung von IS entwickelt.[205] Es baut ebenfalls auf der TRA auf und modifiziert sie in einigen Aspekten. Ziel bei der Entwicklung des TAM war es, eine Theorie zur Erklärung von Nutzungsverhalten in Zusammenhang mit einer grossen Vielfalt von IS zu formulieren, die einerseits theoretisch gerechtfertigt ist und andererseits mit einer geringen Anzahl an Konstrukten und Annahmen auskommt.[206]

Die Nutzung wird nach TAM von den beiden Überzeugungen wahrgenommene Nützlichkeit (*Perceived Usefulness*, U) und wahrgenommene Benutzerfreundlichkeit (*Perceived Ease of Use*, EOU)[207] beeinflusst (vgl. Abbildung 4-3). Wie das Adjektiv „wahrgenommen" widerspiegelt, handelt es sich hierbei um mentale Konstrukte, die die subjektiv unterschiedlichen Einstellungen von Individuen berücksichtigen. Wahrgenommene Nützlichkeit ist definiert als die „wahrgenommene Wahrscheinlichkeit, dass die Nutzung eines spezifischen IS die berufliche Leistung in einem organisationalen Kontext erhöht"[208]. Die wahrgenommene Benutzerfreundlichkeit ist der Grad, zu dem prospektive Nutzende erwarten, „dass die Nutzung des Zielsystems frei von Aufwand (*free of effort*) wäre"[209]. Damit spezifiziert TAM die relevanten Überzeugungen, die in der TRA als kontextspezifisch gelten, für den Kontext der IS-Akzeptanz mit dem Ziel, ein populations- und systemübergreifend einsetzbares Modell zu liefern.[210]

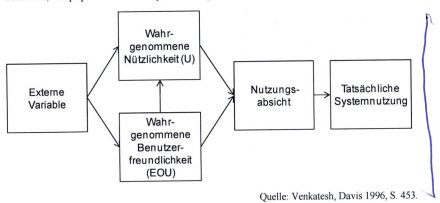

Quelle: Venkatesh, Davis 1996, S. 453.

Abbildung 4-3: TAM

---

[205] Vgl. Lee et al. 2003, S. 752f.; Venkatesh, Davis 2000, S. 187.
[206] Vgl. Davis et al. 1989, S. 985.
[207] Die Abkürzungen U und EOU werden hier aufgrund ihrer weiten Verbreitung in der englischsprachigen Originalliteratur benutzt.
[208] Davis et al. 1989, S. 985.
[209] Davis 1989, S. 320.
[210] Davis et al. 1989, S. 988.

Die Nutzung eines Systems (definiert als „tatsächliche, direkte Nutzung eines Systems durch ein Individuum im Kontext seiner bzw. ihrer Arbeit"[211]) wird von der Nutzungsabsicht (*Behavioral Intention to Use*) beeinflusst. Diese ist definiert als „die positiven oder negativen Gefühle eines Individuums bezüglich des Ausführens des Verhaltens"[212]. In den ersten Versionen des TAM wurde zwischen den Konstrukten wahrgenommene Nützlichkeit und wahrgenommene Benutzerfreundlichkeit und der Nutzungsabsicht das zusätzliche Konstrukt der Einstellung gegenüber der Nutzung modelliert, das aber in den folgenden Versionen des TAM ohne Änderung der Erklärungsmächtigkeit des Modells entfernt wurde. Dies deutet darauf hin, dass diese affektive Komponente im Kontext der Technologieakzeptanz eine weniger wichtige Rolle spielt.[213]

Die wahrgenommene Benutzerfreundlichkeit und die wahrgenommene Nützlichkeit werden von externen Faktoren beeinflusst, die in den Originalpublikationen von DAVIS nicht spezifiziert werden. Die wahrgenommene Nützlichkeit wird zusätzlich auch von der wahrgenommenen Benutzerfreundlichkeit beeinflusst, d. h. ein einfacher zu nutzendes System würde bei gleicher Funktionalität als nützlicher als ein schwieriger zu nutzendes System empfunden.[214]

In den TAM-Erweiterungen **TAM2** und **TAM3** ergänzen VENKATESH und DAVIS bzw. VENKATESH und BALA das TAM um diese Einflussfaktoren auf die wahrgenommene Nützlichkeit und auf die Nutzerfreundlichkeit. Sie integrieren damit bestehende Arbeiten zu einem Gesamtmodell.[215] Die Gesamtheit der Konstrukte und ihrer Zusammenhänge in TAM3 (das eine Obermenge von TAM2 und TAM ist) ist in Abbildung 4-4 dargestellt.

TAM2 zufolge wird die wahrgenommene Nützlichkeit beeinflusst von subjektiver Norm (vgl. Abschnitt 4.1.2.2), die sowohl auf die wahrgenommene Nützlichkeit als auch (moderiert von der Freiwilligkeit der Nutzung) auf die Nutzungsabsicht wirkt. Die Imagewirkung der Technologienutzung innerhalb der Gruppe, Relevanz der Nutzungsergebnisse für die Arbeitsergebnisse und Nachvollziehbarkeit der Ergebnisse wirken ebenfalls auf die wahrgenommene Nützlichkeit. Die Qualität der Ergebnisse beeinflusst die Tätigkeitsrelevanz der Ergebnisse.

---

[211] Vgl. Davis 1986, S. 25.
[212] Vgl. Davis et al. 1989, S. 984; Fishbein, Ajzen 1975, S. 216.
[213] Vgl. Schepers, Wetzels 2007, S. 98; Venkatesh, Davis 1996, S. 453; Yi et al. 2006, S. 351.
[214] Vgl. Davis 1986, S. 26; Dillon, Morris 1996, S. 11.
[215] Vgl. Venkatesh, Bala 2008; Venkatesh, Davis 2000.

Die wahrgenommene Benutzerfreundlichkeit basiert gemäss TAM3 initial auf generellen Überzeugungen des Individuums gegenüber Computern („Anker", dies sind die computerbezogene Selbstwirksamkeitserwartung (CSE), wahrgenommene externe Kontrolle, Computerangst und Computerverspieltheit) und wird infolge tatsächlicher Nutzung durch objektive Benutzerfreundlichkeit und wahrgenommenes Vergnügen angepasst. Erfahrung moderiert verschiedene Wirkungszusammenhänge, so dass diese mit zunehmender Erfahrung stärker oder schwächer werden.

TAM und seine Varianten sind IT-spezifische Modelle, die vielfach eingesetzt und getestet worden sind.[216] TAM2 und TAM3 enthalten zudem externe Variablen, die die wahrgenommene Nützlichkeit und wahrgenommene Benutzerfreundlichkeit erklären, was die Einsetzbarkeit im Kontext der IS-Gestaltung verbessert. Allerdings ist die Zahl der Konstrukte im Modell dadurch verhältnismässig hoch, wobei die Modellierung externer Variabler in den anderen Modellen zu vergleichbaren Konstruktzahlen führen würde. Diese Eigenschaften lassen TAM2/3 im Kontext dieser Arbeit als interessante Kandidaten für den Einsatz als Kerntheorie erscheinen.

---

[216] Vgl. Lee et al. 2003, S. 759; Pijpers 2001, Appendix A.

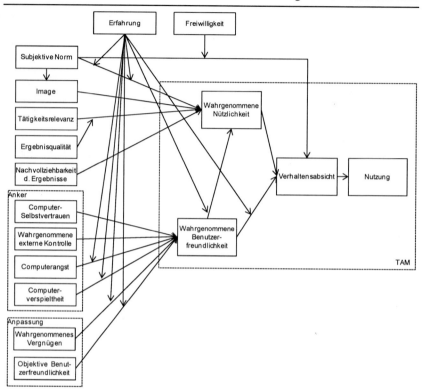

Quelle: Vgl. Venkatesh, Bala 2008, S. 280.

Abbildung 4-4: TAM3

4.1.2.4 Modifikationen des TAM

Eine Modifikation des TAM ist die **Unified Theory of Acceptance and Use of Technology** (Vereinheitlichte Technologie-Akzeptanz- und Nutzungstheorie, UTAUT). In dieser integrieren VENKATESH ET AL. acht verschiedene Theorien zur IS-Akzeptanz zu einer gesamthaften Theorie, indem sie äquivalente Konstrukte und Beziehungen der verschiedenen Theorien auf einander abbilden.[217] Ziel ihrer Arbeit ist die Schaffung eines universellen Basismodells für die IS-Akzeptanz.[218] Die Verhaltensabsicht und das Nutzungsverhalten werden nach dieser Theorie von den vier Konstrukten erwarteter Nutzen (analog wahrgenommene Nützlichkeit), erwarteter Aufwand (analog wahrgenommene Benutzerfreundlichkeit), sozialer Einfluss und unterstützende Gegeben-

---

[217] Vgl. Venkatesh et al. 2003.
[218] Vgl. Wilde et al. 2008, S. 1032.

heiten beeinflusst. Die Einflüsse dieser Konstrukte werden von Alter, Geschlecht, Erfahrung und Freiwilligkeit der Nutzung in unterschiedlichem Umfang moderiert.

UTAUT enthält keine externen Variablen, das Modell leistet mit mehr Konstrukten bei leicht erhöhtem Erklärungsgehalt ähnliches wie TAM. Für eine praktische Anwendbarkeit müssten noch die in TAM2/3 bereits enthaltenen externen Variablen modelliert werden, was zu einer im Verhältnis sehr grossen Anzahl an Konstrukten führen würde. Wie BENBASAT und BARKI anmerken, zeigt die UTAUT hinsichtlich der enthaltenen Konstrukte grosse Ähnlichkeit zur TPB, was eine in gewisser Weise zirkuläre Forschung zeigt.[219]

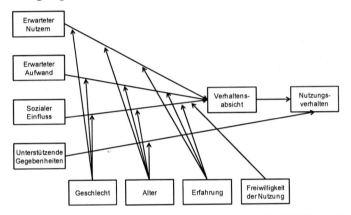

Quelle: Vgl. Venkatesh et al. 2003, S. 447.

Abbildung 4-5: UTAUT

Wie oben angedeutet, wird oft kritisiert, dass das TAM in seiner Urform nur wenige Aussagen über diejenigen Eigenschaften von IS zulässt, die Auswirkungen auf die Akzeptanz haben, und dass es daher nicht sehr hilfreich für die Gestaltung von IS ist.[220] In ihrem Beitrag von 2005 adressieren WIXOM und TODD diesen Mangel, indem sie das TAM mit Forschungsergebnissen zur Nutzerzufriedenheit integrieren, die ihrerseits zwar Aussagen über Systemeigenschaften treffen, aber zur Vorhersage von Nutzungsverhalten nur wenig aussagekräftig sind.[221] In diesem **Integrated Model of User Satisfaction and Technology Acceptance** (Integriertes Zufriedenheits-Akzeptanz-Modell, IMUT) bilden Informationszufriedenheit und Systemzufriedenheit die externen Variablen, die die wahrgenommene Nützlichkeit und wahrgenommene Benutzer-

---
[219] Vgl. Benbasat, Barki 2007, S. 213.
[220] Vgl. Taylor, Todd 1995, S. 145; Venkatesh et al. 2003, S. 470.
[221] Vgl. Wixom, Todd 2005.

freundlichkeit beeinflussen. Diese werden (analog zur Nutzerzufriedenheits-Literatur) von Informationsqualität und Systemqualität beeinflusst, die wiederum von einer Reihe von Einflussfaktoren abhängig sind (vgl. Abbildung 4-6).

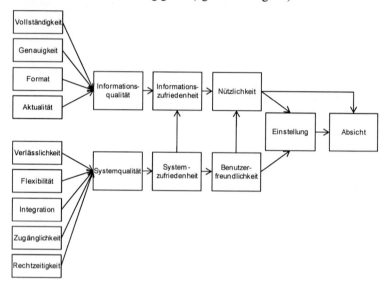

Quelle: Vgl. Wixom, Todd 2005, S. 90.

Abbildung 4-6: IMUT

Während das IMUT Nützlichkeit und Benutzerfreundlichkeit auf sehr techniknahe und daher tendenziell gut operationalisierbare externe Variablen zurückführt und erfolgreich im Kontext der IL angewendet worden ist,[222] muss kritisch angemerkt werden, dass der Zusammenhang zwischen diesen Variablen und den einstellungsbestimmenden Konstrukten über je zwei weitere, teils interagierende Konstrukte hergestellt wird. Der Wirkzusammenhang zwischen diesen Variablen und der Einstellung ist sehr indirekt, was an der Wirksamkeit von allein an diesen Variablen ansetzenden Interventionen zweifeln lässt.

---

[222] Vgl. Wixom, Todd 2005.

4.1.3 Bewertung der Akzeptanzmodelle

Die Modelle lassen sich anhand der in Abschnitt 4.1.1 formulierten Kriterien in Bezug auf die Eignung für eine Messung der Akzeptanz im IL-Umfeld bewerten:[223]

- Gesicherte Empirie wird dann als gut bewertet, wenn mehrere Studien vorliegen, die die Annahmen der Modelle unterstützen, bzw. wenn einzelne Studien mit hinreichenden Fallzahlen dies tun.[224]
- Die Anzahl der Konstrukte sollte für eine einfache Messung möglichst niedrig sein, allerdings muss sie in Zusammenhang mit der Modellierung externer Variablen beurteilt werden.
- Die IS-Spezifität ergibt sich daraus, dass ein Modell speziell zur Erklärung der Akzeptanz von IS entworfen wurde und nicht nur ein generisches Modell zur Erklärung von Akzeptanz in unterschiedlichen Zusammenhängen ist.
- Die Anwendbarkeit über den IS-Lebenszyklus ist hoch zu bewerten, wenn das Modell auch über die Einführungsphase von IS hinaus anwendbar ist (entweder begründet aus dem Design des Modells oder empirisch nachgewiesen).
- Eine hohe Bewertung für das Kriterium der Freiwilligkeit ergibt sich dann, wenn das Modell in Situationen mit freiwilliger und unfreiwilliger IS-Nutzung einsetzbar ist oder wenn die Freiwilligkeit der Nutzung explizit modelliert ist.
- Die Operationalisierbarkeit schliesslich ist hoch zu bewerten, wenn Konstrukte im Modell direkt Eigenschaften des betrachteten IS modellieren.[225]

---

[223] Diese Bewertung ist naturgemäss zu gewissen Teilen subjektiv. Letzten Endes scheint aber eine weitergehende Quantifizierung wenig sinnvoll, zumal die Konstruktion einer solchen Bewertungsskala selbst subjektiv ist.
[224] Vgl. Lee et al. 2003; Venkatesh et al. 2003.
[225] Vgl. Abschnitt 4.2 für weitergehende Ausführungen zur Operationalisierung der Akzeptanzmodelle, insbesondere zu Massnahmen zur Akzeptanzsteigerung.

In Tabelle 4-2 sind die Bewertungen der Modelle überblicksartig zusammengefasst. Dabei werden folgende Symbole für die Bewertung verwendet:

● Die Anforderung wird in vollem Umfang erfüllt (z. B. liegen mehrere empirische Studien vor).

◐ Die Anforderung wird in weiten Teilen erfüllt (z. B. sind die meisten hypothetisierten Beziehungen im Modell in mehreren empirischen Studien nachgewiesen oder es liegen erste Replikationen vor).

⊙ Die Anforderung wird in einigen Teilen erfüllt (z. B. liegen einzelne empirische Studien vor, Replikationen fehlen).

○ Die Anforderung wird nicht bzw. kaum erfüllt (z. B. liegt kein bzw. unzureichendes empirisches Beweismaterial vor).

Theorieanforderung	Theorie	IDT	TRA	TPB	TAM	TAM2	TAM3	UTAUT	IMUT
AT$_1$ – Gesicherte Empirie		●	◐	◐	●	◐	◐	◐	⊙
AT$_2$ – Geringe Konstruktzahl (Anz. Konstrukte)		6	6	8	6	13	19	10	17
AT$_3$ – Modellierung externer Variabler		○	○	○	○	⊙	●	○	◐
AT$_4$ – IS-Spezifität		○	○	○	●	●	●	●	●
AT$_5$ – Operationalisierbarkeit		⊙	○	○	⊙	⊙	◐	○	⊙
AT$_6$ – IS-Gesamtlebenszyklus		○	⊙	⊙	◐	◐	◐	⊙	●
AT$_7$ – Freiwilligkeit		○	○	○	⊙	◐	●	●	○

Tabelle 4-2: Beurteilung der Akzeptanzmodelle

Die Ergebnisse lassen TAM2/3 und IMUT als besonders geeignet erscheinen. Ein Messmodell sollte daher eines dieser Modelle als theoretische Basis nutzen. Unter Berücksichtigung der besseren Operationalisierbarkeit scheint im Hinblick auf die Verwendung des Messmodells in einer Methode zur Steigerung der Akzeptanz TAM3 geeigneter als IMUT zu sein, weshalb es im Folgenden als Basis für das IL-Akzeptanzmodell genutzt wird. Gleichzeitig zeigt sich, dass in Bezug auf ein für die IL-Akzeptanzmessung nutzbares Modell noch Forschungsbedarf besteht, insbesondere mit Hinblick auf die speziellen externen Variablen.

4.1.4 Einschränkungen der Akzeptanzmodelle

Die Ergebnisse der Akzeptanzforschung unterliegen Einschränkungen, die bei Nutzung von Theorien aus diesem Bereich auch für diese Arbeit gelten können.

Eine Grundannahme der Akzeptanzforschung ist, dass die individuelle Nutzung von IS erstrebenswert sei. Es ist allerdings nicht endgültig geklärt, inwieweit die **IS-Nutzung als erklärte Variable** zwingend zu einer Steigerung der Leistung des Individuums infolge der Nutzung führt. Hierzu scheint zusätzlich wichtig zu sein, dass die Technologie die Tätigkeiten der Nutzenden sinnvoll unterstützt (*Task-Technology-Fit*).[226]

Des Weiteren betrachtet die hier vorgestellte Richtung der Akzeptanzforschung IS-Akzeptanz auf **individueller Ebene**, die organisationale Akzeptanz wird nicht erklärt. Die Verknüpfung der individuellen und der organisatorischen Ebenen ist jedoch nicht völlig unproblematisch. Der Erfolg bzw. Nutzen von IS aus organisatorischer Ebene ist schwer messbar,[227] es besteht zudem keine Einigkeit darüber, inwieweit individuelle Nutzung sich positiv auf den Erfolg der Gesamtorganisation auswirkt.[228] Es muss im Rahmen dieser Arbeit in der Tradition der Akzeptanzforschung angenommen werden, dass die Annahme der Nützlichkeit zutrifft. Eine abschliessende Klärung dieser Frage liegt ausserhalb des Rahmens dieser Dissertation.

4.2 Steigerung der Akzeptanz von Informationssystemen

Der Korpus an theoretischen Arbeiten zur Erklärung der Akzeptanz von IS ist wie oben dargestellt äusserst umfangreich. Demgegenüber ist die Wissensbasis im Hinblick auf die Steigerung der IS-Akzeptanz wesentlich weniger umfassend, hier kann nur in Ausschnitten von einem gefestigtem Forschungsstand gesprochen werden. Dieser Umstand ist wohl mit der in Abschnitt 1.5.1 dargestellten Schwerpunktsetzung der angelsächsischen WI zu erklären: Während Akzeptanz gut empirisch messbar ist, ist die Wirkung von Massnahmen nur in aufwändigen Längsschnittstudien nachzuweisen und kaum von anderen Einflüssen isoliert zu messen. In der gestaltungsorientierten deutschsprachigen WI-Community wurde die Akzeptanzproblematik kaum rezipiert, es finden sich jedoch Arbeiten zu einzelnen Einflussfaktoren ausserhalb des Kontexts der Akzeptanzforschung.

In den folgenden Absätzen werden eine allgemeine Klassifikation von Massnahmen zur Steigerung der Akzeptanz von IS vorgestellt und bestehende Arbeiten aus der Ak-

---

[226] Vgl. Goodhue 2007, S. 221; Pentland 1989.
[227] Vgl. Ragowsky et al. 1996, S. 89f.
[228] Vgl. Benbasat, Barki 2007, S. 215; Devaraj, Kohli 2003; Lee et al. 2003, S. 767.

zeptanzliteratur sowie aus anderen Forschungskontexten zu diesen Massnahmenklassen zusammengefasst. Da diese Arbeiten kaum Hinweise auf ein mögliches Vorgehen zur systematischen Steigerung der Akzeptanz enthalten, werden im darauf folgenden Abschnitt ergänzend methodische Ansätze aus der Praxis und aus dem Bereich der WI-Forschung vorgestellt, die Anhaltspunkte für ein sinnvolles Vorgehen liefern können.

4.2.1 Massnahmen in der Akzeptanz-Literatur

In der Akzeptanzliteratur wird davon ausgegangen, dass es durch das Management kontrollierbare Massnahmen gibt, mit denen die Akzeptanz gezielt beeinflusst werden kann.[229] Unter Massnahmen (*Interventions*) werden in der englischsprachigen Literatur vom Management (oder auch von Nutzenden, Peers und weiteren Experten in der Organisation) ausgeführte Handlungen bzw. erlassene Regelungen verstanden, die die Akzeptanz von Technologien direkt oder indirekt (über Überzeugungen und Einstellungen) beeinflussen sollen.[230]

In ihrer Arbeit zum TAM3 stellen VENKATESH und BALA eine allgemeine Klassifikation von Massnahmen zur Akzeptanzsteigerung vor, die sieben generische Massnahmenklassen enthält.[231] Bezeichnenderweise wird dieser Teil der Arbeit als „*a Research Agenda on Interventions*" bezeichnet, was zeigt, dass hier zu den meisten Aspekten erst Ansätze und keine ausgereiften Konzepte vorliegen. Dennoch stellt diese Klassifikation einen der wenigen umfassenden Ansätze zur Systematisierung von akzeptanzsteigernden Massnahmen dar, der zudem zu den Konstrukten im hier genutzten TAM3 passt. Sie wird daher im Folgenden für die Klassifizierung von Massnahmen zugrunde gelegt.

Es werden (schwerpunktmässig) vor und nach der Implementierung durchzuführende Massnahmen unterschieden. Die Klassen von Massnahmen können jeweils auf verschiedene akzeptanzbeeinflussende Konstrukte wirken. Tabelle 4-3 gibt einen Überblick über die Massnahmenklassen und ihre Wirkung auf die Konstrukte aus dem TAM3, in den folgenden Abschnitten werden diese Massnahmen kurz erläutert.

---

[229] Vgl. Davis et al. 1989, S. 988.
[230] Vgl. Agarwal 2000, S. 99; Jasperson et al. 2005, S. 536.
[231] Vgl. Venkatesh, Bala 2008.

Stand der Forschung und verwandte Arbeiten

Massnahmenklassen		Einflussfaktoren auf U					Einflussfaktoren auf EOU					
		Subjektive Norm	Image	Tätigkeitsrelevanz	Ergebnisqualität	Nachvollziehbarkeit d. Ergebnisse	CSE	Externe Verhaltenskontrolle	Computerangst	Computerverspieltheit	Wahrgenommenes Vergnügen	Objektive Usability
Vor Implementierung	Designcharakteristika			X	X	X					X	X
	Nutzendenbeteiligung	X		X	X	X		X	X	X	X	X
	Managementunterstützung	X	X	X	X	X		X				
	Anpassung von Anreizen	X	X	X	X	X					X	
Nach Implementierung	Training			X	X	X	X		X	X	X	X
	Organisatorischer Support			X	X	X		X	X			
	Peer-Support	X	X	X	X	X		X				

X bezeichnet Einflussmöglichkeiten der Massnahmen.

Quelle: Vgl. Venkatesh, Bala 2008, S. 293.

Tabelle 4-3: Klassen von Massnahmen zur Akzeptanzsteigerung

Schon vor der Implementierung kann die Akzeptanz über Designcharakteristika, Nutzendenbeteiligung, Managementunterstützung und die Anpassung von Anreizsystemen beeinflusst werden.

Unter **Designcharakteristika** fassen VENKATESH und BALA spezifische Eigenschaften der untersuchten IS zusammen. Diese lassen sich in informationsbezogene Eigenschaften (d. h. Aspekte von Datenqualität) und systembezogene Eigenschaften (d. h. Aspekte der Systemqualität) unterteilen.[232] Datenqualität und Systemqualität sind mehrdimensionale Konstrukte, die jeweils mehrere Teilaspekte umfassen (vgl. die Ausführungen zum IMUT in Abschnitt 4.1.2.4 für eine beispielhafte Klassifizierung). Datenqualität wirkt dabei auf die Einflussfaktoren von wahrgenommener Nützlichkeit, Systemqualität auf die Einflussfaktoren von wahrgenommener Benutzerfreundlichkeit.[233] Während gesamthafte Analysen der Zusammenhänge nicht vorliegen, sind einzelne

---

[232] Vgl. DeLone, McLean 2003; Wixom, Todd 2005.
[233] Vgl. Venkatesh, Bala 2008, S. 294.

Teilaspekte empirisch untersucht worden. So können im Bereich der Datenqualität z. B. eine akzeptanzsteigernde Wirkung von Transparenz und Format nachgewiesen werden, im Bereich der Systemqualität wurde eine positive Wirkung von Flexibilität gezeigt.[234]

Eine **Beteiligung der Nutzenden** während des Entwicklungsprozesses kann ebenfalls die Akzeptanz steigern. Darunter wird die Einbindung der zukünftigen Nutzenden in den Entwicklungsprozess verstanden, die verschieden intensiv von gelegentlichen Konsultationen bis zur Übernahme von Entwicklungsaktivitäten erfolgen kann.[235] Neben dieser Teilnahme an Entwicklungsprojekten wird in diesem Zusammenhang auch die psychologische Teilnahme am Entwicklungsprozess in dem Sinne betrachtet, dass der Projekterfolg den Nutzenden persönlich wichtig ist.[236] Die Beteiligung wirkt dadurch auf die Akzeptanz, dass die Nutzenden eine bessere Vorstellung von den Fähigkeiten des Systems entwickeln können, die Erwartungen des Managements an das System besser verstehen und die Nutzung des Systems im Vorfeld erlernen können.[237] Eine intensive Beteiligung wirkt dabei positiv auf die Akzeptanz.

Unter **Management Support** wird die Wahrnehmung der Nutzenden verstanden, dass die Entwicklung bzw. Nutzung des Systems durch das Management unterstützt wird.[238] Diese Unterstützung kann indirekt sein, etwa durch das Bereitstellen von Ressourcen oder das Sponsoring von Projekten in der Organisation, oder direkt über die Nutzung des Systems und die aktive Gestaltung der *Work Systems*, in die das System eingebunden ist.[239] Komplexe Systeme im betrieblichen Kontext (wie z. B. IL-Systeme) haben tiefgreifende Einflüsse auf Strukturen und Prozesse im Unternehmen. Daher wird angenommen, dass für diese Systeme Management-Unterstützung besonders wichtig ist, um die Mitarbeitenden zur Unterstützung der Einführungsprozesse und zur Umsetzung der resultierenden organisatorischen Änderungen zu bewegen.[240] Management-Unterstützung kann auf alle Einflussfaktoren von wahrgenommener Nützlichkeit und auf die wahrgenommene externe Verhaltenskontrolle wirken.

Als letzte vor der Implementierung einsetzbare Interventionsklasse nennen VENKATESH und BALA die **Anpassung von Anreizsystemen**. Hierunter wird verstanden, dass

---

[234] Vgl. Chenoweth et al. 2004; Foshay et al. 2007 bzw. Goeke, Faley 2007.
[235] Vgl. Amoako-Gyampah 2007; Jun, King 2008; Lynch, Gregor 2004.
[236] Vgl. Barki, Hartwick 1994.
[237] Vgl. Venkatesh, Bala 2008, S. 296.
[238] Vgl. Huigang et al. 2007; Igbaria et al. 1997; Leonard-Barton, Deschamps 1988; Sharma, Yetton 2003.
[239] Vgl. Jasperson et al. 2005, S. 537.
[240] Vgl. Venkatesh, Bala 2008, S. 296f.

die Akzeptanz von IS auch davon abhängt, dass die Eigenschaften und Fähigkeiten des Systems mit den Anreizen und Interessen der Nutzenden kompatibel sind bzw. dass die Nutzung des Systems ihnen bei der Erreichung ihrer Ziele hilft.[241] Gerade in Zusammenhang mit IL kommt es jedoch regelmässig vor, dass z. B. die Daten erfasst und zur Verfügung gestellt werden müssen, obwohl dies weniger der eigenen, sondern schwerpunktmässig anderen OE nützt.[242] In diesem Fall ist es Aufgabe des Managements, entsprechende Anreize zu setzen, um die Nutzung des Systems im Sinne der Organisationsziele zu gewährleisten. Wie diese Anreize gestaltet werden können, ist allerdings noch nicht im Detail nachgewiesen.[243] Aus der Perspektive des TAM kann das Anreizsystem subjektive Norm, Image, Tätigkeitsrelevanz, Ergebnisqualität, Nachvollziehbarkeit der Ergebnisse und das wahrgenommene Vergnügen beeinflussen.

Nach der Implementierung können Interventionen aus den Bereichen Training, organisatorischer Support und Peer-Support zur Steigerung der Akzeptanz genutzt werden.

Die Wirksamkeit von **Training** zur Steigerung der Akzeptanz von IS konnte in zahlreichen Studien nachgewiesen werden. Unter Training werden Ausbildungsmassnahmen zusammengefasst, die die Nutzenden zum Gebrauch des Systems befähigen sollen. Dabei können sowohl Arbeitsabläufe, als auch die zugrunde liegenden Konzepte im Vordergrund stehen, wobei letztere bei komplexen Systemen für den Trainingserfolg besondere Bedeutung haben.[244]

Es werden verschiedene Arten von Trainingsmethoden unterschieden, wobei gesamthafte Vergleiche zwischen den Methoden fehlen.[245] Im paarweisen Vergleich zeigen ältere Studien, dass die Wirksamkeit von Trainingsmassnahmen, die auf dem Vorführen von Verhaltensweisen durch einen Instruktor beruhen, computergestützten Tutorials überlegen zu sein scheinen.[246] In neueren Studien zeigt sich hingegen, dass durch Verbesserung der Methoden und zunehmende Vertrautheit mit Online-Lernmethoden die Ergebnisse von computergestütztem Lernen und Lernen mit Instruktor angleichen.[247] Auch die Einführung von spielerischen Elementen und Techniken zur Steige-

---

[241] Vgl. Ba et al. 2001, S. 227ff.; Todd, Benbasat 1999, S. 361ff.; Venkatesh, Bala 2008, S. 297f.
[242] Vgl. Schmaltz, Bucher 2008, S. 45ff.
[243] Für den Bereich des Wissensmanagements werden hier verschiedene Marktmechanismen vorgeschlagen. Vgl. Ba et al. 2001, S. 232f.; Vassiliadis et al. 2000, S. 51; Venkatesh, Bala 2008, S. 298.
[244] Vgl. Scott 2008; Venkatesh 1999, S. 241.
[245] Vgl. Nelson, Cheney 1987, S. 549 für eine beispielhafte Klassifizierung.
[246] Vgl. Compeau, Higgins 1995a; Gist et al. 1989; Taylor et al. 2005.
[247] Vgl. Arbaugh, Warell 2009, S. 237f.; Sitzmann et al. 2006; Zhao et al. 2005.

rung des Lerneffekts kann die Wirksamkeit von Training steigern.[248] Einige Studien untersuchen darüber hinaus Rahmenbedingungen von Training wie z. B. Laune der Teilnehmenden oder Kontextfaktoren wie Komplexität und Interdependenz der Aufgaben bzw. *Management Support*.[249] Training wirkt auf verschiedene Einflussfaktoren von wahrgenommener Nützlichkeit und wahrgenommener Benutzerfreundlichkeit, insbesondere ist Training die einzige Massnahmenklasse, für die eine Wirkung auf interne Kontrollüberzeugung gezeigt werden konnte.[250]

Unter **organisatorischem Support** werden formelle und informelle Aktivitäten zusammengefasst, die den Nutzenden eine effektive Nutzung der Systeme ermöglichen sollen. Hierzu gehören z. B. Helpdesks bzw. Hotlines oder Experten, die den Nutzenden zur Verfügung stehen. Auch hier wird angenommen, dass bei komplexen Systemen der Support eine grosse Rolle spielt, während er bei einfachen Systemen teils keinen signifikanten Einfluss hat.[251] Dabei können Infrastruktur-Support (für Hardware und grundlegende Dienste) und fachlicher, systembezogener Support unterschieden werden.[252] Fachlicher Support unterstützt bei der Nutzung durch Erläutern von Funktionalität oder durch die Modifikation von Aspekten des *Work Systems*.[253] Dadurch kann er auf Tätigkeitsrelevanz, Ergebnisqualität, Nachweisbarkeit der Ergebnisse, externe Verhaltenskontrolle und Computerangst wirken. Während SHAW ET AL. Hinweise auf Gründe für Unzufriedenheit mit Supportleistungen liefern, steht eine systematische Erforschung der sinnvollen Gestaltung von fachlichem Support für komplexe Systeme noch aus.[254]

Als letzte Klasse von Interventionen nennen VENKATESH und BALA den **Peer-Support**, d. h. die Unterstützung der Nutzenden durch Kolleginnen und Kollegen. Die Peers können aus derselben OE wie die Nutzenden, aus anderen OE oder auch aus anderen Organisationen stammen. Sie können neben der Durchführung von formellen und informellen Trainigsmassnahmen auch direkt oder mit den Nutzenden zusammen

---

[248] Vgl. Davis, Yi 2004; Venkatesh et al. 2002; Wagner 1997; Yi, Davis 2001.
[249] Vgl. Sharma, Yetton 2003; Sharma, Yetton 2007; Venkatesh, Speier 1999; Venkatesh et al. 2002.
[250] Vgl. Amoako-Gyampah, Salam 2004; Compeau, Higgins 1995a; Gist et al. 1989; Igbaria et al. 1995; Igbaria et al. 1997.
[251] Vgl. Karahanna, Straub 1999, S. 243; Lee et al. 2006, S. 471; Shaw et al. 2002, S. 43ff.; Venkatesh, Bala 2008, S. 299f.
[252] Vgl. Bhattacherjee, Hikmet 2008, S. 71.
[253] Vgl. Jasperson et al. 2005, S. 536 ff.
[254] Vgl. Shaw et al. 2002; Venkatesh, Bala 2008, S. 300.

Aspekte der *Work Systems* gestalten.[255] Dadurch sind Wirkungen auf die Einflussfaktoren von wahrgenommener Nützlichkeit und die externe Verhaltenskontrolle möglich.

Während also einige Arbeiten zu den möglichen Arten von Massnahmen zur Steigerung der Akzeptanz von IS und ihren grundlegenden Wirkungsweisen existieren, kann insgesamt noch nicht von einem umfangreich abgesicherten Stand der Forschung wie bei den Akzeptanzmodellen gesprochen werden. Insbesondere zur konkreten Ausgestaltung von Interventionen liegen kaum Arbeiten vor. Daher wird für diesen Aspekt der Dissertation auf die in Abschnitt 6 dokumentierten Fallstudien als Erkenntnisquelle zurückgegriffen. Die hier vorgestellte Klassifikation dient im Folgenden als Basis für die Systematisierung von Massnahmen zur Akzeptanzsteigerung.

4.2.2 Ausgewählte Ansätze zur Messung und Beeinflussung von Systemeigenschaften

Wie oben angedeutet, liefert die Forschung nur wenige Anhaltspunkte für eine geeignete Vorgehensweise im Rahmen der Steigerung der Akzeptanz. Daher werden an dieser Stelle weitere Methoden aus Wissenschaft und Praxis betrachtet, die für Teilaspekte der zu konstruierenden Methode als Basis dienen können. Der Schwerpunkt der Darstellung liegt hier auf Vorgehensmodellen und Ergebnissen, die verwendeten Techniken stehen aufgrund der anderen Zielsetzungen und Kontexte der Methoden weniger im Vordergrund.[256] Auf eine formale Darstellung der Vorgehensmodelle wird aus Platzgründen verzichtet. Diese Methoden sind lediglich Beispiele für eine grosse Zahl weiterer Ansätze, weshalb diese Aufzählung keinen Anspruch auf Vollständigkeit erhebt.

Bei den untersuchten Methoden handelt es sich einerseits um Methoden zur Steigerung der (Daten-)Qualität, insbesondere Total Data Quality Management (TDQM) und Six Sigma. Diese etablierten Qualitätsmanagementmethoden verfolgen einen ähnlichen Zweck wie die vorliegende Methode, nämlich die Messung von Systemeigenschaften (Qualitätsaspekten) und deren gezielte Verbesserung durch geeignete Massnahmen. Andererseits werden Methoden mit Schwerpunkt auf der Messung der Wahrnehmung von Untersuchungssubjekten (analog zur Messung der Akzeptanz der Nutzenden) betrachtet: Eine Methode für Mitarbeiterbefragungen im betrieblichen Kontext von

---

[255] Vgl. Jasperson et al. 2005, S. 537.
[256] Diesen Ansätzen liegt teils ein anderes Methodenverständnis zugrunde als der gestaltungsorientierten WI. Daher werden sie im Folgenden einheitlich auf die WI-Terminologie abgebildet.

DOMSCH und LADWIG und eine Methode zur Durchführung von empirischen Umfragen im wissenschaftlichen Umfeld von DIEKMANN.

4.2.2.1 Total Data Quality Management

TDQM ist eine der verbreitetsten Methoden für das Datenqualitätsmanagement.[257] Sie wurde seit 1991 am Massachusetts Institute of Technology mit dem Ziel entwickelt, wissenschaftliche Grundlagen und praxisorientierte Methoden für das Datenqualitätsmanagement zu schaffen. TDQM ist beeinflusst vom Total Quality Management, einem Ansatz für ganzheitliches Qualitätsmanagement.[258] Kern von TDQM ist das Konzept der Informationsprodukte. Diesem Konzept zufolge können Informationen analog zu physischen Produkten als Produkte verstanden werden, die von einem Hersteller in einem Fertigungssystem für einen Kunden gefertigt werden und daher kundenorientierten Qualitätsanforderungen zu genügen haben.[259] Das Vorgehensmodell von TDQM basiert auf Arbeiten von DEMING.[260] Es gliedert sich in die vier Phasen *Define* (Identifikation von Datenqualitäts-Dimensionen und Anforderungen), *Measure* (Generieren von Datenqualitäts-Metriken und Messung), *Analyze* (Identifikation von Gründen und Abhängigkeiten der Datenqualitäts-Probleme) und *Improve*, wobei ein mehrfaches, zyklisches Durchlaufen dieser Phasen vorgesehen ist (vgl. Tabelle 4-4). Neben diesem Zyklus fordert TDQM auch die organisatorische Verankerung des Datenqualitätsmanagements durch entsprechende Verantwortlichkeiten, Gremien und Ausbildungsmassnahmen.[261]

---

[257] Vgl. Huang et al. 1999; Otto et al. 2007, S. 918; Wang 1998. Weitere Methoden für das Datenqualitätsmanagement umfassen in weiten Teilen vergleichbare Aktivitäten und Ergebnisse, vgl. Basili, Caldiera 1995; Batini, Scannapieco 2006, S. 171f.
[258] Vgl. Levis et al. 2007, S. 3ff.
[259] Vgl. Huang et al. 1999, S. 19ff.; Wang 1998, S. 60.
[260] Vgl. Deming 1986.
[261] Vgl. Wang 1998, S. 61.

Phasen	Aktivitäten	Ergebnisse
1. Define	Definition der Informationsprodukte	Informationsprodukte und Bestandteile, Eigenschaften und Kunden
	Definition der DQ-Anforderungen	Anforderungen an die Qualitätsdimensionen aus Kundenperspektive als Qualitätsattribute
	Dokumentation des Produktionssystems	Dokumentation der Produktionsprozesse als Informations-Produktions-Karte
2. Measure	Entwicklung von DQ-Metriken	Objektive und subjektive Metriken für die DQ mit Definition und Messalgorithmus bzw. Fragen
	Durchführung der Messung	Messergebnis
3. Analyze	Auswertung der Daten	Abweichungen von den DQ-Anforderungen
	Identifikation von Ursachen	Identifikation von Prozessschritten, die Probleme verursachen
4. Improve	Prozessoptimierung	Verbesserte Produktionsprozesse zur Erreichung höherer DQ
	Informationsprodukt-Optimierung	Verbesserte Informationsprodukte zur genaueren Erfüllung von Anforderungen

Quelle: Vgl. Wang 1998, S. 61ff.

Tabelle 4-4: Vorgehensmodell von TDQM

4.2.2.2 Six Sigma

Six Sigma ist eine Qualitätsmanagement-Methodik, die in den 1980er Jahren zuerst bei Motorola und dann bei zahlreichen anderen Unternehmen mit grossem Erfolg eingesetzt wurde.[262] Six Sigma kombiniert statistische Techniken zur Beurteilung der Qualität anhand der Fehlerrate mit Organisationskonzepten und einer Methode zur systematischen Qualitätsverbesserung. Ziel von Six Sigma ist es, in Produktionsprozessen eine Fehlerrate von unter 3.4 Fehlern pro Million Fehlermöglichkeiten zu erreichen. Kern der Methodik ist eine zyklische Verbesserungsmethode, die ebenfalls eine Modifikation des Deming-Zyklus ist (vgl. Tabelle 4-5). Sie umfasst die fünf Phasen *Define* (Definition der Qualitätsanforderungen aus Kundensicht), *Measure* (Messung des Qualitätsniveaus), *Analyze* (Analyse der Fehlerursachen), *Improve* (Beseitigung von Fehlerursachen) und *Control* (Dauerhafte Verankerung der Lösungen). Diese Methode wird ergänzt durch zahlreiche Techniken z. B. zur Fehleranalyse, ein Rollenkonzept für die Projektbeteiligten mit unterschiedlichen Qualifikationsniveaus und um eine Projektmethodik für Entwicklungsprojekte.

Die organisatorische Verankerung und die Nutzung von geschäftsbezogenen und finanziellen Metriken werden dabei als Hauptfortschritte gegenüber früheren Qualitäts-

---

[262] Vgl. Kwak, Anbari 2006, S. 710f.

management-Ansätzen gesehen.²⁶³ Langfristziel von Six Sigma ist die Schaffung einer qualitätsorientierten Unternehmenskultur, die über wiederholte Qualitätssteigerungsprozesse hinausgeht und die Berücksichtigung von Qualitätsanforderungen schon in den Entwicklungsprozess integriert.

Phasen	Aktivitäten	Ergebnisse
1. Define	Identifikation der Kunden	Dokumentation der Kundengruppen
	Identifikation von Kundenanforderungen	Dokumentation der Kundenanforderungen
	Identifikation der kundenorientierten Prozesse	Prozessdokumentation oder -landkarte
	Zuordnung von Prozessen zu Kundenanforderungen	Anforderungs-Prozess-Mapping
2. Measure	Identifikation von Werttreibern	Werttreiber als *Critical to Quality*-Merkmale
	Operationalisierung der Werttreiber	Messgrössen und Kennzahlen für Werttreiber
	Messung der Ist-Qualität	Messwerte für Kennzahlen (Ist-Zustand)
3. Analyze	Definition des Zielniveaus für die Werttreiber	Zielwerte für Kennzahlen (Soll-Zustand)
4. Improve	Auswahl und Umsetzung von Verbesserungen auf Basis der Ursache-Wirkungs-Beziehungen	Massnahmen für Verbesserungen
5. Control	Messung der Qualität zur Erfolgskontrolle	Messwerte für Kennzahlen nach Qualitätsverbesserung
	Stabilisierung der optimierten Prozesse	Optimierte Prozesse
	Beurteilung der Auswirkungen	Beurteilung der monetären und nicht-monetären Ergebnisse

Quelle: Vgl. Töpfer 2004b, S. 86.

Tabelle 4-5: Vorgehensmodell von Six Sigma

4.2.2.3 Mitarbeiterbefragungen

Eine Methode zur Durchführung von Mitarbeiterbefragungen im betrieblichen Umfeld entwickelten DOMSCH und LADWIG.²⁶⁴ Ähnlich wie die zu konstruierende Methode hilft das Führungsinstrument der Mitarbeiterbefragung dabei, in Ergänzung zu den im Unternehmen bekannten Daten und Zahlen auch Einstellungen und Meinungen der Mitarbeitenden zu bestimmten Themen abzufragen. Die Mitarbeiterbefragung dient mithin als Instrument der internen Marktforschung. Die Ergebnisse der Mitarbeiterbefragung dienen als Basis zur Einleitung von Verbesserungsmassnahmen, zudem kann die Messung selbst schon die Aufmerksamkeit der Mitarbeitenden auf bestimmte

---

²⁶³ Vgl. Linderman et al. 2003, S. 195; Schroeder et al. 2008, S. 545ff.; Töpfer 2004b.
²⁶⁴ Vgl. Domsch 2003, S. 652ff.; Domsch, Ladwig 2002, S. 11ff.; Domsch, Ladwig 2006, S. 12ff.

Themen lenken bzw. die wahrgenommene Partizipation an der Unternehmensentwicklung erhöhen.[265] Mitarbeiterbefragungen können als breit angelegte Befragungen verschiedenste Aspekte des Arbeitsumfelds wie Zusammenarbeit, Entgelt, Führung usw. betreffen oder auch als fokussierte Befragungen spezielle Themen einzeln adressieren. Das von DOMSCH und LADWIG vorgeschlagene detaillierte Vorgehensmodell für die Mitarbeiterbefragung ist in die Phasen Planung, Durchführung und Umsetzung auf den Befragungsergebnissen aufbauender Massnahmen gegliedert (vgl. Tabelle 4-6). Dabei spezifizieren die Autoren jedoch bis auf mögliche Kommunikationsaktivitäten zum Sicherstellen des Befragungserfolgs und Hinweise auf Bewertungsmöglichkeiten für die wahrgenommene Qualität von internen Dienstleistungen keine weiteren Techniken für die Aktivitäten des Vorgehensmodells.

Phasen	Aktivitäten	Ergebnisse
1. Planung	Zieldiskussion	Ziele der Befragung und Einbindung in die Unternehmensstrategie
	Entscheidung	Projektteam und Grobkonzept aus Inhalt, Zielgruppen, Umfang, Ablauf und Aufwand
	Detailkonzept	Angestimmte Detailplanung mit Inhalten, Fragebogen, Ablauf, Auswertung, Ergebnisumsetzung und Prozesskontrolle; Information der Stakeholder
2. Durchführung	Marketing	Marketingkonzept mit Kommunikationsmassnahmen und -plan
	Befragung	Herstellung und Verteilung des Fragebogens, begleitende Kommunikationsmassnahmen zur Rücklaufsteigerung
	Ergebnisdarstellung	Qualitative und quantitative Auswertung der Ergebnisse, Präsentation der Ergebnisse bei den Stakeholdern
3. Umsetzung	Aktionspläne	Diskussion und Auswahl von konkreten Massnahmen
	Realisierung	Umsetzung der Massnahmen und Einleiten/ Begleiten der Veränderungsprozesse
	Erfolgskontrolle	Diskussion von Ergebnissen der Massnahmenumsetzung, Messung von Veränderungen, Planung weiterer Befragungen

Quelle: vgl. Domsch, Ladwig 2006, S. 12ff.

Tabelle 4-6: Vorgehensmodell für Mitarbeiterbefragungen

---

[265] Vgl. Borg 2007, S. 339ff.

4.2.2.4 Umfragen in der empirischen Forschung

Hinsichtlich der Durchführung von Umfragen bietet sich ein Rückgriff auf Methoden der empirischen Sozialforschung an, für die die Umfrage ein Kernelement ihres Methodenarsenals darstellt.[266] Unter einer Umfrage im wissenschaftlichen Sinn wird dabei „ein System zum Sammeln von Informationen von oder über Personen zu Beschreibung, Vergleich oder Erklärung ihres Wissens, Einstellungen oder Verhaltens"[267] verstanden.

Die lange kumulative Forschungstradition und die intensive Beschäftigung mit methodischen Aspekten schon seit den 1970er Jahren (zumindest im angelsächsischen Raum) führen zu einer weitgehenden Konvergenz hinsichtlich des geforderten Vorgehens, der Ergebnisse und Techniken für die Durchführung und Auswertung von Befragungen mit wissenschaftlichem Anspruch.[268] Eine kompakte Zusammenfassung des üblichen Vorgehens findet sich bei DIEKMANN (vgl. Tabelle 4-7), die dort beschriebenen Aktivitäten finden sich in vergleichbarer Form auch bei anderen Autoren.[269]

---

[266] Vgl. z. B. Atteslander 2008, S. 101.
[267] Fink 2003d, S. 1.
[268] Vgl. z. B. Churchill 1979; Pearson, Brouch 1986; Venkatraman, Grant 1986. Eine kurzer Überblick über die Entwicklungen im deutschsprachigen Raum findet sich bei ATTESLANDER, vgl. Atteslander 2008, S. 305ff.
[269] Vgl. z. B. Atteslander 2008; Bortz, Döring 2006; Creswell 2008; Fink 2003a; Punch 2005.

Stand der Forschung und verwandte Arbeiten 65

Phasen	Aktivitäten	Ergebnisse
Formulierung und Präzisierung des Forschungsproblems	Formulierung des Forschungsproblems	Problemstellung mit deskriptiven Fragestellungen oder Hypothesen
Planung und Vorbereitung der Erhebung	Konstruktion des Erhebungsinstruments	Begriffsdefinitionen, Konstruktspezifikation, Erhebungsinstrument mit Operationalisierung
	Festlegung der Untersuchungsform	Untersuchungsebene, Untersuchungsdesign, Experimentform
	Stichprobenverfahren	Population, Art der Stichprobenziehung, Umfang der Stichprobe
	Pretest	Getestetes Erhebungsinstrument
Datenerhebung	Anwendung des erprobten Erhebungsinstruments	Datensatz durch Befragung, Beobachtung, Inhaltsanalyse (je nach Untersuchungsform)
Datenauswertung	Aufbau eines analysefähigen Datenfiles	Datei durch Erfassung, Fehlerkontrolle und -bereinigung
	Statistische Datenanalyse	Analyseergebnisse: Indizes und Skalen, univariate Ergebnisse, Zusammenhänge
Berichterstattung	Umsetzung der Forschungsergebnisse	Forschungsbericht und praktische Umsetzung

Quelle: Vgl. Diekmann 2007, S. 192 f.

Tabelle 4-7: Vorgehensmodell für wissenschaftliche Umfragen

4.2.3 Bewertung der Ansätze

Die betrachteten Ansätze geben Hinweise auf eine sinnvolle Gestaltung von Vorgehensmodellen, deren Ziel die systematische Messung und Beeinflussung der Eigenschaften von Systemen ist. Tabelle 4-8 zeigt überblicksartig die betrachteten Methoden und ihre Anwendbarkeit für die Methodenkonstruktion zur Messung bzw. Steigerung der Akzeptanz.

Methode	Abdeckung der Phasen	
	Messung	Steigerung
TDQM	●	●
Six Sigma	●	●
Mitarbeiterbefragung	●	◐
Empirische Umfragen	●	○

Legende: ● Anwendbar   ◐ Teilweise anwendbar   ○ Nicht anwendbar

Tabelle 4-8: Verwandte Methoden

Die Methoden aus dem Qualitätsmanagement verdeutlichen den grundlegenden Ablauf solcher Vorgehensweisen mit dem Phasenablauf Planung – Messung – Analyse – Umsetzung, der im Folgenden der zu konstruierenden Methode zugrunde gelegt wird. Die Methode zur Befragung von Mitarbeitenden fokussiert die ersten drei Phasen, sie detailliert das Vorgehen für den betrieblichen Kontext. Die Methode zur empirischen Datenerhebung schliesslich zeigt ein beispielhaftes Vorgehen für die Ausgestaltung der ersten drei Phasen, ohne die Auswahl von Massnahmen zu behandeln.

5 Messung der Akzeptanz von Informationslogistik

Das Akzeptanzmodell für die IL ist ein wesentliches Ergebnis des Konstruktionsprozesses. Es dient als Basis für die Messung der Akzeptanz von IL im Unternehmen. Das Modell spezifiziert und operationalisiert die zu messenden Konstrukte und erklärt die Zusammenhänge zwischen den Konstrukten und der Akzeptanz von IL. Basierend auf dem TAM2/3 wird die Akzeptanz von IL über die Konstrukte wahrgenommene Nützlichkeit und wahrgenommene Benutzerfreundlichkeit erklärt. Generische externe Variablen, die diese beeinflussen, sind im TAM3 expliziert. Im Rahmen der Konstruktion des Messmodells werden diese Variablen für die IL spezifiziert und angepasst (Abschnitt 5.1).

Die Konstruktion von theoretischen Modellen mittels Auswahl und Kombination von Konstrukten aus verschiedenen Quellen ist nicht unproblematisch, da sich Konstrukte gegenseitig beeinflussen bzw. überdecken können.[270] Zur Evaluation und Kalibrierung des Messmodells wird das Messmodell daher zu einem Strukturgleichungsmodell erweitert und mit Hilfe einer Umfrage empirisch validiert. Dies ermöglicht, den Anteil der durch die externen Variablen erklärten Varianz von wahrgenommener Nützlichkeit und wahrgenommener Benutzerfreundlichkeit zu bestimmen und die Wichtigkeit der akzeptanzbeeinflussenden Konstrukte zu ermitteln (Abschnitt 5.3).

5.1 Akzeptanzmodell für die Informationslogistik

Wie in Abschnitt 4.1 dargestellt, existiert ein umfassender Fundus an Forschungsarbeiten zur Technologieakzeptanz. Das Akzeptanzmodell wird daher im Rahmen einer theoriebasierten Exploration aus dem bestehenden Korpus an Arbeiten abgeleitet.[271] Basierend auf dem TAM3 werden die wahrgenommene Nützlichkeit und die wahrgenommene Benutzerfreundlichkeit als Einflussfaktoren auf die Nutzungsabsicht angenommen. Dazu werden externe Variablen identifiziert, für die im Kontext der IL eine Wirkung auf die Akzeptanz angenommen wird. In Abschnitt 5.3 wird dieses Modell dann mittels geeigneter Fragen operationalisiert, um es anhand empirischer Daten evaluieren zu können.

---

[270] Vgl. Venkatesh et al. 2003, S. 455.
[271] Vgl. Bortz, Döring 2006, S. 358ff.; Creswell 2008, S. 49ff.

5.1.1 Rahmenbedingungen für die Konstruktion des Akzeptanzmodells

Das Akzeptanzmodell dient im Kontext dieser Arbeit dazu, Einflussfaktoren auf die Akzeptanz der IL zu identifizieren, ihre Wirkung auf die Akzeptanz zu beschreiben und die Messung der Akzeptanz zu ermöglichen. Aufbauend auf den Messergebnissen sollen zudem Massnahmen ausgewählt werden können, um die Akzeptanz der IL im Unternehmen zu steigern (vgl. Abschnitt 8).

Im Rahmen der Akzeptanzforschung im Umfeld des TAM sind eine Vielzahl an sich überschneidenden Modellen entwickelt worden. Diese Modelle haben als Kern überwiegend dieselben Kernkonstrukte, die aus dem TAM hervorgehen, also wahrgenommene Nützlichkeit, wahrgenommene Benutzerfreundlichkeit, Nutzungsabsicht und Nutzung (vgl. Abschnitt 4.1.2). Worüber jedoch keine Einigkeit herrscht, sind die externen Faktoren, die auf die wahrgenommene Nützlichkeit und wahrgenommene Benutzerfreundlichkeit einwirken. Je nach Studienkontext im Hinblick auf untersuchte Systeme, Nutzendengruppen und Nutzungsarten werden unterschiedliche externe Variablen modelliert und nachgewiesen. Dabei ist keine Einheitlichkeit hinsichtlich der gewählten externen Variablen und der empirischen Befunde bezüglich der Wirkung dieser Variablen feststellbar.[272] Es kann daher trotz zusammenfassender Arbeiten der führenden Autoren zu externen Variablen des TAM noch nicht von einem allgemein anerkannten Modell der externen Variablen für die IS-Akzeptanz gesprochen werden.[273]

In der Literatur wird in diesem Zusammenhang betont, dass organisationale Theorien stets in Zusammenhang zu ihrem Kontext stehen.[274] Dies kann die divergierenden Ergebnisse teilweise erklären, da sich die Kontexte der Arbeiten erheblich unterscheiden. Hinsichtlich der untersuchten Systemtypen befassen sich die bestehenden Arbeiten im TAM-Umfeld schwerpunktmässig mit Technologien aus dem Bereich der Büro-Anwendungen (Textverarbeitungen, Tabellenkalkulationen, E-Mail), mit Software-Engineering-Tools[275] und in jüngerer Zeit mit E-Commerce, Internet- und Mobiltechnologien sowie E-Learning.[276] Studien, die sich mit fachlichen Anwendungen zur Un-

---

[272] Vgl. Lee et al. 2003, S. 760; Legris et al. 2003, S. 195f.
[273] Vgl. insb. Venkatesh, Bala 2008.
[274] Vgl. Bacharach 1989; Johns 2006.
[275] Die erste Kategorie wurde insbesondere in frühen Arbeiten aus der Zeit der wachsenden Verbreitung von Personal Computern häufig untersucht. Vgl. Legris et al. 2003, S. 195.
[276] Vgl. z. B. Agarwal, Venkatesh 2002; Kim 2008; Lederer et al. 2000; López-Nicolás et al. 2008; Sing 2004; Venkatesh, Ramesh 2006; Wagner, Flannery 2004.

terstützung von Geschäftsprozessen, wie z. B. ERP-Systemen oder der IL befassen, sind eher selten.[277]

Vor diesem Hintergrund scheint die Adaption bestehender Akzeptanzmodelle für den Kontext dieser Arbeit der unveränderten Übernahme eines bestehenden Modells vorzuziehen zu sein.[278] Dabei ist eine gesonderte statistische Überprüfung eines modifizierten Akzeptanzmodells unerlässlich – ein Rückgriff auf in der Literatur nachgewiesene Beziehungen ist alleine nicht hinreichend. Dies liegt einerseits an der oben angesprochenen Kontextabhängigkeit der empirischen Befunde, andererseits aber auch an den Modifikationen der Modelle: Insbesondere hat sich gezeigt, dass einzelne Konstrukte möglicherweise nur dann signifikanten Einfluss auf die abhängigen Variablen haben, wenn andere Konstrukte nicht gleichzeitig gemessen werden, da Konstrukte sich überlagern können.[279]

5.1.2 Konstruktion des Akzeptanzmodells für die IL

Das Akzeptanzmodell umfasst Konstrukte, die der bestehenden Akzeptanzliteratur entnommen wurden. Es basiert auf dem TAM3, das den derzeitigen Entwicklungsstand der Akzeptanzforschung in der Tradition des TAM darstellt.[280] Vor dem Hintergrund der in Abschnitt 5.1.1 dargestellten Anforderungen werden jedoch nicht alle Konstrukte aus dem TAM3 in das Akzeptanzmodell übernommen. Andere Konstrukte wurden erweitert bzw. spezifiziert, um den Anforderungen an das Akzeptanzmodell besser gerecht werden zu können.[281]

In einem ersten Schritt zur Spezifizierung dieser externen Variablen wurden im Rahmen eines Expertenworkshops die in TAM3 und weiteren Quellen genannten Einflussfaktoren nach ihrer Bedeutung für die IL klassifiziert.[282] Diese Klassifikation dient als erster Anhaltspunkt für die Differenzierung von als besonders wichtig empfundenen Variablen bzw. für die Eliminierung von als unwichtig eingeschätzten Variablen.[283]

---

[277] Vgl. Lederer et al. 2000, S. 272; Legris et al. 2003, S. 202, Ausnahmen mit IL-Fokus sind Nelson et al. 2005; Wixom, Todd 2005.
[278] Die Anpassung von TAM an die zu messende Situation mit Hilfe der Anpassung bzw. des Austauschs einzelner Konstrukte und Variablen ist eine in der behavioristischen Forschung übliche und sinnvolle Vorgehensweise, vgl. Bortz, Döring 2006, S. 38. Siehe Crespo, Rodriguez 2008; Dickinger et al. 2008; Kim et al. 2008 für aktuelle Beispiele aus den Bereichen E-Commerce, Mobilfunktechnologien und Hotel-Informationssysteme.
[279] Vgl. Venkatesh et al. 2003, S. 455.
[280] Vgl. Abschnitt 4.1.2.3.
[281] Vgl. Bortz, Döring 2006, S. 362.
[282] Vgl. Lahrmann, Schmaltz 2008, S. 24ff.; Lee et al. 2003; Venkatesh, Bala 2008
[283] Vgl. Lahrmann, Schmaltz 2008, S. 28ff.

Nach einer vertiefenden Literaturanalyse werden die Konstrukte ausgewählt, die in das Akzeptanzmodell übernommen werden.

Das Akzeptanzmodell ist in Abbildung 5-1 dargestellt, in den folgenden Abschnitten werden die einzelnen externen Variablen und die Gründe für ihre Auswahl erläutert. Die Abweichungen zum TAM3 werden am Ende des Abschnitts zusammengefasst.

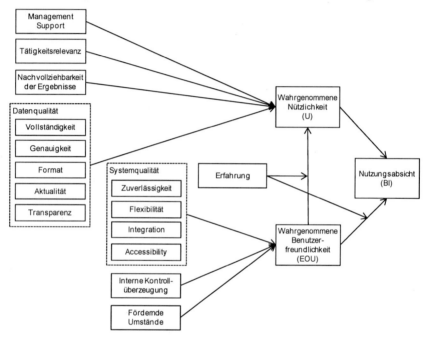

Abbildung 5-1: Akzeptanzmodell für die IL

Analog zu TAM wird angenommen, dass die Nutzungsabsicht von wahrgenommener Nützlichkeit und wahrgenommener Benutzerfreundlichkeit beeinflusst wird, wobei wahrgenommene Benutzerfreundlichkeit sowohl direkt als auch indirekt über die wahrgenommene Nützlichkeit auf die Nutzungsabsicht wirkt.[284] Dabei wird wie in der Literatur angenommen, dass i. d. R. keine Kreuzeffekte zwischen den Einflüssen auf wahrgenommene Nützlichkeit und wahrgenommene Benutzerfreundlichkeit vorliegen, dass also externe Variablen entweder auf wahrgenommene Nützlichkeit oder auf wahrgenommene Benutzerfreundlichkeit wirken.[285] Diese Beziehungen bilden den Kern aller TAM-basierten Modelle und werden daher unverändert übernommen. Zu-

---

[284] Vgl. Abschnitt 4.1.2.3.
[285] Vgl. Venkatesh, Bala 2008, S. 279f., mit der Ausnahme von *Management Support*.

sätzlich werden externe Variablen modelliert. Folgende externe Variablen und Zusammenhänge werden in das IL-Akzeptanzmodell aufgenommen: Auf die wahrgenommene Nützlichkeit wirken Tätigkeitsrelevanz, Ergebnisqualität, Nachvollziehbarkeit der Ergebnisse und *Management Support*. Auf die wahrgenommene Benutzerfreundlichkeit wirken Systemqualität, interne Kontrollüberzeugung und fördernde Umstände sowie *Management Support*.

Abweichungen vom TAM3: Eine Reihe von Konstrukten aus dem Ausgangsmodell TAM3 wurde aufgrund der oben formulierten Anforderungen nicht oder in veränderter Form in das Akzeptanzmodell übernommen. Das Konstrukt des Image wird nicht übernommen, da es nicht von einzelnen Personen gesteuert werden kann, sondern über angenommene Statuswirkung von der Gesamtheit von Vorgesetzten, Peers und Untergebenen beeinflusst wird. Subjektive Norm findet sich im IL-Akzeptanzmodell aufgrund der besseren Operationalisierbarkeit in der spezialisierten Form des *Management Support*. Das Konstrukt der Ergebnisqualität findet sich in verfeinerter Form, Tätigkeitsrelevanz und Nachvollziehbarkeit der Ergebnisse werden unverändert übernommen.

Hinsichtlich der Einflussfaktoren auf die wahrgenommene Benutzerfreundlichkeit ergeben sich grössere Änderungen. Die Konstrukte Computerangst und Computerverspieltheit wurden aufgrund mangelnder Beeinflussbarkeit nicht übernommen. Das Konstrukt der wahrgenommenen externen Kontrolle wurde in Form der fördernden Umstände spezifiziert. Ebenfalls nicht übernommen wurde das wahrgenommene Vergnügen, das zwar systemspezifisch ist, aber weder hinsichtlich seiner sachlogischen Begründung noch in der empirischen Evidenz überzeugen kann.[286] Das Konstrukt der objektiven Usability wird wie oben erläutert durch die Systemqualität ersetzt.

Schliesslich wird der moderierenden Faktor Freiwilligkeit nicht übernommen, weil er nach TAM3 nur auf die hier nicht modellierte subjektive Norm wirkt.[287]

Nutzungsabsicht: Die Absicht, das System zu nutzen, ist als Voraussetzung für die tatsächliche Nutzung eine der wichtigsten abhängigen Variablen in der Akzeptanzforschung.[288] Das zugrunde liegende Konstrukt der Verhaltensabsicht aus der TRA ist definiert als „die subjektive Wahrscheinlichkeit eines Individuums, dass er oder sie ein bestimmtes Verhalten ausführen wird".[289] Die Nutzungsabsicht ist der wichtigste Ein-

---

[286] Vgl. Venkatesh 2000, S. 351, 357.
[287] Vgl. Venkatesh, Bala 2008, S. 280.
[288] Vgl. Legris et al. 2003, S. 196; Sheppard et al. 1988, S. 325.
[289] Davis 1986, S. 16, vgl. Fishbein, Ajzen 1975, S. 288.

flussfaktor auf die tatsächliche Systemnutzung.[290] Die Nutzungsabsicht ist dabei zu unterscheiden von der Einstellung gegenüber dem IS selbst.[291]

Wahrgenommene Nützlichkeit: DAVIS definiert die wahrgenommene Nützlichkeit (*Perceived Usefulness*, U) als die „wahrgenommene Wahrscheinlichkeit, dass die Nutzung eines spezifischen IS die berufliche Leistung in einem organisationalen Kontext erhöht".[292] In Organisationen führt hohe Leistung i. d. R. zu positiven Folgen wie Gehaltssteigerungen oder Beförderungen, die sie für das Individuum erstrebenswert macht. Von Systemen mit hoher wahrgenommener Nützlichkeit nehmen die Nutzenden an, dass die Nutzung zu einer Leistungssteigerung führt.[293] Wahrgenommene Nützlichkeit bezieht sich auf die berufliche Leistung insgesamt, d. h. auf Ergebnisse und Prozesse der Nutzung.[294]

Der Einfluss von wahrgenommener Nützlichkeit auf die Nutzung von Systemen wurde schon in den 1970er Jahren nachgewiesen.[295] In verschiedenen Akzeptanzmodellen finden sich Konstrukte, die der wahrgenommenen Nützlichkeit sehr ähnlich sind. Im Falle der IDT ist dies der relative Vorteil einer Innovation gegenüber ihrer Vorgängertechnologie.[296] Ähnliche Konstrukte sind *Job Fit*, mit dem THOMPSON ET AL. ebenfalls die Wirkung auf die berufliche Leistung messen und die *Outcome Expectations* bei COMPEAU und HIGGINS, die allerdings neben beruflichen auch persönliche Folgen umfassen.[297]

Wahrgenommene Benutzerfreundlichkeit: Das Konstrukt der wahrgenommenen Benutzerfreundlichkeit ist definiert als „der Grad, zu dem Personen erwarten, dass die Nutzung des Zielsystems frei von Aufwand wäre".[298] Wahrgenommene Benutzerfreundlichkeit wirkt in zweifacher Weise auf die Nutzungsabsicht. Einerseits steigert wahrgenommene Benutzerfreundlichkeit die Selbstwirksamkeitsüberzeugung, d. h. die Überzeugung der Nutzenden, aufgrund ihrer Fähigkeiten und Begabungen die ihnen gestellten Aufgaben erfüllen zu können.[299] Diese steigert ihrerseits die Motivation zur

---

[290] Vgl. Davis 1993, S. 475f.
[291] Vgl. Davis 1993, S. 476; Karahanna et al. 1999, S. 187; Moore, Benbasat 1991, S. 196.
[292] Davis et al. 1989, S. 985.
[293] Davis 1989, S. 320.
[294] Davis 1993, S. 477.
[295] Vgl. Davis 1989, S. 320f.
[296] Moore, Benbasat 1991, S. 191.
[297] Compeau, Higgins 1995a, S. 119f.; Compeau, Higgins 1995b, S. 194; Thompson et al. 1991, S. 129.
[298] Davis 1989, S. 320.
[299] Vgl. Bandura 1997, S. 460ff.; Pervin 2000, S. 377ff.

Nutzung des Systems.[300] Zudem wirkt wahrgenommene Benutzerfreundlichkeit auch auf die wahrgenommene Nützlichkeit: Anstrengungen, die durch vereinfachte Benutzbarkeit eingespart werden, können in anderer Weise nutzbringend eingesetzt werden – ein einfach zu benutzendes System wird bei gleicher Funktionalität einem komplizierteren vorgezogen werden.[301] Andererseits kann wahrgenommene Benutzerfreundlichkeit aber nicht mangelnde Nützlichkeit ersetzen.[302] Die Wirkung von wahrgenommener Benutzerfreundlichkeit ist in der Regel schwächer als die der wahrgenommenen Nützlichkeit, zudem zeigen Längsschnittstudien, dass sie im Laufe der Nutzung abnimmt, wenn die Nutzenden mit dem System vertraut werden.[303] Die Wirkung von wahrgenommener Benutzerfreundlichkeit auf die Nutzungsabsicht ist nicht im selben Masse konsistent nachweisbar wie die der wahrgenommenen Nützlichkeit,[304] was mit der intrinsischen Einfachheit bestimmter überprüfter Technologien wie z. B. *Voicemail* begründet wird.[305] Die Komplexität der IL-Systeme lässt vor diesem Hintergrund einen Einfluss von wahrgenommener Benutzerfreundlichkeit erwarten.

Die wahrgenommenee Benutzerfreundlichkeit verwenden in vergleichbarer Form auch MOORE und BENBASAT in ihrem IDT-basierten Akzeptanzmodell.[306] Ein verwandtes, inverses Konstrukt findet sich in den Originalarbeiten zur IDT mit der Komplexität, die angibt, „zu welchem Grad eine Innovation als relativ schwierig zu Verstehen und zu Nutzen wahrgenommen wird"[307]; Komplexität wird auch in das Nutzungsmodell von THOMPSON ET AL. übernommen.[308]

Tätigkeitsrelevanz: Das in TAM2 eingeführte Konstrukt der Tätigkeitsrelevanz (*Job Relevance*) ist definiert als „die Wahrnehmung des Individuums bezüglich des Grads, zu dem ein Zielsystem für seine Tätigkeit einsetzbar ist".[309] Es beschreibt den Teil der beruflichen Tätigkeiten, den das IS mit seinen Funktionalitäten abdecken kann und damit die durch die Nutzung des IS erreichbare Leistungssteigerung. Ausgehend von der Annahme, dass Individuen sich über die Aufgaben und Ziele ihrer beruflichen Tä-

---

[300] Vgl. Davis et al. 1989, S. 987.
[301] Vgl. Davis 1993, S. 477; Davis et al. 1989, S. 987.
[302] Vgl. Chan, Teo 2007, S. 15; Keil et al. 1995, S. 79.
[303] Vgl. Bajaj, Nidumolu 1998, S. 216f.; Burton-Jones, Hubona 2006, S. 711ff.; Davis et al. 1989, S. 992; Karahanna et al. 1999, S. 196ff.; Keil et al. 1995, S. 78; Lee et al. 2003, S. 759f.; Venkatesh et al. 2003, S. 450.
[304] Vgl. Lee et al. 2003, S. 760; Legris et al. 2003, S. 196.
[305] Vgl. Lee et al. 2003, S. 760; Subramanian 1994, S. 872f.
[306] Vgl. Moore, Benbasat 1991, S. 197ff.
[307] Rogers 2003, S. 257, vgl. Keil et al. 1995, S. 77.
[308] Vgl. Thompson et al. 1991, S. 128f.
[309] Venkatesh, Davis 2000, S. 191.

tigkeit im Klaren sind,[310] ist die Tätigkeitsrelevanz eine kognitive Einschätzung, die auf die wahrgenommene Nützlichkeit wirkt. Dieses Konstrukt wird aufgrund der konsistenten empirischen Unterstützung für seine Wirksamkeit in das Akzeptanzmodell übernommen und aufgrund der Zielsetzung von IL-Systemen, Entscheidungen im Kontext der beruflichen Tätigkeit zu unterstützen.[311]

Eng verwandte Konstrukte sind *Job Fit* bei THOMPSON ET AL., das weitgehend der Tätigkeitsrelevanz gleicht, relativer Vorteil aus der IDT, das die Überlegenheit gegenüber dem Vorgänger einer Innovation misst und die Erfolgserwartungen, mit denen COMPEAU und HIGGINS die erwarteten Konsequenzen einer Handlung abbilden.[312] Das Konzept des *Task Technology Fit* von GOODHUE misst die Übereinstimmung zwischen Aufgaben, individuellen Fähigkeiten und Systemfunktionalität und ist ebenfalls mit der Tätigkeitsrelevanz vergleichbar, wobei allerdings die Leistung des Individuums und nicht die Systemnutzung erklärt werden soll.[313]

Datenqualität: TAM2 postuliert, dass neben der Einschätzung, welche Tätigkeiten ein System unterstützt, auch relevant ist, wie gut es das tut, d. h. welche Qualität die Ergebnisse haben.[314] Ein System, dass eine höhere Ergebnisqualität liefert, wird einem System mit geringer Ergebnisqualität vorgezogen. Die von VENKATESH und DAVIS bzw. LUCAS und SPITLER genutzten Konstrukte sind dabei sehr einfach und basieren auf einer generellen, unspezifischen Qualitätseinschätzung durch die Befragten. LEDERER ET AL. und NELSON, TODD und WIXOM verfeinern dieses Konstrukt im IMUT für den Kontext des Data Warehousing und fokussieren dabei auf die Datenqualität (im Gegensatz zur Systemqualität, für die eine Wirkung auf die wahrgenommene Benutzerfreundlichkeit angenommen wird).[315] Die Datenqualität umfasst in diesem Kontext fünf Aspekte:[316]

- Vollständigkeit (*Completeness*) als Grad, zu dem das System alle notwendigen Informationen enthält,

---

[310] Vgl. Roberson 1989.
[311] Vgl. Lee et al. 2003, S. 760.
[312] Vgl. Compeau, Higgins 1995b; Moore, Benbasat 1991; Thompson et al. 1991.
[313] Vgl. Goodhue 2007; Goodhue 1995.
[314] Vgl. Davis et al. 1992; Lucas, Spider 1999; Venkatesh, Davis 2000, S. 191f.
[315] Vgl. Lederer et al. 2000, S. 217; Nelson et al. 2005, S. 204; Wixom, Todd 2005, S. 90. In dieser Arbeit wird der Ausdruck Datenqualität genutzt, der in der Literatur weitgehend synonym zu Informationsqualität genutzt wird. Zur Abgrenzung von Daten und Informationen vgl. Jung 2006, S. 44.
[316] Dies ist keinesfalls die einzige Klassifikation der Dimensionen von Datenqualität. Vgl. Helfert 2002, S. 68ff.; Otto et al. 2008 für einen Überblick.

- Genauigkeit (*Accuracy*) als wahrgenommene Korrektheit der Informationen im System,
- Format als Mass für die Güte der Präsentation der Informationen und
- Aktualität (*Currency*) als Mass für die Wahrnehmung, inwieweit die Informationen auf dem neuesten Stand sind.
- Transparenz (*Transparency*) als zusätzliches Mass für die Nachvollziehbarkeit und Glaubwürdigkeit der Daten wird hier ergänzt, da ihr im Kontext der IL mit ihren aus verschiedenen Quellen integrierten und vielfach aggregierten Daten besondere Bedeutung zukommt.[317]

Für das IL-Akzeptanzmodell scheint diese Detaillierung des Konstrukts Datenqualität sinnvoll, da sie genauer als die einfacheren Konstrukte Aufschluss über die Struktur der wahrgenommenen Datenqualität liefert und damit die Möglichkeit eines gezielten Datenqualitätsmanagements eröffnet.

Nachvollziehbarkeit der Ergebnisse: Die wahrgenommene Nützlichkeit steigt, wenn die Nutzenden Steigerungen in ihrer beruflichen Leistung auf ihre Nutzung des Systems zurückführen können. Wenn die Nutzung eines Systems greifbare Vorteile verschafft und die Nutzenden den Zusammenhang zwischen Systemnutzung und Leistungssteigerung klar erkennen können, wird eine erhöhte wahrgenommene Nützlichkeit erwartet.[318] Dieses Konstrukt wird in das Akzeptanzmodell übernommen, da insbesondere bei IL-Systemen die Nutzung oft nicht zwingend ist oder alternative Quellen für entscheidungsunterstützende Daten bestehen. Gerade in diesem Kontext scheint eine sichtbare Vorteilhaftigkeit die Akzeptanz zu fördern. Auch empirisch ist die Wirkung der Nachvollziehbarkeit konsistent nachweisbar.[319]

Dieses Konstrukt aus dem TAM2 wurde von MOORE und BENBASAT im Kontext der IDT entwickelt. Es ist mit dem Konstrukt der Beobachtbarkeit in ROGERS' Arbeiten zur IDT verwandt, welches sich aber zusätzlich zu ihren Ergebnissen auch auf die Sichtbarkeit der Innovation selbst bezieht.[320]

Management Support: Die Unterstützung durch das Management (*Management Support*) ist ein Teilaspekt des Konstrukts der organisatorischen Unterstützung (*Orga-*

---

[317] Vgl. Jung 2006, S. 144ff.; Lahrmann, Stroh 2008, S. 142. Verwandte Konstrukte finden sich auch in den Datenqualitäts-Frameworks von LEE ET AL. und ENGLISH, vgl. English 1999; Lee et al. 2002.
[318] Vgl. Agarwal, Prasad 1997, S. 571; Moore, Benbasat 1991, S. 203; Venkatesh, Davis 2000, S. 192.
[319] Vgl. Lee et al. 2003, S. 760.
[320] Vgl. Moore, Benbasat 1991, S. 203; Rogers 2003, S. 258ff.

nizational Support), das auf IGBARIA zurückgeht.³²¹ Dieses Konstrukt umfasst einerseits fachlich-technische Unterstützung, d. h. die Verfügbarkeit von technologiebezogener Unterstützung für die Nutzung des Systems, und andererseits *Management Support*, also die Förderung und Unterstützung der Systemnutzung durch Vorgesetzte und die Allokation entsprechender Ressourcen.³²² *Management Support* führt zu erhöhter Systemnutzung und zu höherem Systemerfolg, da durch Unterstützung des Managements die zur Förderung der Systemnutzung nötigen Veränderungsprozesse ermöglicht werden, dafür nötige Ressourcen bereitgestellt werden und weil sozialer Druck zu Gunsten der Nutzung aufgebaut werden kann.³²³

Management Support ist verwandt mit dem allgemeineren Konstrukt der subjektiven Norm aus der TRA von FISHBEIN und AJZEN (vgl. Abschnitt 4.1.2.2), das die „subjektiv wahrgenommenen sozialen Konsequenzen des Verhaltens"³²⁴ umfasst. Subjektive Norm entsteht aus der Überzeugung, dass für das Individuum wichtige Personen (d. h. Manager, aber auch Peers und andere) meinen, dass es ein bestimmtes Verhalten ausführen sollte, sowie aus der Bereitschaft, diesen Wünschen nachzukommen. Die Wirkung dieses Konstrukts wird durch die Empirie nicht durchgehend nachgewiesen.³²⁵ Das Konstrukt der Sozialen Faktoren (*Social Factors*) von THOMPSON ET AL. umfasst in vergleichbarer Weise die wahrgenommenen Meinungen von Vorgesetzten und Peers sowie die Kultur der Gruppe bzw. Organisation.³²⁶ MOORE und BENBASAT zielen in ihrem Konstrukt des Images, das sich auch im TAM3 findet, dabei eher auf die Statuswirkung der Technologienutzung in der Gruppe ab.³²⁷

Für das IL-Akzeptanzmodell wird auf das besser operationalisierbare, spezifischere Konstrukt des *Management Support*s zurückgegriffen, zumal Aspekte wie der Einfluss von Peers bzw. die Statuswirkung kaum direkt zu beeinflussen sein dürften. *Management Support* wird im TAM2 als externe Variable von wahrgenommener Nützlichkeit herangezogen,³²⁸ andere Untersuchungen zeigen auch einen Einfluss auf die wahrgenommene Benutzerfreundlichkeit bzw. direkten Einfluss auf die Nutzungsabsicht.³²⁹

---

[321] Vgl. Igbaria 1990, S. 642.
[322] Vgl. Guimaraes, Igbaria 1997, S. 859f.; Wagner, Flannery 2004, S. 386.
[323] Vgl. Igbaria et al. 1997, S. 285; Lewis et al. 2003, S. 669; Venkatesh et al. 2003, S. 251ff.
[324] Vgl. Ajzen 1980, S. 57ff.; Stroebe et al. 2003, S. 308.
[325] Vgl. Lee et al. 2003, S. 760; Schepers, Wetzels 2007, S. 90.
[326] Vgl. Thompson et al. 1991, S. 126f.
[327] Vgl. Moore, Benbasat 1991, S. 195, Venkatesh, Davis 2000, S. 189.
[328] Vgl. Venkatesh, Davis 2000, S. 188ff.
[329] Vgl. Hong et al. 2006, S. 307; Lee et al. 2006, S. 471; Lee et al. 2003, S. 760; Venkatesh, Morris 2000, S. 121f.; Wagner, Flannery 2004, S. 392.

Für das IL-Akzeptanzmodell wird analog zum TAM2 eine Wirkung auf die wahrgenommene Nützlichkeit angenommen.

Systemqualität: Das Konstrukt der Systemqualität wurde von NELSON, TODD und WIXOM aus der Literatur zur Nutzerzufriedenheit übernommen und im Rahmen des IMUT für den Bereich der Akzeptanz von Data Warehousing adaptiert.[330] Es fasst verschiedene technikbezogene Aspekte zusammen, die die Nutzung des Systems beeinflussen. Im Einzelnen sind dies

- Zuverlässigkeit (*Reliability*) als Mass für die Verfügbarkeit des Systems,[331]
- Flexibilität (*Flexibility*) als Mass für die Fähigkeit des Systems, sich ändernde Anforderungen der Nutzenden zu erfüllen,[332]
- Integration als Mass für die Möglichkeit zur Integration von Daten aus verschiedenen Quellen und
- Accessibility als Mass für die Zugänglichkeit des Systems im Sinne eines einfachen Auffindens und Extrahierens der benötigten Daten.[333]

Für den Aspekt der Antwortzeit (*Timeliness*) konnte kein signifikanter Einfluss nachgewiesen werden, daher wird er hier nicht weiter betrachtet.[334]

Dieses Konstrukt ersetzt das der *Human Computer Interaction* (HCI)-Literatur entnommene Konstrukt der objektiven Usability aus dem TAM3. Objektive Usability wird über den Vergleich der Nutzungszeit bei Anfängern und Experten gemessen.[335] Damit bietet sie zwar eine Möglichkeit zur objektiven Messung, kann allerdings nur einen Teilaspekt von Usability abbilden: Sie misst nur die Effizienz und die Erlernbarkeit des Systems.[336] Andere in der HCI-Literatur und im relevanten Standard ISO 9241 diskutierte Aspekte wie Effektivität und Zufriedenheit werden nicht gemessen, wobei letzterer sich im Konstrukt der wahrgenommenen Benutzerfreundlichkeit wiederfindet.[337] Zudem erfordert die Messung dieses Konstrukts ein Laborexperiment, was im Kontext der Nutzung des IL-Akzeptanzmodells nicht praktikabel erscheint. Die Systemqualität hat demgegenüber den Vorteil der umfassenderen Abbildung von System-

---

[330] Vgl. Nelson et al. 2005; Wixom, Todd 2005.
[331] Vgl. Liao, Landry 2000, S. 2023.
[332] Vgl. Goeke, Faley 2007, S. 108.
[333] Dieses Konstrukt umfasst auch die von VENKATESH UND BALA gemessene Effizienz, vgl. Bailey, Pearson 1983, S. 541.
[334] Vgl. Hong et al. 2006, S. 307; Wixom, Todd 2005, S. 96.
[335] Vgl. Venkatesh, Bala 2008, S. 284.
[336] Vgl. Hornbæk 2006, S. 82ff.
[337] Vgl. Folmer, Bosch 2004, S. 66ff.; Hornbæk 2006.

eigenschaften und der vereinfachten Messbarkeit ohne die Notwendigkeit von Laborexperimenten bei gleichzeitiger spezifischer Aussagekraft.

Interne Kontrollüberzeugung: Das Konzept der wahrgenommenen Verhaltenskontrolle bzw. Kontrollüberzeugung aus AJZENS TPB (vgl. Abschnitt 4.1.2.2) lässt sich in die zwei Teilaspekte der internen und externen Kontrollüberzeugungen zerlegen.[338] Das Konstrukt der computerbezogenen Selbstwirksamkeitserwartung (*Computer Self-Efficacy, CSE*) konzeptionalisiert den Teilaspekt der internen Kontrollüberzeugung (die externe Kontrollüberzeugung wird als fördernde Umstände im nächsten Abschnitt erörtert). computerbezogenen Selbstwirksamkeitserwartung ist „der Grad, zu dem ein Individuum glaubt, dass er/sie die Fähigkeit hat, eine bestimmte Aufgabe unter Nutzung des Computers auszuführen".[339] Die Bezeichnung „interne Kontrollüberzeugung" wird hier aufgrund ihrer besseren Handhabbarkeit gewählt.

Das Konzept der Selbstwirksamkeitserwartung geht auf BANDURA zurück. Selbstwirksamkeitserwartungen sind allgemein Erwartungen, aufgrund eigener Fähigkeiten oder Begabungen bestimmte Handlungen ausführen zu können.[340] Sie können sowohl unspezifisch sein als auch spezifisch in Bezug auf bestimmte Handlungen.[341] Computerbezogenen Selbstwirksamkeitserwartung ist eine solche spezielle Selbstwirksamkeitserwartung in Bezug auf Handlungen, zu deren Umsetzung Computersysteme genutzt werden müssen. Computerbezogenen Selbstwirksamkeitserwartung bezieht sich nicht auf vergangene Handlungen, sondern auf die Beurteilung möglicher zukünftiger Handlungen. Dabei geht es um die Erfüllung komplexer Aufgaben wie z. B. das Erstellen einer Analyse, nicht um einzelne Tätigkeitsaspekte wie das Eingeben von Daten oder das Speichern von Dateien.[342]

Als wichtigstes persönlichkeitsbezogenes Konstrukt aus dem TAM3 wird die interne Kontrollüberzeugung in das IL-Akzeptanzmodell aufgenommen. Die Bedeutung von interner Kontrollüberzeugung wurde auch für fortgesetzte Nutzung über die Einführungsphase hinaus nachgewiesen.[343] Eine Beeinflussung von interner Kontrollüberzeugung ist über spezielle Trainingsmassnahmen möglich.[344] Allerdings ist kritisch zu hinterfragen, ob der Einfluss von interner Kontrollüberzeugung und ähnlichen Kon-

---

[338] Vgl. Ajzen 1991, S. 193; Rotter 1975, S. 57; Venkatesh 2000, S. 347f.
[339] Venkatesh, Bala 2008, S. 279, für die Grundlagen von Selbstwirksamkeitserwartungen vgl. Bandura 1997, S. 36ff.; Pervin 2000, S. 388ff.
[340] Vgl. Bandura 1997, S. 36ff.
[341] Vgl. Aronson 2004, S. 539; Bandura 1997, S. 42ff.; Stroebe et al. 2003, S. 584.
[342] Vgl. Compeau, Higgins 1995a, S. 119ff.; Compeau, Higgins 1995b, S. 192.
[343] Vgl. Deng et al. 2004, S. 405ff.
[344] Vgl. Compeau, Higgins 1995a, S. 128ff.

strukten vor dem Hintergrund wachsender Erfahrung der Nutzenden im Umgang mit IT möglicherweise zurückgeht.

Interne Kontrollüberzeugung wird gemessen über die Einschätzung der Befragten, inwieweit sie bei verschiedenen Arten von Hilfestellung mit einem ihnen bislang unbekannten System bestimmte Aufgaben lösen könnten.[345]

Fördernde Umstände: Die wahrgenommene externe Verhaltenskontrolle ist der zweite Teilaspekt der wahrgenommenen Verhaltenskontrolle, d. h. die zweite relevante Kontrollüberzeugung bezüglich der Nutzung von IS. Dieses Konstrukt umfasst die Umweltfaktoren, die in der Wahrnehmung des Individuums zum Erfolg bei der Erfüllung einer Aufgabe beitragen.[346] Für das Akzeptanzmodell für die IL wird hier auf die relativ spezifische Konzeptionalisierung von fördernden Umständen (*Facilitating Conditions*) von THOMPSON ET AL. zurückgegriffen.[347] Es misst die Verfügbarkeit von Unterstützung und Training für das System. Dieses Konstrukt findet sich in dieser Bedeutung als Teilaspekt der organisatorischen Unterstützung bei IGBARIA.[348] Neben dieser Konzeptionalisierung existieren verwandte Konstrukte: Das Konstrukt der wahrgenommenen Verhaltenskontrolle (*Perceived Behavioral Control*) von AJZEN ist die umfassendste Konzeptionalisierung. Es umfasst Aspekte von interner Kontrollüberzeugung, der Verfügbarkeit von Ressourcen und Wissen sowie von technischer Kompatibilität.[349] TAYLOR und TODD vertreten ebenfalls eine breiter angelegte Auffassung von fördernden Umständen, die neben der Verfügbarkeit von Zeit und Ressourcen auch die technische Kompatibilität umfasst, die interne Kontrollüberzeugung jedoch in einem separaten Konstrukt modelliert.[350] Dieses Konstrukt wird auch in TAM 2/3 genutzt.[351] Den Aspekt der technischen Kompatibilität erweitern MOORE UND BENBASAT um Aspekte der Kompatibilität mit bestehenden Arbeitsweisen und Werten.[352]

Für das IL-Akzeptanzmodell wird das spezifischere Konstrukt von THOMPSON ET AL. gewählt, da es am ehesten operationalisierbar ist und die gezielteste Messung eines spezifischen, durch die IL-Verantwortlichen gestaltbaren Aspektes ermöglicht. Obwohl in früheren Untersuchungen die Ergebnisse bezüglich der Wirkung auf die wahrgenommene Benutzerfreundlichkeit inkonsistent sind, wird angenommen, dass sich im

---

[345] Vgl. Compeau et al. 1999, S. 151; Compeau, Higgins 1995a, S. 140.
[346] Vgl. Rotter 1975, S. 57; Venkatesh 2000, S. 347.
[347] Vgl. Thompson et al. 1991, S. 129f.
[348] Vgl. Igbaria, Chakrabarti 1990, S. 642.
[349] Vgl. Ajzen 1991; Taylor, Todd 1995.
[350] Vgl. Taylor, Todd 1995, S. 152f.
[351] Vgl. Venkatesh 2000, S. 346ff.
[352] Vgl. Moore, Benbasat 1991, S. 195; Thompson et al. 1991, S. 129f.

Kontext der komplexen Systeme der IL die Verfügbarkeit von Training und Support wie von HONG ET AL. gezeigt positiv auf die wahrgenommene Benutzerfreundlichkeit auswirkt.[353]

Erfahrung: Die Erfahrung modelliert die Zeit, die die Nutzenden mit dem System verbracht haben. Es wird angenommen, dass die Nutzerfreundlichkeit anfangs einen grösseren Einfluss auf die Nutzungsabsicht hat, der aber nachlässt, wenn die Nutzenden mit der Nutzung vertraut werden und Lösungen für ihre Aufgaben verinnerlichen.[354] Daher moderiert Erfahrung die Beziehungen von wahrgenommener Benutzerfreundlichkeit zur wahrgenommenen Nützlichkeit und zur Nutzungsabsicht negativ dahingehend, dass diese Beziehungen mit zunehmender Erfahrung schwächer werden.[355] Diese Konzeptionalisierung weicht vom TAM3 ab, indem ein positiver moderierender Effekt von Erfahrung auf die Beziehung EOU↗BI postuliert wird.[356] Dieser moderierende Effekt wird im IL-Akzeptanzmodell beibehalten, weil er Aufschluss über angemessene Massnahmen für Nutzende mit unterschiedlich hoher Erfahrung (und damit bei neuen bzw. etablierten IL-Systemen) erlaubt.

5.1.3 Massnahmenklassen zur Akzeptanzsteigerung

Die in Abschnitt 4.2 eingeführte Klassifikation von Massnahmen zur Steigerung der IS-Akzeptanz lässt sich anhand der oben dargestellten Abweichungen des Akzeptanzmodells vom TAM3 relativ einfach an das IL-Akzeptanzmodell anpassen. Die modifizierte Matrix von Massnahmenklassen und Modellkonstrukten ist in Tabelle 5-1 dargestellt. Dabei ist zu prüfen, ob die angenommenen Wirkzusammenhänge auch für die gegenüber TAM3 geänderten Konstrukte (*Management Support*, Datenqualität, fördernde Umstände und Systemqualität) als gültig angenommen werden können.

Einige Wirkzusammenhänge entfallen aufgrund der Modifikation der Konstrukte. Die Wirkung von Nutzendenbeteiligung und *Management Support* auf die Wahrnehmung von fördernden Umständen scheint (im Gegensatz zum breiteren Ursprungskonstrukt) wenig einleuchtend, da hier nicht mehr auf Ressourcen und Kompatibilität, sondern auf Support abgehoben wird. Ebenso scheint eine Wirkung von Peer-Support auf die Wahrnehmung des *Management Support* fraglich, da das modifizierte Konstrukt nicht

---

[353] Vgl. Hong et al. 2006, S. 307; Karahanna, Straub 1999, S. 243; Lee et al. 2006, S. 471; Lee et al. 2003, S. 760; Taylor, Todd 1995, S. 163.
[354] Vgl. Venkatesh, Bala 2008, S. 282.
[355] Vgl. Sun, Zhang 2006, S. 69; Venkatesh et al. 2003, S. 467ff.
[356] Vgl. Venkatesh, Bala 2008, S. 281.

Messung der Akzeptanz von Informationslogistik

mehr auf alle Anspruchsgruppen (also auch auf Peers), sondern nur noch auf das Management fokussiert.

Massnahmenklassen		Einflussfaktoren auf U				Einflussfaktoren auf EOU		
		Management Support	Tätigkeitsrelevanz	Datenqualität	Nachvollziehbarkeit d. Ergebnisse	CSE	Fördernde Umstände	Systemqualität
Vor Implementierung	Designcharakteristika		X	X	X			X
	Nutzendenbeteiligung	X	X	X	X			X
	Managementunterstützung	X	X	X	X			
	Anpassung von Anreizen	X	X	X	X			
Nach Implementierung	Training		X	X	X	X		X
	Organisatorischer Support		X	X	X		X	X
	Peer-Support		X	X	X		X	X

X: Wirkung Massnahme - Modellkonstrukt
Änderung im Vergleich zur Quelle

Quelle: In Anlehnung an Venkatesh, Bala 2008, S. 293.

Tabelle 5-1: Massnahmenklassen und ihre Einflussmöglichkeiten

Andererseits können auch zusätzliche Wirkungen angenommen werden. Insbesondere kann davon ausgegangen werden, dass die Wahrnehmung der Systemqualität ähnlich wie die Datenqualität auch von organisatorischem und Peer-Support beeinflusst wird, indem den Nutzenden die Funktionsweise des Systems besser verständlich wird. Das Originalkonstrukt der objektiven Usability kann dagegen als objektiv gemessener Wert nicht durch Einstellungen der Nutzenden beeinflusst werden.

5.2 Operationalisierung des Akzeptanzmodells

Um ein theoretisches Modell wie das Akzeptanzmodell für die IL zu validieren, muss es empirisch geprüft werden. Um diese Prüfung zu ermöglichen, muss das Modell operationalisiert werden, um die Konstrukte messbar zu machen. Diese Messung ermöglicht es, das Akzeptanzmodell mit Hilfe eines Strukturgleichungsmodells statistisch auszuwerten, um Signifikanz und Stärke der postulierten Zusammenhänge zu überprüfen (vgl. Abschnitt 5.3). Die Operationalisierung der Konstrukte resultiert in einem Fragebogen, der zur Messung der IL-Akzeptanz im Unternehmen eingesetzt werden kann.

Da die zu messenden Konstrukte Einstellungen von Nutzenden sind, können sie nicht direkt gemessen werden, sie müssen vielmehr über beobachtbare Indikatoren operationalisiert werden.[357] Um eine sinnvolle (d. h. valide und reliable) Messung zu ermöglichen, ist die Nutzung von Skalen mit mehreren Items erforderlich, weil einzelne Items z. B. für Befragte nicht zutreffend oder missverständlich sein können.[358] Darüber hinaus müssen die Items auch tatsächlich das Konstrukt messen, welches sie operationalisieren, weshalb die Skalenkonstruktion nicht trivial ist.[359] Der bestehende, umfassende Fundus an Literatur zur Technologieakzeptanz erlaubt es, auf den komplexen Prozess der Konstruktion von Skalen weitgehend zu verzichten, ohne dass die Qualität der Items leidet. Vielmehr wird für die Messung der Konstrukte des Akzeptanzmodells auf validierte Skalen aus der Literatur zurückgegriffen. Wo nötig, werden die Fragen gemäss üblicher Praxis an den Kontext der IL angepasst und einzelne Items aufgrund sachlogischer Überlegungen ergänzt bzw. aus verschiedenen Quellen zusammengestellt.[360] Dies dient dazu, das Objekt der Fragen (d. h. das IL-System) deutlich zu machen, um möglichst spezifische Einstellungen abzufragen.[361] In Tabelle 5-2 sind die Quellen für die einzelnen Messmodelle zusammengefasst. Neben den Konstrukten des Strukturmodells werden Branche und Unternehmensgrösse sowie Alter, Geschlecht, Funktion, Nutzungserfahrung und ausgeführte Tätigkeiten abgefragt. Letztere Frage dient der Klassifizierung der Befragten und dazu, auch nicht-technische Nutzende ohne Kenntnis des Namens spezifischer IS in Unternehmen zu ermöglichen, die Fragen im Hinblick auf IL-Systeme zu beantworten. Die Nutzungserfahrung wird über die Anzahl an Jahren Erfahrung, die die Nutzende mit dem System haben, operationalisiert.[362]

---

[357] Vgl. Babbie 1992, S. 166ff.; Churchill, Iacobucci 2002, S. 400ff.
[358] Vgl. Babbie 1992, S. 166; Churchill 1979, S. 66.
[359] Vgl. Bortz, Döring 2006, S. 191; Bourque 2003, S. 36ff., beispielhafte Konstruktionsprozesse finden sich bei Churchill 1979, Moore, Benbasat 1991, S. 198ff. und Lewis et al. 2005, S. 391.
[360] Vgl. Bourque 2003, S. 42f., Beispiele finden sich bei Igbaria et al. 1997; Nelson et al. 2005; Pijpers 2001; Venkatesh 2000.
[361] Vgl. Ajzen, Fishbein 2005, S. 182ff.; Moore, Benbasat 1991, S. 199.
[362] Vgl. Venkatesh, Morris 2000.

Die Fragen zu den einzelnen Konstrukten werden jeweils gruppiert unter einer gemeinsamen Überschrift abgefragt, da die Reihenfolge der Items für die Ergebnisse TAM-basierter Studien nachweislich keinen Effekt hat und ein vermischen der Fragen zu verschiedenen Konstrukten die Befragten eher verwirrt.[363]

Vor der empirischen Validierung wurde der Fragebogen im Rahmen eines *Pretests* Experten aus Praxis und Wissenschaft zur Evaluation vorgelegt.[364] Die Experten waren aufgefordert, aus der Perspektive der Befragten den Fragebogen auf Verständlichkeit und Angemessenheit der Fragen zu bewerten. Hieraus resultierten Anpassungen in der Formulierung einzelner Fragen und Kategorieüberschriften, um Unklarheiten zu reduzieren.

---

[363] Vgl. Bourque 2003, S. 60; Davis, Venkatesh 1996.
[364] Vgl. Bourque 2003, S. 83ff.

Konstrukt	Items	Quellen
Tätigkeit	Alle	Bange 2006b
Branche	Alle	Europäische Kommission 2002[365]
Nutzungsabsicht	BI1, BI2	Wixom, Todd 2005
	BI3, BI4	Chau 1996
Nützlichkeit	Alle	Davis 1986
Nutzerfreundlichkeit	EOU1-EOU3	Davis 1986
	EOU4	Eigene Formulierung
Management Support	MS1-MS4	Igbaria et al. 1997
	MS5	Lewis et al. 2003
Tätigkeitsrelevanz	TR1, TR4	Venkatesh, Davis 2000
	TR2, TR3	Eigene Formulierung
Nachvollziehbarkeit d. Erg.	Alle	Venkatesh, Davis 2000
Vollständigkeit	Alle	Wixom, Todd 2005
Genauigkeit	Alle	Wixom, Todd 2005
Format	Alle	Wixom, Todd 2005
Aktualität	Alle	Wixom, Todd 2005
Transparenz	Alle	Eigene Formulierung
Datenqualität	Alle	Wixom, Todd 2005
Zuverlässigkeit	Alle	Wixom, Todd 2005
Flexibilität	Alle	Wixom, Todd 2005
Integration	Alle	Wixom, Todd 2005
Accessibility	Alle	Wixom, Todd 2005
Systemqualität	Alle	Wixom, Todd 2005
Interne Kontrollüberzeugung	CSE1; CSE3-CSE5	Venkatesh, Bala 2008
	CSE2	Roca et al. 2006
Fördernde Umstände	FC1, FC2	Thompson et al. 1991
	FC3	Karahanna, Straub 1999
	FC4	Hong et al. 2006

Tabelle 5-2: Quellen für die Messmodelle

Der Fragebogen umfasst insgesamt die 17 Konstrukte des Akzeptanzmodells, 5 demographische und drei allgemeine Angaben mit insgesamt 81 Items. Der Fragebogen gliedert sich in 8 Abschnitte, die in der Online-Version als separate Seiten dargestellt werden. In Tabelle 5-3 ist die Struktur des Fragebogens dargestellt, die Papierversion des gesamten Fragebogens ist im Anhang A dokumentiert.

---

[365] Die schweizerische Allgemeine Systematik der Wirtschaftszweige (NOGA) basiert auf diesem Standard und ist darauf abbildbar.

Abschnitt		Abschnitt/Konstrukt/Angaben	Items
1		Einführung	
	1.1	Einführungstext	
	1.2	Sprachauswahl	1
2		Allgemeine Angaben	
	2.1	Funktion	1
	2.2	Geschlecht	1
	2.3	Alter	1
	2.4	Erfahrung	1
	2.5	Tätigkeiten	6
	2.6	Erläuterungstext System	
3		Management Support, Relevanz des Systems und Nachvollziehbarkeit der Ergebnisse	
	3.1	Management Support	5
	3.2	Tätigkeitsrelevanz	4
	3.3	Nachvollziehbarkeit der Ergebnisse	4
4		Datenqualität	
	4.1	Vollständigkeit	3
	4.2	Genauigkeit	3
	4.3	Format	3
	4.4	Aktualität	3
	4.5	Transparenz	3
	4.6	Datenqualität allgemein	3
5		Systemqualität	
	5.1	Zuverlässigkeit	3
	5.2	Flexibilität	3
	5.3	Integration	3
	5.4	Zugänglichkeit	3
	5.5	Systemqualität insgesamt	3
6		Allgemeine Einschätzung des Systems	
	6.1	Training und Support	4
	6.2	Nützlichkeit	4
	6.2	Nutzerfreundlichkeit	4
	6.4	Nutzungsabsicht	4
7		Selbsteinschätzung	
	7.1	CSE	5
	7.2	Teilnahme Verlosung	1
	7.3	Kommentare	1

Tabelle 5-3: Struktur des Fragebogens

Die Items der Abschnitte 3 bis 7.2 wurden mit Hilfe von fünfstufigen Likert-Skalen operationalisiert.[366] Dabei wurden die Antwortmöglichkeiten jeweils verbalisiert (stimme überhaupt nicht zu – stimme nicht zu – neutral – stimme zu – stimme voll zu, bzw. in Abschnitt 7.1 analog mit „bin mir sicher"). Da die Zahl der Antwortmöglichkeiten die Ergebnisse von Likert-skalierten Fragen kaum beeinflusst, wurde die von Befragten am häufigsten präferierte fünfstufige Skala gewählt.[367] Die Items der Abschnitte 2 (Allgemeine Angaben) und 7.3 wurden mit Freitextfeldern bzw. binären Items operationalisiert.

5.3 Empirische Validierung des Akzeptanzmodells

Das Akzeptanzmodell für die IL basiert auf einer grossen Anzahl empirischer Forschungsarbeiten und einer gefestigten Theoriebasis zur Technologieakzeptanz. Dies lässt es wahrscheinlich erscheinen, dass die postulierten Zusammenhänge in der Realität tatsächlich wie angenommen vorliegen. Um diese Annahmen zu verifizieren, ist dennoch eine empirische Prüfung notwendig. Um die für das Akzeptanzmodell angenommenen kausalen Zusammenhänge empirisch zu belegen, wurde eine Umfrage unter Nutzenden von IL-Systemen zur Erhebung eines Forschungsdatensatzes (vgl. Abschnitt 3.3.1) durchgeführt. Die mit der Umfrage erhobenen Daten wurden mit Hilfe eines Strukturgleichungsmodells zur Gewinnung eines erweiterten Messergebnisses (vgl. Abschnitt 3.3.1) ausgewertet. In den folgenden Abschnitten werden die Ergebnisse der Befragung dargestellt.

5.3.1 Ziele der Umfrage

Ziel der Umfrage ist es, das in Abschnitt 5.1 entwickelte Strukturgleichungsmodell zu validieren. Es wird überprüft, ob die kausalen Zusammenhänge, die das Akzeptanzmodell postuliert, durch die empirischen Daten unterstützt werden. Darüber hinaus wird ermittelt, wie stark die kausalen Zusammenhänge zwischen den Konstrukten sind und inwieweit die Einflussfaktoren die Akzeptanz erklären können.

Diese Umfrage steht im Kontext der Akzeptanzforschung in der Tradition des TAM. Zahlreiche andere Studien nutzen das TAM3 und seine Vorläufermodelle zur Erklärung der Akzeptanz für unterschiedliche IS in einer Vielzahl von Kontexten. Ebenso untersuchen zahlreiche Studien den Einfluss verschiedener Kombinationen von exter-

---

[366] Vgl. Bortz, Döring 2006, S. 224.
[367] Vgl. Bortz, Döring 2006, S. 180f.; Dawes 2008.

nen Variablen auf die Akzeptanz.[368] Für den konkreten Anwendungsfall der IL existieren allerdings erst wenige Studien. Die Arbeiten von WIXOM, NELSON UND TODD untersuchen zwar die Akzeptanz von DWH als einem Typ von IL-Systemen, erklären diese aber mit einem Akzeptanzmodell, das mit dem TAM3 nur entfernt verwandt ist.[369] Daher leistet diese Umfrage einen über diese Arbeit hinausgehenden Beitrag zur Akzeptanzforschung.

Hypothesenformulierung: Aus den im Akzeptanzmodell postulierten Zusammenhängen zwischen den Konstrukten ergeben sich Hypothesen, die mit Hilfe des Strukturgleichungsmodells überprüft wurden. Die Hypothesen sind in Tabelle 5-4 aufgeführt. Jede Hypothese entspricht einem kausalen Zusammenhang im in Abbildung 5-1 dargestellten Akzeptanzmodell.

Nr.	Hypothese	Wirkung
H_1	Management Support hat einen positiven Effekt auf U.	MS↗U
H_2	Tätigkeitsrelevanz hat einen positiven Effekt auf U.	TR↗U
H_3	Nachvollziehbarkeit der Ergebnisse hat einen positiven Effekt auf U.	NE↗U
H_4	Vollständigkeit hat einen positiven Effekt auf Datenqualität.	CO↗DQ
H_5	Korrektheit hat einen positiven Effekt auf Datenqualität.	CR↗DQ
H_6	Format hat einen positiven Effekt auf Datenqualität.	FO↗DQ
H_7	Aktualität hat einen positiven Effekt auf Datenqualität.	CU↗DQ
H_8	Transparenz hat einen positiven Effekt auf Datenqualität.	TP↗DQ
H_9	Datenqualität hat einen positiven Effekt auf U.	DQ↗U
H_{10}	Zuverlässigkeit hat einen positiven Effekt auf Systemqualität.	RE↗SQ
H_{11}	Flexibilität hat einen positiven Effekt auf Systemqualität.	FL↗SQ
H_{12}	Integration hat einen positiven Effekt auf Systemqualität.	IN↗SQ
H_{13}	Accessibility hat einen positiven Effekt auf Systemqualität.	AC↗SQ
H_{14}	Systemqualität hat einen positiven Effekt auf EOU.	SQ↗EOU
H_{15}	Interne Kontrollüberzeugung hat einen positiven Effekt auf EOU.	CSE↗EOU
H_{16}	Fördernde Umstände haben einen positiven Effekt auf EOU.	FU↗EOU
H_{17}	EOU hat einen positiven Effekt auf U.	EOU↗U
H_{18}	EOU hat einen positiven Effekt auf die Nutzungsabsicht.	EOU↗BI
H_{19}	U hat einen positiven Effekt auf die Nutzungsabsicht.	U↗BI
H_{20}	Die Beziehung von EOU zu U wird von der Nutzungserfahrung negativ moderiert.	EOU x EXP↘U
H_{21}	Die Beziehung von EOU zu BI wird von der Nutzungserfahrung negativ moderiert.	EOU x EXP↘BI

Tabelle 5-4: Hypothesen des Akzeptanzmodells

---

[368] Vgl. Lee et al. 2003; Sun, Zhang 2006; Venkatesh et al. 2003.
[369] Vgl. Nelson et al. 2005; Wixom, Todd 2005.

5.3.2 Datenerhebung

Umfrage und Fragebogen: Zur Datenerhebung wurde eine experimentelle Feldstudie mit Praktikern durchgeführt.[370]

Durch die Befragung von Praktikern wird eine höhere externe Validität erreicht, als wenn z. B. Studierende befragt würden.[371] Allerdings kann eine Repräsentativität der befragten Population für IL-Nutzende allgemein nicht sichergestellt werden, wobei diese z. B. bei Befragung von Studierenden von vornherein ausgeschlossen wäre.

Für die Umfrage wurde der in Abschnitt 5.2 entwickelte Fragebogen genutzt. Der Inhalt des Fragebogens ist in Anhang A dokumentiert.

Durchführung der Befragung: Zur Erhebung der Daten wurde der Fragebogen im November 2008 und im März 2009 an die Nutzenden mit erweiterten Berechtigungen der IL-Systeme in zwei Unternehmen verteilt. Die Umfrage wurde als Vollerhebung durchgeführt, d. h. es wurden alle in Frage kommenden Nutzenden angesprochen. Die Fragebögen wurden von den Vorgesetzten der Nutzenden an die Zielgruppe verteilt. In die Untersuchung wurden alle Nutzenden mit interaktivem Zugriff auf die IL-Systeme und erweiterten Zugriffsrechten (*Power User*) eingeschlossen. Ausgeschlossen wurden Nutzende, die ohne direkte Interaktion mit dem System automatisiert mit standardisierten Reports beliefert werden.

Die Antwortfrist betrug jeweils ca. 3 Wochen. Um die Nutzenden zur Teilnahme zu motivieren, wurde der Nutzen der Ergebnisse für die Organisationen betont. Zudem wurde ein MP3-Player unter den Umfrageteilnehmern verlost. Die Rücklaufquote betrug ca. 50%, wobei in einer Organisation einmalig nachgefasst wurde und in der anderen Organisation aus Zeitgründen auf Nachfassen verzichtet wurde. Diese Antwortrate ist besser als die Antwortraten in anderen Studien im IL-Umfeld und nach gängigen Kriterien als angemessen zu beurteilen.[372]

Die Verteilung erfolgte per E-Mail, zur Erhebung der Daten wurde ein Online-Tool genutzt. Das Ausfüllen des Fragebogens beanspruchte im Mittel ca. 13 Minuten. Der Fragebogen wurde von ca. 60% der Teilnehmenden beendet, wobei es möglich ist, dass Teilnehmende nach einem Abbruch den Fragebogen ein zweites Mal vollständig ausgefüllt haben. Durch technische Massnahmen wurde sichergestellt, dass alle Teil-

---

[370] Vgl. Bortz, Döring 2006, S. 57.
[371] Vgl. Bortz, Döring 2006, S. 53ff.
[372] Vgl. Babbie 1990, S. 182; Nelson et al. 2005, S. 209.

nehmenden, die den Fragebogen beendet haben, auch alle Fragen beantwortet haben.[373] Daher waren alle beendeten Fragebögen hinsichtlich der Fragen zu den Akzeptanzkonstrukten vollständig.

Für den gegebenen Forschungsgegenstand ist eine Online-Umfrage nach den von BOURQUE und FIELDER aufgestellten Kriterien eine geeignete Erhebungsform.[374] Die Kriterien für die Eignung und ihre Bewertung sind in Tabelle 5-5 zusammengefasst.[375]

5.3.3 Demographische Merkmale der Stichprobe

Insgesamt wurden 127 Fragebögen vollständig ausgefüllt. Der Umfang des Datensatzes wird damit der von CHIN aufgestellten Anforderung an die Stichprobengrösse gerecht (zehnmal die grösste Anzahl von formativen Indikatoren, die auf ein Konstrukt laden oder die grösste Anzahl von unabhängigen Variablen, die auf eine abhängige Variable laden).[376] Von den Befragten sind 24.4% weiblich und 75.6% männlich. Das Alter der Befragten bewegt sich zwischen 23 und 57 Jahren mit einem Mittelwert von 36.9 Jahren (vgl. Abbildung 5-2).

Kriterium	Bewertung	Kommentar
Motivation	✓	Teilnehmende sind motiviert durch Relevanz der Studie für ihre Tätigkeit und Verlosung
Eignung der Forschungsfrage		
Abgeschlossenes Thema	✓	Umfrage beschränkt auf IL-Akzeptanz, gemessene Konstrukte aus Akzeptanzmodell
Bezug auf die Gegenwart	✓	Umfrage fragt nach aktueller Einschätzung der IL-Systeme
Vermeidung von Sprüngen und Verzweigungen	✓	Fragebogen für alle Befragten gleich
Theoretische Reife der Forschung	✓	Forschung basiert auf umfangreichen Vorarbeiten aus der ISR

Quelle: Vgl. Bourque 2003, S. 28ff.

Tabelle 5-5: Eignung der Erhebungsmethodik

---

[373] Für Fragen nach Alter und Geschlecht wurde keine Antwort erzwungen.
[374] Vgl. Bourque 2003, S. 28ff.
[375] In der Literatur werden zudem weitere, hier nicht relevante Kriterien genannt.
[376] Vgl. Chin, Newsted 1999, S. 326f.; Götz, Liehr-Gobbers 2004, S. 721.

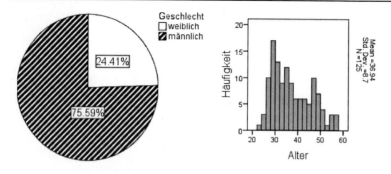

Abbildung 5-2: Geschlechts- und Altersverteilung

Die Nutzenden sind in unterschiedlichen Bereichen der Unternehmen tätig. Dabei überwiegen die Fachbereiche deutlich, die grössten Anteile haben Marketing und Vertrieb (40.2%) bzw. Finanzwesen (27.6%). Geringere Teile der Nutzenden sind in IT- bzw. Analyse-/Forschungsabteilungen tätig (14.2% bzw. 10.2%). Überwiegend haben die Nutzenden schon einige Jahre Erfahrung mit der Nutzung der IL-Systeme (im Mittel 5.6 Jahre), etwa die Hälfte der Befragten hat 4 oder weniger Jahre Nutzungserfahrung (vgl. Abbildung 5-3). Die ungleichmässige Verteilung der grössten Erfahrungswerte deutet darauf hin, dass diese Werte bei der Angabe gerundet wurden.

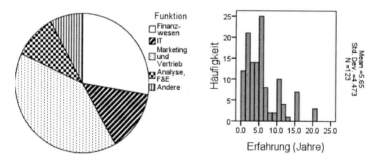

Abbildung 5-3: Verteilungen von Funktionen und Erfahrung

Die Nutzenden wurden zudem nach den von ihnen ausgeführten Tätigkeiten im Bereich der IL befragt. Fast alle Befragten gaben an, mehrere Tätigkeiten auszuüben. Die häufigsten Tätigkeiten sind das Erstellen von Reports und Analysen, das Nutzen bzw. Aktualisieren von vordefinierten Reports und Analysen und das ausführen von Ad Hoc bzw. *On-Line Analytical Processing* (OLAP)-Analysen (vgl. Abbildung 5-4). Keiner der Befragten nutzt ausschliesslich vordefinierte Reports und Analysen, die Befragten sind also dem Kreis der Nutzenden mit erweiterten Zugriffsrechten (*Power User*) zuzurechnen.

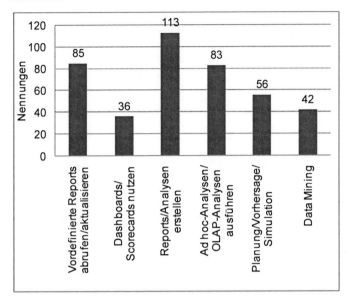

Abbildung 5-4: Ausgeführte Tätigkeiten

Die durchschnittlichen Ausprägungen der Akzeptanzfaktoren in den Unternehmen sind in Tabelle 5-6 zusammengefasst. Die Tabelle enthält jeweils die Durchschnittswerte für die befragten Unternehmen sowie einen Gesamt-Durchschnittswert mit zugehöriger Standardabweichung. Der Gesamtdurchschnitt enthält dabei auch die Antwortenden, die aus technischen Gründen keinem Unternehmen zuzuordnen waren.

Die im Durchschnitt am geringsten bewerteten Akzeptanzfaktoren sind Tätigkeitsrelevanz und Nachweisbarkeit (Durchschnittwerte von 1.62 bzw. 1.71), am besten bewertet werden Transparenz und interne Kontrollüberzeugung (CSE) mit 2.83 bzw. 2.77. Die grösste Standardabweichung zeigt sich mit 0.92 bei der Benutzerfreundlichkeit. Die Bewertung von interner Kontrollüberzeugung ist von den betrachteten IL-Systemen unabhängig, im Hinblick auf Tätigkeit und Erfahrung der Befragten ist eine hohe Bewertung nicht überraschend.

Auffällig ist, dass die Bewertungen in beiden Unternehmen über alle gemessenen Konstrukte eher niedrig sind. Während solche niedrigen Werte gelegentlich beobachtet wurden, wird in anderen Studien überwiegend von höheren durchschnittlichen Bewertungen berichtet.[377]

Konstrukt		Unternehmen 1	Unternehmen 2	Durchschnitt	Standardabw.
Aktualität	CU	2.68	2.18	2.33	0.75
Computer Self-Efficacy	CSE	2.79	2.77	2.77	0.83
Datenqualität	DQ	2.50	2.01	2.21	0.70
Flexibilität	FL	2.89	2.52	2.71	0.80
Fördernde Umstände	FU	2.81	2.23	2.45	0.82
Format	FO	2.74	2.47	2.57	0.80
Accessibility	AC	2.60	2.30	2.44	0.74
Integration	IN	2.25	2.08	2.17	0.73
Korrektheit	CR	2.63	2.16	2.34	0.72
Management Support	MS	2.19	2.15	2.22	0.77
Nachweisbarkeit	NE	1.47	1.82	1.71	0.66
Nutzerfreundlichkeit	EOU	2.98	2.34	2.61	0.92
Nützlichkeit	U	1.86	1.97	1.94	0.62
Nutzungsabsicht	BI	1.88	1.85	1.86	0.67
Systemqualität	SQ	2.18	2.09	2.15	0.58
Tätigkeitsrelevanz	TR	1.49	1.65	1.62	0.62
Transparenz	TP	3.13	2.64	2.83	0.90
Vollständigkeit	CO	2.85	2.48	2.64	0.77
Zuverlässigkeit	RE	2.35	2.24	2.30	0.68

Tabelle 5-6: Akzeptanzfaktor-Scores der Unternehmen

5.3.4 Vorüberlegungen zur Modellprüfung

5.3.4.1 Verfahren

Die Strukturgleichungsmodellierung (*Structural Equation Modelling*, SEM) ist ein Verfahren der Kausalanalyse, mit dem kausale Abhängigkeiten zwischen Variablen nachgewiesen werden können. Sie erlaubt es, die Beziehungen von Variablen in auf Basis von Theorien ex ante aufgestellten Hypothesensystemen anhand von empirisch erhobenen Daten zu verifizieren. Dabei können mit SEM auch latente, d. h. nicht direkt beobachtbare Variablen, wie z. B. Einstellungen von Personen überprüft werden.[378] Die Beziehungen zwischen diesen latenten Variablen werden in Form eines Strukturmodells spezifiziert. Die latenten Variablen sind hypothetische Konstrukte, deren Ausprägungen nicht direkt beobachtet werden können. Daher muss über die Beobachtung von messbaren Indikatorvariablen auf ihre Ausprägung geschlossen wer-

---
[377] Vgl. Chan, Teo 2007, S. 2.
[378] Vgl. Backhaus et al. 2006, S. 338ff.; Huber et al. 2007, S. 3ff.

den. Diese Indikatorvariablen bilden zusammen mit den erklärten Konstrukten die Messmodelle. Das Strukturgleichungsmodell besteht aus Struktur- und Messmodellen (vgl. Abbildung 5-5).[379]

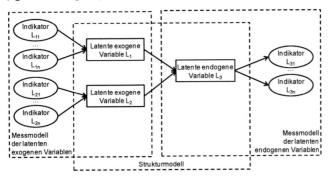

Quelle: Vgl. Backhaus et al. 2006, S. 341.

Abbildung 5-5: Pfaddiagramm eines Strukturgleichungsmodells

Das SEM-Verfahren verläuft in 6 Schritten:[380]

Hypothesenbildung: Zunächst werden Hypothesen bezüglich der Konstrukte und Zusammenhänge des Strukturmodells aufgestellt. Diese Hypothesenbildung erfolgt aufgrund von theoriegeleiteten Überlegungen (vgl. Abschnitt 0).

Modellspezifikation: Die Konstrukte und Hypothesen werden in Form eines Pfaddiagramms spezifiziert. Moderne SEM-Software kann dieses Pfaddiagramm automatisiert in das Gleichungssystem überführen, das später für die Parameterschätzung genutzt wird (vgl. Abschnitt 5.3.4.4).

Identifikation der Modellstruktur: Im Identifikationsschritt wird geprüft, ob die empirischen Daten zur Schätzung der zu bestimmenden Parameter ausreichen. Insbesondere muss eine hinreichende Zahl an Indikatorvariablen erhoben werden. Dieser Schritt entfällt für das gewählte Schätzverfahren *Partial Least Squares*.[381]

Parameterschätzung: Im Schritt der Parameterschätzung werden anhand der empirischen Daten die Parameter des Modells geschätzt. Hier wird die Parameterschätzung mittels der *Partial Least Squares*-Methode durchgeführt.

---

[379] Hier und im Folgenden wird auf Formalismen weitestgehend verzichtet. Für eine formalere Beschreibung des Verfahrens vgl. z. B. Backhaus et al. 2006, S. 344ff.; Maruyama 1998, S. 177ff.
[380] Vgl. Backhaus et al. 2006, S. 356ff.
[381] Vgl. Herrmann et al. 2006, S. 42.

Beurteilung der Schätzergebnisse: Zur Beurteilung der Parameterschätzung können verschiedene Kennzahlen berechnet werden. Dabei werden die Güte der einzelnen Messmodelle und die Güte des Gesamtmodells beurteilt (vgl. Abschnitt 5.3.5).

Modifikation der Modellstruktur: Abschliessend kann das Modell für explorative Zwecke modifiziert werden, um eine bessere Modellanpassung an die Daten zu erreichen. Dieser Schritt entfällt in dieser konfirmatorischen Analyse.

Für die Datenanalyse im Kontext dieser Arbeit wird der *Partial Least Squares* (PLS)-Ansatz zur SEM genutzt. Der PLS-Ansatz hat gegenüber anderen Schätzverfahren verschiedene Vorteile, die seine Anwendung nahelegen. Insbesondere ist für PLS nur eine geringe Stichprobengrösse erforderlich, um zu sinnvollen Ergebnissen zu kommen (bei entsprechender Einschränkung der Teststärke, vgl. Abschnitt 5.3.4.3). Zudem trifft PLS keine Annahmen bezüglich der Verteilung der Indikatorvariablen, während andere Verfahren normalverteilte Daten erfordern.[382]

Zur Durchführung des Verfahrens wurde das Programm SmartPLS in der Version 2.0M3 eingesetzt.[383] Es wurde der Alternative PLSGraph (Version 3.0 Build 1126)[384] aufgrund höherer Leistung und Nutzerfreundlichkeit vorgezogen. Ein Vergleich der Ergebnisse ergab keine Unterschiede hinsichtlich der von beiden Programmen ermittelten Pfadkoeffizienten und Bestimmtheitsmasse. Da das PLS-Verfahren mit zufälligen Anfangsgewichten für die Indikatoren startet und dann die Parameterschätzungen iterativ verfeinert, sind minimale Differenzen nicht auszuschliessen. Bei geeigneter Wahl des Abbruchkriteriums für die Iteration sind sie allerdings vernachlässigbar klein.

5.3.4.2 Vorbehandlung der Datensätze

Vor der statistischen Auswertung wurde der Datensatz auf Vollständigkeit und Konsistenz überprüft. Dabei wurden nur minimale Änderungen vorgenommen.

In die Analyse einbezogen wurden nur solche Fragebögen, die vollständig beendet wurden. Da die überwiegende Zahl der Abbrüche auf den ersten beiden Seiten des Fragebogens erfolgte, hätte ein Einbeziehen teilweise beendeter Fragebögen nur zu einem minimalen Zuwachs an Datenmaterial geführt.

Aufgrund der technisch erzwungenen Vollständigkeit war ein Ausschliessen von Datensätzen aufgrund fehlender Daten nicht erforderlich. Die als Freitext erfassten Anga-

---
[382] Vgl. Herrmann et al. 2006, S. 38ff.
[383] Vgl. Ringle et al. 2005.
[384] Vgl. Chin 2001.

ben zur Nutzungserfahrung wurden in numerische Werte recodiert, zwei Angaben zur Erfahrung mit der Nutzung von IL-Systemen (30 bzw. 40 Jahre) wurden wegen mangelnder Plausibilität ausgeschlossen. Aufgrund der geringen Zahl unplausibler Werte wurden diese Werte paarweise ausgeschlossen und mit dem Wert für fehlende Daten ersetzt.[385]

5.3.4.3 Teststärkenanalyse

Um die Signifikanz der Ergebnisse zu beurteilen, muss ein für die Stichprobe adäquates Signifikanzniveau ermittelt werden.[386] Unter Signifikanz wird verstanden, dass ein Zusammenhang mit definiert hoher Wahrscheinlichkeit nicht durch die zufällige Verteilung der Daten, sondern durch tatsächliche Unterschiede in der zugrunde liegenden Verteilung zu Stande kommt.[387] Das Signifikanzniveau α gibt die Irrtumswahrscheinlichkeit an, d. h. die Wahrscheinlichkeit, mit der fälschlich ein Zusammenhang angenommen wird, obwohl keiner besteht. Neben diesen Fehlern erster Ordnung (α-Fehler) können auch Fehler zweiter Ordnung (β-Fehler) auftreten, bei denen ein bestehender Zusammenhang fälschlich nicht entdeckt wird. Die Wahrscheinlichkeit für das Auftreten solcher Fehler wird mit der Teststärke (Power, 1- β) angegeben.

Die erreichbaren Grössen für Signifikanzniveau und Teststärke hängen nicht nur voneinander, sondern auch von der Effektstärke (d. h. der Stärke der nachzuweisenden Zusammenhänge) und der Grösse der Stichprobe ab, wobei sowohl eine steigende Effektstärke als auch eine steigende Stichprobengrösse eine kleinere Irrtumswahrscheinlichkeit und höhere Teststärke ermöglichen.[388]

Wenn die Effektstärke und die Stichprobengrösse bekannt sind, kann mit Hilfe einer Kompromiss-Teststärkeanalyse die angemessene Irrtumswahrscheinlichkeit bei gegebener Teststärke berechnet werden.[389] Hierzu wurde das Programm GPower von FAUL ET AL. genutzt.[390] Unter der Voraussetzung, dass Teststärke und Signifikanzniveau gleich gewichtet werden (d. h. $\alpha/\beta=1$),[391] kann durch Vorgeben der Teststärke (hier das übliche Niveau von 0.8)[392] und der erreichten Stichprobengrösse (n=127) das angemessene Signifikanzniveau errechnet werden. Bei Annahme einer geringen Effektstär-

---

[385] Vgl. Tsikriktsis 2005, S. 57f.
[386] Vgl. Bortz 2005, S. 121ff.; Buchner et al. 1996, S. 123.
[387] Vgl. Backhaus et al. 2006, S. 70f.
[388] Vgl. Baroudi, Orlikowski 1989, S. 89; Hair et al. 2006, S. 10f.
[389] Vgl. Buchner et al. 1996, S. 123; Faul et al. 2007, S. 176f.
[390] Vgl. Faul et al. 2007.
[391] Vgl. die Empfehlungen bei Baroudi, Orlikowski 1989, S. 102; Dördrechter 2006, S. 217.
[392] Vgl. Baroudi, Orlikowski 1989, S. 89; Hair et al. 2006, S. 11.

ke von 0.2^{393} ergibt sich ein Signifikanzniveau von α=0.13 (d. h. 13% Irrtumswahrscheinlichkeit) und eine Teststärke von 1-β = 0.87. Dieser Wert ist geringer als die üblichen Werte von 0.1 bzw. 0.05, aber noch angemessen, zumal die kleineren Werte für α oftmals nur auf Kosten erheblich reduzierter Teststärke erreicht werden.[394]

Zur Beurteilung der Signifikanz der Beziehungen im Strukturmodell wird der T-Test genutzt (vgl. Abschnitt 5.3.5.2). Der hier massgebliche kritische t-Wert, der für einen signifikanten Zusammenhang bei α=0.13 überschritten werden muss, liegt bei 1.13.

5.3.4.4 Modellumsetzung

Zur Schätzung der Modellparameter wurde das Strukturmodell in SmartPLS umgesetzt. Die Fragen zur Operationalisierung der Konstrukte bilden die Indikatoren (vgl. Abschnitt 5.2). Der moderierende Effekt von Erfahrung auf die Beziehungen EOU↗U und EOU↗BI wurde gemäss der Empfehlungen von CHIN ET AL. modelliert.[395] Nach diesem Ansatz werden moderierende Effekte als zusätzliche Variablen modelliert, deren Indikatoren die Produkte aus allen Indikatoren des Moderators (hier Erfahrung) und der endogenen Variablen (hier wahrgenommene Benutzerfreundlichkeit) bilden. Nach initialen Berechnungen wurden gemäss dem bei CHIN und HUBER ET AL. beschriebenen Vorgehen einzelne Indikatoren wegen nicht ausreichender Faktorladungen eliminiert.[396] Dabei wurden die Indikatoren CR1, CSE4, CSE5, EOU4, FC1, RD1 und RD4 eliminiert. Das Pfadmodell ist in Abbildung 5-6 abgebildet, die Items für die Einflussfaktoren auf EOU sind der Übersichtlichkeit halber ausgeblendet.

---

[393] Vgl. Baroudi, Orlikowski 1989, S. 90.
[394] Vgl. Baroudi, Orlikowski 1989, S. 95, 102.
[395] Vgl. Chin et al. 2003, S. 196ff.; Huber et al. 2007, S. 52f.
[396] Vgl. Chin 1998, S. 326; Huber et al. 2007

Messung der Akzeptanz von Informationslogistik

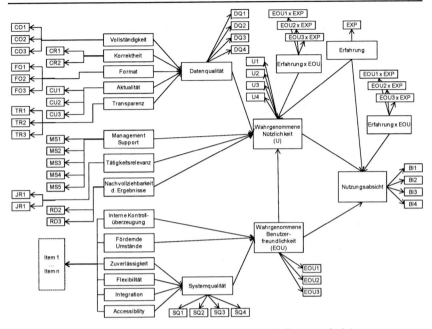

Abbildung 5-6: Pfaddiagramm für das IL-Akzeptanzmodell (vereinfacht)

5.3.5 Güteprüfung des Strukturmodells

Vor der Interpretation der Schätzergebnisse ist die Güte des Modells zu beurteilen. Die Gütebeurteilung umfasst eine Beurteilung der Messmodelle (lokale Güte) und eine Beurteilung des Gesamtmodells (globale Güte).[397]

5.3.5.1 Prüfung der Messmodelle

Die lokalen Gütekriterien prüfen die Qualität der Konstruktoperationalisierung. Es werden Indikatorreliabilität, Konstruktreliabilität und Diskriminanzvalidität geprüft.

Indikatorreliabilität: Zunächst ist zu prüfen, inwieweit die Indikatoren auf die von ihnen operationalisierten Konstrukte laden. Hierzu werden die Faktorladung der Indikatoren und die dazugehörige t-Statistik betrachtet.[398] Für die Höhe der Faktorladun-

---

[397] Vgl. Huber et al. 2007, S. 34ff.
[398] Vgl. Herrmann et al. 2006, S. 56; Huber et al. 2007, S. 34f.

gen wird ein Wert von mindestens 0.6, bevorzugt 0.8 gefordert. Der kritische Mindestwert für die t-Statistik beträgt 1.98 für ein Signifikanzniveau von 0.05.[399] Die Faktorladungen des Messmodells sind in Tabelle 5-7 aufgelistet. Alle Faktorladungen erfüllen die geforderten Mindestwerte, nur ein Indikator weist eine Faktorladung zwischen 0.6 und 0.8 auf. Er wird aufgrund erfüllter Konstruktreliabilität beibehalten.[400] Die t-Werte weisen ausnahmslos ausreichende Höhe auf. Damit ist die Indikatorreliabilität als gut zu bewerten.

Konstrukt	Indikator	Faktorladung	t-Wert
Accessibility	AC1	0.860301	22.207497
	AC2	0.932322	60.650472
	AC3	0.875734	19.395357
Nutzungsabsicht	BI1	0.810536	16.419058
	BI2	0.680276	6.339122
	BI3	0.820738	14.044809
	BI4	0.790382	18.295159
Vollständigkeit	CO1	0.891967	35.143817
	CO2	0.859386	30.012155
	CO3	0.814518	18.572397
Korrektheit	CR1	0.931508	34.061259
	CR2	0.606342	3.726612
Interne Kontrollüberzeugung	CSE1	0.817877	11.086329
	CSE2	0.850235	12.929451
	CSE3	0.835122	12.527262
Aktualität	CU1	0.917081	49.786317
	CU2	0.867365	12.044792
	CU3	0.883907	34.288744
Nutzerfreundlichkeit	EOU1	0.846385	21.9036
	EOU2	0.891431	32.216812
	EOU3	0.93196	68.511551
EOU>BI, moderiert von EXP	EOU1*EXP	0.964609	3.437384
	EOU1*EXP	0.968543	7.753864
	EOU2* EXP	0.984972	3.468725
EOU>U, moderiert von EXP	EOU2* EXP	0.98159	7.683615
	EOU3* EXP	0.989209	3.458894
	EOU3* EXP	0.990294	7.947103
Erfahrung	EXP	1	
Fördernde Umstände	FC2	0.845242	20.565728

---

[399] Vgl. Huber et al. 2007, S. 87; Hulland 1999, S. 198. Indikatoren mit einer Faktorladung von 0.6 bis 0.8 sollen nur bei Erfüllung der Konvergenzkriterien beibehalten werden, vgl. den nächsten Abschnitt.
[400] Vgl. Chin 1998, S. 326.

	FC3	0.888248	16.476261
	FC4	0.887965	16.889137
Flexibilität	FL1	0.847177	22.129663
	FL2	0.93838	61.855529
	FL3	0.891491	33.236135
Format	FO1	0.916557	32.332707
	FO2	0.899086	28.79107
	FO3	0.803464	12.811409
Integration	IN1	0.907166	41.916312
	IN2	0.907852	38.02168
	IN3	0.927088	54.172601
Datenqualität	DQ1	0.936591	62.729875
	DQ2	0.939003	59.503949
	DQ3	0.950587	79.24789
Tätigkeitsrelevanz	TR1	0.839191	14.450632
	TR2	0.799255	13.54141
	TR3	0.813459	19.790892
	TR4	0.861809	21.126834
Management Support	MS1	0.789177	19.385398
	MS2	0.809832	18.779673
	MS3	0.828881	20.26825
	MS4	0.829715	20.94791
	MS5	0.870127	35.303695
Nachweisbarkeit	NE2	0.86209	14.198556
	NE3	0.937403	36.655274
Zuverlässigkeit	RE1	0.886699	31.026056
	RE2	0.790399	13.632298
	RE3	0.850978	21.15698
Systemqualität	SQ1	0.928246	51.028837
	SQ2	0.959629	105.536534
	SQ3	0.923261	38.965356
Transparenz	TP1	0.892056	56.751618
	TP2	0.878801	22.833844
	TP3	0.853464	24.845941
Nutzen	U1	0.873231	27.091984
	U2	0.923582	55.419632
	U3	0.903133	32.354968
	U4	0.8255	21.498759

Tabelle 5-7: Indikatorreliabilität

Konstruktreliabilität: Zur Beurteilung der Konstruktreliabilität werden Chronbachs Alpha, die interne Konsistenz und die durchschnittliche erklärte Varianz genutzt. Chronbachs Alpha gibt die durchschnittliche Interkorrelation der Indikatoren eines Konstrukts an und sollte nicht unter 0.7 liegen.[401] Die interne Konsistenz (Fornell-Larcker-Kriterium) berücksichtigt zusätzlich die Ladung der Indikatorvariablen, sie sollte ebenfalls grösser als 0.7 sein.[402] Die durchschnittliche erklärte Varianz (DEV) schliesslich bezeichnet den durch die Indikatoren erklärten Anteil der Varianz des Konstrukts in Relation zum nicht erklärten Varianzanteil, sie sollte über 0.6 liegen.[403]

Die Kriterien für die Konstruktreliabilität werden von allen Konstrukten erfüllt, daher ist von ausreichender Konstruktvalidität auszugehen.[404]

Konstrukt	Cronbachs Alpha	Interne Konsistenz	DEV
Accessibility	0.870246	0.919263	0.791551
EOU>BI, moderiert von EXP	0.979842	0.986203	0.959724
EOU>U, moderiert von EXP	0.979842	0.986567	0.960759
Erfahrung	1	1	1
Flexibilität	0.874105	0.921918	0.797674
Fördernde Umstände	0.845886	0.906585	0.763967
Format	0.847047	0.906683	0.764662
Genauigkeit	0.868468	0.919453	0.792084
Informationsqualität	0.936619	0.959464	0.887515
Integration	0.902107	0.938426	0.835546
Interne Kontrollüberzeugung	0.78247	0.873101	0.696417
Korrektheit	0.432087	0.755676	0.617679
Management Support	0.885416	0.914705	0.682244
Nachweisbarkeit	0.774248	0.895451	0.810962
Nutzen	0.904362	0.933362	0.778159
Nutzerfreundlichkeit	0.870085	0.919925	0.793188
Nutzungsabsicht	0.782855	0.858805	0.604514
Systemqualität	0.930639	0.955844	0.878313
Tätigkeitsrelevanz	0.849157	0.897613	0.68687
Transparenz	0.850353	0.907314	0.765485
Vollständigkeit	0.822063	0.891362	0.73253
Zuverlässigkeit	0.796625	0.880807	0.71171

Tabelle 5-8: Konstruktreliabilität

---
[401] Vgl. Hulland 1999, S. 199.
[402] Vgl. Dördrechter 2006, S. 234; Hulland 1999, S. 199.
[403] Vgl. Huber et al. 2007, S. 36.
[404] Die Werte von 1 für die Erfahrung ergeben sich daraus, dass hier nur ein Indikator genutzt wird.

Diskriminanzvalidität: Die Diskriminanzvalidität gibt an, inwieweit sich die Indikatoren eines Konstrukts von den Indikatoren der anderen Konstrukte unterscheiden.[405] Voraussetzung für Diskriminanzvalidität auf Konstruktebene ist, dass „die DEV einer latenten Variablen grösser ist als jede quadrierte Korrelation dieser latenten Variablen mit einer anderen latenten Variablen im Untersuchungsmodell"[406].

Um die Diskriminanzvalidität auf Item-Ebene nachzuweisen, werden die *Cross-Loadings* der Items auf die unterschiedlichen Konstrukte betrachtet.[407] Die Ladung der Items auf andere Konstrukte soll dabei geringer sein als die Ladung auf das Konstrukt, das die Items messen.

Für alle Konstrukte des Akzeptanzmodells sind diese Anforderungen erfüllt, daher kann von ausreichender Diskriminanzvalidität ausgegangen werden. Auf die Wiedergabe der 19x19-Korrelationsmatrix und der noch wesentlich grösseren *Cross-Loading*-Matrix wird hier aus Platzgründen verzichtet.

Zusammenfassend kann festgestellt werden, dass die Konstrukte des Akzeptanzmodells reliabel und valide sind.

5.3.5.2 Prüfung des Gesamtmodells

Die globalen Gütekriterien beschreiben, wie gut das Gesamtmodell die postulierten Kausalbeziehungen zwischen den Konstrukten beschreibt. Anders als kovarianzbasierte Strukturgleichungsverfahren liefert das PLS-Verfahren keine einwertige Kennzahl für die Modellgüte.[408] Daher werden hier das Bestimmtheitsmass, die Vorhersagekraft und die Signifikanz der Pfadkoeffizienten geprüft. In Abbildung 5-7 sind die Ergebnisse der Modellschätzung mit SmartPLS graphisch dargestellt. Die Zahlen in den Konstrukten geben das Bestimmtheitsmass und die Zahlen auf den Pfeilen die Pfadkoeffizienten an.

---

[405] Vgl. Hulland 1999, S. 199
[406] Huber et al. 2007, S. 36.
[407] Vgl. Chin 1998, S. 321.
[408] Vgl. Hulland 1999, S. 202.

102 Messung der Akzeptanz von Informationslogistik

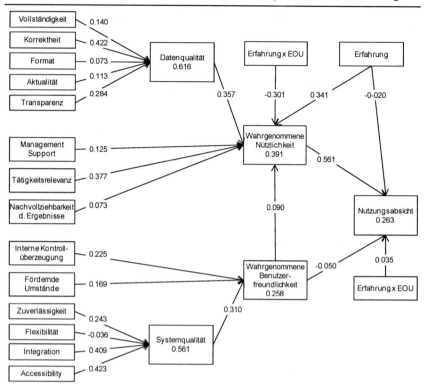

Abbildung 5-7: Ergebnisse der Modellschätzung

Bestimmtheitsmass: Das Bestimmtheitsmass R^2 gibt für die endogenen Konstrukte an, wie gut das Konstrukt durch die Modellelemente erklärt wird. Es ergibt sich aus dem Verhältnis der erklärten Varianz des Konstrukts zur unerklärten Varianz des Konstrukts.[409] R^2 kann zwischen 0 und 1 liegen, wobei grössere Werte auf eine höhere Modellgüte hindeuten. Ein R^2 von 1 ist dabei nicht erreichbar, wenn das untersuchte Konstrukt auch von nicht modellierten Einflüssen oder dem Zufall beeinflusst wird. Daher gibt es keinen allgemein anerkannten Schwellenwert für R^2.[410] Nach Vorschlägen in der PLS-Literatur wird schwache Erklärungsgüte ab einem R^2 von 0.12 erreicht, R^2 sollte aber einen Wert von 0.3 erreichen.[411]

---

[409] Vgl. Backhaus et al. 2006, S. 66.
[410] Vgl. Backhaus et al. 2006, S. 97.
[411] Vgl. Huber et al. 2007, S. 107; Hulland 1999, S. 202.

Messung der Akzeptanz von Informationslogistik

Für das Akzeptanzmodell zeigen Informationsqualität, Systemqualität und Nützlichkeit gute Bestimmtheitsmasse, während die Nutzerfreundlichkeit und die Nutzungsabsicht nur zu relativ geringen Teilen erklärt werden. Diese Ergebnisse sind mit den in anderen Studien mit Berufstätigen erreichten Erklärungsgraden vergleichbar.[412]

Endogene Variable	R^2
Benutzerfreundlichkeit	0.257756
Datenqualität	0.616047
Nützlichkeit	0.391312
Nutzungsabsicht	0.262722
Systemqualität	0.560588

Tabelle 5-9: Bestimmtheitsmass der endogenen Variablen

Vorhersagekraft: Die Vorhersagekraft des Modells gibt an, inwieweit das Modell zur Prognose von Werten endogener Konstrukte auf Basis ihrer Indikatoren geeignet ist. Zur Messung der Vorhersagekraft (Prognoserelevanz) wird der Stone-Geisser-Test genutzt.[413] Dieser Test blendet mittels einer Blindfolding-Prozedur Teile des Datensatzes aus und versucht, die auf Basis des Modells zu rekonstruieren. Dieser Test liefert das Stone-Geisser-Kriterium Q^2, das einen Wert über 0 erreichen muss, damit das Modell hinreichende Vorhersagekraft hat.[414]

Für alle endogenen Variablen werden positive Q^2 erreicht, die Vorhersagekraft des Modells ist daher als ausreichend zu bewerten.

Endogene Variable	Q^2
Benutzerfreundlichkeit	0.201859
Informationsqualität	0.546565
Nützlichkeit	0.302088
Nutzungsabsicht	0.153114
Systemqualität	0.490657

Tabelle 5-10: Vorhersagekraft der endogenen Variablen

Pfadkoeffizienten und Signifikanz der Hypothesen: Die von SmartPLS ermittelten Pfadkoeffizienten geben die Stärke der kausalen Zusammenhänge an. Sie sind standardisiert, d. h. untereinander vergleichbar.[415] Um die Signifikanz der Pfadkoeffizienten zu beurteilen, wird zur Schätzung der t-Werte eine Resampling-Technik genutzt,

---

[412] Vgl. Sun, Zhang 2006, S. 59.
[413] Vgl. Götz, Liehr-Gobbers 2004, S. 731; Huber et al. 2007, S. 37.
[414] Vgl. Götz, Liehr-Gobbers 2004, S. 731.
[415] Vgl. Götz, Liehr-Gobbers 2004, S. 730; Huber et al. 2007, S. 45.

da keine Verteilungsannahmen getroffen werden. Hier wird gemäss der Empfehlungen von EFRON und GONG das *Bootstrapping*-Verfahren (500 Samples) angewendet.[416] Das *Bootstrapping*-Verfahren kopiert die Originaldaten mehrfach, zieht daraus Stichproben und nutzt diese zur Berechnung der t-Werte.[417]

Damit ein Zusammenhang signifikant ist, muss der t-Wert grösser als 1.13 (für das mit der Teststärkeanalyse ermittelte Signifikanzniveau von p=0.13) bzw. 1.98 (für ein Signifikanzniveau von p=0.05) sein.

Jeder der Beziehungen im Modell ist eine Hypothese bezüglich der durch die Pfadkoeffizienten bezifferten kausalen Wirkung zugeordnet (vgl. Tabelle 5-4). Für das vorliegende Modell ist die grösste Zahl der Zusammenhänge signifikant (vgl. Tabelle 5-11). Nicht signifikant sind die Zusammenhänge NE↗U, FL↗SQ, EOU↗U, und EOU x EXP↘BI. In Abschnitt 5.3.6 wird detailliert auf die Implikationen dieser Ergebnisse eingegangen.

---

[416] Vgl. Efron, Gong 1983.
[417] Vgl. Dördrechter 2006, S. 219.

Messung der Akzeptanz von Informationslogistik

Nr.	Hypothese	Wirkung	Pfad-koeffizient	t-Wert	Ergebnis Hypot.-test
H_1	Management Support hat einen positiven Effekt auf U.	MS↗U	0.124	1.535*	✓
H_2	Tätigkeitsrelevanz hat einen positiven Effekt auf U.	TR↗U	0.377	3.667**	✓
H_3	Nachvollziehbarkeit der Ergebnisse hat einen positiven Effekt auf U.	NE↗U	0.073	0.753	✗
H_4	Vollständigkeit hat einen positiven Effekt auf Datenqualität.	CO↗DQ	0.140	2.127**	✓
H_5	Korrektheit hat einen positiven Effekt auf Datenqualität.	CR↗DQ	0.422	5.969**	✓
H_6	Format hat einen positiven Effekt auf Datenqualität.	FO↗DQ	0.073	1.263*	✓
H_7	Aktualität hat einen positiven Effekt auf Datenqualität.	CU↗DQ	0.113	1.430*	✓
H_8	Transparenz hat einen positiven Effekt auf Datenqualität.	TP↗DQ	0.283	4.466**	✓
H_9	Datenqualität hat einen positiven Effekt auf U.	DQ↗U	0.356	4.199**	✓
H_{10}	Zuverlässigkeit hat einen positiven Effekt auf Systemqualität.	RE↗SQ	0.243	3.228**	✓
H_{11}	Flexibilität hat einen positiven Effekt auf Systemqualität.	FL↗SQ	-0.036	0.509	✗
H_{12}	Integration hat einen positiven Effekt auf Systemqualität.	IN↗SQ	0.408	5.659**	✓
H_{13}	Accessibility hat einen positiven Effekt auf Systemqualität.	AC↗SQ	0.422	6.297**	✓
H_{14}	Systemqualität hat einen positiven Effekt auf EOU.	SQ↗EOU	0.309	4.360**	✓
H_{15}	Interne Kontrollüberzeugung hat einen positiven Effekt auf EOU.	CSE↗EOU	0.224	2.706**	✓
H_{16}	Fördernde Umstände haben einen positiven Effekt auf EOU.	FU↗EOU	0.169	2.278**	✓
H_{17}	EOU hat einen positiven Effekt auf U.	EOU↗U	0.089	0.723	✗
H_{18}	EOU hat einen positiven Effekt auf die Nutzungsabsicht.	EOU↗BI	-0.050	0.380	✗
H_{19}	U hat einen positiven Effekt auf die Nutzungsabsicht.	U↗BI	0.516	6.192**	✓
H_{20}	Die Beziehung von EOU zu U wird von der Nutzungserfahrung negativ moderiert.	EOU x EXP↘U	-0.301	1.291*	✓
H_{21}	Die Beziehung von EOU zu BI wird von der Nutzungserfahrung negativ moderiert.	EOU x EXP↘BI	0.035	0.136	✗

Legende: * = Signifikant mit p=0.13 ** = Signifikant mit p=0.05
✓ = Hypothese empirisch unterstützt ✗ = Hypothese empirisch widerlegt

Tabelle 5-11: Hypothesen, Pfadkoeffizienten und t-Werte

5.3.6 Interpretation der Ergebnisse

5.3.6.1 Übersicht über die Hypothesen

Vor der Auswertung der Daten wurden Hypothesen zu den kausalen Beziehungen im Modell aufgestellt. Diese Hypothesen können anhand der empirischen Daten entweder gestützt oder widerlegt werden.

Damit eine Hypothese empirisch unterstützt wird, müssen zwei Voraussetzungen gegeben sein: Einerseits muss das Ergebnis signifikant sein und andererseits muss der betrachtete Pfadkoeffizient das korrekte Vorzeichen haben.[418] Diese empirische Unterstützung ist allerdings wie bei allen statistischen Untersuchungen nicht als finaler Beweis des Zusammenhangs zu sehen.[419]

Falls der Zusammenhang insignifikant ist oder signifikant ist, aber das falsche Vorzeichen aufweist, ist die Hypothese widerlegt. Dies bedeutet aber nicht zugleich einen Nachweis der gegensätzlichen Nullhypothese.[420]

In Tabelle 5-11 sind die Ergebnisse der Hypothesenprüfung zusammengefasst; in den folgenden Abschnitten werden die Ergebnisse jeweils für die einzelnen endogenen Variablen erläutert und in Beziehung zu dem umfassenden Fundus an TAM-basierter Forschung gestellt. Da bis auf die moderierenden Effekte der Erfahrung keine negativen Zusammenhänge angenommen werden, wird im Folgenden stets von positiven Zusammenhängen ausgegangen, wenn dies nicht eindeutig anders dargestellt wird.

In den folgenden Abschnitten werden die Ergebnisse der Hypothesentests erörtert und zu bestehenden Forschungsarbeiten in Bezug gesetzt.

5.3.6.2 Einflussfaktoren auf die Nutzungsabsicht (BI)

Das Akzeptanzmodell postuliert, dass sowohl die wahrgenommene Nützlichkeit als auch die wahrgenommene Benutzerfreundlichkeit einen positiven Einfluss auf die Nutzungsabsicht haben (H_{18} und H_{19}). Die statistische Prüfung zeigt einen hochsignifikanten Einfluss von wahrgenommener Nützlichkeit auf die Nutzungsabsicht, H_{19} wird gestützt. Der Pfadkoeffizient ist mit 0.56 höher als in der Mehrzahl vergleichbarer Studien, wobei dieser Zusammenhang in der grossen Mehrzahl der Studien signifikant ist.[421] Der angenommene positive Einfluss von wahrgenommener Nützlichkeit auf die

---

[418] Vgl. Dördrechter 2006, S. 252; Huber et al. 2007, S. 104.
[419] Vgl. Bortz, Döring 2006, S. 27.
[420] Vgl. Bortz, Döring 2006, S. 27.
[421] Vgl. King, He 2006, S. 746; Lee et al. 2003; Sun, Zhang 2006, S. 63.

Nutzungsabsicht wird also von den empirischen Daten unterstützt, was eine schwerpunktmässige Berücksichtigung der wahrgenommenen Nützlichkeit für die Auswahl von Massnahmen zur Akzeptanzsteigerung sinnvoll erscheinen lässt.

Der Zusammenhang von wahrgenommener Benutzerfreundlichkeit und Nutzungsabsicht wird hingegen nicht empirisch unterstützt, auch ein moderierender Effekt der Erfahrung auf diesen Zusammenhang ist nicht signifikant (H_{18} und H_{21} sind zu verwerfen). Diese Beziehung ist in vielen TAM-basierten Studien nicht signifikant (je nach Analyse 30-40% der untersuchten Studien),[422] auch ist sie in der Regel deutlich schwächer ausgeprägt als die Beziehung U↗BI.[423]

Zwei Gründe können möglicherweise diese mangelnde Signifikanz erklären. Zum einen wird angenommen, dass die wahrgenommene Benutzerfreundlichkeit in Zusammenhang mit arbeitsbezogenen Technologien weniger wichtig ist als in Zusammenhang mit Technologien, die der Unterhaltung dienen.[424] Arbeitnehmer zeigen deutlich geringere Nutzerfreundlichkeit-Nutzungsabsicht-Beziehungen als die Allgemeinbevölkerung.[425] Da IL-Systeme in einem beruflichen Kontext genutzt werden, kann dies zur geringen Bedeutung der wahrgenommenen Benutzerfreundlichkeit beitragen.

Zum anderen zeigen Längsschnittstudien, dass die Bedeutung von wahrgenommener Benutzerfreundlichkeit im Zeitverlauf schnell nachlässt. VENKATESH und BALA können in ihrer Studie schon 3 Monate nach der Einführung eines neuen IS keinen signifikanten Einfluss von der wahrgenommenen Benutzerfreundlichkeit auf die Nutzungsabsicht mehr nachweisen.[426] Dies wird damit erklärt, dass die Nutzenden die Nutzung des Systems und Lösungen für übliche Probleme erlernen.[427] Die in der vorliegenden empirischen Studie Befragten weisen über 5 Jahre durchschnittlicher Nutzungserfahrung auf, weshalb zu erwarten ist, dass der Effekt der wahrgenommenen Benutzerfreundlichkeit abgeklungen ist.

Für die Akzeptanzsteigerung impliziert dies, dass Massnahmen mit Wirkung auf die Treiber von wahrgenommener Benutzerfreundlichkeit in erster Linie in der Implementierungsphase eines Systems und in den ersten Monaten der Nutzung sinnvoll für die Akzeptanzsteigerung eingesetzt werden können.

---

[422] Vgl. Lee et al. 2003, S. 196; Sun, Zhang 2006, S. 63.
[423] Vgl. King, He 2006, S. 746.
[424] Vgl. Amoako-Gyampah, Salam 2004; Sun, Zhang 2006, S. 67.
[425] Vgl. King, He 2006, S. 748.
[426] Vgl. Venkatesh, Bala 2008, S. 291, für ähnliche Ergebnisse vgl. Venkatesh et al. 2003.
[427] Vgl. Schepers, Wetzels 2007, S. 99.

5.3.6.3 Einflussfaktoren auf die Nützlichkeit (U)

Management Support hat einen signifikant positiven Einfluss auf die wahrgenommene Nützlichkeit (H_1 wird unterstützt). Dies ist konsistent mit den empirischen Befunden bezüglich der (umfassenderen) subjektiven Norm.[428] Allerdings ist der Effekt relativ gering, was den potenziellen Nutzen von MS-basierten Massnahmen einschränkt.

Auch der Effekt der Tätigkeitsrelevanz auf die wahrgenommene Nützlichkeit ist hochsignifikant (H_2 wird unterstützt). Konsistent mit bestehenden Studien ist TR der wichtigste Einflussfaktor auf die wahrgenommene Nützlichkeit.[429] Dies lässt TR-zentrische Massnahmen besonders erfolgversprechend erscheinen.

Die Hypothese H_3 bezüglich der Nachvollziehbarkeit der Ergebnisse wird von den empirischen Daten widerlegt. Es kann also (abweichend von anderen empirischen Befunden)[430] nicht davon ausgegangen werden, dass die wahrgenommene Nützlichkeit steigt, wenn Arbeitsergebnisse der Nutzung der IL-Systeme zugeordnet werden können. NE-zentrische Massnahmen scheinen also nicht zielführend, wenn nicht für den Nutzungskontext abweichend eine signifikante Wirkung von NE nachgewiesen werden konnte.

Die Datenqualität hat einen hochsignifikanten Einfluss auf die wahrgenommene Nützlichkeit (H_9 wird unterstützt). Dies ist konsistent mit den Ergebnissen von NELSON, WIXOM und TODD aus dem IL-Umfeld (in den TAM-Originalarbeiten wird kein direkter Einfluss von Datenqualität auf die wahrgenommene Nützlichkeit angenommen).[431] Der starke Einfluss von Datenqualität zeigt die Bedeutung entsprechender Massnahmen.

Die Ergebnisse bezüglich der Wirkung der wahrgenommenen Benutzerfreundlichkeit auf die wahrgenommene Nützlichkeit sind aussergewöhnlich. Einerseits kann kein signifikanter Zusammenhang zwischen wahrgenommener Benutzerfreundlichkeit und wahrgenommener Nützlichkeit nachgewiesen werden (H_{17} wird widerlegt). Dies ist insbesondere für berufliche Anwendungskontexte nicht ungewöhnlich, wenn auch weniger häufig als bei der Beziehung EOU↗BI.[432] Andererseits kann ein signifikant negativer moderierender Effekt von Erfahrung auf die Beziehung EOU↗U nachgewiesen werden. Die Beziehung wird also mit zunehmender Erfahrung schwächer (H_{20} wird

---

[428] Vgl. Venkatesh, Bala 2008, S. 290.
[429] Vgl. Venkatesh, Davis 2000.
[430] Vgl. Lee et al. 2003, S. 760; Venkatesh, Bala 2008; Venkatesh, Davis 2000; Yi et al. 2006.
[431] Vgl. Nelson et al. 2005; Wixom, Todd 2005 bzw. Venkatesh, Bala 2008; Venkatesh, Davis 2000.
[432] Vgl. King, He 2006, S. 748; Sun, Zhang 2006, S. 63.

unterstützt). Dies ist insofern ungewöhnlich, als dass dieser Effekt die entgegengesetzte Richtung hat als in TAM3 postuliert.[433] Allerdings entspricht diese Wirkung den Annahmen von SUN und ZHANG bezüglich des Einflusses von Erfahrung.[434] Dies kann möglicherweise durch den sehr unterschiedlichen Zeithorizont der vorliegenden Untersuchung (durchschnittlich mehrere Jahre Erfahrung) und der TAM3-Studie (0-3 Monate Erfahrung) erklärt werden.

5.3.6.4 Einflussfaktoren auf die Nutzerfreundlichkeit (EOU)

Alle getesteten Einflussfaktoren auf die wahrgenommene Benutzerfreundlichkeit zeigen einen hochsignifikant positiven Effekt (H_{14}-H_{16} werden unterstützt). Den stärksten Einfluss unter den Einflussfaktoren auf die wahrgenommene Benutzerfreundlichkeit hat die Systemqualität. Diese Beziehung ist eine in dieser Arbeit eingeführte Ergänzung zum TAM3, sie entspricht in ihrer Ausprägung den Wirkungen von Systemqualität in den IL-bezogenen Arbeiten von NELSON, WIXOM und TODD und den Ergebnissen zur objektiven Usability im TAM3.[435]

Die zweitstärkste Wirkung auf die wahrgenommene Benutzerfreundlichkeit hat die interne Kontrollüberzeugung. Auch diese Wirkung wird konsistent bereits in anderen Studien beschrieben.[436] Die Steigerung von interner Kontrollüberzeugung wird dadurch erschwert, dass dieses Konstrukt nicht z. B. durch Modifikation von Systemeigenschaften oder Management Support, sondern lediglich durch Trainingsmassnahmen beeinflusst werden kann (vgl. Abschnitt 4.2.1).

Auch die fördernden Umstände zeigen den erwarteten positiven Einfluss auf die wahrgenommene Benutzerfreundlichkeit, wenn auch nicht in so grossem Masse wie die anderen Konstrukte und wie in der Literatur beschrieben.[437] Dies lässt auch Massnahmen auf Basis der fördernden Umstände sinnvoll erscheinen, falls der begrenzte Einfluss in der Bewertung berücksichtigt wird.

5.3.6.5 Einflussfaktoren auf Daten- und Systemqualität (DQ und SQ)

Die Hypothesen bezüglich der Einflussfaktoren auf Datenqualität und Systemqualität werden mit Ausnahme von H_{11} (Flexibilität) von den Daten unterstützt. Die jeweiligen Stärken der Einflüsse und die sich daraus ergebende Rangfolge sind in Tabelle 5-12

---

[433] Vgl. Venkatesh, Davis 2000.
[434] Vgl. Sun, Zhang 2006, S. 68; Venkatesh, Bala 2008, S. 286.
[435] Vgl. Nelson et al. 2005; Venkatesh, Bala 2008, S. 291; Wixom, Todd 2005.
[436] Vgl. Venkatesh, Bala 2008.
[437] Vgl. Venkatesh, Bala 2008.

zusammengefasst. Insbesondere bei den Treibern von Datenqualität zeigen sich erheblich Unterschiede in den Pfadkoeffizienten, die bei der Massnahmenauswahl berücksichtigt werden sollten. Die flexible Anpassbarkeit der IL-Systeme an sich ändernde Anforderungen hat als einziger untersuchter Faktor keinen signifikanten Einfluss auf die Wahrnehmung der Systemqualität.

Auffällig ist, dass die Wichtigkeit der Einflüsse sich von der Rangfolge unterscheidet, die von NELSON, WIXOM und TODD im Rahmen ihrer Untersuchungen im IL-Umfeld ermittelt wurden.[438] Eine mögliche Erklärung liegt auf der unterschiedlichen Auswahl der Zielgruppen (Power User bzw. alle DWH-Nutzenden), da NELSON ET AL. in ihrer Studie je nach Nutzungsart des Systems unterschiedliche Gewichte ermitteln.[439] Dies zeigt, dass ein erneutes Prüfen der Einflussstärken für den konkreten Anwendungskontext sinnvoll sein kann.

Konstrukt	Rang	Wirkung	Pfadkoeffizient	t-Wert	Hypothese	Unterstützung
Vollständigkeit	3	CO↗DQ	0.140	2.127**	H_4	✓
Korrektheit	1	CR↗DQ	0.422	5.969**	H_5	✓
Format	5	FO↗DQ	0.073	1.263*	H_6	✓
Aktualität	4	CU↗DQ	0.113	1.430*	H_7	✓
Transparenz	2	TP↗DQ	0.283	4.466**	H_8	✓
Zuverlässigkeit	3	RE↗SQ	0.243	3.228**	H_{10}	✓
Flexibilität		FL↗SQ	-0.036	0.509	H_{11}	✗
Integration	2	IN↗SQ	0.408	5.659**	H_{12}	✓
Accessibility	1	AC↗SQ	0.422	6.297**	H_{13}	✓

Legende: * = Signifikant mit p=0.13 ** = Signifikant mit p=0.05
✓ = Hypothese empirisch unterstützt ✗ = Hypothese empirisch widerlegt

Tabelle 5-12: Einflüsse auf Datenqualität und Systemqualität

5.3.6.6 Erklärungsgehalt des Modells

Theoretische Modelle können die modellierten Konstrukte stets nur unvollständig erklären, insbesondere wenn eine begrenzte Anzahl von Konstrukten modelliert werden soll. In der vorliegenden Studie erklären die empirischen Daten 26% der Varianz der Nutzungsabsicht, 26% der Varianz von wahrgenommener Benutzerfreundlichkeit und 39% der Varianz von wahrgenommener Nützlichkeit (R^2 = 0.263/0.258/0.391). Diese Werte sind für die wahrgenommene Benutzerfreundlichkeit und Nutzungsabsicht nicht besonders hoch, liegen aber im üblichen Rahmen der R^2 für empirische Studien mit

---

[438] Vgl. Nelson et al. 2005; Wixom, Todd 2005.
[439] Vgl. Nelson et al. 2005, S. 216.

Praktikern.[440] Verschiedene Gründe können den Erklärungsgehalt von TAM-basierten Modellen beeinflussen, was die erreichten Ergebnisse plausibel erscheinen lässt.

Erstens wurden absichtlich Konstrukte aus dem TAM3 ausgeschlossen, die nicht von der IL-Organisation beeinflusst werden können, die aber dennoch den Erklärungsgehalt gesteigert hätten.

Zweitens sinkt der Erklärungsgehalt von TAM für geringe Bewertungen von wahrgenommener Nützlichkeit und wahrgenommener Benutzerfreundlichkeit. Bei geringer Bewertung von wahrgenommener Nützlichkeit und wahrgenommener Benutzerfreundlichkeit, wie in der vorliegenden Studie, ist eine geringere erklärte Varianz der Nutzungsabsicht zu erwarten.[441]

Drittens schwächen sich die durch TAM-basierte Modelle erklärten Effekte bei fortgesetzter Nutzung nach einer initialen Nutzungsphase ab. Bei längerer Nutzung, wie in der vorliegenden Studie (durchschnittliche Nutzungserfahrung 5.6 Jahre), scheinen weitere Effekte ausser wahrgenommener Nützlichkeit und wahrgenommener Benutzerfreundlichkeit auf die Nutzungsabsicht zu wirken. In der Literatur wird z. B. eine Wirkung von Gewohnheit und von auf der Nutzungserfahrung basierenden affektiven Einstellungen gezeigt.[442]

Viertens zeigen Studien mit Studierenden stärkere Wirkungen als solche mit Praktikern. Hinsichtlich der Probanden wurden in der Literatur teils Berufstätige, häufig aber auch Studierende untersucht.[443] Studentische Stichproben können dabei Ergebnisse liefern, deren externe Validität gering ist, d. h. die von den bei Berufstätigen zu erzielenden Ergebnissen abweichen. Dies kann u. a. an der Tendenz von Studierenden zur Unterordnung unter Autorität, der unterschiedlichen Altersstruktur oder an der oft nicht freiwilligen Teilnahme an den Studien liegen.[444] Für TAM-basierte Forschung konnte in verschiedenen Metaanalysen gezeigt werden, dass Studien mit studentischen Stichproben stärkere kausale Beziehungen zwischen den Konstrukten zeigen als solche mit

---

[440] Vgl. Sun, Zhang 2006, S. 59. Während es keinen allgemein anerkannten Grenzwert für R^2 gibt, fordern HUBER ET AL. und HULLAND einen Erklärungsgehalt von $R^2>0.3$ für guten Erklärungsgehalt, vgl. Huber et al. 2007, S. 45; Hulland 1999, S. 202.
[441] Vgl. Chan, Teo 2007, S. 13.
[442] Vgl. Bhattacherjee 2001; Burton-Jones, Hubona 2006; Roca et al. 2006; Schepers, Wetzels 2007.
[443] Vgl. Lee et al. 2003, S. 764; Legris et al. 2003, S. 194; Sun, Zhang 2006.
[444] Vgl. Agarwal, Karahanna 2000; Bortz, Döring 2006, S. 74; Lee et al. 2003, S. 762; Legris et al. 2003, S. 202; Schepers, Wetzels 2007, S. 100.

Praktikern.⁴⁴⁵ Da in der vorliegenden Studie Praktiker befragt wurden, sind die geringeren Erklärungsgehalte nicht überraschend.

Fünftens schliesslich hat der kulturelle Hintergrund der Befragten einen Einfluss auf die Ergebnisse. Hinsichtlich des kulturellen Hintergrunds überwiegen Studien aus dem US-amerikanischen Raum. In diesem Zusammenhang zeigen STRAUB ET AL., dass TAM (welches in den USA entwickelt und überwiegend dort angewendet wurde) generell auch in der Schweiz anwendbar ist, der Erklärungsgehalt von TAM-basierten Modellen bei schweizerischen Nutzenden aber geringer sein kann als bei amerikanischen Nutzenden.⁴⁴⁶

Unter Berücksichtigung dieser Faktoren liegen die beobachteten Erklärungsgrade im Rahmen der zu erwartenden Grössen.

5.3.6.7 Generalisierbarkeit der Ergebnisse

Metaanalysen zur TAM-basierten Akzeptanzforschung zeigen zwischen Studien deutlich divergierende Ergebnisse, insbesondere hinsichtlich der Wirkung externer Variabler.⁴⁴⁷ Auch die Stärke der einzelnen Kausalbeziehungen ist je nach Studie unterschiedlich stark ausgeprägt, die Konfidenzintervalle für die Stärke der wichtigsten Beziehungen sind erstaunlich gross.⁴⁴⁸

Vor diesem Hintergrund ist eine Übertragung der hier ermittelten Ergebnisse auf Szenarien ausserhalb des Kontexts dieser Studie nur mit Vorsicht zu empfehlen. Während eine Übertragung auf Populationen von *Power Usern* mit erheblicher Nutzungserfahrung innerhalb der IL statthaft scheint, ist eine Übertragung z. B. auf andere Nutzertypen oder Kulturkreise riskant. In diesen Fällen ist im Kontext der Anwendung der im weiteren Verlauf dieser Arbeit entwickelten Methode eine erneute Berechnung des Strukturgleichungsmodells anhand des hier dokumentierten Verfahrens empfehlenswert, um situativ angepasste Gewichtungen für die Akzeptanzfaktoren zu ermitteln. Der Aufwand für eine Überprüfung ist begrenzt, da die erforderlichen Daten im Rahmen der Akzeptanzmessung ohnehin erhoben werden. Das statistische Verfahren wird durch die bestehenden Software-Werkzeuge gut unterstützt, so dass ein Analyst mit statistischen Grundkenntnissen es ohne grössere Probleme replizieren kann. Während dieses Verfahren einen gewissen Aufwand mit sich bringt, scheint dieser gerechtfertigt, da er die Validität der Ergebnisse deutlich steigern kann.

---

[445] Vgl. King, He 2006, S. 748; Schepers, Wetzels 2007, S. 100; Sun, Zhang 2006, S. 59.
[446] Vgl. Straub et al. 1997, S. 9.
[447] Vgl. King, He 2006; Schepers, Wetzels 2007; Venkatesh, Davis 2000, S. 196.
[448] Vgl. King, He 2006, S. 748ff.

5.4 Zusammenfassung der Ergebnisse

Das Akzeptanzmodell für die IL erklärt die Nutzungsabsicht von IL-Systemen über die Einschätzung der Nutzenden bezüglich wahrgenommener Nützlichkeit und wahrgenommener Benutzerfreundlichkeit, die ihrerseits von externen Variablen beeinflusst werden. Auf die wahrgenommene Nützlichkeit wirken die externen Einflussfaktoren *Management Support*, Tätigkeitsrelevanz, Datenqualität und Nachvollziehbarkeit der Ergebnisse, auf die wahrgenommene Benutzerfreundlichkeit wirken interne Kontrollüberzeugung, fördernde Umstände und Systemqualität.

Die empirische Prüfung zeigt, dass alle modellierten externen Variablen mit Ausnahme von Nachvollziehbarkeit der Ergebnisse einen signifikanten Einfluss auf die wahrgenommene Nützlichkeit bzw. die wahrgenommene Benutzerfreundlichkeit haben. Ein signifikanter Einfluss von wahrgenommener Benutzerfreundlichkeit auf die wahrgenommene Nützlichkeit und die Nutzungsabsicht kann nicht nachgewiesen werden, diese Beziehung wird von der Nutzungserfahrung negativ moderiert. Den stärksten Einfluss auf die wahrgenommene Nützlichkeit hat die Tätigkeitsrelevanz, den stärksten Einfluss auf die wahrgenommene Benutzerfreundlichkeit hat die Systemqualität.

Bei der Interpretation der Ergebnisse ist zu berücksichtigen, dass die empirischen Daten bei *Power Usern* mit erheblicher Nutzungserfahrung erhoben wurden. Eine Übertragung auf andere Nutzendengruppen ist nicht ohne weiteres möglich.

6 Fallstudien zur Akzeptanz der Informationslogistik

In diesem Kapitel werden Fallstudien zur Akzeptanz der Informationslogistik in Unternehmen dokumentiert. In Abschnitt 6.1 werden Auswahl und Dokumentation der Fallstudien erläutert, in den darauf folgenden Abschnitten werden die Fallstudien dokumentiert.

6.1 Einführung in die Fallstudien

Wie in Abschnitt 4.2 dargestellt wurde, ist die Literatur im Hinblick auf Massnahmen zur Steigerung der Akzeptanz von IS wenig aufschlussreich. Daher ist insbesondere zum Erreichen des Gestaltungsziels dieser Dissertation („Wie kann die Akzeptanz von IL im Unternehmen gesteigert werden?") zusätzliches Datenmaterial erforderlich. Zur Identifikation von möglichen Massnahmen und deren Umsetzung im praktischen Kontext bietet sich eine (Mehrfach-)Fallstudienuntersuchung als geeignete Methode an.[449]

Daher wurden in mehreren Unternehmen Fallstudien erhoben, um mögliche Massnahmen (bzw. die Ausgestaltung der in Abschnitt 4.2 aufgelisteten Massnahmenklassen im Kontext der IL) zu erheben. Die Auswahl der Fallstudien erfolgte unter dem Gesichtspunkt, ein möglichst breites Spektrum an Massnahmen und insbesondere sämtliche genannten Massnahmenklassen abzudecken.[450] Zusätzlich wurde Wert darauf gelegt, verschiedene Branchen, Nutzungsszenarien, IL-Systemarchitekturen und Phasen der Systementwicklung abzudecken. Tabelle 6-1 gibt einen Überblick über die Fallstudien.

Fallstudie	Branche	Phase	Nutzung	Architektur
1	Telekommunikation	Vor Implementierung	Interaktiv durch Nutzende	Zentrales DWH
2	Bank	Nach Implementierung	Dienstleistung für Nutzende	Hub and Spoke mit ODS
3	Automobil	Nach Implementierung	Interaktiv durch Nutzende	Hub and Spoke
4	Versicherung	Implementierung/ nach Implementierung	Dienstleistung/ interaktiv durch Nutzende	Hub and Spoke
5	Verschiedene	Vor/nach Implementierung	Interaktiv durch Nutzende	Verschiedene

Tabelle 6-1: Übersicht Fallstudien

---

[449] Vgl. Yin 2003, S. 15.
[450] Vgl. Dubé, Paré 2003, S. 609; Eisenhardt 1989, S. 536f.

Die Fallstudien wurden im Rahmen von semistrukturierten Interviews erhoben. Ein Interviewleitfaden gab die Struktur der Interviews vor, um die grundsätzliche Vergleichbarkeit der Fälle zu gewährleisten (vgl. Anhang B). Dabei wurde jedoch je nach Interviewverlauf vom Leitfaden abgewichen, um interessante Aspekte zu vertiefen oder irrelevante bzw. nicht zutreffende Aspekte zu überspringen.[451] Die Interviews wurden jeweils aufgezeichnet, um die Auswertung zu erleichtern. Der Text der Fallstudien wurde nach der Dokumentation den Fallstudienpartnern zur allfälligen Ergänzung und zur Freigabe zugestellt.

Die Unternehmen, bei denen die Fallstudien erhoben wurden, sind in der Dokumentation der Fallstudien anonymisiert. Hintergrund der Anonymisierung ist, dass in den Fallstudien insbesondere Probleme bei der Akzeptanz von IL und die Reaktionen darauf erfasst wurden – hier schien eine Anonymisierung insbesondere zur Erleichterung der Freigabe durch die Unternehmen sinnvoll.

Die Dokumentation der Fallstudien folgt einem einheitlichen Muster, um die Vergleichbarkeit sicherzustellen. Bestehende Methoden zur Fallstudiendokumentation wie z. B. Promet BECS oder eXperience haben einen deutlichen Fokus auf der Dokumentation von einzelnen (Veränderungs-)Projekten.[452] Demgegenüber steht bei den vorliegenden Fallstudien die Gesamtheit der Massnahmen zur Akzeptanzsteigerung im Vordergrund, die oftmals in einer Vielzahl von unabhängigen Projekten umgesetzt werden. Daher werden aus den bestehenden Methoden in dieser Arbeit nur Teilaspekte für die Fallstudiendokumentation übernommen.

Die Dokumentation der Fallstudien umfasst die in Tabelle 6-2 dargestellten Aspekte. Die Übersichtstabelle fasst die Schlüsselaspekte der Fallstudien sowie die Massnahmen und ihre Wirkungen zusammen. Im ersten Teil der Fallstudien werden das Umfeld der IL und die betrachteten Systeme kurz dargestellt. Der zweite Teil behandelt die Akzeptanz der IL aus Sicht der IL-Organisation und Massnahmen zur Akzeptanzsteigerung, wobei die Massnahmen im Hinblick auf die Bildung von Patterns auf grober Granularitätsstufe erhoben wurden (vgl. Abschnitt 7).

---

[451] Vgl. Bortz, Döring 2006, S. 308ff.; Eisenhardt 1989, S. 539.
[452] Vgl. Senger, Österle 2004, S. 15f.; Wölfle, Schubert 2006, S. 24.

Aspekte der Fallstudiendokumentation	
Umfeld der Fallstudie	Unternehmen, Branche und situative Faktoren
	Strategie der IL
	IL-Organisation
	Betrachtete IL-Systeme, Entwicklung, Nutzendenpopulation
Akzeptanz der IL	Akzeptanzprobleme im IL-Umfeld
	Massnahmen zur Steigerung der IL-Akzeptanz

Tabelle 6-2: Fallstudienraster

6.2 Fallstudie 1 – Telekommunikationsunternehmen

Fallstudie Telekommunikationsunternehmen	
System	Projekt Enterprise DWH, bestehende IL-Systeme
Organisationsform	Business Service Provider
Situation	Aufbau eines Enterprise DWH, Befriedigung neuer Informationsbedarfe mit bestehenden Lösungen
Massnahmenschwerpunkte	Gesamte IL-Architektur

Massnahmen-klasse	Massnahme	Periodizität	Wirkung					
			Management S.	Tätigkeitsrel.	Datenqualität	Nachvollziehb.	CSE	Fördernde U.	Systemqualität
Designcharakteristika	Reporting-Portal zur Katalogisierung der Reports	Einmalig							X
	Organisatorische Datenqualitätsmassnahmen	Laufend			X				
	Technische Datenqualitätsmassnahmen: Geschäftsregeln im Ladeprozess	Laufend			X				
Nutzendenbeteiligung	Interaktive Anforderungsanalyse in Zusammenarbeit zwischen IL-Spezialisten und Nutzenden	Einmalig					X	X	
Managementunterstützung	Sponsoring durch CFO	Einmalig	X	X					
Training	Ausbildung von Analysten in Werkzeugen, Daten und fachlichen Fragestellungen (geplant)	Wiederholt		X	X	X			X
Organisatorischer Support	Temporäre Übernahme von IL-Nutzungsprozessen in den Fachbereichen	Wiederholt		X	X		X		
	Fachlicher Support durch die IL-Organisation (geplant)	Laufend			X	X		X	

Tabelle 6-3: Übersicht Fallstudie Telekommunikationsunternehmen

6.2.1 Umfeld der Fallstudie

Das Telekommunikations(TK-)unternehmen bietet Kommunikationsdienstleistungen in den Bereichen Festnetz, Mobilfunk und Datenkommunikation an. Das TK-Unternehmen muss sich im intensiven Wettbewerb behaupten[453]. Insbesondere im Mobilfunkmarkt (mit einer Marktsättigung von über 100%) ist Wachstum nur noch auf Kosten der Wettbewerber möglich. Vor diesem Hintergrund zielt die Strategie des TK-Unternehmens darauf, den Kunden möglichst alle benötigten TK-Dienstleistungen und zusätzliche integrierende Mehrwertdienste aus einer Hand anzubieten. Um dies zu ermöglichen, hat sich das TK-Unternehmen auf Anfang 2008 entlang der wichtigsten Kundensegmente Privatkunden, kleine und mittlere Unternehmen sowie Grossunternehmen neu organisiert. Diese drei Segmente werden jeweils von einem Geschäftsbereich betreut, der sämtliche Produkte anbietet. Dies stellt einen radikalen Bruch mit der bis dahin bestehenden, produktzentrierten Organisation dar.

Im Zuge der neuen Organisation wird auch ein komplett neues Steuerungssystem mit neuen finanz- und kundenbezogenen Steuerungsgrössen eingeführt. Dies führt zu neuen, produktübergreifenden Informationsbedarfen, wie etwa nach dem Nutzungsverhalten von Kunden über alle Produkte hinweg. Die Informationslogistik des TK-Unternehmens steht daher vor der Herausforderung, aus den bestehenden, produktorientierten IL-Systemen eine neue, segmentorientiert integrierte IL-Architektur zu schaffen und die Effizienz der IL erheblich zu steigern. Hierzu ist die Konsolidierung von 8 bestehenden IL-Systemen auf unterschiedlichen Plattformen in einem Enterprise Data Warehouse (EDWH) als zentraler Komponente vorgesehen, wobei auch sämtliche Reports und Analysen neu zu erstellen sind. Neben diesem mittelfristigen Ziel besteht zusätzlich die Notwendigkeit, im Rahmen von „Survive-Lösungen" bis zur Verfügbarkeit des EDWH akute, z. B. regulatorisch bedingte, Informationsbedarfe mit prototypischen Lösungen zu decken.

Die IL-Organisation ist organisatorisch in der grössten Landesgesellschaft im Bereich des Chief Financial Officer (CFO) angesiedelt. Diese Zuordnung wurde gewählt, um eine Unabhängigkeit von Partikularinteressen einzelner Bereiche sicherzustellen, die der CFO als Querschnittsfunktion nicht hat. Zudem stellt eine Anbindung an die Fachseite den engen Bezug zu den Nutzenden her.

Im Bereich der IL sind insgesamt ca. 100 Mitarbeitende beschäftigt. Ca. 45 Mitarbeitende sind als Analysten tätig, 20 Personen sind mit Betriebsprozessen betraut, die

---

[453] Vgl. BAKOM 2008.

verbleibenden Personen sind für die Weiterentwicklung der Systeme zuständig. Zusätzlich wurde das Team selektiv um Spezialisten aus verschiedenen Disziplinen verstärkt. Die Schwerpunkte der IL-Organisation liegen neben der Implementierung des EDWH auch im zur Verfügung stellen von analytischen Dienstleistungen. Die IL-Organisation will eine Servicestelle für die Nutzenden anbieten, über die auf umfangreiches analytisches Know-how zugegriffen werden kann.

Wie oben angedeutet, betrachtet diese Fallstudie kein konkretes System, sondern den Entstehungsprozess der zukünftigen, umfassenden Lösung. Sie deckt daher in besonderem Umfang akzeptanzsteigernde Massnahmen für die Vor-Implementierungs-Phase ab. Als zusätzliche Besonderheit sind die Nutzenden vielfach mit den bestehenden Systemen und Daten nicht vertraut, da neue Informationsbedarfe die Nutzung bisher nicht genutzter Systeme erforderlich machen.

6.2.2 Akzeptanz der Informationslogistik

Die Akzeptanz der IL des TK-Unternehmens wird in der derzeitigen Situation von den Verantwortlichen als unbefriedigend eingestuft. Nutzendenbefragungen zu Anfang der Konsolidierungsphase zur Datenqualität und zur Zufriedenheit mit der Verfügbarkeit von Reports führten zu unbefriedigenden Ergebnissen. Diese mangelnde Akzeptanz ist vor dem Hintergrund der oft völlig neuen Informationsbedarfe, die in der Ausgangssituation von verschiedenen, teils zu anderen Zwecken konzipierten Systemen befriedigt werden müssen, nicht überraschend. Sie zeigen aber deutlich die Anforderungen an das Konsolidierungsprojekt und wichtige Herausforderungen für die IL-Organisation im Hinblick auf die Akzeptanz des neuen Systems.

Eine Reihe von Massnahmen wurde bzw. wird daher im Rahmen der Konsolidierung umgesetzt, um die Akzeptanz der IL zu steigern.

Reporting-Portal: Eine initiale Bestandsaufnahme der bestehenden Systeme ergab eine Zahl von über 500 verschiedenen Reports. Diese Reports werden teilweise von Nutzenden mit neuen Aufgabenbereichen benötigt, um bis zur Verfügbarkeit des integrierten Systems die Informationsbedarfe soweit wie möglich aus bestehenden Quellen zu befriedigen. Dabei besteht die Schwierigkeit, dass den Nutzenden oft noch nicht bekannt ist, welche Reports in den Systemen existieren. Als erster Schritt zur Steigerung der Accessibility der bestehenden Reports wurden diese daher in einem systemübergreifenden Portal zusammengefasst. Neben Links zu den Quellsystemen enthält das System für jeden Report MD zur Beschreibung der Inhalte und Schlagworte. Die MD umfassen z. B. die in den Reports enthaltenen Kennzahlen und die abgedeckten

Produktbereiche. Eine Suchfunktion macht diese auswertbar. Die Lösung ist eine Übergangslösung bis zur Verfügbarkeit des EDWH.

Diese Integration auf der Interface-Ebene kann die Daten der verschiedenen IL-Systeme nicht integrieren, die logische Integration der Daten aus verschiedenen Reports muss daher weiterhin von den Nutzenden geleistet werden.[454] Dennoch wurde sie von den Nutzenden als ein wichtiger Schritt wahrgenommen, da die Auffindbarkeit der bestehenden Daten deutlich gesteigert wird. Zudem war der Aufwand für die Umsetzung dieser Lösung im Hinblick auf den grossen Nutzen relativ gering.

Organisatorische Datenqualitätsmassnahmen: Die Datenqualität im Bereich der Datenquellen ist vielfach nicht ausreichend für die Anforderungen der IL. Um die Optimierung der Datenqualität bereits bei der Entstehung zu ermöglichen, ist allerdings die Beeinflussung derjenigen Geschäftsprozesse erforderlich, in denen die Daten entstehen (etwa bei der Erfassung von Neukunden). Diese Geschäftsprozesse stehen i. d. R. nicht in der Verantwortung der IL-Organisation, sondern in der anderer OE, die oft kein Interesse an der Verbesserung von Datenqualität haben, die für die Prozessausführung nicht unmittelbar notwendig ist. Daher ist die Unterstützung durch übergeordnete Management-Instanzen erforderlich, um hier Prozessoptimierungen im Sinne der Gesamtorganisation herbeizuführen. Für das in der Entwicklung befindliche EDWH ist ein Standardprozess zur Umsetzung solcher übergreifender Qualitätsmassnahmen geplant.

Technische Datenqualitätsassnahmen: Bei der Übernahme der Daten aus den operativen Quellsystemen in die IL-Systeme können mit technischen Möglichkeiten Datenqualitätsprobleme teilweise erkannt und kenntlich gemacht werden. Eine Korrektur ist allerdings nur in wenigen Fällen möglich und sinnvoll. Zur Erkennung von Qualitätsproblemen werden Geschäftsregeln genutzt, die z. B. Vollständigkeit und Wertebereiche von Datenfeldern überprüfen. Falls bestimmte Grenzwerte für Fehlerfälle überschritten werden, können Nachrichten an die Qualitätsverantwortlichen erzeugt werden und u. U. Ladeprozesse unterbrochen werden. Technische Qualitätsprüfungen (d. h. auf Vollständigkeit und Format) sind bereits implementiert, eine Erweiterung auf komplexere Geschäftsregeln ist in Planung.

Zusätzlich werden die Reports teilweise um qualitätsbezogene Metadaten ergänzt, die den Nutzenden Auskunft über die Qualität der Daten geben können, so dass z. B. die Genauigkeit von Reports einfach erkennbar ist. Diese Massnahme ist erst bei Teilen

---

[454] Vgl. Linthicum 2000, S. 79ff.; Ruh et al. 2001, S. 18ff.

der Reports implementiert, in dieser Hinsicht wird noch Verbesserungspotenzial gesehen. Während die Verfügbarkeit von Metadaten Qualitätsprobleme nicht lösen kann, kann sie doch helfen, Fehlinterpretationen aufgrund von Qualitätsmängeln zu vermeiden.

Anforderungsanalyse: Das Erheben von Anforderungen für die Entwicklung von IL-Systemen (insbesondere für die ersten Versionen, wie bei der Erstellung des EDWH in der vorliegenden Fallstudie) ist ein komplexes Problemfeld.[455] Vielfach können die Nutzenden die Potenziale der verfügbaren Daten nicht einschätzen, was einerseits zu kaum umsetzbaren Anforderungen führen kann, aber andererseits auch sinnvolle Nutzungsmöglichkeiten unentdeckt lassen kann. Ein iteratives Vorgehen zur Erhebung der Anforderungen ist hier wesentlich besser geeignet als verbreitete Vorgehensmodelle zur Softwareentwicklung wie z. B. das Wasserfallmodell.[456] Um einen solchen iterativen Prozess zu ermöglichen, stellt das TK-Unternehmen den Nutzenden die Daten in einer Testumgebung zur Verfügung, wobei sie von IL-Experten beim Datenzugriff unterstützt werden. So können die Nutzenden interaktiv die Möglichkeiten und die Qualität der Daten erfahren und Reports anhand ihrer Anforderungen und der Interaktion mit den Daten spezifizieren. Damit können die Nutzenden ihre Anforderungen mit den technischen Möglichkeiten und der Verfügbarkeit der Daten abgleichen, Alternativlösungen erproben und zusätzliche Nutzungsmöglichkeiten identifizieren.

Diese Art der Spezifikation ist sehr aufwändig, da erheblicher Personalaufwand und eine technische Infrastruktur für die Entwicklung erforderlich sind. Dennoch wird dieses Vorgehen für sinnvoll erachtet, da so schon in der ersten EDWH-Version für die Fachseite sinnvolle Lösungen zur Verfügung gestellt werden können, die sonst möglicherweise erst nach mehreren Systemversionen realisiert werden könnten.

Management-Sponsoring: Das TK-Unternehmen hat die Unterstützung durch das Management als zentralen Erfolgsfaktor für die Etablierung der zentralen IL identifiziert. Dies ist insbesondere durch die funktionsübergreifende Ausrichtung der neuen IL-Architektur bedingt, wo die IL im Spannungsfeld zwischen den Einzelinteressen zahlreicher Teilorganisationen steht. Innerhalb des TK-Unternehmens tritt der CFO als Sponsor der zentralen IL auf. Hierdurch ist grosse Sichtbarkeit innerhalb der Gesamtorganisation gegeben. Zusätzlich verdeutlicht wird die Unterstützung durch das Management durch die organisatorische Zuordnung der IL-Organisation zum Bereich des CFO auf Konzernebene. Ein BI Steering Committee auf Managementebene ermöglicht

---

[455] Vgl. Winter, Strauch 2004, S. 1359f.
[456] Vgl. Balzert 1998, S. 99ff.

eine laufende Abstimmung mit den wichtigsten Stakeholdern aus den verschiedenen Bereichen.

Ausbildung von Analysten: Es hat sich gezeigt, dass die Ausbildung von Analysten für komplexere, nicht standardisierte Analyseaufgaben ein zeitaufwändiger Prozess ist. Ein *Self Service* der Fachbereiche ist für solche Analysen nicht erfolgversprechend und wegen des erheblichen Fehlerpotenzials auch aus Qualitätsgründen nicht wünschenswert. Deshalb ist die IL-Organisation bestrebt, über die Einbindung in das EDWH-Projekt längerfristig Wissensarbeiter auszubilden, die den Kunden über eine zentrale Business Intelligence Service-Stelle Know-how zur Verfügung stellen können. Drei Kompetenzbereiche stehen bei der Analystenausbildung im Vordergrund: Einerseits erwerben diese Spezialisten vertieftes Wissen über die in den IL-Systemen verfügbaren Daten zu bestimmten Themenbereichen (z. B. Finanzen), ihre Inhalte, Datenmodelle und die verfügbare Qualität. Der zweite Bereich sind vertiefte Kenntnisse über die verfügbaren Werkzeuge und über Methoden der Datenanalyse. Als dritter Bereich ergänzen Kenntnisse über die fachlichen Hintergründe der Themenbereiche die Ausbildung, um Kundenanforderungen effizient umsetzen zu können.

Temporäre Dienstleistungen: Viele Kunden der IL-Organisation des TK-Unternehmens sehen sich derzeit mit wenig effizienten IL-Lösungen konfrontiert. Dies erzeugt starken Druck, schnell Lösungen zur Informationsversorgung zur Verfügung zu stellen – schneller, als dies mit dem im Aufbau befindlichen EDWH möglich wäre. Dies birgt die Gefahr, dass in den Fachbereichen dezentrale IL-Lösungen geschaffen werden, die nicht in die zentrale IL-Plattform eingebunden sind. Solche Lösungen können zu Ineffizienzen führen und verringern den Nutzen der zentralen IL.[457] Zudem ist eine Abschaffung bzw. Rezentralisierung solcher Lösungen organisatorisch schwer durchsetzbar. Um die zentrale Kontrolle über die Übergangslösungen zu behalten, unterstützt die IL-Organisation betroffene Fachbereiche nicht nur mit temporären IS, sondern auch mit Personal. Neben dem Nutzen für die Fachbereiche profitiert auch die IL-Organisation von diesem Vorgehen, da die Übergangslösungen als Prototypen für Teile des EDWH dienen können und wichtige Erfahrungen mit Daten und Kundenanforderungen gewonnen werden können.

Fachlicher Support: Verschiedene Entwicklungen lassen den fachlichen Support für das TK-Unternehmen besonders wichtig erscheinen. Einerseits wird seitens der Nutzenden zunehmend direkter Zugriff auf die Daten nachgefragt. Mehr und mehr werden nicht vordefinierte Reports, sondern die zugrunde liegenden Daten analysiert. Ande-

---

[457] Vgl. Winter et al. 2008, S. 8f.

rerseits zeigt sich, dass für die wahrgenommene Transparenz der Ergebnisse ein Verständnis für die Entstehung der Daten erforderlich ist: Nutzende wollen verstehen, wie die Kennzahlen aus den Reports berechnet werden, bevor sie den Ergebnissen vertrauen. Schliesslich gibt es eine grosse Zahl an Gelegenheitsnutzenden, die nur selten auf die IL-Systeme zugreifen und daher über keine vertieften Kenntnisse von System und Daten verfügen.

Daher liegt bei der Ausgestaltung des organisatorischen Supports der Fokus auf dem fachlichen Support. Die Supportorganisation für die IL hat die Aufgabe, in Kollaboration mit der Fachseite Verständnis für die Daten zu erzeugen, Inhalte und Modelle der Daten zu erklären und auf Qualitätsaspekte hinzuweisen. Durch vertiefte Kenntnisse sowohl der Daten, als auch über deren fachlichen Kontext kann die Supportorganisation inhaltliche Fragen effizient beantworten. Zusätzlich wird auch Support für die Frontend-Software geleistet, dies allein wird jedoch nicht für hinreichend erachtet. Der Support wird durch die für die IL-Serviceleistungen zuständigen Mitarbeitenden geleistet, der Übergang zwischen Support und fachnaher Dienstleistung ist daher fliessend.

6.3 Fallstudie 2 – Bank

Fallstudie Bank	
System	DWH
Organisationsform	Business Service Provider
Situation	IL-Servicestelle erbringt IL-Dienstleistungen für die Fachbereiche, die das DWH nicht direkt nutzen
Massnahmenschwerpunkte	Organisatorische Schnittstelle zu den Fachbereichen

Massnahmenklasse	Massnahme	Periodizität	Wirkung					
			Management S.	Tätigkeitsrel.	Datenqualität	Nachvollzieh.	CSE	Fördernde U.	Systemqualität
Designcharakteristika	Fehlerprozess zur Meldung und Behebung von Datenqualitätsmängeln an der Quelle	Laufend			X				
	Automatisierte Qualitätssicherung im Ladeprozess	Laufend			X				
	Manuelle Qualitätskontrolle von monatlichen Reports	Laufend			X				
	Herkunftsnachweis in Reports	Laufend				X	X		
	DWH-Leistungsoptimierung	Wiederholt							X

	MD zu Bedeutung und Herkunft der Daten (geplant)	Laufend	X	X	X			X
Anpassung von Anreizen	Interne Leistungsverrechnung für IL-Leistungen (geplant)	Laufend	X	X		X		
Organisatorischer Support	IL-Dienstleistungen	Laufend	X	X	X		X	X
	Intranet-Auftritt der IL-Organisation	Laufend	X	X	X		X	
	IL-Roadshow zur Präsentation von System und Dienstleistungen	Wiederholt	X	X	X		X	
Peer-Support	Kontaktpersonentreffen für IL-Kontaktpersonen in den Fachbereichen	Wiederholt	X	X			X	X

Tabelle 6-4: Übersicht Fallstudie Bank

6.3.1 Umfeld der Fallstudie

Die Bank bietet ein umfassendes Spektrum von Finanzdienstleistungen für Privatkunden, Unternehmen und institutionelle Kunden mit regionalem Schwerpunkt an. Die Bank fokussiert in ihrer Strategie auf organisches Wachstum. Neben der Ertragssteigerung wird dabei auch auf Nachhaltigkeit und regionale Wirtschaftsförderung Wert gelegt. In der zum Zeitpunkt der Fallstudienerhebung angespannten Marktsituation liegen die Prioritäten intern auch auf dem Kostenmanagement, insbesondere die IT-Kosten stehen unter besonderer Beobachtung.

Die IL-Organisation ist innerhalb der IT angesiedelt. Die gliedert sich in zwei Bereiche: Ein Bereich ist mit der Betreuung und Weiterentwicklung des zentralen DWH mit Schwerpunkt auf Veränderungsprojekten befasst (ca. 30 Mitarbeitende), ein weiterer Bereich ist für das Durchführen von analytischen Dienstleistungen für bankinterne Kunden betraut (IL-Servicestelle, ca. 25 Mitarbeitende). Der technische Betrieb wird von der bankinternen IT Operations-Organisation verantwortet. Daneben sind weitere Mitarbeitende in den Fachbereichen mit IL-bezogenen Tätigkeiten, z. B. als dezentrale Analysten, befasst.

Die IL-Architektur der Bank ist um ein seit über 10 Jahren bestehendes zentrales DWH aufgebaut. Dieses DWH wird aus den operativen Systemen der Bank gespeist und beliefert über 50 Abnehmersysteme mit analytischem und operativem Charakter, die teils auch Liefersysteme sind. Anders als viele DWHs soll das zentrale DWH der Bank die Nutzenden nicht direkt beliefern. Vielmehr werden Analysen und Reports, die für die Nutzenden bestimmt sind, entweder von den vom DWH belieferten Systemen oder von der IL-Servicestelle bereitgestellt – diese Servicestelle bildet also die primäre Kundenschnittstelle des DWH. Die IL-Servicestelle führt schwerpunktmässig Ad hoc-Analysen und (teils periodische) individuelle Auswertungen auf Kundenanforderung durch. Regelmässige Standardreports werden i. d. R. durch andere Systeme (insbesondere das CRM-System) erzeugt und verteilt. Da das DWH selbst nicht für den direkten Zugriff durch die Nutzenden ausgelegt ist, waren Aspekte, die die wahrgenommene Systemqualität beeinflussen, wie insbesondere Accessibility und Flexibilität, nicht Designziel.

In dieser Fallstudie wird die Akzeptanz des DWH aus dem Blickwinkel der IL-Servicestelle beleuchtet. Sie fokussiert daher auf die Akzeptanzsteigerung durch eine IL-Organisation, die in den Nutzungsprozess unfassend eingebunden ist. Dadurch, dass die Nutzenden nicht direkt auf das DWH zugreifen, können Aspekte der Systemqualität nur indirekt auf die Akzeptanz wirken.

6.3.2 Akzeptanz der Informationslogistik

Die Akzeptanz der IL und insbesondere der Dienstleistungen der IL-Servicestelle wird im Allgemeinen als gut eingestuft. Eine Befragung der Nutzenden ergab weitgehende Zufriedenheit mit der Datenqualität, die Produkte der IL-Servicestelle geniessen hohes Vertrauen. Als unbefriedigend wurde die Entwicklungszeit für Analysen eingestuft, die Änderungen am DWH-Datenmodell erfordern, da diese nur im Rahmen zweier jährlicher Releases möglich sind. Ebenfalls als mangelhaft wurde die Transparenz der Daten im Hinblick auf die Semantik und Herkunft eingestuft, da beschreibende MD fehlen, was persönliche Nachfragen erforderlich macht. Vielfach werden zusätzliche Datenquellen genutzt, um die Daten aus dem DWH zu ergänzen, es existieren für viele Informationen mehrere mögliche Quellen. Aus Sicht der IL-Servicestelle ist die Nutzung der Informationsangebote noch ausbaufähig – während die Kunden zwar grundsätzlich zufrieden sind, könnte ihre Zahl und Nutzungsintensität noch gesteigert werden.

Um den derzeitigen Akzeptanzstand zu erreichen, wurden bei der Bank verschiedene Massnahmen zur Akzeptanzsteigerung umgesetzt.

Fehlerprozess: Für die Meldung und Behebung von Fehlern besteht ein definierter Prozess, der eine toolgestützte Erfassung und Weiterleitung der Fehlermeldungen unterstützt. Dazu steht ein von Nutzenden, IL-Servicestelle, DWH-Verantwortlichen und Liefersystemen durchgehend genutztes Werkzeug zur Verfügung, für den Second Level Support wird zusätzlich ein IL-spezifisches Werkzeug genutzt.

Die Software für den Fehlerprozess ermöglicht eine Weiterleitung der Fehlerinformationen an die Daten liefernden Stellen entlang des Produktionsprozesses der Informationen. Falls die Nutzenden (oder die IL-Servicestelle) Fehler entdecken, wird eine Störungsmeldung erfasst und an den Lieferanten der Daten weitergeleitet, der die Störung behebt oder die Meldung wiederum an seinen Lieferanten weiterleitet. Dadurch wird das Verfolgen von Fehlern zum Verursacher ermöglicht. Über dasselbe Tool werden auch Informationen über die Behebung der Fehler an die Auslöser zurückgemeldet.

Als problematisch wird dabei die teils unterschiedliche Wahrnehmung von der Schwere einzelner Fehler gesehen, die sich aus der Bedeutung der Daten für die liefernden bzw. nutzenden OE ergibt. Ebenfalls nicht abschliessend geklärt ist die Kostenverantwortung für die Behebung von Fehlern – nicht immer ist diese eindeutig dem liefernden System zugeordnet. Seitens der IT-Gesamtorganisation wird angestrebt, den Kunden gegenüber ein einheitliches Erscheinungsbild im Fehlerprozess herzustellen. Insbesondere sollen der Inhalt und Umfang der Fehler- und Behebungsmeldungen standardisiert werden.

Automatisierte Qualitätssicherung: Im Produktionsprozess für die Daten im DWH werden an verschiedenen Stellen automatisierte Prüfungen durchgeführt, die Fehlermeldungen auslösen. Diese Meldungen führen i. d. R. zu manuellen Korrekturen. Dabei werden nicht alle Aspekte von Datenqualität automatisiert geprüft: Derzeit werden vor allem Format und Vollständigkeit im Rahmen der Produktionsprozesse geprüft. Vollständigkeit bezieht sich dabei sowohl auf die vollständige Verarbeitung der angelieferten Daten durch das DWH als auch auf die Füllung bestimmter Felder. Weitere Prüfungen können Teilaspekte der Genauigkeit über die Kontrolle von Wertebereichen verifizieren. Priorität hat jedoch die Sicherung der Datenqualität im Liefersystem: Schon bei der Datenerfassung in den operativen Systemen werden Feldinhalte geprüft und validiert, die Frontend-Prozesse sind so gestaltet, dass möglichst hohe Datenqualität erzwungen wird.

Die automatisierte Qualitätssicherung kann in der derzeitigen Umsetzung allerdings nur grundlegende Prüfungen vornehmen. Wegen des hohen informationstechnischen Aufwands nicht wirtschaftlich möglich sind tiefergehende Prüfungen, die Plausibilitätschecks in Zusammenhang mit anderen Datenfeldern durchführen, wie etwa Vergleiche mit Datenvolumina aus der Vergangenheit oder Abhängigkeiten zwischen den Feldern eines Datensatzes. Entsprechende Erweiterungen der Funktionalität sind in Planung.

Manuelle Qualitätssicherung: Periodische Reports mit geringer Frequenz (insb. basierend auf monatlichen DWH-Aktualisierungen) werden durch die IL-Servicestelle teilweise manuell auf Plausibilität und stichprobenhaft auf Richtigkeit überprüft. Dazu werden die Reports mit den Daten in DWH und Quellsystemen abgeglichen. Damit können auch Fehler, die nicht automatisiert entdeckt werden können, vor der Auslieferung der Daten entdeckt und behoben werden.

Zusätzlich können bei nicht systematischen Fehlern, die auf mangelhafter Datenerfassung beruhen (z. B. bei fehlenden Informationen zum Kunden im Rahmen von Kontoeröffnungen) individuelle Fehlerlisten generiert werden. Diese Fehlerlisten werden automatisiert den verantwortlichen OE zugestellt, die als Quellen für die Datenqualität verantwortlich sind.

Nachteilig bei der manuellen Prüfung ist, dass sie erheblichen Personalaufwand erfordert, der aufgrund von Budgetrestriktionen reduziert werden sollte. Zudem kommt es zu Verzögerungen bei der Bereitstellung von Reports. Dennoch wird diese Massnahme als erfolgreich betrachtet, da durch sie in der Anfangszeit eine Vielzahl von Qualitätsproblemen aufgedeckt und korrigiert werden konnten, bevor Daten an den Kunden geliefert wurden.

Herkunftsnachweis: Die Leistungen der IL-Servicestelle werden über einen definierten Prozess angefordert. Über ein einheitliches Formular spezifizieren die Kunden die gewünschten Reports, die nach datenschutzrechtlicher Prüfung von der IL-Servicestelle erstellt werden. Bei Reports, die in Papierform geliefert werden, ist die IL-Servicestelle auch auf dem Ausdruck als Daten liefernde Stelle kenntlich. Zusätzlich werden mit den Reports auch die Quellsysteme der Daten mitgeteilt, insbesondere wenn nicht im DWH vorhandene Daten in die Analysen mit einbezogen werden. Hierdurch werden die Quellen der Daten für die Informationskonsumenten deutlich gemacht.

DWH-Leistungsoptimierung: Viele Analysen werden nur einmal monatlich erstellt, sollten den Kunden aber am ersten Arbeitstag des Monats vorliegen. Die Datenverarbeitung des DWH am Monatsende führt allerdings zu erheblicher Systemlast. Auch die auf derselben Infrastruktur betriebenen operativen Systeme der Bank führen am Monatsende aufwändige Berechnungen, z. B. für Zinskalkulationen durch. Dies führt zu zeitlichen Abhängigkeiten und Leistungseinbussen bei der Erstellung der Analysen. Um diesen entgegenzuwirken, wurden im DWH spezielle Datenstrukturen geschaffen, die Daten kurzfristig nicht historisiert zwischenspeichern. Im Vergleich zur Nutzung der historisierten Daten der DWH-Tabellen ergeben sich dadurch deutlich verkürzte Laufzeiten für die Analysen, die eine zeitgerechte Lieferung ermöglichen. Zusätzlich werden Teile der Daten unmittelbar nach der Entstehung für die Reporterstellung aggregiert, um das Volumen der auszuwertenden Daten zu reduzieren. Allerdings stehen die optimierten Daten jeweils nur kurzfristig zur Verfügung, teils werden sie mangels

Historisierung täglich überschrieben. Die Fristen für die performante Erstellung vieler Analysen sind daher beschränkt.

Metadaten: Im DWH der Bank werden derzeit keine beschreibenden MD gespeichert. Um den Supportaufwand zu verringern und um die Transparenz der Daten zu steigern, ist die IL-Organisation bestrebt, MD im DWH zur Verfügung zu stellen. Insbesondere sollen MD aus den Bereichen Definitionen von Datenfeldern und Kennzahlen, Formate und Wertebereiche und Herkunft und Verarbeitungswege in das DWH aufgenommen werden.[458] Ziel ist es, mit jedem Report automatisiert Informationen über die Entstehung der Daten mitliefern zu können. Es hat sich allerdings gezeigt, dass die initiale Erfassung der fachlichen MD mit erheblichem Aufwand verbunden ist. Die notwendige Einbindung aller Quellsysteme erfordert erhebliche Koordination durch die IL-Organisation.

Kostenverrechnung: Derzeit werden die Leistungen der IL-Servicestelle im Rahmen der innerbetrieblichen Leistungsverrechnung (ILV) den Kunden nach Aufwand verrechnet. Die Erstellung von Analysen und Supportleistungen werden je nach Personalaufwand individuell bepreist. Die IL-Servicestelle ist dabei die einzige IL-Einheit im Unternehmen, deren Leistungen über ILV verrechnet werden. Da in vielen Fällen Informationen auch aus anderen Systemen bzw. über andere Kanäle beschafft werden können, entstehen hier negative Anreize zur Nutzung der IL-Servicestelle. Um diesen entgegenzuwirken und gleichzeitig eine Steuerung der Nutzung von IL-Leistungen im Sinne der Unternehmensziele zu ermöglichen, wird eine Ausweitung der ILV auf andere analytische Systeme und Dienstleistungen für sinnvoll erachtet.

Dienstleistung: Änderungen am Datenmodell des DWH sind aufgrund der vielfältigen Lieferbeziehungen sehr komplex und werden nur im Rahmen von *Releases* durchgeführt.[459] Eine den Kunden der IL direkt zugängliche Schnittstelle, etwa durch Business Intelligence-Tools, existiert nicht, die Zugriffe werden durch die IL-Servicestelle durchgeführt. Durch diese organisatorische Schnittstelle kann den Nutzenden der Zugriff auf die Daten erheblich erleichtert werden.

Die Anforderung der Dienstleistungen erfolgt über einen definierten Bestellprozess. Bei der Bestellung können Auswertungen entweder fachlich oder anhand der korrespondierenden Datenfelder in operativen Systemen spezifiziert werden. Die IL-

---

[458] D. h. über den Entstehungsprozess der Daten aus den Quellsystemen über die Verarbeitung im DWH bis zu den Reports, vgl. Foshay et al. 2007, S. 71.
[459] D. h. im Rahmen der quartalsweisen Einführung neuer Softwareversionen, in denen Änderungen am System gebündelt werden.

Experten der Servicestelle übernehmen die technische Definition der Analysen und erhöhen so die Accessibility. Sie können zudem im Bedarfsfall Daten aus zusätzlichen Quellen hinzuziehen, um im DWH nicht verfügbare Daten in die Analysen einzubeziehen, und so die Flexibilität steigern. Ebenfalls die Flexibilität steigernd wirkt, dass die Servicestelle die Analysen in einer Vielzahl von Dateiformaten und in Papierform zur Verfügung stellen kann.

Intranet-Auftritt: Die IL-Servicestelle präsentiert ihre Leistungen im Intranet. Der Intranet-Auftritt informiert potenzielle Nutzende über die Leistungen der Servicestelle und über Kontaktpersonen für die einzelnen Fachbereiche. Zusätzlich können Bestellformulare für Analysen, Informationen zum Bestellprozess und datenschutzrechtliche Regelungen abgerufen werden. Weitergehende Planungen bestehen bezüglich Veröffentlichung von Informationen zu den verfügbaren Daten, deren Herkunft und Verarbeitungswegen. Hierzu sind jedoch entsprechende MD erforderlich, die derzeit noch nicht lückenlos vorliegen.

Roadshow: In unregelmässigen Abständen präsentiert die IL-Servicestelle ihre Leistungen in einzelnen Abteilungen, deren Nutzung bisher hinter den Erwartungen zurückbleibt. Inhalte der Roadshow-Präsentationen sind Leistungen der IL-Servicestelle, verfügbare Daten, Möglichkeiten des Systems und die Nutzungsprozesse.

Es hat sich gezeigt, dass diese Präsentationen kurzfristig erhebliches Auftragsvolumen für die IL-Servicestelle generieren können. Voraussetzung für den Erfolg der Massnahme ist daher, entsprechende Kapazitäten für die Erfüllung kurzfristiger Anfragen vorzuhalten. Kann das in der Roadshow geweckte Interesse nicht kurzfristig befriedigt werden, ist mit negativen Reaktionen der Teilnehmer zu rechnen. Eine Organisation der Roadshow mit Projektcharakter und entsprechendem Personalbudget hat sich daher bewährt.

Kontaktpersonentreffen: Regelmässig veranstaltet die IL-Servicestelle Treffen für die Kontaktpersonen in den Fachbereichen. Die Kontaktpersonen bilden die Schnittstelle auf Seiten der Fachbereiche. Sie kanalisieren die Anfragen der Nutzenden, überwachen die Budgets und priorisieren die Aufträge. Im Rahmen der Kontaktpersonentreffen informiert die IL-Servicestelle über Änderungen an den Systemen und Auswertungsmöglichkeiten und neue analytische Applikationen. Zusätzlich ermöglicht sie einen Austausch unter den Kontaktpersonen.

6.4 Fallstudie 3 – Automobilhersteller

Fallstudie Automobilhersteller	
System	DWH Teilelogistik
Organisationsform	IL-CC
Situation	Reifes DWH zur Unterstützung mehrerer Fachbereiche mit Daten zur Ersatzteillogistik
Massnahmenschwerpunkte	Backend und Schnittstelle DWH – DMs

Massnahmenklasse	Massnahme	Periodizität	Wirkung						
			Management S.	Tätigkeitsrel.	Datenqualität	Nachvollziehb.	CSE	Fördernde U.	Systemqualität
Designcharakteristika	Verfügbarkeitsmessung für die Verarbeitungsprozesse im DWH und DMs	Laufend			X				X
	Fehlerprozess zur Meldung und Behebung von Datenqualitätsproblemen	Laufend			X				
	Automatisiertes Datenqualitätsmonitoring während der Ladeprozesse	Laufend			X				
Managementunterstützung	Priorisierung des DWH-Projekts im Projektportfolio	Einmalig	X	X					
Anpassung von Anreizen	Change Management bei Einführungsprojekten	Wiederholt	X		X				
Training	Zweistufiges Schulungskonzept zu Frontend und Backend	Wiederholt	X	X	X	X	X	X	
Peer-Support	Vernetzung der *Power User* zum Erfahrungsaustausch	Wiederholt	X	X				X	X

Tabelle 6-5: Übersicht Fallstudie Automobilhersteller

6.4.1 Umfeld der Fallstudie

Der Automobilhersteller steht als weltweit tätiger Konzern vor der Herausforderung, über den gesamten Produktlebenszyklus der Fahrzeuge die Versorgung der Kunden mit Ersatzteilen bei hoher Verfügbarkeit und kurzen Lieferzeiten sicherzustellen. Der After Sales-Bereich betreibt daher eine hierarchische Organisation von Zentrallagern, Regionallagern und lokalen Lagern, die die effiziente Verteilung der über 1.5 Mio. verschiedenen Ersatzteile ermöglichen.

Um die komplexen Warenströme zwischen den Standorten zu steuern, betreibt der Automobilhersteller ein dediziertes DWH für den Ersatzteil-Bereich mit Daten zu Ersatzteillogistik, Fahrzeugen und Stammdaten. Die für dieses DWH verantwortliche IL-

Organisation ist organisatorisch zwischen den Fachbereichen und dem IT-Bereich aufgeteilt. Ein schlankes Team im IT-Bereich verantwortet die Entwicklung und den Betrieb des DWH. Es definiert Methodiken und Prozesse für den Regelbetrieb, Änderungen und die Störungsbehandlung und steuert Lieferanten und Abnehmer in den Fachbereichen. Entwicklungsleistungen werden von externen Partnern bezogen, den technischen Betrieb verantwortet der konzerneigene IT-Dienstleister. Das Kernteam erbringt selbst nur punktuell Supportleistungen und ist nicht an den Nutzungsprozessen beteiligt. Zusätzliche Mitarbeitende in den Fachbereichen koordinieren die Entwicklung, Betrieb und Nutzung der aus dem DWH gespeisten DMs und deren Frontends sowie die zugehörigen Nutzungsprozesse. Sie leisten auch fachlichen Support für die Inhalte der DMs und die eingesetzten Frontend-Werkzeuge. Insgesamt umfasst die IL-Organisation 17 Mitarbeitende. Eingebunden in die Entwicklungen ist der Bereich IT-Strategie, der Vorgaben bezüglich Plattformen, IT-Architektur und bevorzugter Standardsoftware liefert.

Das DWH entstand ab 2001 aus Anforderungen einzelner Fachbereiche zur Ablösung host-basierter Reporting-Lösungen. Initiale Informationsbedarfsanalysen deckten schnell weitere Anforderungen in den Fachbereichen auf, die das DWH zur zentralen Plattform für analytische Applikationen des *After Sales*-Bereichs wachsen liessen. Das DWH folgt in seinem Aufbau im Wesentlichen einer *Hub and Spoke*-Architektur.[460] Ein zentrales DWH integriert und aggregiert Daten aus über 100 operativen Quellsystemen unterschiedlicher Architektur. Aus diesem DWH werden 14 DMs gespeist, die aufgabenbezogene Ausschnitte aus den Gesamtdaten enthalten und als Datenquellen für die Nutzungsprozesse dienen. Der Zugriff erfolgt über ein einheitliches Business Intelligence-Tool (allerdings in unterschiedlichen Versionen). Die DMs versorgen derzeit weltweit über 1500 Nutzende. Aktuelle Entwicklungsschwerpukte liegen bei der Stabilisierung und Konsolidierung der Architektur, bei der Verbesserung der Einbindung in die IT-Gesamtarchitektur und bei der Optimierung der fachseitigen IL-Organisation.

Schwerpunkt dieser Fallstudie ist das Management der Akzeptanz aus der Perspektive des DWH-Kernteams, d. h. in zentraler, koordinierender Funktion zwischen Fachbereichen und technischen Dienstleistern, aber mit geringem direktem Einfluss auf die Nutzenden.

---

[460] Vgl. Lahrmann, Stroh 2008, S. 147.

6.4.2 Akzeptanz der Informationslogistik

Das seit 2001 bestehende System wird aufgrund seiner derzeitigen Reife von den Nutzenden gut akzeptiert. In der Anfangsphase ergaben sich Akzeptanzprobleme insbesondere dort, wo bestehende Reporting-Lösungen ersetzt werden sollten und wo Kompetenzen zur Nutzung des neuen DWH nur in geringem Umfang vorhanden waren. Akzeptanzprobleme zeigten sich in Zusammenhang mit Abweichungen zwischen den Ergebnissen des DWH und den vorher bestehenden Reporting-Lösungen, die durch Analyse und Aufklärung der Differenzen beseitigt werden konnten. In Teilbereichen wurde die Systemleistung, insbesondere die Zeit zum Bereitstellen bestimmter Analysen, als unzureichend betrachtet. Diese Probleme konnten durch Optimierungen des Datenbankdesigns gelöst werden. Weitere Akzeptanzprobleme ergaben sich durch die im Vergleich zu dezentralen Lösungen sinkende Flexibilität: Das strukturierte Vorgehen bei der Entwicklung, das zur Konsistenterhaltung des Gesamtsystems und zur Lieferantensteuerung erforderlich war, führte zu komplexeren Entwicklungsprozessen und zeitlichen Verzögerungen. Schulungsmassnahmen und intensive Kommunikation konnten diese Probleme weitgehend lösen.

In der aktuellen Situation bestehen kaum noch Probleme mit parallelen Reporting-Strukturen. Eine Reihe von Massnahmen trug zum Erreichen des derzeitigen Akzeptanzstands bei.

Verfügbarkeitsmessung: Das DWH-Team hat mit den Verantwortlichen für die DMs *Service Level Agreements* (SLAs) für die Lade- und Verarbeitungsprozesse im DWH geschlossen. Für den Abschluss verschiedener Prozessschritte im täglichen Ladeprozess wurden Sollzeiten definiert. Die Fachbereiche definierten hierzu Messpunkte, an denen während der Prozessausführung Daten zu erfassen sind. Die tatsächlichen Ausführungszeiten werden von den beteiligten DWH-Komponenten dokumentiert, über ein Tool mit den Sollzeiten verglichen und in Form einer Verfügbarkeitsstatistik ausgewertet.

Dieses Vorgehen hatte verschiedene Wirkungen: Einerseits können anhand der Abweichungen technische Engpässe identifiziert werden, die Verzögerungen verursachen und so Optimierungsmassnahmen gezielt durchgeführt werden. Über mehrere Iterationen konnte so die Verfügbarkeit des Gesamtsystems erheblich gesteigert werden. Andererseits kann die Einhaltung der SLAs objektiv dokumentiert werden, was hilft, die Wahrnehmung der Nutzenden an die tatsächlichen Verfügbarkeitswerte anzunähern. Vielfach wurde die Verfügbarkeit schlechter wahrgenommen, als sie tatsächlich war. Die durch die Dokumentation geschaffene Transparenz trug dazu bei, dies zu korrigieren. Schliesslich können die DM-Verantwortlichen anhand der Statistik Probleme beim Prozessablauf zeitnah erkennen und im Fehlerfall Korrekturmassnahmen einleiten.

Fehlerprozess: Das DWH-Team stellt für alle DMs ein zentrales *Application Management* zur Verfügung, das durch einen externen IT-Dienstleister durchgeführt wird. Nutzende können Fehler bzw. Verdachtsfälle über ein Ticket-System an das *Application Management* melden, welches dann eine Analyse und Behebung veranlasst und die Ergebnisse zurückmeldet. Dabei kann das *Application Management* auch die verantwortlichen Quellsysteme in die Fehlerbehebung mit einbeziehen. Falls Daten durch verschiedene DMs genutzt werden, informiert das *Application Management* im Fehlerfall alle betroffenen DM-Verantwortlichen. Bei Abbruch von Verarbeitungsprozessen werden diese Benachrichtigungen automatisch generiert und die Prozesse neu gestartet.

Automatisiertes Datenqualitätsmonitoring: Daten werden in den Ladeprozessen auf Vollständigkeit und Einhaltung von Wertebereichen und Formatrestriktionen überprüft, bei Abweichungen werden Fehlermeldungen ausgelöst. Zusätzlich werden die Zahl der gelieferten und der geladenen Datensätze abgeglichen, ein Abgleich mit Sollwerten für die Anzahl der Datensätze findet jedoch nicht statt. Grundsätzlich wird die Strategie verfolgt, dass die Quellsysteme für die Datenqualität verantwortlich sind. Vielfach werden in den Quellsystemen schon Qualitätsprüfungen durchgeführt, so dass Daten bereinigt ins DWH geladen werden können.

Priorisierung des Projekts: Das DWH-Team konnte *Management Support* über die Positionierung des DWH-Projekts im Projektportfolio des IT-Bereichs sicherstellen. Initial war der *Management Support* verhalten, nach der Demonstration erster Erfolge konnte aber die Sichtbarkeit des Projekts deutlich gesteigert werden. Das DWH-Projekt wurde im Projektportfolio in der wichtigsten Kategorie eingruppiert, es wurde als die zentrale Plattform für analytische Applikationen im Logistikbereich positioniert. Diese Einstufung als prioritäres Projekt hatte eine Reihe von Folgen, die sich aus den Steuerungsmechanismen für das Projektportfolio ergeben. Einerseits erfuhr das DWH-Projekt erhöhte Sichtbarkeit innerhalb des IT-Bereichs bis hin zur Bereichsleitung. Dadurch konnte die aktive Unterstützung durch die Bereichsleitung in Problemfällen, z. B. bei der Zusammenarbeit mit Lieferanten, gewonnen werden. Auch in die Entscheidungsfindung zentraler IT-Einheiten, etwa zur Plattformentwicklung und zur Auswahl von Standardsoftware, wurde das Projektteam eingebunden.

Auf Seiten der Fachbereiche wurde das Projekt in der Aufbauphase durch die Schaffung eines Steuerkreises sichtbar gemacht. Der Steuerkreis diente der Koordination von Projekten zwischen IT und Fachbereichen und der Budgetierung auf der dritten Führungsebene. Das DWH-Projekt erreichte so hohe Sichtbarkeit und Unterstützung durch die Fachbereiche. Die Entscheidungen des Steuerkreises wurden über die DM-Verantwortlichen auch an die Nutzenden kommuniziert.

Change Management: Im Laufe des DWH-Aufbaus zeigte sich in besonderem Masse die Wichtigkeit von *Change Management* zur Begleitung der Einführungsprozesse. Widerstände gegen die Veränderungen zeigten sich in den Bereichen, in denen bestehende Lösungen abgelöst wurden. Widerstände bestanden in erster Linie da, wo die betroffenen Mitarbeitenden Statusverlust in ihrer OE befürchten mussten, wo Mitarbeitende zum Erwerb neuer Kompetenzen gezwungen waren und wo Ziele und Nutzen der neuen Lösung nicht intensiv genug kommuniziert wurden. Die frühzeitige, intensive Kommunikation der Projektziele und eine Einbindung der Nutzenden in die Entwicklungsprozesse im Rahmen eines *Change Management* und der Aufbau von Vertrauen durch das Wecken und Erfüllen realistischer Erwartungen werden daher für IL-Projekte als besonders wichtig betrachtet.

Schulungen: Zur Ausbildung der Nutzenden verfolgte das DWH-Team ein zweistufiges Schulungskonzept. Einerseits wurden die Nutzenden durch die Softwareanbieter für die Nutzung der Frontendsoftware qualifiziert. Diese Schulungen deckten Themen wie die Erstellung von Abfragen und Reports, das Publizieren der Ergebnisse und die Automatisierung von Reports ab. Dadurch wurden insbesondere diejenigen Nutzenden, die Erfahrungen mit früheren Lösungen hatten, auf die Nutzung des neuen Systems vorbereitet. Darauf aufbauend wurden Schulungen zum Backend, insbesondere zur Optimierung von Abfragen angeboten. Diese sollten die Nutzenden in die Lage versetzen, das System ressourcenschonend zu nutzen. Dafür wurden Themen wie die Struktur des DWH und die Ladeprozesse sowie vertiefende Aspekte der verwendeten Datenbanken wie Abfragedesign und -optimierung und Indizierung behandelt. Ziel dieser Schulungen war es, ein besseres Verständnis für die Zusammenhänge und Abhängigkeiten im Gesamtsystem zu erlangen, um angemessenere Entscheidungen für die Reportentwicklung und Nutzung treffen zu können.

Vernetzung der Power User: Das DWH-Team fördert den informellen Austausch zwischen den Nutzenden. Insbesondere in den frühen Projektphasen organisierten die Nutzenden informelle Schulungsmassnahmen zum Erfahrungsaustausch. In diesen Schulungen tauschen sich die Experten aus den Fachbereichen über einzelne Aspekte der Systemnutzung aus, etwa über die Nutzung bestimmter Frontend-Funktionalitäten oder über Aspekte der Datenmodellierung und des Inhalts der Daten. Das DWH-Team unterstützte diese Aktivitäten durch das Erfassen von Kompetenzen und Schulungsbedarfen im Austausch mit den DM-Verantwortlichen. Dies führte zur Bildung eines informellen Support-Netzwerks unter den Nutzenden, die unabhängig vom DWH-Team untereinander fachbereichsübergreifend Erfahrungen austauschen und Probleme lösen können.

6.5 Fallstudie 4 – Versicherung

Fallstudie Versicherung	
System	DWH der Landesgesellschaft eines globalen Erstversicherers
Organisationsform	IL-CC/Business Service Provider
Situation	Konsolidierung und organisatorische Verankerung des DWH
Massnahmenschwerpunkte	Nutzung von Standardreports durch einen grossen Nutzendenkreis

Massnahmen-klasse	Massnahme	Periodizität	Wirkung						
			Management S.	Tätigkeitsrel.	Datenqualität	Nachvollziehb.	CSE	Fördernde U.	Systemqualität
Designcharakteristika	Fehlerprozess zur Behebung von Fehlern an der Quelle	Laufend				X			
	Automatische Fehlerbereinigung für Analyseergebnisse	Laufend			X	X			
Nutzendenbeteiligung	Workshops zur Informationsbedarfsanalyse	Einmalig	X	X					
Managementunterstützung	Sponsoring durch den Vorstand	Laufend	X	X					
Training	Schulungskonzept mit technischen und fachlichen Modulen	Wiederholt		X	X			X	X
	Key Player-Treffen	Wiederholt		X	X			X	X
Organisatorischer Support	Erklärung von Abweichungen im neuen System	Laufend		X	X	X		X	
	Analytische Dienstleistungen	Laufend		X	X	X		X	X
Peer-Support	Fachlicher Support durch *Key Player* in den Fachbereichen	Laufend		X	X	X		X	X

Tabelle 6-6: Übersicht Fallstudie Versicherung

6.5.1 Umfeld der Fallstudie

Die Versicherung zählt zu den grössten deutschen Erstversicherern. Als Landesgesellschaft eines internationalen Versicherungskonzerns bearbeitet sie den deutschen Markt weitgehend eigenverantwortlich. Branchentypisch verfügt die Versicherung über ein umfassendes Vertriebsnetz von selbständigen Vertriebspartnern, die die Produktpalette von Lebens- und Sachversicherungen für Privat- und Firmenkunden vertreiben. In der zum Zeitpunkt der Fallstudienerhebung angespannten wirtschaftlichen Lage liegt die strategische Priorität der Versicherung auf der Sicherung der Marktposition im schwierigen Marktumfeld.

Die derzeitige Struktur der Versicherung entstand vor einigen Jahren aus dem Zusammenschluss zweier Versicherungsunternehmen mit unterschiedlichem Fokus auf den Bereichen Sach- bzw. Lebensversicherung und entsprechend heterogenen Vertriebsstrukturen. Daraus ergab sich der Bedarf an der betrachteten IL-Lösung, die bereichsübergreifende Informationen zur Steuerung des integrierten Unternehmens zur Verfügung stellt. Die IL-Strategie zielt auf die Erweiterung des übergreifenden Informationsangebots, wobei derzeit die Konsolidierung und Optimierung der bestehenden Systeme im Vordergrund steht. Weiteres Entwicklungspotenzial besteht in der Abbildung von Ertragsdaten in den IL-Systemen.

Die Versicherung strebt eine geringe Fertigungstiefe im IT-Bereich an und bezieht einen grossen Teil der IT-Leistungen von externen Lieferanten. Die IL-Organisation bezieht dabei Leistungen für Betrieb und Entwicklung der IL-Systeme vom IT-Bereich der Versicherung, der seinerseits den Leistungsbezug von externen Dienstleistern koordiniert. Im Bereich der Nutzung erbringt die IL-Organisation für einige Teilsysteme einen grossen Teil der Leistungen, während die Fertigungstiefe bei anderen Teilsystemen gering ist. Damit zeigt die IL-Organisation Merkmale eines IL-CC und eines Business Service Providers (vgl. Abschnitt 2.1.3). Die IL-Organisation ist organisatorisch der Fachseite zugeordnet, da die Kommunikation mit der Fachseite für die IL erfahrungsgemäss komplexer ist als die mit der IT-Organisation. Insgesamt umfasst die fachnahe IL-Organisation ca. 20 Personen, für den DM Sales und ein weiteres Subsystem sind 8 Personen tätig.

Die IL-Architektur der Versicherung ist in Form einer *Hub and Spoke*-Architektur um ein zentrales DWH aufgebaut. Sämtliche Daten werden über das DWH in (nach Primärschlüsseln abgegrenzte) themenorientierte DM geladen, über die mit einem einheitlichen Tool auf die Daten zugegriffen wird. Die zwei wichtigsten DM enthalten Daten für die Bereiche Nicht-Lebensversicherung bzw. Vertrieb, daneben existieren weitere DM zu verschiedenen Themen. Das DWH wurde seit einigen Jahren aufgebaut. Der DM für den Nicht-Leben-Bereich war der erste grosse DM, danach wurde der DM Sales aufgebaut und unlängst in Betrieb genommen. Dieser DM enthält Daten zur Vertriebsleistung sämtlicher hauptberuflicher Vertriebsmitarbeitenden, Vertragsbestände und Provisionen. Der DM wird genutzt für die Steuerung des Vertriebs, insbesondere für die Berechnung der Kennzahlen, die nicht durch die operativen Systeme zur Provisionsermittlung abgedeckt werden. Die Verantwortung für den DM Sales liegt beim Vertriebscontrolling der Versicherung, das als Auftraggeber der IL-Organisation fungiert. Die IL-Organisation übernimmt für den DM Sales den grössten Teil der Nutzungsprozesse, insbesondere die Erstellung sämtlicher Reports und Analysen. Derzeit werden die Produkte des DM Sales weitgehend automatisiert verteilt: Die Nutzenden erhalten je nach Rolle angepasste Reports per E-Mail zugestellt. Die überwiegende Mehrzahl der 6000 Nutzenden ist dabei der untersten Ebene der Nutzungshierarchie zugeordnet. Die Nutzenden dieser untersten Stufe erhalten automatisiert standardisierte Reports. Auf der nächsthöheren Stufe verantworten *Power User* mit erweiterten Rechten die Erstellung von Reports und Ad hoc-Analysen, *Key Player* mit zusätzlichen Supportaufgaben bilden die höchste Stufe der Nutzungshierarchie auf der Fachseite. Die Inhalte der verteilten Reports werden vom Fachbereichscontrolling in Abstimmung mit den Nutzenden anhand der für die Steuerung der Vertriebsorganisation genutzten Kennzahlen bestimmt.

Diese Fallstudie befasst sich schwerpunktmässig mit der Akzeptanz des DM Sales. Sie deckt dabei die Phase der Einführung und die Zeit unmittelbar nach der Einführung ab.

6.5.2 Akzeptanz der Informationslogistik

Der DM Sales wird seit ca. 12 Monaten produktiv genutzt. Seit dieser Zeit werden standardisierte Reports nach und nach an die Hierarchieebenen der Vertriebsorganisation geliefert, wobei die Empfänger der einfachsten Nutzendenkategorie als letzte in die Verteilung einbezogen wurden. Die Nutzenden werden seit dem *Rollout* des Systems mit neuen, ihnen vorher teils unbekannten Daten und Kennzahlen konfrontiert. Auf den oberen Hierarchieebenen ist die Akzeptanz des Systems nach einer initialen Phase der Gewöhnung an die Daten und Massnahmen zur Behebung initialer Fehler zunehmend gut, dabei ist ein Steigen der Akzeptanz mit zunehmender Nutzungsdauer erkennbar.

Unter den Nutzenden der unteren Hierarchieebene besteht noch teilweise Unverständnis bezüglich der Inhalte der Daten. Insbesondere trägt die parallele Verfügbarkeit der alten Reporting-Systeme zu Akzeptanzproblemen bei, da diese von den Zahlen des neuen DM abweichende Ergebnisse liefern. Diese Probleme werden dadurch verschärft, dass die Daten aus dem DM als Bemessungsgrundlage für Provisionszahlungen dienen und daher Auswirkungen auf die Vergütung der Mitarbeitenden haben. Diese monetären Folgen von unterschiedlichen Zahlen erschweren die Akzeptanz punktuell deutlich. Weitere Akzeptanzprobleme bestehen in Teilen der Vertriebsorganisation, deren Informationsbedarfe durch das neue System nur teilweise abgedeckt werden.

Fehlerprozess: Auch die Versicherung verfügt über einen Regelprozess zur Behebung von Fehlern in den IL-Daten. Entdeckte Fehler werden von den Nutzenden an die Controlling-Organisation gemeldet, die wiederum die Fehlermeldung an die IL-Organisation weitergibt. Die IL-Organisation analysiert den Fehler soweit möglich und gibt die Ergebnisse über ein Anforderungs-Tool an die für die IL verantwortliche IT-Organisation weiter. Diese veranlasst die Behebung der Fehler durch den Dienstleister oder durch die Verantwortlichen für die Liefersysteme. Fehler werden unterteilt in Änderungsaufträge für Fehler, die durch falsche Spezifikation der Systeme bzw. falsche Umsetzung der Spezifikation entstanden sind und in Fehlerfälle, die durch technische Probleme z. B. beim Laden entstehen. Die Reaktionszeit auf Fehler ist trotz des mehrstufigen Prozesses gut, ergänzend ist ein SLA zur Spezifikation der Anforderungen an den Fehlerprozess zum Zeitpunkt der Fallstudienerhebung in Planung.

Automatisierte Fehlerbereinigung: Die Vertriebsprozesse der Versicherung bedingen eine teilweise manuelle Datenerfassung von durch den Aussendienst vertriebenen Verträgen. Bei dieser Erfassung passieren unvermeidliche Fehler, deren Behebung spezielle Massnahmen verlangt. Übliche Vorgehensweisen im Datenqualitätsmanagement streben eine Bereinigung an der Quelle, d. h. im operativen System an. Diese Bereinigung ist allerdings aus technischen und rechtlichen Gründen nicht immer vollständig möglich, da bestehende Verträge nicht verändert werden können. Bestimmte Fehlertypen können dadurch in den operativen Systemen nur so bereinigt werden, dass zwar die Provisionszahlungen korrekt ausgelöst werden, andere Daten wie Bestände oder Verkäufe aber nicht korrigiert werden. Dies ist im operativen System weniger wichtig, führt aber zu einer Verfälschung der Daten im DWH, was insbesondere da unerwünscht ist, wo die verfälschten Daten zur Steuerung des Vertriebs genutzt werden oder Provisionszahlungen beeinflussen.

Um diese Probleme zu korrigieren, ist ein System zur automatisierten Fehlerbereinigung geplant. Eine Änderung der Daten direkt im DWH ist nicht möglich, da dieses die operativen Daten unverändert abbilden soll. Analysen aus dem DM müssen daher über ein nachgeschaltetes System vor der Auslieferung bereinigt werden, indem die Zahlen um die identifizierten Fehler korrigiert werden. Dazu werden die Buchungssätze zur Fehlerkorrektur analysiert und Korrekturpositionen für die einzelnen Kennzahlen vorausberechnet. Daten aus dem DM werden vor der Auslieferung durch das System zur Fehlerbereinigung geleitet und dort korrigiert.

Workshops zur Informationsbedarfsanalyse: Um die Informationsbedarfe und Anforderungen der Nutzenden an das System zu identifizieren, wurden Workshops mit Vertretern der Nutzenden und mit deren Vorgesetzten aus der Vertriebsorganisation durchgeführt. In den Workshops wurden die für die Steuerung und Unterstützung des Vertriebs relevanten Kennzahlen identifiziert und mit den verfügbaren Daten abgeglichen. Ergebnis der Workshops waren eine Dokumentation des Kennzahlensystems und eine Einschätzung, inwieweit diese Kennzahlen in der ersten Version des DM, in einer zweiten Ausbaustufe oder nur unter zusätzlichem Aufwand über den DM bereitgestellt werden können. Dadurch konnten die Prioritäten für die Reportentwicklung identifiziert und gleichzeitig die Nutzenden auf das zu erwartende Informationsangebot vorbereitet werden. Parallel wurde das DWH um alle noch nicht vorhandenen Daten aus den Vertriebssystemen ergänzt, um eine vollständige Abdeckung aktueller und zukünftiger Informationsbedarfe zu ermöglichen.

Management-Unterstützung: Das Mandat für die Entwicklung des DM Sales wie auch der weiteren IL-Systeme wurde direkt durch den Vorstand der Versicherung erteilt. Dieses Mandat und die Ziele des zu entwickelnden Systems wurden z. B. im Rahmen der jährlichen Vertriebstagung in der Organisation bekannt gemacht. Zusätzliche Sichtbarkeit erhielt das Projekt durch die Einstufung als strategisches IT-Projekt mit entsprechender Wichtigkeit. Die in der Projektmethodik der Versicherung vorgesehene Rolle des Auftraggebers wurde vom Bereichsleiter Controlling übernommen. Diese Entscheidung ergab sich aus der Funktion der Auftraggeberrolle und den damit verbundenen Aufwänden für Aufgaben der Projektsteuerung, die direkt durch den Vorstand nicht zu leisten sind.

Schulungskonzept: Das Schulungskonzept für die IL der Versicherung ist zweistufig aufgebaut. In der ersten Schulung wird der Umgang mit dem Frontend-Tool vorgestellt. In Zusammenarbeit mit dem Hersteller lernen die Nutzenden den grundlegenden Umgang mit dem Tool zum Nutzen und Erstellen von Reports. Diese Schulung ist für alle Nutzenden gleich. Die zweite Stufe der Schulungen ist jeweils spezifisch auf die einzelnen DMs zugeschnitten. Sie behandelt die Datenmodelle der DMs, Inhalte und

Semantik der Daten. An diesen Schulungen nehmen alle Nutzenden mit interaktivem Systemzugriff teil. Für die Nutzenden der Standardreports des DM Sales steht eine Dokumentation über die Inhalte der Reports und die Berechnung der Kennzahlen zur Verfügung.

Die für das zentrale DWH verantwortliche IL-Organisation veranstaltet ergänzend zu den Schulungen quartalsweise einen Workshop für interessierte *Power User* der verschiedenen DMs. Schwerpunkt der eintägigen Schulungen ist jeweils ein Teilbereich der Funktionalität des Frontend-Tools. In Zusammenarbeit mit dem Hersteller werden Funktionen der Software detailliert vorgestellt. Die Nutzenden haben die Gelegenheit, interaktiv ihre Kenntnisse bezüglich des Tools zu vertiefen.

Key Player-Treffen: Einmal jährlich veranstaltet die für das DWH verantwortliche IL-Organisation einen dreitägigen Workshop zur Fortbildung und zum Erfahrungsaustausch für die *Key Player* (d. h. für die Nutzendengruppe mit den umfassendsten Kompetenzen). In Zusammenarbeit mit Referenten des Toolanbieters wird ein umfassendes Programm behandelt. Themengebiete umfassen unter anderem

- Einführung in die Neuerungen kommender Versionen des Frontend-Tools mit Demonstrationen und Diskussion der Einsatzmöglichkeiten,
- fortgeschrittene Themen zur Reporterstellung und zum Frontend, die hauptsächlich für Spezialisten von Interesse sind (wie z. B. Import extern erstellter Modelle) und
- Erfahrungsaustausch zur gemeinschaftlichen Lösung praktischer Probleme bei der Erstellung von Analysen durch Trainer und Teilnehmende.

Durch den intensiven Austausch zwischen den *Key Playern* werden diese Treffen als sehr wertvoll empfunden. Allerdings hat sich gezeigt, dass die Terminierung aufgrund der langen Dauer in Perioden hoher Arbeitsbelastung problematisch sein kann.

Erklärung von Abweichungen: Die Einführung des neuen Systems führte zu einem wesentlich erweiterten Informationsangebot für die Mitarbeitenden. Vielfach wurden Zahlen objektiviert, die bislang nicht sichtbar oder nur informell dokumentiert gewesen waren. Andere Zahlen weichen im neuen System von den Zahlen aus den Altsystemen ab. Dies erklärt sich vor allem durch geänderte Berechnungswege und dadurch, dass das neue IL-System teils Daten speichert, die in den alten Systemen mit operativem Schwerpunkt mangels operativer Relevanz nicht gespeichert wurden. Hier entstand den Nutzenden gegenüber erheblicher Erklärungsbedarf, um die Abweichungen plausibel zu machen. Dieser Erklärungsbedarf besteht auch weiterhin und ist insbesondere in Zusammenhang mit Provisionsabrechnungen zum Jahresende erheblich. Die Kommunikation wird den Präferenzen der Nutzenden folgend primär über eine Telefon-Hotline abgewickelt.

Analytische Dienstleistungen: Die IL-Organisation übernimmt für die Nutzenden des DM Sales die Erstellung sämtlicher Reports und Analysen. Die Nutzenden stellen ihre Anforderungen an die systemverantwortliche Controlling-Organisation. Diese konsolidiert die Anforderungen und leitet sie an die IL-Organisation weiter. Anforderungen werden grundsätzlich schriftlich über eine Anforderungs-Datenbank kommuniziert, um Anforderungen zu dokumentieren und ein strukturiertes Verfeinern der Anforderungen zu erleichtern. Durch das Controlling werden Anforderungen in rein fachlicher Form gestellt, die Abbildung auf das Datenmodell, die Festlegung der genauen Kennzahldefinitionen und die Erstellung der Analysen wird von der IL-Organisation im Dialog mit dem Controlling übernommen. Dafür steht den beteiligten OE unterstützend eine Dokumentations-Datenbank für das DWH als Referenz für Inhalte der Tabellen, Semantik der Daten und Kennzahldefinitionen zur Verfügung. Diese Datenbank basiert auf der DWH-Dokumentation des IT-Bereichs und wird durch die IL-Organisation verwaltet.

Hintergrund dieser Aufteilung ist die Überlegung, dass nur in der IL-Organisation ausreichendes Verständnis für die Inhalte des DM Sales vorhanden ist, um eine korrekte Umsetzung der Analysen zu gewährleisten. Das Datenmodell des DM weist eine gewisse Komplexität auf, deren Unkenntnis leicht zu fehlerhaften Analysen führen kann, zumal vielfach Vergleichsdaten fehlen. Um eine Weitergabe fehlerhafter Zahlen in der Organisation und darauf basierende Fehlentscheidungen zu verhindern, wird die Analyseerstellung zentralisiert. Der Schwerpunkt der IL-Dienstleistungen liegt im derzeitigen Stadium auf der Optimierung der je Rolle standardisierten Reports, wobei vielfach weniger inhaltliche Aspekte als vielmehr Fragen der Präsentation im Vordergrund stehen. Für die anderen DMs werden durch die IL-Organisation wesentlich weniger analytische Dienstleistungen durchgeführt. Bei diesen DMs verantworten in erster Linie *Power User* in den Fachbereichen die Nutzungsprozesse.

Fachlicher Support im Fachbereich: Zur Sicherstellung des fachlichen Supports setzt die Versicherung auf systematischen *Peer Support* durch sog. *Key Player* in den Fachbereichen. Diese *Key Player* sind in den Fachbereichen tätig, sie bilden die erste Anlaufstelle für die Nutzenden in ihrem Fachbereich. *Key Player* sind üblicherweise die erfahrensten Nutzenden der IL, sie verfügen über Kenntnisse im Umgang mit allen DMs des DWH. Erst nachdem die *Key Player* konsultiert wurden, werden Support-

Anfragen an die IL-Organisationen weitergeleitet, die die jeweiligen DMs verantworten. Für die Nutzenden hat dies den Vorteil, dass ein klar definierter Ansprechpartner für alle IL-bezogenen Fragen existiert. Der Aufbau von systemübergreifenden Kompetenzen unter den *Key Player* wird erleichtert durch die Tatsache, dass die wichtigsten DMs sequentiell entwickelt wurden. Dadurch bestehen erhebliche Ähnlichkeiten in Struktur und Funktionalität zwischen den Teilsystemen. Für die Nutzenden in der Vertriebsorganisation wird der Support durch das systemverantwortliche Controlling geleistet. Die IL-Organisation übernimmt aus Ressourcengründen möglichst wenig Supportleistungen.

6.6 Fallstudie 5 – Expertenworkshop

Expertenworkshop	
System	Verschiedene
Organisationsform	Verschiedene
Situation	Expertenworkshop zur Identifikation von Massnahmen zur Steigerung der IL-Akzeptanz
Massnahmenschwerpunkte	Gesamte IL-Architektur

Massnahmenklasse	Massnahme	Periodizität	Management S.	Tätigkeitsrel.	Datenqualität	Nachvollziehb.	CSE	Fördernde U.	Systemqualität
Designcharakteristika	Ergebnisqualität (Transparenz, Genauigkeit) erhöhen (erprobt)	Wiederholt	X	X					X
	Metadatenmanagement für fachliche und technische MD	Laufend			X		X		X
	Komplexität der Interfaces senken (erprobt)	Einmalig	X	X	X				X
Anpassung von Anreizen	Demonstration von Nutzenpotenzialen (erprobt)	Wiederholt	X	X					
Training	*Power User*-Treffen zum Erfahrungsaustausch (erprobt)	Wiederholt	X	X				X	X
Organisatorischer Support	Frequently Asked Questions-Sammlung (erprobt)	Laufend	X	X				X	X
	Imageverbesserung (erprobt)	Wiederholt	X		X				

Tabelle 6-7: Übersicht Expertenworkshop

6.6.1 Hintergrund

Als Ergänzung zu den Fallstudien wurden im Juli 2008 im Rahmen eines Expertenworkshops Möglichkeiten zur Akzeptanzsteigerung erarbeitet.[461] IL-Experten aus verschiedenen Unternehmen waren aufgefordert, anhand von Erfahrungen in den Unternehmen Massnahmen für die Akzeptanzsteigerung zu identifizieren und hinsichtlich ihrer Wirksamkeit zu bewerten. In den folgenden Abschnitten sind diese Massnahmen dokumentiert. Wo Massnahmen auf der praktischen Umsetzung in den Unternehmen beruhen, ist dies in der Übersichtstabelle vermerkt.

6.6.2 Akzeptanz der Informationslogistik

Die Workshopteilnehmer identifizierten sieben mögliche Massnahmen, um die Akzeptanz der IL zu steigern. Mit Ausnahme des Metadatenmanagements (MDM) sind diese in den Unternehmen praktisch umgesetzt worden.

Ergebnisqualität erhöhen: Eine Massnahme zur Erhöhung der Ergebnisqualität kann verschiedene Teilaspekte umfassen. Voraussetzung für die sinnvolle Umsetzung ist, dass die Aggregationen und Berechnungen an sich korrekt sind. Dann können drei Schritte helfen, die Datenqualität zu erhöhen:

1. Das Herstellen von Transparenz erhöht die Akzeptanz über eine Objektivierung der „gefühlten Datenqualität". Nutzende sollten so weit wie möglich über die aktuelle Ergebnisqualität informiert werden. Insbesondere müssen Reports Auskunft geben über die Aktualität der Daten und über fehlende oder nicht berücksichtigte Daten. Hiermit kann Fehlinterpretationen vorgebeugt werden, die den Eindruck schlechter Ergebnisqualität hervorrufen.

2. Bei der Beauftragung neuer Analysen müssen die Anforderungen im Vorhinein qualitätsgesichert werden. Eine genaue Prüfung der Anforderungen auf Konsistenz mit Geschäftsregeln und bestehenden Auswertungen hilft, korrekte Analysen zu erstellen.

3. Ein Change Management hilft, die Nutzenden bei Änderungen vorab zu informieren, falls sich z. B. Kennzahlen, Berechnungswege oder Dimensionen ändern. Dies kann nicht verhindern, dass z. B. Analysen nicht mehr vergleichbar sind, allerdings kann es die Gründe dafür proaktiv kenntlich machen und Fehlinterpretationen der Daten vermeiden.

---

[461] Vgl. Lahrmann, Schmaltz 2008, S. 33ff.

Diese Massnahme birgt das Risiko, dass für die Umsetzung tiefergehende Veränderungen in Nutzungsprozessen der IL-Systeme und für das Herstellen von Ergebnistransparenz potenziell auch technische Änderungen an den Systemen erforderlich sind.

Metadatenmanagement etablieren: Ziel dieser Massnahme ist es, den Nutzenden durchgehend MD zu den Daten aus den IL-Systemen zur Verfügung zu stellen. Hierzu müssen die relevanten Stakeholder identifiziert werden und der Nutzen von MDM analysiert werden. Zur Umsetzung müssen die Quellen von MD identifiziert und erschlossen werden. Wo diese nicht existieren, müssen u. U. entsprechende Datenquellen geschaffen und Prozesse zur initialen Erfassung und laufenden Pflege der MD definiert werden.

Sind die MD erschlossen, müssen sie mit den Daten zusammen verfügbar gemacht werden, etwa über Integration in die Reports oder in die Hilfe-Funktionalität der Frontends. Viele Frontend-Tools unterstützen diese Anbindung, was eine Umsetzung mit geringem Aufwand möglich macht. Eine Integration mit Modellen aus dem Enterprise Architecture(EA)-Bereich kann zudem die grossen Zusammenhänge zwischen Daten, Prozessen und Systemen sichtbar machen.

MD können auf verschiedene Weise den Nutzen der Daten steigern. Technische MD können z. B. Auskunft über die Formate, Aktualität, die Quellen und die Berechnungs- und Aggregationswege der Daten geben. Fachliche MD können die Bedeutung der einzelnen Daten klären und helfen, Verwechslungen zu vermeiden. Das MDM zielt also darauf, die Daten zugänglicher und verständlicher zu machen.

Das Risiko von MDM-Initiativen liegt in der Gefahr eines *Over-Engineerings*. Eine technologiezentrierte Herangehensweise, die auf einem möglichst mächtigen Tool zur MD-Verwaltung basiert, ist wenig zielführend, da das Tool in der Regel ohne MD ausgeliefert wird – es ist lediglich Mittel zum Zweck, das Inhalte nicht ersetzen kann.

Während die Verfügbarkeit technischer MD oft gut ist, da sie z. B. im Rahmen der ETL-Prozesse automatisch generiert werden, sind fachliche MD oft nicht von selbst verfügbar. Vielmehr müssen sie aufwändig manuell erfasst und gepflegt werden. Hier muss sorgfältig zwischen Kosten und Nutzen abgewägt werden.

Komplexität managen: Massnahmen zur Reduktion bzw. zum Management der Komplexität zielen darauf, die der IL inhärente Komplexität soweit möglich vor den Nutzenden zu verbergen. Die Masse der verfügbaren Informationen und die Komplexität der Datenmodelle sollen auf ein handhabbares Mass gefiltert werden, der Navigationsaufwand soll gesenkt werden.

Hierzu gibt es verschiedene Möglichkeiten:

- Nutzenden- bzw. rollenspezifische Interfaces blenden möglichst viele Informationen aus, die für die betreffenden Personen nicht relevant sind – z. B. basierend auf geographischen oder funktionalen Kriterien. Zusätzlich können oft benutzte Funktionalitäten hervorgehoben werden, um z. B. auf die meistgenutzten Reports von der Startseite aus zugreifen zu können. Rollenspezifische Reports können in Gruppen zusammengefasst werden, um die Navigation über verschiedene Kategorien hinweg zu vermeiden.
- Eine Konsolidierung der Reports durch Löschen bzw. Ausblenden vom überflüssigen und redundanten Reports verhindert Unsicherheiten über die genauen Eigenschaften ähnlicher Reports und beschleunigt die Navigation. Auf Ebene der Datenmodelle können ebenfalls unnötige bzw. verwirrende Strukturen ausgeblendet werden.
- Schliesslich kann die Anzahl an Ad hoc-Reports verringert werden, indem parametrisierbare Reports für häufige Fragestellungen erstellt werden, die mit geringem Aufwand anpassbar sind. Solche Parametrisierung ist i. d. R. erheblich schneller durchführbar als das Erstellen von Ad hoc-Reports direkt aus den Tabellenstrukturen.

Diese Massnahmen setzen an den Frontends an. Eine Reduktion der Komplexität in den Basissystemen sollte vermieden werden. Einerseits besteht die Gefahr von Fehlern, wenn schon in den Basissystemen Aggregationen vorgenommen werden. Andererseits gehen dadurch Quelldaten unwiederbringlich verloren, die möglicherweise in der Zukunft von grossem Nutzen sein könnten.

Nutzenpotenziale demonstrieren: Um Tätigkeitsrelevanz, Nachweisbarkeit und Image der IL zu verbessern, können Nutzenpotenziale demonstriert werden. Vor der Implementierung des Systems ist hierzu ein Prototyp geeignet, der unter Einbeziehung der Nutzenden entwickelt werden sollte. Dieser Prototyp kann den Einsatz des Systems „zum Anfassen" demonstrieren. Zusätzlich sollten im Vorfeld Stakeholder identifiziert werden und mögliche Ängste bzw. Vorbehalte abgebaut werden.

Auch nach der Implementierungsphase können gute Ergebnisse zur Vermarktung des Systems beitragen, etwa durch Erfolgsgeschichten, die im Intranet publiziert werden. Zufriedene Nutzende sollten in diese Bemühungen eingebunden werden, um ihre Glaubwürdigkeit im Kollegenkreis zu nutzen.

Schliesslich sollten über Shared Leadership die Kritiker zu Beteiligten gemacht werden. Anforderungen können besser umgesetzt werden, wenn nicht komplett zentral gesteuert wird, sondern lokale Stakeholder bei der Identifikation von Anforderungen die Führung übernehmen. Der IL-Einheit kommt dabei die Aufgabe einer zentralen Koordination und Umsetzung zu.

Der Vorteil dieses Vorgehens ist, dass sich Stakeholder so ernst genommen fühlen und sich eher mit der Lösung identifizieren können, auch wenn nicht alle Anforderungen umgesetzt werden können.

Voraussetzung für den Erfolg dieser Massnahme ist die Einbindung der Nutzenden in den Fachbereichen. Dies erfordert ein gewisses Verkaufstalent, was in technisch orientierten IL-Organisationen oft nicht zur Kernkompetenz gehört. Schliesslich besteht die Gefahr der Schönfärberei – Nutzende reagieren sehr sensibel darauf, wenn nicht offen mit den Schwächen der Lösungen umgegangen wird.

Power User-Treffen: Periodische Treffen von *Power Usern* sind ein bewährtes Mittel zur Erhöhung der Akzeptanz von IL. Sie können verschiedene Einflussfaktoren positiv beeinflussen. Um sinnvoll zu sein, müssen diese Treffen in Arbeitsatmosphäre wichtige Nutzende zusammenbringen, um festgelegte Ziele zu erreichen. Bewährte Komponenten sind Vorträge (etwa zu neuen Inhalten oder Systemkomponenten), Fragestunden und interaktive Trainingseinheiten, die die *Power User* in die Lage versetzen, ihrerseits Nutzende zu schulen. Zusätzlich sinnvoll ist eine Integration von Entwicklern bzw. Geschäftsprozessverantwortlichen, um zusätzliches Know-how aus der technischen Perspektive (z. B. hinsichtlich der Datenmodelle) und der Business-Perspektive (hinsichtlich der zu unterstützenden Geschäftsprozesse) zu vermitteln. Interaktive Unterrichtsformen sind dabei besonders erfolgversprechend.[462]

Neben dem unmittelbaren Wissenszuwachs profitieren die Teilnehmenden auch von der Gelegenheit zum Networking. Weitere Nutzende können von der Weitergabe der Erfahrungen profitieren, das IL-Team kann in der direkten Interaktion mit den Nutzenden Feedback zum System sammeln. Allerdings ist diese Art Treffen mit erheblichem Aufwand verbunden: Treffen müssen vorbereitet, durchgeführt und nachbereitet werden, damit langfristiger Nutzen entsteht.

Frequently Asked Questions: Zur Erhöhung der Accessibility und der Ergebnistransparenz bietet sich die Sammlung und Systematisierung von häufig gestellten Fragen in einer *Frequently Asked Questions* (FAQ)-Sammlung an. Hier können an zentraler Stelle wiederkehrende Fragen der Nutzenden gesammelt beantwortet werden. Eine Verteilung der FAQs in Papierform oder in durchsuchbarer Form z. B. im Intranet fördert die

---

[462] Vgl. Abschnitt 4.2.1.

Auseinandersetzung mit dem System und kann Probleme vor dem Entstehen verhindern.

Diese Massnahme ist allerdings mit nicht unerheblichem Aufwand verbunden. Während die Verteilung der Fragen problemlos ist, erfordert das Zusammenstellen der FAQs eine sachkundige Redaktion unter Mitwirkung von Fachexperten und die Auswertung z. B. von Support-Datenbanken und Ticketing-Systemen.

Image verbessern: Massnahmen zur Verbesserung des Images von IL setzen an der Wahrnehmung durch die Nutzenden an. Dies kann z. B. einerseits durch Marketingmassnahmen geschehen.[463] Diese Marketingmassnahmen zielen einerseits auf die Steigerung des Bekanntheitsgrads der Systeme und ihrer Fähigkeiten, andererseits auch auf die Demonstration des Nutzens. Zusätzlich können kommunikative Massnahmen direkt bei den wichtigsten Stakeholdern ansetzen. Ein Top-down-Vorgehen ist hier besonders erfolgversprechend, da klarer *Management Support* die wahrgenommene Nützlichkeit der Systeme steigert.

Ebenso sinnvoll ist die kurzfristige Reaktion auf Feedback der Nutzenden. Wo die Rückmeldungen schnell berücksichtigt werden und Feedback nicht in einem „schwarzen Loch" verschwindet, fühlen Nutzende sich ernst genommen und sind so eher bereit, sich mit dem System auseinanderzusetzen.

6.7 Zusammenfassung der Fallstudien

Die Fallstudien zeigen, dass Fragen der Akzeptanz der IL-Systeme in allen befragten Unternehmen adressiert worden sind. In allen Fällen wurden verschiedene Massnahmen zur Akzeptanzsteigerung ergriffen, einige Massnahmen (insbesondere strukturierte Fehlerprozesse und Trainingsmassnahmen) scheinen weitgehend üblich zu sein. Darüber hinaus findet sich eine grosse Anzahl an unterschiedlichen Massnahmen zur Akzeptanzsteigerung, die in den Unternehmen eingesetzt werden. Massnahmenschwerpunkte zeigen sich in den Bereichen Designcharakteristika, Training und organisatorischer Support, während Massnahmen aus den anderen Klassen eher seltener umgesetzt werden.

Die Massnahmen adressieren alle im Akzeptanzmodell identifizierten Einflussfaktoren auf die IL-Akzeptanz. Dabei finden sich nur einzelne Massnahmen zur Steigerung von interner Kontrollüberzeugung und *Management Support*, während andere Faktoren

---

[463] Vgl. Lahrmann et al. 2009.

wie Tätigkeitsrelevanz, Datenqualität und Systemqualität durch eine Vielzahl von Massnahmen adressiert werden.

Die Fallstudien liefern daher eine grosse Zahl an Anregungen für die Gestaltung sinnvoller Massnahmen, die im folgenden Kapitel aufgegriffen und zu Massnahmen-Mustern detailliert werden. In Tabelle 6-8 sind die umgesetzten Massnahmen und ihre Wirkung auf die Einflussfaktoren der Akzeptanz zusammengefasst.

Auffällig ist, dass ein systematisches Vorgehen zur Akzeptanzsteigerung in den befragten Unternehmen nicht zu beobachten ist. Massnahmen werden eher unstrukturiert aufgrund des von der IL-Organisation wahrgenommenen Bedarfs bzw. auf Anforderung der Nutzenden ausgewählt. Eine systematische Messung der Akzeptanz findet wenn überhaupt nur punktuell und einmalig statt. Eine systematische Verfolgung der Akzeptanz oder Messung des Massnahmenerfolgs ist in den befragten Unternehmen nicht erkennbar. Auch werden die Massnahmen nicht in Form von systematischen Programmen, sondern eher in individuellen Projekten anhand von akuten Bedarfen umgesetzt.

Massnahmen-klasse	Massnahme	Quellen (Fallst. Nr.)	Management Supp.	Tätigkeitsrelevanz	Datenqualität	Nachweisbarkeit	CSE	Fördernde Umstände	Systemqualität
Design-charakteristika	Katalogisierung verfügbarer Reports in Reporting-Portal	1							X
	Fehlerprozess zur Meldung und Behebung von DQ-Problemen	1,2,3,4			X				
	Technische DQ-Massnahmen im Ladeprozess (Vollständigkeit, Gültigkeit der Werte u. a.)	1,2,3,5			X				
	Monitoring und Reporting der Datenqualität zur Information der Nutzenden	2,3,5			X				
	Automatische Fehlerbereinigung für Analyse-ergebnisse durch Korrektur buchungsbedingter Ungenauigkeiten	4			X	X			
	Monitoring und Reporting der System-verfügbarkeit zur Information der Nutzenden	3			X				X
	Senken der Interfacekomplexität durch Ausblenden irrelevanter Reports und Daten	5		X					X
	Integration von MD in Reports zur Dokumenta-tion von Herkunft und Bedeutung der Daten	2,5			X	X			X
	Optimierung der Systemleistung zum Abfangen von Lastspitzen	2							X
	Manuelle Qualitätskontrollen für monatlich erzeugte Reports	2			X				
Nutzenden-beteiligung	Prototypgestützte Informationsbedarfsanalyse in Zusammenarbeit zwischen IL-Spezialisten und Nutzenden	1		X		X			
	Prototyping im Entwicklungsprozess zur Demonstration von Funktionalität	5		X	X	X			X
	Workshops zur Informationsbedarfsanalyse mit Nutzenden und IL-Organisation	4		X	X				
	Internes Marketing für die IL	2,5	X	X		X			
	Change Management bei inhaltlichen Systemän-derungen zur Kommunikation der Implikationen	3, 5		X	X				X
Management-unterstützung	Sponsoring durch das Top-Management	1,4	X	X					
	Strategische Positionierung des IL-Projekts im Projektportfolio	3	X	X					
Anpassung von Anreizen	Einheitliche Leistungsverrechnung für alle IL-Leistungen	2	X	X		X			

Fallstudien zur Akzeptanz der Informationslogistik

Massnahmenklasse	Massnahme	Quellen (Fallst. Nr.)	Management Supp.	Tätigkeitsrelevanz	Datenqualität	Nachweisbarkeit	CSE	Fördernde Umstände	Systemqualität
Training	Strukturierte Ausbildung von Analysten in Werkzeugen, Daten und fachlichen Fragestellungen	1	X	X	X				X
	Inhaltsbezogene Schulungen zu Semantik der Daten	1,3,4	X	X	X	X			
	Technikbezogene Schulungen	1,3,4					X	X	X
	Power User-Treffen zum Erfahrungsaustausch	2,4,5	X	X					X
Organisatorischer Support	Temporäre Übernahme von IL-Nutzungsprozessen in den Fachbereichen	1		X	X	X			
	Fachlicher Support durch die IL-Organisation	1		X	X	X			
	Analytische Dienstleistungen mit Übernahme komplexer Nutzungsprozesse	1,2,4		X	X			X	
	Self Service-Angebote zur Information der Nutzenden	2,5		X	X	X		X	X
	Erklärung von Abweichungen im neuen System bei Migration	4		X	X	X			
Peer-Support	Vernetzung der *Power User* zum Erfahrungsaustausch	3		X	X			X	X
	Fachlicher Support durch den Fachbereich	3,4		X	X			X	X

Tabelle 6-8: Übersicht über die Massnahmen

7 Massnahmen zur Steigerung der Informationslogistik-Akzeptanz

Eines der Ziele des Konstruktionsprozesses ist es, Massnahmen zur Steigerung der IL-Akzeptanz zu identifizieren und in für eine situative Anwendung geeigneter Form zu dokumentieren. Die identifizierten Massnahmen sollen dabei konkreter sein als die in der Literatur identifizierten generischen Massnahmenklassen (vgl. Abschnitt 4.2.1), insbesondere sollen sie auf die besonderen Anforderungen der IL zugeschnitten sein. In diesem Abschnitt werden auf Basis der durchgeführten Fallstudien geeignete Massnahmen identifiziert und dokumentiert (vgl. Tabelle 6-8).

Bei der Dokumentation der Massnahmen treten zwei Probleme auf: Einerseits müssen die Massnahmen in verschiedenen Situationen einsetzbar sein (vgl. Abschnitt 2.1.3), andererseits müssen sie in für die vorliegende Arbeit angemessen knapper Form dokumentiert werden.[464] Daher beschreibt diese Arbeit einen Katalog von Mustern für Massnahmen zur Akzeptanzsteigerung. Muster (auch Entwurfsmuster bzw. *Patterns*) sind Schablonen für die Lösung wiederkehrender Entwurfsprobleme.[465] Muster können als eine Art von situativen MF aufgefasst werden. Nach der Klassifikation von BRINKKEMPER ET AL. sind sie auf der Granularitätsstufe der *Stage* einzuordnen, sie adressieren einen Abschnitt im Lebenszyklus eines IS.[466] Allerdings enthalten sie nur Teile der üblichen Bestandteile einer Methode.[467] Die Muster konzentrieren sich auf die Beschreibung einer Lösung (d. h. der Ergebnisse in der Terminologie des Methodenengineering) und der Situation, in der sie anwendbar sind. Das Vorgehensmodell, das in der Dokumentation von Methoden oft an zentraler Stelle steht, wird lediglich skizziert.

Ihren Ausgangspunkt hat die Nutzung von Mustern im Software Engineering, in jüngerer Zeit wird ihr Einsatz auch für den Bereich der EA und für Forschungsmethodik im DR-Umfeld vorgeschlagen.[468] Muster abstrahieren von bestehenden Implementierungen und identifizieren die typischen Elemente dieser Lösungen. Damit dienen sie als Anleitung für den Entwurf spezifischer Implementierungen und ermöglichen so die

---

[464] Teile der Massnahmen könnten dabei durchaus in Form von umfassenden Methoden ausgearbeitet werden, für beispielhafte Umsetzungen vgl. Helfert 2002; Klesse 2007; Strauch 2002.
[465] D. h. konzeptionelle Methodenfragmente im Sinne von HARMSEN ET AL., vgl. Harmsen et al. 1994, S. 177.
[466] Vgl. Brinkkemper et al. 1999, S. 211.
[467] Vgl. Abschnitt 8.1 und Gutzwiller 1994, S. 12ff.
[468] Vgl. Buckl et al. 2008; Buckl et al. 2007; Buschmann et al. 1996; Fowler et al. 2003; Gamma et al. 1996; Gericke 2009; Vaishnavi, Kuechler 2007.

Wiederverwendung erfolgreicher Lösungsentwürfe.[469] Durch ihre Abstraktheit können die Muster in verschiedenen Situationen eingesetzt werden, ihre relativ kompakte Dokumentation ermöglicht das Behandeln einer sinnvollen Anzahl von Mustern mit vertretbarem Aufwand. Dabei gilt wie für andere Kataloge von Mustern, dass bei der Dokumentation der Muster keine Vollständigkeit angestrebt wird. Vielmehr soll eine nützliche Basis von Mustern zur Verfügung gestellt werden, die im Rahmen der Methodenanwendung oder durch weitere Forschungsarbeiten erweitert werden kann.[470]

7.1 Dokumentation der Massnahmen als Patterns

Die in den folgenden Abschnitten verwendete Dokumentationsform für die Massnahmenmuster lehnt sich an die Dokumentationsformen aus der Literatur an. Viele der bestehenden Musterkataloge nutzen ähnliche Bestandteile in ihren Musterbeschreibungen, wobei sich die Benennung und Reihenfolge der Unterabschnitte unterscheiden. Tabelle 7-1 fasst die wichtigsten Bestandteile der Musterbeschreibungen zusammen.

Muster	
Situation	Situationen, in denen ein Muster anwendbar ist
Problem	Beschreibung des Problems, das wiederholt im Kontext auftritt
Lösung	Schema für die Lösung des Problems

Quelle: Vgl. Buschmann et al. 1996, S. 11.

Tabelle 7-1: Bestandteile von Mustern

Bedingt durch den unterschiedlichen Einsatzzweck der Muster ergeben sich Unterschiede in der Schwerpunktsetzung und in der Beschreibung der Musterbestandteile. Musterkataloge aus dem Bereich der objektorientierten Softwareentwicklung setzen oft auf umfangreiche Programmcode-Beispiele und *Unified Modelling Language* (UML)-Diagramme für die Beschreibung von Struktur und Verhalten.[471] Für den hier angestrebten Einsatz scheint eine weniger formalisierte und weniger beispielgetriebene Dokumentationsform sinnvoller.[472] Daher lehnt sich die Dokumentation an das von BUCKL ET AL. vorgeschlagene Schema zur Dokumentation von Methodenmustern an, da dieses für eine höhere Abstraktionsebene als die Software Engineering-Muster gedacht ist und explizit zur Beschreibung von Vorgehensweisen im Kontext der IS-

---

[469] Vgl. Buschmann et al. 1996, S. 2ff.; Gamma et al. 1996, S. 1ff.; Hohpe, Woolf 2003.
[470] Vgl. z. B. Fowler et al. 2003, S. 13.
[471] Vgl. Buschmann et al. 1996; Gamma et al. 1996.
[472] Vgl. Buckl et al. 2007, S. 155.

Gestaltung auf der Makroebene vorgesehen ist.[473] Tabelle 7-2 gibt einen Überblick über die Bestandteile der Pattern-Dokumentation.

Abschnitt		Bemerkungen		
	Zusammenfassung	Kurze Zusammenfassung des Musters		
	Klasse	Klasse der Massnahme (vgl. Anschnitt 4.2.1)		
	Quellen	Fallstudien/Literatur, aus denen die Massnahme hervorgeht		
Problem				
	Concerns	Adressierte Probleme. Problemtypen werden zu *Concerns* zusammengefasst, hier ergeben sich die *Concerns* aus den im Akzeptanzmodell identifizierten Akzeptanztreibern.		
	Zielgruppe	Adressierte Nutzendengruppen		
	Rahmenbedingungen	Aspekte der Situation, die eine Umsetzung erleichtern oder erschweren		
	Ziel/Vorgehen	Beschreibung des Musters. Detaillierung im Fliesstext unterhalb der Tabelle		
	Periodizität	Häufigkeit der Massnahmendurchführung		
	Varianten	Alternative Realisierungsmöglichkeiten oder Teillösungen		
	Voraussetzungen	Hinweise zu Voraussetzungen des Massnahmeneinsatzes		
	Nutzentreiber	Wirkungsweise der Massnahme auf die *Concerns*		
	Kostentreiber	Umsetzungsaspekte mit erheblichem Einfluss auf die Implementierungskosten		
	Wirkung	Zusammenfassung der Wirkung auf die einzelnen *Concerns*		
	Einfluss	Prozesse	Prozesse der IL, die durch die beschriebene Massnahme beeinflusst werden (vgl. Abschnitt 2.1.3.)	Systemkomponenten	Systemkomponenten der IL, die durch die beschriebene Massnahme beeinflusst werden (vgl. Abschnitt 2.1.3.)
	Literatur	Literaturhinweise zur Detaillierung und Umsetzung der Massnahmen		

Quelle: Vgl. Buckl et al. 2008, S. 21f.

Tabelle 7-2: Beschreibung der Massnahmen-Muster

Um die Aufgaben zu identifizieren, für deren Lösung die einzelnen Muster geeignet sind, systematisieren BUCKL ET AL. die Aufgaben in Form von *Concerns*.[474] *Concerns* sind Management-Ziele oder Fragen, die für die Anspruchsgruppen der EA beantwor-

---

[473] Vgl. Buckl et al. 2008, S. 21f.
[474] Vgl. Buckl et al. 2008, S. 17.

tet werden sollen.[475] Dieses Konzept lässt sich einfach auf die vorliegende Methode übertragen: Hier ist das Oberziel vorgegeben als die Steigerung der IL-Akzeptanz. Es lässt sich anhand der akzeptanzbeeinflussenden Konstrukte des Akzeptanzmodells in einzelne *Concerns* zerlegen, die jeweils die Beeinflussung eines dieser Akzeptanzfaktoren zum Ziel haben. Um die Komplexität der Patterns und der darauf aufbauenden Methode zu reduzieren, werden im Folgenden die Einflussfaktoren von Datenqualität und Systemqualität nicht weiter differenziert, die beiden Qualitätskonstrukte werden nur in ihrer Gesamtheit betrachtet. In Tabelle 7-3 sind die aus dem Akzeptanzmodell abgeleiteten *Concerns* jeweils mit einer Kennung und einer kurzen Beschreibung zusammengefasst.

Für die Dokumentation der Massnahmen werden die Bereiche Übersicht, Problem und Konsequenzen jeweils in einer Tabelle zusammengefasst, Ziel und Vorgehen werden gesondert beschrieben. Die beeinflussten Prozesse und Systemkomponenten der IL werden anhand der Grafiken aus Abschnitt 2.1.3 visualisiert.

Kennung	Concern
MS	Herstellung von *Management Support* für die betrachteten IL-Systeme
TR	Verbesserung der Tätigkeitsrelevanz der Nutzung der betrachteten IL-Systeme
DQ	Steigerung der Datenqualität der Produkte der betrachteten IL-Systeme
NE	Steigerung der Nachvollziehbarkeit der von den betrachteten IL-Systemen gelieferten Ergebnisse
CSE	Steigerung der internen Kontrollüberzeugung der Nutzenden
FU	Verbesserung der fördernden Umstände im Kontext der Nutzung der betrachteten IL-Systeme
SQ	Steigerung der Systemqualität der betrachteten IL-Systeme

Tabelle 7-3: Concerns für die Akzeptanzsteigerung

7.2 Auswahl der Massnahmen-Patterns

Um aus den Fallstudien Massnahmen-Patterns für die Akzeptanzsteigerung abzuleiten, werden zunächst Kandidaten für eine weitere Detaillierung als Patterns ausgewählt. Hierbei wird eine Auswahl aus den in den Fallstudien identifizierten Massnahmen getroffen, um die beschriebenen Patterns in angemessener Detaillierungstiefe darstellen zu können. Massnahmen werden so ausgewählt, dass eine möglichst vollständige Abdeckung der *Concerns* und der Massnahmenklassen (vgl. Abschnitt 4.2.1) erreicht wird. Als weiteres Kriterium werden Massnahmen berücksichtigt, die besonders auf die Spezifika der IL eingehen oder über den Einzelfall hinaus besonders interessant er-

---
[475] Vgl. Aier et al. 2008a, S. 560.

scheinen. Massnahmen, die in mehreren Fallstudien umgesetzt wurden, werden als allgemein bekannter Stand der Technik betrachtet. Sie werden daher zu Gunsten allfälliger Alternativen zurückgestellt. Tabelle 7-4 gibt einen Überblick über die ausgewählten Massnahmen, ihre Klassen und die von ihnen adressierten *Concerns*. In den folgenden Abschnitten werden diese Patterns detailliert beschrieben.

Nr.	Massnahmen-klasse	Massnahme	Quellen (Fallst. Nr.)	Adressierte Concerns						
				MS	TR	DQ	NE	CSE	FU	SQ
1	Designcharakteristika	Integration von MD in die Reports	2,5			X	X			X
2		Katalogisierung verfügbarer Reports	1		X		X			X
3		Senken der Interfacekomplexität	5	X						X
4	Nutzendenbeteiligung	Prototypgestützte Informationsbedarfsanalyse	1			X	X			
5		Internes Marketing	2,5	X	X		X			
6	Managementunterstützung	Sponsoring durch das Top-Management	1,4	X	X					
7	Anpassung von Anreizen	Interne Verrechnung aller IL-Leistungen	2	X	X		X			
8	Training	Technikbezogene Schulungen	1,3,4					X	X	X
9	Organisatorischer Support	Analytische Dienstleistungen	1,2,4	X	X				X	
10	Peer-Support	Fachlicher Support durch Key Player in den Fachbereichen	3,4	X	X				X	X

Tabelle 7-4: Übersicht über die Massnahmen-Patterns

7.3 Massnahmen-Patterns zur Steigerung der IL-Akzeptanz

7.3.1 Pattern 1 – Integration von Metadaten in Reports

Pattern 1 – Integration von Metadaten in Reports		
Übersicht		
	Zusammenfassung	MD zu Quellen der Daten, Verarbeitungswegen und erreichter Datenqualität werden in den Reports dargestellt
	Klasse	Designcharakteristika
	Quellen	Fallstudien Bank, Automobilhersteller, Expertenworkshop
Problem		
	Concerns	DQ, NE, SQ
	Zielgruppe	Alle Nutzenden
	Rahmenbedingungen	• Bestehendes MDM-System verringert Aufwand erheblich • Integrationsmöglichkeit mit Pattern 2 (Reportkatalogisierung)
Lösung		
	Ziel/Vorgehen	siehe unten
	Periodizität	Einmalige Implementierung, laufende Betriebsprozesse
	Varianten	• Beschränkung auf MD zu Abstammung (Lineage) oder Qualität • Dokumentation der MD ausserhalb der Reports, z. B. in MD-Portal
Konsequenzen		
	Voraussetzungen	• Erfassung/Generierung und Speicherung relevanter MD im Verarbeitungsprozess • Übergeben der MD an die IL-Applikationen
	Nutzentreiber	• Verbesserte Transparenz bei Datenqualität und Herkunft der Daten • Verbesserte Nachvollziehbarkeit der Ergebnisse
	Kostentreiber	• Entwicklung von Systemkomponenten zur MD-Verwaltung • Initiale Erfassung von MD • Laufende MD-Pflegeprozesse • Anpassung von IL-Applikationen, individuelle Anpassung der Reports
	Wirkungsweise	• DQ: Steigerung der wahrgenommen Transparenz und Genauigkeit • NE: Dokumentation der Datenherkunft • SQ: Steigerung der Accessibility durch Darstellung der Datenherkunft
	Einfluss	(Diagramm)
	Literatur	Foshay et al. 2007: Klassifikation, Wirkung und Nutzen von MD Auth 2003: Prozessgestaltung für das MDM Kremer 2004: Konzeption des MDM

Tabelle 7-5: Pattern 1- Integration von Metadaten in Reports

Ziel: Das Pattern „Integration von MD in Reports" hat das Ziel, MD aus den Bereichen Abstammung und Qualität im Kontext der Reports und Analysen zur Verfügung zu stellen. MD zu Abstammung (*Lineage*) dokumentieren die ursprünglichen Quellen der Daten und die Transformationen im Verarbeitungsprozess, MD zur Datenqualität dokumentieren das erreichte Qualitätsniveau der Daten bezüglich der verschiedenen Qualitätsdimensionen.[476] Diese MD werden in die Reports selber integriert, z. B. indem Qualitätskennzahlen im Kopf der Reports dargestellt werden oder indem Informationen zur Datenherkunft in Form eines Glossars dokumentiert werden. Alternativ können die MD auch im Kontext der Reports, z. B. in einem IL-Portal, über das auf die Reports zugegriffen wird, verfügbar gemacht werden. Dabei sind einfache Formen der Integration denkbar, etwa ein Kenntlichmachen der Aktualität (letzter Ladestand und letzte Berechnung des Reports) oder auch komplexere Formen, etwa mit weitergehenden Qualitätskennzahlen oder mit Angabe von Konfidenzintervallen für die Geschäftskennzahlen in den Reports.[477]

Dies ermöglicht den Nutzenden, die Bedeutung und Qualität der Daten besser zu beurteilen. Dadurch kann das Vertrauen der Nutzenden in die Daten und darüber die Nutzungsbereitschaft gesteigert werden.[478] Während der Entwicklung von Abfragen benötigen *Power User* weniger Zeit für die Umsetzung und Qualitätssicherung.[479] Bei der Nutzung bestehender Reports können Nutzende Verständnis für und Vertrauen in die Daten entwickeln. Die MD helfen zudem, die Konsequenzen der Daten für ihre Entscheidungen abzuschätzen, was wiederum Effizienz und Qualität des Entscheidungsprozesses steigert.[480]

Diese Massnahme wirkt auf die *Concerns* Datenqualität (über die Steigerung der wahrgenommen Transparenz und Genauigkeit), Nachvollziehbarkeit der Ergebnisse (über die Dokumentation der Datenherkunft) und Systemqualität (über die Steigerung der Accessibility durch Darstellung der Datenherkunft).

Vorgehen: Die Integration von MD in die Reports erfordert erhebliche Vorarbeiten im Bereich der IL-Integrationsinfrastruktur. Da diese Infrastrukturkomponenten für verschiedene Arten von MD nutzbar sind, ist eine Kombination mit Massnahmen zur Nutzbarmachung anderer nutzungsbezogener MD (vgl. Abschnitt 7.3.2) bzw. entwicklungs- und administrationsbezogener MD sinnvoll. MELCHERT beschreibt detail-

---
[476] Vgl. Foshay et al. 2007, S. 72.
[477] Vgl. Auth 2003, S. 138ff.; Melchert 2006, S. 162ff.
[478] Vgl. Jung 2006, S. 144f.; Ye, Johnson 1995.
[479] Vgl. Watson, Haley 1998, S. 36.
[480] Vgl. Chenoweth et al. 2004, S. 80f.; Shankaranarayanan, Even 2006, S. 90.

liert eine Methode zur Einführung des MDM im Data Warehousing, die die wichtigsten Schritte für die für diese Massnahme erforderliche MD-Integration aufführt.[481]

Als erster Schritt muss die MD-Konzeption (d. h. das MD-Datenmodell, die MD-Integrationsinfrastruktur und die MD-Prozesse)[482] daraufhin überprüft werden, inwieweit die relevanten qualitäts- und herkunftsbezogenen MD erfasst und gespeichert werden bzw. inwieweit die den abzubildenden Kennzahlen zugrunde liegenden Grössen verfügbar sind.

Wo diese Daten fehlen, sind in einem zweiten Schritt entsprechende Anpassungen an den Komponenten des MDM-Systems vorzunehmen. Dies betrifft in unterschiedlichem Masse alle von MELCHERT vorgestellten Komponenten des MDM-Systems.[483] Am MD-Bereitstellungskonzept sind die umfangreichsten Änderungen erforderlich. Hier muss definiert werden, welche MD in den einzelnen Reports (bzw. Klassen von Reports) bereitgestellt werden und wie diese MD integriert werden. Das MD-Integrationssystem muss um allfällige zusätzliche Daten ergänzt werden und die Berechnung neuer Kennzahlen muss implementiert werden. Diese neuen MD müssen auch im MD-Verwaltungssystem abgebildet werden und die zugehörigen Historisierungsmechanismen und Zugriffsrechte müssen spezifiziert werden. Schliesslich müssen die technischen Komponenten zur MD-Aufbereitung und die MD-IT-Architektur angepasst und u. U. um zusätzliche Schnittstellen ergänzt werden.

In einem dritten Schritt werden die analytischen Applikationen angepasst. Diese Massnahme zielt im Gegensatz zu MELCHERTS portalbasiertem Bereitstellungsansatz auf eine direkte Integration der MD in die Reports.[484] Daher erfordert die Umsetzung der Massnahme eine Modifikation der analytischen Applikationen, um die im Bereitstellungskonzept dokumentierten Änderungen umzusetzen.

Im vierten Schritt müssen die Prozesse des MDM angepasst werden, um eine kontinuierliche Pflege der MD sicherzustellen. Der MDM-Prozessklassifizierung von AUTH folgend, betrifft dies im Kontext dieser Massnahme die MD-produzierenden Prozesse Datenqualitätsmanagement und Datenstrukturmanagement.[485]

---

[481] Vgl. Melchert 2006, S. 149ff.
[482] Vgl. Melchert 2006, S. 202ff.
[483] Vgl. Melchert 2006, S. 161.
[484] Vgl. Melchert 2006, S. 265ff.
[485] Vgl. Auth 2003, S. 195.

7.3.2 Pattern 2 – Katalogisierung verfügbarer Reports

Pattern 2 – Katalogisierung verfügbarer Reports		
Übersicht		
	Zusammenfassung	Reports werden mit Definitions- und Navigations-MD in einem zentralen Portal zur Verfügung gestellt
	Klasse	Designcharakteristika
	Quellen	Fallstudien Telekommunikationsunternehmen, Expertenworkshop
Problem		
	Concerns	TR, NE, SQ
	Zielgruppe	Alle Nutzenden
	Rahmenbedingungen	• Besonders nützlich in heterogenen/verteilten IL-Architekturen • Kombinationsmöglichkeit mit Pattern 1 (Metadatenintegration) und 3 (Senken der Interfacekomplexität)
Lösung		
	Ziel/Vorgehen	Siehe unten
	Periodizität	Einmalige Implementierung, laufende Betriebsprozesse
	Varianten	• Reporting-Portal für ein einzelnes IL-System
Konsequenzen		
	Voraussetzungen	• Erfassung/Generierung und Speicherung relevanter MD im Verarbeitungsprozess • Übergeben der MD an die IL-Applikationen
	Nutzentreiber	• Verbesserte Auffindbarkeit der Reports • Besserer Überblick über das Leistungsangebot der IL
	Kostentreiber	• Entwicklung von Systemkomponenten zur MD-Verwaltung • Initiale Erfassung von bestehenden Reports und zugehörigen MD • Laufende Prozesse für MD-Pflege und Portalbetrieb
	Wirkung	• TR: Explizierung der Bedeutung der Daten erleichtert Einschätzung der Nutzbarkeit • NE: Dokumentation der Definition von Inhalten • SQ: Erhöhung der Accessibility infolge erleichterter Auffindbarkeit von Inhalten
	Einfluss	(Diagramm)
	Literatur	Auth 2003: Prozessgestaltung für das MDM Kremer 2004: Portale für die Informationsversorgung Melchert 2006: Konzeption des MDM

Tabelle 7-6: Pattern 2 – Katalogisierung verfügbarer Reports

Ziel: Das Pattern „Katalogisierung verfügbarer Reports" hat das Ziel, die Inhalte möglichst vieler vordefinierter Reports und Analysen aus verschiedenen IL-Systemen in einem IL-Portal an zentraler Stelle zu katalogisieren. Dieses Portal bündelt die „Inhalte[n] und Funktionen heterogener Systeme in einer einheitlichen Benutzerschnittstelle mit anwendungsübergreifenden Navigations- und Suchmechanismen"[486]. Es kann als eigenständiges System betrieben werden oder in bestehende Unternehmensportale integriert werden.[487] Für die IL bedeutet dies, dass die Reports und Analysen aus verschiedenen analytischen Systemen im IL-Portal erfasst, kategorisiert und mit MD versehen werden. Zu den Reports werden Definitions- und Navigations-MD erfasst. Die Definitions-MD beschreiben die Inhalte und Bedeutung der Daten aus Geschäftssicht und die Navigations-MD beschreiben, wo in den IL-Systemen die Daten gespeichert sind.[488] Über Hyperlinks wird der direkte Zugriff auf die Reports ermöglicht. Eine Suchfunktion erleichtert das Auffinden der Inhalte nach Stichworten oder Kennzahlen, die frei oder über eine Klassifizierung vorgegeben sein können.[489] Die Kategorisierung der Reports kann dabei auch systemübergreifend erfolgen.

Für die Nutzenden ist diese Art von Portal besonders bei komplexen IL-Architekturen mit mehreren analytischen Applikationen, bei sehr grossen IL-Systemen und in Nutzungsszenarien mit sich schnell wandelnden Informationsbedarfen sinnvoll. In solchen Situationen existiert oft eine grosse Zahl Reports aus verschiedenen Quellen, ohne dass die Nutzenden einen Überblick über das Leistungsangebot der IL hätten, d. h. darüber, welche Reports verfügbar sind und was die genauen Inhalte der Reports sind. Die Suche nach den benötigten Daten wird dadurch sehr aufwändig und das Risiko von Fehlentscheidungen aufgrund falscher Daten steigt. Werden MD zu Definition und Navigation im System erfasst und in ein IL-Portal integriert, kann das implizite Wissen der Nutzenden bzw. Systemverantwortlichen bezüglich der Inhalte des Systems expliziert und weiteren Nutzendengruppen zugänglich gemacht werden.[490] Die MD erlauben es den Nutzenden, ohne die Hilfe Dritter passende Reports zu finden und den Inhalt der Reports zu beurteilen.

Diese Massnahme beeinflusst die *Concerns* Tätigkeitsrelevanz (indem die Explizierung der Bedeutung der Daten die Einschätzung der Nutzbarkeit erleichtert), Nachvollziehbarkeit der Ergebnisse (durch Dokumentation der Definition von Inhalten) und

---

[486] Kremer 2004, S. 15. Vgl. auch Kemper et al. 2006, S. 134.
[487] Vgl. Kemper et al. 2006, S. 132ff.
[488] Vgl. Foshay et al. 2007, S. 72.
[489] Vgl. Kremer 2004, S. 21ff.; Schmaltz 2005, S. 62ff.
[490] Vgl. Markus 2001, S. 64ff.; Shankaranarayanan, Even 2004.

Systemqualität (durch Erhöhung der Accessibility infolge erleichterter Auffindbarkeit von Inhalten).

Vorgehen: Das Vorgehen zur Umsetzung dieser Massnahme ähnelt dem Vorgehen für Pattern 1 (Integration von MD in Reports).

Ausgangspunkt der Massnahmenumsetzung ist eine Identifikation der im Portal zu katalogisierenden IL-Applikationen und der von ihnen gelieferten Reports. Als weitere Grundlage müssen für diese Reports die erforderlichen MD erfasst und verfügbar gemacht werden, die beiden Schritte zur Anpassung der MDM-Konzeption und des MDM-Systems sind daher für diese Massnahme analog umzusetzen.

In einem vierten Schritt zur Umsetzung wird das IL-Portal konzipiert. Hier kann dem von MELCHERT vorgeschlagenen Vorgehen zur Gestaltung des Portals gefolgt werden, da sich das IL-Portal und MD-Portale im Sinne von MELCHERT in ihrer Funktion ähneln.[491] Zuerst sind die Funktionalitäten des Portals zu definieren. Für das IL-Portal liegt der Schwerpunkt der Funktionalität auf dem Auffinden von Informationen. Daher benötigt es in erster Linie Funktionalitäten für Navigation und Suche sowie Erklärungsfunktionalitäten.[492] Als zweites ist das Oberflächenkonzept zu erstellen, das die Funktionen des Portals systematisiert und den Zugang zu den Funktionen ermöglicht. Drittens ist das Navigationskonzept zu gestalten, das die Inhalte und Funktionen des Portals inhaltlich verknüpft. In diesem Kontext müssen auch die Suchfunktionalität spezifiziert werden und (falls keine maschinelle Indizierung genutzt wird) die MD für eine manuelle Indizierung erfasst werden.[493]

Im fünften Schritt wird das IL-Portal implementiert. Dabei kann zur Senkung des Entwicklungsaufwands auf kommerzielle Standardsoftware als Basis für die Portalentwicklung zurückgegriffen werden.[494]

Im abschliessenden sechsten Schritt werden die MDM-Prozesse angepasst, damit Betrieb und Pflege des Portals sichergestellt sind. Der MDM-Prozessklassifizierung von AUTH folgend, betrifft dies im Kontext dieser Massnahme die MD-produzierenden Prozesse Terminologiemanagement, Datenkontextmanagement und Datenstrukturmanagement.[495]

---

[491] Vgl. Melchert 2006, S. 265ff.
[492] Vgl. Kremer 2004, S. 160ff.; Melchert 2006, S. 266ff.
[493] Vgl. Kremer 2004, S. 192ff.
[494] Vgl. Kremer 2004, S. 139ff.
[495] Vgl. Auth 2003, S. 195.

7.3.3 Pattern 3 – Senken der Interfacekomplexität

Pattern 3 – Senken der Interfacekomplexität		
Übersicht		
	Zusammenfassung	Die Komplexität des Interfaces wird gesenkt, indem für die Nutzenden nicht relevante Reports/Daten ausgeblendet werden
	Klasse	Designcharakteristika
	Quellen	Expertenworkshop
Problem		
	Concerns	TR, SQ
	Zielgruppe	Alle Nutzenden (Reports), *Power User* (Datenmodell)
	Rahmenbedingungen	• Besonders nützlich in komplexen IL-Architekturen • Kombinationsmöglichkeit mit Pattern 2 – Katalogisierung bestehender Reports
Lösung		
	Ziel/Vorgehen	Siehe unten
	Periodizität	Einmalige Implementierung
	Varianten	
Konsequenzen		
	Voraussetzungen	• Funktionalitäten zur Zugriffsbeschränkung in den analytischen Applikationen
	Nutzentreiber	• Verbesserte Auffindbarkeit von Reports • Verringertes Fehlerpotenzial durch Auswahl falscher Inhalte • Erleichterte Erstellung von Analysen
	Kostentreiber	• Erfassung der bestehenden Reports und Inhalte • Bildung von Rollen, Erfassung von Informationsbedarfen • Anpassung von IL-Applikationen und Reporting-Portal zur Beschränkung des Zugriffs
	Wirkung	• TR: Verfügbarkeit aufgabenadäquater Daten • SQ: Erhöhen der Accessibility durch vereinfachte Auffindbarkeit der relevanten Informationen
	Einfluss	*(Diagramm: Prozesse – Entwicklung/Betrieb – Systemkomponenten mit Nutzung (Std'a., Sondera., IKP), App/FB App/FS App, IIS/FB IIS/FS IIS, PF/TB PF/TS PF; Datenquellen IQ, EQ; IL-Integrationsinf. ETL, DH, Vert.; IL-Appl. App, DM, OpSy; Gemeinsame Komp., IL-Plattform)*
	Literatur	Foshay et al. 2007: Klassifikation, Wirkung und Nutzen von MD

Tabelle 7-7: Pattern 3 – Senken der Interfacekomplexität

Ziel: Diese Massnahme hat das Ziel, den Zugriff auf die Daten aus den IL-Systemen zu vereinfachen, indem die Komplexität der Nutzendenschnittstellen der IL-Applikationen gesenkt wird. Gerade grosse IL-Systeme enthalten vielfach eine grosse Zahl an Reports mit sich teils überschneidenden Inhalten. Die Datenmodelle solcher Systeme sind sehr umfangreich und komplex, um eine Vielzahl an Informationsbedarfen abdecken zu können. Die Massnahme zur Komplexitätsreduktion hat daher das Ziel, diese Komplexität vor den Nutzenden zu verbergen und den Nutzenden gezielt die Daten zur Verfügung zu stellen, die sie für die Befriedigung ihrer individuellen Informationsbedarfe benötigen.

Diese Komplexitätsreduktion kann auf zwei Ebenen erzielt werden. Einerseits kann die Komplexität des Frontends reduziert werden, indem die Zahl der angebotenen Reports reduziert wird. Diese Einschränkung kann durch individuelle Personalisierung, rollenbezogene *Viewpoint*-Bildung oder implizite Personalisierung erfolgen.[496] Bei individueller Personalisierung werden die angebotenen Inhalte durch die Nutzenden selber an die eigenen Präferenzen angepasst[497]. Dieser Ansatz erfordert eine individuelle Personalisierungsleistung durch die Nutzenden, was eine gewisse Kenntnis der vorhandenen Inhalte voraussetzt. Daher bietet sich zur Unterstützung der Nutzenden eine rollenbezogene Personalisierung an.[498] Bei dieser Art der Personalisierung werden für verschiedene Nutzendengruppen individuelle Informationsangebote vorgegeben, die für die Aufgabe der Gruppenmitglieder relevante Inhalte enthalten.[499] Die Auswahl erfolgt dabei durch die IL-Organisation in Kooperation mit den Fachbereichen, nicht durch die einzelnen Nutzenden. Schliesslich kann eine Personalisierung auch implizit erfolgen, indem auf Basis des Nutzungsverhaltens auf die Informationsbedarfe von Individuen oder Gruppen geschlossen wird.[500] Dies kann z. B. über Favoritenlisten, zuletzt genutzte Reports oder über Assoziationsanalysen geschehen. Um die Anzahl der Reports zu reduzieren, können schliesslich mehrere ähnliche Reports, die sich z. B. hinsichtlich der Dimensionselemente wie OE oder Zeitraum, nicht aber in den Kennzahlen unterscheiden, in einem einzelnen Report zusammengefasst werden, den die Nutzenden dann mittels Parametrisierung an ihre individuellen Anforderungen anpassen.

Die andere Ebene der Komplexitätsreduktion betrifft die Datenmodelle. Ähnlich wie die Personalisierung des Frontends zielt auch sie darauf, nicht relevante Teile des Datenmodells vor den Nutzenden zu verbergen. Im Gegensatz zur Personalisierung ist sie in erster Linie für *Power User*, die selber Reports entwickeln, relevant. Diese Art der

---

[496] Vgl. Kemper et al. 2006, S. 136f.; Kurpjuweit, Winter 2007, S. 147; Schackmann, Schü 2001, S. 624.
[497] Vgl. Schmaltz 2005, S. 61.
[498] Vgl. Felden 2006, S. 182f.; Paradice 2007, S. 1550.
[499] Vgl. Kemper et al. 2006, S. 136.
[500] Vgl. Kemper et al. 2006, S. 136.

Komplexitätsreduktion kann durch die Definition von themenorientierten DMs, durch das Setzen von Zugriffsrechten auf der Ebene der DWH-Datenbank oder durch Definition von Teilmodellen mit Hilfe eines *Managed Query Environments* erfolgen.[501] Nicht erstrebenswert ist eine Komplexitätsreduktion durch Modifikation des Datenmodells im DWH selber, etwa durch Aggregation von Daten, da diese Modifikationen die Flexibilität für die Erfüllung zukünftiger Informationsbedarfe einschränken.

Aus Sicht der Nutzenden kann eine zu grosse Anzahl an Reports zu Informationsüberlastung führen.[502] Die Nutzenden haben Schwierigkeiten, aus der Menge der verfügbaren Informationen die aktuell relevanten herauszufiltern. Die durch die Komplexitätsreduktion erreichte Strukturierung und Auswahl des Informationsangebots wirkt der Informationsüberlastung entgegen und sichert so die Akzeptanz.[503] Im Fall von zu komplexen Datenmodellen steigen der Aufwand für die Analyseerstellung und die Zahl der Fehlermöglichkeiten. Dies führt zu sinkender Akzeptanz, da die wahrgenommene Steigerung des Aufwands zur IL-Nutzung alternative Entscheidungsstrategien vorteilhafter erscheinen lassen kann.[504]

Diese Massnahme adressiert die *Concerns* Tätigkeitsrelevanz (über das zur Verfügung Stellen aufgabenadäquater Daten) und Systemqualität (über das Erhöhen der Accessibility durch vereinfachte Auffindbarkeit der relevanten Informationen).

Vorgehen: Für diese Massnahme lässt sich aufgrund der verschiedenen technischen Umsetzungsmöglichkeiten nur schlecht ein allgemeingültiges Vorgehen spezifizieren, hier wird beispielhaft auf das Vorgehen zur rollenbasierten Personalisierung eingegangen.

Für die rollenbasierte Personalisierung umfasst das Vorgehen drei Arbeitsschritte. In einem ersten Schritt sind geeignete Rollen zu definieren, die durch möglichst homogene Informationsbedarfe gekennzeichnet sein sollten. Falls vorhanden, können diese z. B. aus bestehenden Nutzendengruppen abgeleitet werden.[505] Alternative Gliederungskriterien zur Erreichung eines homogenen Informationsbedarfs können z. B. anhand der Funktion im Unternehmen oder anhand der regionalen Zuständigkeit gebildet werden. Im zweiten Schritt sind die Informationsbedarfe in Form der relevanten Reports bzw. Teilen des Datenmodells zu spezifizieren. Hierzu können Nutzungsdaten

---

[501] Vgl. Gluchowski 2006, S. 219ff.
[502] Vgl. Eppler, Mengis 2008, S. 273ff.
[503] Vgl. Königer, Janowitz 1995, S. 9.
[504] Vgl. Todd, Benbasat 1999, S. 370.
[505] Vgl. Wortmann 2006, S. 200ff.

ausgewertet werden oder unter Mitarbeit von Fachanwendern geeignete Reports bzw. Daten aufgrund von kontextuellem Schliessen identifiziert werden.[506] Im dritten Schritt wird die Zuordnung der Reports implementiert. Unter der Voraussetzung, dass die Reports über eine Art Portal zugänglich gemacht werden, kann die Zuordnung entweder über die Vergabe von Zugriffsrechten erfolgen oder über die Modifikation der Navigationstaxonomie, um rollenspezifische Reports z. B. in einer Ordnerstruktur zu gruppieren.[507] Letzerer Ansatz hat dabei den Vorteil, dass den Nutzenden grundsätzlich auch nicht zu ihrer Rolle gehörende Daten zur Verfügung stehen.

---

[506] Vgl. Schackmann, Schü 2001, S. 624.
[507] Vgl. Kremer 2004, S. 147ff.

7.3.4 Pattern 4 – Prototypgestützte Informationsbedarfsanalyse

Pattern 4 – Prototypgestützte Informationsbedarfsanalyse		
Übersicht		
	Zusammenfassung	Nutzende und Analysten kollaborieren zur Spezifikation der Informationsbedarfe mit Hilfe einer prototypischen Datenbank
	Klasse	Nutzendenbeteiligung
	Quellen	Fallstudie Telekommunikationsunternehmen
Problem		
	Concerns	TR, NE
	Zielgruppe	Einzelne Vertreter aller Nutzenden
	Rahmenbedingungen	• Anwendbar während der Systementwicklung in der Phase der Informationsbedarfsanalyse
Lösung		
	Ziel/Vorgehen	Siehe unten
	Periodizität	Einmalig
	Varianten	
Konsequenzen		
	Voraussetzungen	• Identifikation von möglichen Quellsystemen • Identifikation von zu unterstützenden Prozessen/*Use Cases* und OEs
	Nutzentreiber	• Schnellere Iteration von Anforderungen und Reports • Demonstration zusätzlicher Auswertungsmöglichkeiten • Identifikation von Alternativen zu schlecht umsetzbaren Anforderungen
	Kostentreiber	• Integration von Daten in temporärer Datenbank • Interaktive Anforderungsdefinition
	Wirkung	• TR: Erarbeiten passgenauer Informationsangebote • NE: Herstellen von Transparenz über die Datenentstehungsprozesse
	Einfluss	
	Literatur	Goeken 2006; List et al. 2000; Winter, Strauch 2003: Methoden zur Anforderungsanalyse

Tabelle 7-8: Pattern 4 – Prototypgestützte Informationsbedarfsanalyse

Ziel: Ziel der Massnahme ist, Nutzenden zu ermöglichen, bei der Entwicklung von IL-Systemen Informationsbedarfe anhand der vorhandenen Daten zu spezifizieren. Dazu arbeiten Nutzende mit IL-Spezialisten zusammen, um anhand einer prototypischen Datenbank Analysen zu spezifizieren. Die Informationsbedarfsanalyse für IL-Systeme ist ein vielfach diskutiertes Problem, das für den Bereich der IL noch nicht abschliessend behandelt ist.[508] Kernproblem der Informationsbedarfsanalyse für die IL ist, dass die IL übergreifende, entscheidungsunterstützende Informationen zur Verfügung stellen soll, die aber zum Zeitpunkt der Analyse noch nicht existieren. Dies führt dazu, dass Nutzende bei der Spezifikation die Potenziale übergreifender Informationen nicht erkennen, Anforderungen stellen, deren Realisierung unverhältnismässig hohen Aufwand erfordert, oder schlicht nicht genau spezifizieren können, welche Informationen sie benötigen.[509] Werden IL-Systeme anhand von unzureichend spezifizierten Informationsbedarfen implementiert, führt dies zu mangelhaftem Informationsangebot.[510] Zum Erheben der Anforderungen für DWH-Projekte werden angebotsgetriebene Ansätze vorgeschlagen, die auf den vorhandenen Informationen beruhen, und nachfragegetriebene Ansätze, die von den zu unterstützenden Geschäftsprozessen ausgehen.[511] Diese Massnahme kombiniert angebots- und nachfragegetriebene Ansätze, indem sie den Nutzenden erlaubt, ihre Anforderungen zu spezifizieren und dabei mit dem Datenangebot abzugleichen.

Aus Sicht der Nutzenden ermöglicht dieses Vorgehen, einen Einblick in die Möglichkeiten der entstehenden IL-Systeme zu bekommen, bevor die Systeme fertiggestellt werden. Die Unterstützung durch Analysten ermöglicht ein Berücksichtigen der Angebotsseite, ohne die komplexen Datenmodelle der Quellsysteme verstehen zu müssen und ohne komplexe Datenbankabfragen zu formulieren. So können Nutzende einerseits zusätzliche mögliche Informationen und Auswertungen identifizieren und andererseits Alternativen zu schlecht umsetzbaren Anforderungen erarbeiten.

Diese Massnahme wirkt auf die *Concerns* Tätigkeitsrelevanz (über das Erarbeiten passgenauer Informationsangebote) und Nachvollziehbarkeit der Ergebnisse (über das Herstellen von Transparenz über die Datenentstehungsprozesse).

Vorgehen: Durch diese Massnahme werden im Prozess der Anforderungsanalyse die Schritte der Bestimmung des Sollzustands und des Abgleichs von Soll- und Istzustand abgedeckt.[512] Anders als bei anderen Methoden zur Anforderungsanalyse, die ein iteratives Vorgehen vorsehen, wird der Abgleichschritt parallel von Nutzenden und Analysten als Vertretern der Angebots- und Nachfrageseite durchgeführt.[513]

---

[508] Vgl. Goeken 2006, S. 4; Holten 1999, S. 63ff.; Strauch 2002, S. 84ff.
[509] Vgl. Gardner 1998, S. 55f.; Goeken 2006, S. 260ff.; Winter, Strauch 2004, S. 1359.
[510] Vgl. Winter, Strauch 2003, S. 3.
[511] Vgl. Winter, Strauch 2004, S. 1360.
[512] Vgl. Strauch 2002, S. 172.
[513] Vgl. z. B. List et al. 2000.

In einem ersten Schritt werden vorab die zu integrierenden Quellsysteme identifiziert. Die Daten aus diesen Quellsystemen werden im zweiten Schritt in einer temporären Datenbank („*Sandbox*") integriert. Diese Integration erfolgt ohne weitergehende Anpassung der Datenmodelle, Schwerpunkt ist das Zugänglichmachen über eine einheitliche Technologie. Diese Schritte werden durch die IL-Organisation durchgeführt.

Der dritte Schritt wird von Vertretern der Nutzenden durchgeführt, die mit Analysten aus der IL-Organisation kooperieren. In diesem Schritt explizieren die Nutzenden ihre Anforderungen. Diese Anforderungen werden dann von den Analysten in der Prototyp-Datenbank umgesetzt. Falls die Umsetzung erfolgreich ist, können die Anforderungen im Dialog von Nutzenden und Analysten verfeinert und anhand der vorhandenen Daten erweitert werden. Falls die Umsetzung nicht ohne weiteres möglich ist, können die Analysten im direkten Dialog mit den Nutzenden alternative Umsetzungsmöglichkeiten erarbeiten. So können zeitraubende Iterationen von unvollständiger Umsetzung und Neuspezifizierung vermieden werden, zudem können die Nutzenden mit geringem Aufwand mehrere Alternativen testen.

Basierend auf den Ergebnissen des *Sandboxing*-Verfahrens werden dann die Spezifikationen für die umzusetzenden Reports und Analysen erstellt, die als Basis für die Umsetzung im Produktivsystem dienen.

7.3.5 Pattern 5 – Internes Marketing für die IL

Pattern 5 – Internes Marketing für die IL		
Übersicht		
	Zusammenfassung	Kommunikation der Leistungen der IL-Organisation innerhalb des Unternehmens
	Klasse	Nutzendenbeteiligung
	Quellen	Fallstudien Automobilhersteller, Bank, Expertenworkshop
Problem		
	Concerns	MS, TR, NE
	Zielgruppe	Alle Nutzenden
	Rahmenbedingungen	• Kundenorientierte Organisation der IL erforderlich
Lösung		
	Ziel/Vorgehen	Siehe unten
	Periodizität	Wiederholt
	Varianten	• Integrationsmöglichkeit mit Schulungs- und Supportmassnahmen
Konsequenzen		
	Voraussetzungen	• Kompetenzen für internes Marketing
	Nutzentreiber	• Bekanntmachen der IL-Leistungsangebote • Information über Nutzungsmöglichkeiten
	Kostentreiber	Organisatorische Aktivität ohne direkten Einfluss auf die IL-Systeme Durchführung von Marketingmassnahmen Nachverfolgung der Ergebnisse
	Wirkung	• MS: Kommunizieren der Unterstützung • TR: Aufzeigen von Nutzungsmöglichkeiten • NE: Information über Entstehung und Verarbeitungsprozesse der Daten
	Einfluss	*(Diagramm: Prozesse – Nutzung (Std'a., Sondera., IKP), Entwicklung (App, FB App, FS App; IIS, FB IIS, FS IIS), Betrieb (PF, TB PF, TS PF); Systemkomponenten – Datenquellen (IQ, EQ), IL-Integrationsinf. (ETL, DH, Vert.), IL-Appl. (App, DM, OpSy), Gemeinsame Komp., IL-Plattform)*
	Literatur	Gubler 2008: State of the Art im IL-Marketing Lahrmann et al. 2009: Vorgehensmodell

Tabelle 7-9: Pattern 5 – Internes Marketing für die IL

Ziel: Ziel des internen Marketings für die IL ist es, die Nutzenden über die Angebote und Einsatzmöglichkeiten der IL zu informieren. Hierzu kann die IL-Organisation verschiedene Marketingmassnahmen umsetzen. Vielfach wird die Nutzung von IL-Systemen dadurch beeinträchtigt, dass das Leistungsangebot der IL von den potenziellen Nutzenden nur unzureichend wahrgenommen wird. Einerseits sind die Leistungen oft nicht hinreichend bekannt, andererseits mangelt es den Nutzenden vielfach an Verständnis für die Einsatzmöglichkeiten der verfügbaren Informationen.[514] So steht der Hebung von Synergiepotenzialen vielfach in erster Linie Unwissenheit im Weg.

Für die IL-Organisation als Anbieterin strategischer IS mit hohem Infrastrukturanteil und langfristigen Entwicklungszyklen ist der Aufbau dauerhafter Beziehungen zu den Kunden unerlässlich. Marketing für die IL sollte sich daher der Instrumente des Beziehungsmarketings bedienen, das auf den Aufbau solcher langfristiger Beziehungen abzielt.[515] Da hinsichtlich der IL i. d. R. ein internes Anbietermonopol der IL-Organisation vorliegt, muss der Mehrwert von Marketingmassnahmen für die internen Kunden in Form von besserer Kooperation und abgestimmter Planung betont werden. Sinnvoll ist auch eine Dokumentation der erreichten Dienstleistungsqualität, um dem Eindruck monopolinduzierter Qualitätsmängel entgegenzuwirken.[516]

Der IL-Organisation steht eine Vielzahl von Marketingmassnahmen zur Verfügung. GUBLER nennt als die am weitesten verbreiteten Massnahmen Dienstleistungen zur Unterstützung der Nutzung, Kommunikation mit Entscheidungsträgern in den Fachabteilungen, Schulungsangebote, Informationsveranstaltungen, den Einsatz von Multiplikatoren mit IL-Expertise in den Fachbereichen und das Bereitstellen von Informationen im Intranet.[517] Weitere mögliche Instrumente sind in den letzten Jahren im Bereich der Web 2.0-Technologien entstanden, hier sind z. B. Weblogs zur Kommunikation von Neuigkeiten und Wikis als offene Dokumentationsform zu nennen.[518]

Zwischen diesen Massnahmen und den Massnahmen aus den Bereichen Training und Support bestehen erhebliche Überschneidungen. Dies legt eine integrierte Planung von Marketing- und Schulungsmassnahmen nahe.

Diese Massnahme wirkt auf die *Concerns Management Support* (über das Kommunizieren der Unterstützung), Tätigkeitsrelevanz (durch das Aufzeigen von Nutzungsmöglichkeiten) und Nachvollziehbarkeit der Ergebnisse (durch die Information über Entstehung und Verarbeitungsprozesse der Daten).

---

[514] Vgl. Eckerson 2004, S. 4; Fryman 2006; Gardner 1998, S. 54f.
[515] Vgl. Backhaus 1997, S. 19ff.; Gubler 2008, S. 25; Lahrmann et al. 2009, S. 3.
[516] Vgl. Zarnekow et al. 2006, S. 83.
[517] Vgl. Gubler 2008, S. 48.
[518] Vgl. Back et al. 2008, S. 10ff.

Vorgehen: LAHRMANN ET AL. stellen ein Vorgehensmodell zum beziehungsorientierten IL-Marketing vor. Es gliedert sich in die Phasen Analyse, Planung, Durchführung und Kontrolle:[519]

Analyse: Die Analysephase umfasst eine Klärung des Leistungsangebots und der Kundenperspektive hinsichtlich Anforderungen, Erwartungen und Mehrwert der IL.

Planung: In der Planungsphase werden die Ziele des IL-Marketings festgelegt (z. B. Erhöhung der Nutzung in Abteilung X um 50%), Massnahmen geplant und mit der IL-Strategie abgeglichen.

Durchführung: Die Durchführungsphase umfasst die Implementierung der ausgewählten Marketingmassnahmen.

Kontrolle: In der Kontrollphase wird der Erfolg der Massnahmen hinsichtlich der in der Planungsphase festgelegten Ziele überprüft. Dies kann durch Analyse des Nutzungsverhaltens oder durch Befragung der Nutzenden geschehen. Zudem muss die Nachhaltigkeit der Massnahmen durch Berücksichtigung sich ändernder Kundenanforderungen, interner und externer Rahmenbedingungen gesichert werden.

---

[519] Vgl. Lahrmann et al. 2009, S. 5ff.

7.3.6 Pattern 6 – Sponsoring durch das Top-Management

Pattern 6 – Sponsoring durch das Top-Management		
Übersicht		
	Zusammenfassung	Ein Mitglied des Top-Managements tritt als Sponsor der IL auf und unterstützt die Implementierung
	Klasse	*Management Support*
	Quellen	Fallstudien Telekommunikationsunternehmen, Versicherung
Problem		
	Concerns	MS, TR
	Zielgruppe	Alle Nutzenden
	Rahmenbedingungen	• Besonders nützlich in der Einführungsphase
Lösung		
	Ziel/Vorgehen	Siehe unten
	Periodizität	Einmalig
	Varianten	
Konsequenzen		
	Voraussetzungen	• Keine besonderen Voraussetzungen
	Nutzentreiber	• Überwinden von Widerständen in der Organisation • Demonstration des Nutzens der Systemanwendung
	Kostentreiber	• Organisatorische Aktivität ohne direkten Einfluss auf die IL-Systeme
	Wirkung	• MS: Aktive Kommunikation der Unterstützung • TR: Demonstration der Systemnutzung
	Einfluss	
	Literatur	Witte, Hauschildt 1999: Promotoren als Förderer der Innovation

Tabelle 7-10: Pattern 6 – Sponsoring durch das Top-Management

Ziel: Zeil dieser Massnahme ist es, ein oder mehrere Mitglieder des Top-Managements der Fachbereiche als Sponsor für die IL zu gewinnen. Den unterstützenden Managern steht ein breites Instrumentarium an Einflussmöglichkeiten zur Verfügung, um das unterstützte Projekt zu fördern.[520] Dazu gehören indirekte Einflussmöglichkeiten wie das zur Verfügung Stellen von Ressourcen, das Ausgeben von Anordnungen oder allge-

---

[520] Vgl. Jasperson et al. 2005, S. 537.

meine Unterstützung ebenso wie direkte Einflussmöglichkeiten, z. B. das aktive Nutzen des Systems und seiner Produkte und das Anpassen von Anreizen.

Unterstützung durch das Management hat signifikanten Einfluss auf den Erfolg der organisatorischen Implementierung (d. h. der Integration der IS-Nutzung in die Prozesse und die Umsetzung der aus der Implementierung resultierenden organisatorischen Veränderungen) von IL-Systemen.[521] Für organisatorische Veränderungen lassen sich Promotoren (Förderer) identifizieren, die die Veränderung in der Organisation treiben. Promotoren helfen aktiv, Widerstand in der Organisation zu überwinden. Der Machtpromotor wirkt dabei in erster Linie gegen Widerstand aus Nicht-Wollen, andere Promotoren wirken gegen Widerstand aus Nicht-Wissen.[522] Die unterstützenden Führungskräfte wirken in erster Linie als Machtpromotoren, d. h. sie fördern die Implementierung durch ihr hierarchisches Potenzial.[523]

Aus Sicht der Nutzenden zeigt sichtbarer *Management Support*, dass die mit der Implementierung verbundenen organisatorischen Anpassungen durch die Organisation gewollt sind. Aktive Nutzung des Systems durch das Management begünstigt zudem die Wahrnehmung der Tätigkeitsrelevanz, da die Akzeptanz der IL-Leistungen durch das Management diese zusätzlich legitimiert und klar macht, dass die Nutzung von höherer Stelle gefordert wird.[524]

Diese Massnahme wirkt auf die *Concerns Management Support* (durch aktive Kommunikation der Unterstützung) und Tätigkeitsrelevanz (durch die Demonstration der Systemnutzung).

Vorgehen: Das Vorgehen zum Herstellen von *Management Support* ist in höchstem Masse individuell und kaum in eine Methode zu fassen. Um diesen Support zu ereichen, muss die IL-Organisation bzw. der CIO das Management vom Mehrwert der IL überzeugen.

Die Argumentation für die IL sollte dabei über die Nutzenpotenziale der IL geführt werden.[525] Dabei ist darzustellen, in welcher Weise die IL die Geschäftsstrategie unterstützen kann bzw. Potenziale zur Innovation der Geschäftsstrategie birgt.[526]

---

[521] Vgl. Wixom, Watson 2001, S. 33.
[522] Vgl. Hauschildt, Kirchmann 2001, S. 41f.; Witte, Hauschildt 1999, S. 13f.
[523] Vgl. Witte, Hauschildt 1999, S. 16f.
[524] Vgl. Venkatesh, Bala 2008, S. 297.
[525] Vgl. Schmaltz, Töpfer 2008, S. 173ff.
[526] Vgl. Henderson, Venkatraman 1999, S. 477ff.

Der Kommunikationsstil von Führungskräften und deren Einbindung in eine Vielzahl von Aufgaben bedingen eine komprimierte Kommunikation.[527] Daher sind knappe Argumentationen zu bevorzugen. Bei allen Schwierigkeiten zur Quantifizierung des Nutzens ist auch ein dokumentierter Business Case ein sinnvolles Instrument zum Nachweis des Werts der IL.[528]

---

[527] Vgl. Adam, Murphy 1995, S. 345ff.
[528] Vgl. Frie, Wellmann 2000; Watson et al. 2002, S. 492.

7.3.7 Pattern 7 – Einheitliche Leistungsverrechnung

Pattern 7 – Einheitliche Leistungsverrechnung		
Übersicht		
	Zusammenfassung	IL-Leistungen aus verschiedenen Quellen werden nach einheitlichen Kriterien verrechnet
	Klasse	Anpassung von Anreizen
	Quellen	Fallstudien Bank, Expertenworkshop
Problem		
	Concerns	MS, TR, NE
	Zielgruppe	Alle Nutzenden
	Rahmenbedingungen	• Besonders nützlich in komplexen/heterogenen IL-Architekturen • Insbesondere anwendbar bei mehreren Quellen für vergleichbare Informationen
Lösung		
	Ziel/Vorgehen	Siehe unten
	Periodizität	Einmalige Implementierung, laufende Pflegeprozesse
	Varianten	• Verschiedene mögliche Abrechnungsmodelle
Konsequenzen		
	Voraussetzungen	• Systeme zur Kosten- und Leistungsverrechnung müssen im Unternehmen implementiert sein
	Nutzentreiber	• Eliminierung negativer Anreize für die IL-Nutzung
	Kostentreiber	• Definition von Produkt-, Leistungs- und Produktionsmodellen • Informationstechnische Abbildung • Laufende Planungs- und Kontrollprozesse
	Wirkung	• MS: Eliminierung negativer Nutzungsanreize • TR: Konzentration der individuellen Nutzenbewertung auf inhaltliche Aspekte • NE: Explizierung der Quellen der IL-Ergebnisse
	Einfluss	
	Literatur	Ba et al. 2001: Hintergrund zur Anpassung von Anreizsystemen Klesse 2007: Methode zur Einführung der Leistungsverrechnung

Tabelle 7-11: Pattern 7 – Einheitliche Leistungsverrechnung

Ziel: Diese Massnahme zielt darauf, einheitliche Mechanismen für die Verrechnung sämtlicher IL-Leistungen zu schaffen.

Bei komplexen Informationssystemen wie der IL haben die Nutzenden die Möglichkeit, ihre Nutzung auf verschiedene Art auszugestalten, sie kann z. B. mehr oder weniger intensiv sein. Die Wahl der Nutzungsart wird von den persönlichen Zielen der Nutzenden beeinflusst.[529] Diese Arten der Nutzung können mit den Zielen der Organisation mehr oder weniger kompatibel sein. Organisationen müssen daher die Anreizsysteme für die Nutzenden so ausgestalten, dass die für das Individuum sinnvollste Art der Nutzung mit dem aus Sicht des Unternehmens sinnvollsten Verhalten übereinstimmt.[530] Diese Massnahme bezieht sich dabei auf die Nutzenden des IL-Systems, bei anderen an der IL Beteiligten wie z. B. Datenlieferanten können anders gelagerte Anreizdivergenzen auftreten.[531]

Aus Perspektive der Nutzenden wird an dieser Stelle davon ausgegangen, dass die Nutzung des IL-Systems grundsätzlich als vorteilhaft betrachtet wird, da sie ihre berufliche Leistung steigert. Falls Leistungen der IL im Unternehmen zwischen OE verrechnet werden, können sich allerdings schwerwiegende Anreize gegen eine Nutzung der IL-Systeme ergeben. Diese treten dann auf, wenn ein IL-System zwar bessere Informationen liefern könnte als Alternativsysteme, die Nutzung alternativer Quellen aber mit geringeren Kosten für die OE der Nutzenden verbunden ist. Individuelle Ziele (Kostenminimierung für die eigene OE) können hier die Ziele der Organisation (Nutzung bestmöglicher Informationen) überlagern.

Eine einheitliche Ausgestaltung der Leistungsverrechnung für IL-Leistungen verhindert, dass diese negativen Anreize für die Nutzung von IL-Systemen entstehen – wenn die Kostenbelastung für alle Datenquellen vergleichbar ist, werden die Quellen eher nach der Qualität der von ihnen gelieferten Informationen beurteilt.

Vergleichbare Anreizwirkung hätte auch ein Verzicht auf Leistungsverrechnung für die IL. Dies würde allerdings mit einem Wegfall der durch die Leistungsverrechnung zu erzielenden Steuerungswirkung erkauft.[532]

Diese Massnahme wirkt auf die *Concerns Management Support* (über die Eliminierung negativer Nutzungsanreize), Tätigkeitsrelevanz (über eine Konzentration der individuellen Nutzenbewertung auf inhaltliche Aspekte) und auf die Nachvollziehbarkeit der Ergebnisse (über die Explizierung der Quellen der IL-Ergebnisse).

Vorgehen: Eine Methode zur Einführung einer Leistungsverrechnung für die IL findet sich bei KLESSE, sie wird in diesem Abschnitt kurz skizziert.[533] Initial sind grundsätz-

---

[529] Vgl. Ba et al. 2001, S. 228.
[530] Vgl. Ba et al. 2001, S. 227.
[531] Vgl. Schmaltz, Bucher 2008, S. 47.
[532] Vgl. Gschwend 1987, S. 71ff.
[533] Vgl. Klesse 2007, S. 219ff.; Klesse 2008.

liche Ziele und Rahmenbedingungen der Leistungsverrechnung zu erheben und die Architektur, Organisation und Kostenstruktur der IL zu dokumentieren.

In einer zweiten Phase ist die Kundenschnittstelle der Leistungsverrechnung mit den erstellten Informationsprodukten und Dienstleistungen zu definieren. Die Produkte bündeln Teilleistungen der IL in kundenorientierter Form. Dazu werden Abrechnungsmodelle und Preismodelle definiert, die die Abrechnungsgrössen und die Preisbildung spezifizieren.

Die dritte Phase umfasst die Ausgestaltung der internen Komponente der Leistungsverrechnung. Sie umfasst aus der Dokumentation der Produktionsprozesse, der genutzten Plattformleistungen und der erbrachten Prozessleistungen. Diese Dokumente bilden das Informationsproduktionsmodell, das mit den Abrechnungs- und Preismodellen im Kostenrechnungssystem abgebildet werden muss. Im Anschluss an diese Implementierung sind laufende Prozesse zur Planung und Kontrolle der Leistungserstellung einzuführen.

7.3.8 Pattern 8 – Technikbezogene Schulungen

Pattern 8 – Technikbezogene Schulungen		
Übersicht		
	Zusammenfassung	Ausbildung der Nutzenden bezüglich der Nutzung der eingesetzten Frontend-Werkzeuge
	Klasse	Training
	Quellen	Fallstudien Telekommunikationsunternehmen, Automobilhersteller, Versicherung
Problem		
	Concerns	CSE, FU, SQ
	Zielgruppe	Alle Nutzenden
	Rahmenbedingungen	• Besonders sinnvoll in der Einführungsphase oder bei Wechsel der Frontend-Tools • Einzige Massnahme mit Wirkung auf CSE
Lösung		
	Ziel/Vorgehen	Siehe unten
	Periodizität	Wiederholt
	Varianten	• Kombination mit inhaltsbezogenen Schulungen sinnvoll
Konsequenzen		
	Voraussetzungen	• Frontend-Software muss feststehen, Training auch vor Implementierung mit Hilfe v. Prototypen/Beispieldaten möglich
	Nutzentreiber	• Vermittlung der technischen Grundlagen zur IL-Nutzung
	Kostentreiber	• U. u. externe Ressourcen zur Durchführung der Schulungen notwendig • Produktivitätsausfall während der Trainingszeit
	Wirkung	• CSE: Gesteigerte Einschätzung der eigenen Fähigkeiten • FU: Kennenlernen von Wissensquellen • SQ: Verminderung von technischen Nutzungsbarrieren
	Einfluss	(Diagramm: Prozesse, Entwicklung/Betrieb, Systemkomponenten, Datenquellen, IL-Integrationsinf., IL-Appl.)
	Literatur	Davis, Yi 2004; Taylor et al. 2005: Metaanalysen zur Gestaltung von Schulungsmassnahmen

Tabelle 7-12: Pattern 8 – Technikbezogene Schulungen

Ziel: Ziel technikbezogener Schulungen ist es, den Nutzenden die notwendigen applikationsbezogenen Kenntnisse zum Bedienen der für die IL-Applikationen eingesetzten Software zu vermitteln. Die Ausbildung der Nutzenden ist ein wichtiger Erfolgsfaktor für die Implementierung von IS, der bei komplexen Systemen besondere Bedeutung hat.[534] Im DWH-Kontext konnte eine positive Wirkung von Training und Support auf die wahrgenommene Nützlichkeit und die wahrgenommene Benutzerfreundlichkeit gezeigt werden.[535] Training ist für die Nutzenden die wichtigste Quelle von Wissen bezüglich des IS. Training vermittelt dabei drei Arten von Wissen: Applikationsbezogenes Wissen über Befehle und Werkzeuge der Software, geschäftskontextbezogenes Wissen über die Nutzung des IS zur Lösung geschäftlicher Aufgaben und kollaborationsbezogenes Wissen über die Zusammenarbeit mit Anderen zur Lösung von Aufgaben.[536] Diese Massnahme konzentriert sich auf das applikationsbezogene Wissen, wobei Schulungen immer auch die anderen Arten von Wissen vermitteln.[537]

Aus Sicht der Nutzenden vermittelt Training die notwendigen Kenntnisse zur Erfüllung der fachlichen Aufgaben. Dadurch steigert Training die Wahrnehmung der Nutzerfreundlichkeit. Die Wahrnehmung der fördernden Umstände wird positiv beeinflusst, da Nutzende lernen, wer die notwendigen Kenntnisse zur Lösung von Problemen hat.[538] Schliesslich steigert Training die Einschätzung der eigenen Fähigkeiten, ermöglicht positive Lernerfolge und steigert so die interne Kontrollüberzeugung.

Vorgehen: Die Inhalte der Schulungsmassnahmen sind von den gewählten Software-Tools abhängig. Sie sollten zudem nach den Aufgaben der verschiedenen Nutzendengruppen differenziert werden, um möglichst gezielt die benötigten Fähigkeiten zu vermitteln.

Bezüglich der Methodik zeigen empirische Befunde klar einen Vorteil von demonstrationsbasierten Trainingsmethoden. Schulungen, in denen ein Trainer die zu lernenden Verhaltensweisen vorführt und die Schüler sie dann unter Anleitung replizieren, sind effektiver als Trainingsmassnahmen, die auf Vorträgen oder interaktiven Tutorials basieren.[539] Die Wirkung dieser Demonstrationen kann noch gesteigert werden, wenn Merkhilfen in Form von Regeln formuliert und die Arbeitsabläufe im Kopf durchgespielt werden. Die Verwendung von positiven und negativen Beispielen steigert die Effektivität. Mehrfaches Wiederholen der Inhalte hat keinen zusätzlichen Effekt.[540]

---

[534] Vgl. Sharma, Yetton 2007, S. 227.
[535] Vgl. Hong et al. 2006, S. 307.
[536] Vgl. Kang, Santhanam 2003, S. 275.
[537] Vgl. Sharma, Yetton 2007, S. 220.
[538] Vgl. Sharma, Yetton 2007, S. 221.
[539] Vgl. Davis, Yi 2004, S. 509; Gist et al. 1989, S. 886ff.; Johnson, Marakas 2000, S. 408ff.
[540] Vgl. Taylor et al. 2005, S. 704f.

Falls computergestützte Selbstlerntechnologien eingesetzt werden (was aus Gründen der Flexibilität und der geringeren Kosten sinnvoll sein kann), steigern Möglichkeiten zur autonomen Steuerung des Trainingsablaufs den Lerneffekt.[541]

7.3.9 Pattern 9 – Analytische Dienstleistungen

Pattern 9 – Analytische Dienstleistungen		
Übersicht		
	Zusammenfassung	Die IL-Organisation übernimmt Teile der Nutzungsprozesse der IL für die Nutzenden
	Klasse	Organisatorischer Support
	Quellen	Fallstudien Telekommunikationsunternehmen, Bank, Versicherung
Problem		
	Concerns	TR, DQ, FU
	Zielgruppe	Alle Nutzenden
	Rahmenbedingungen	• Besonders sinnvoll in der Aufbauphase, • Bei knapper IL-Kompetenz in Fachbereichen
Lösung		
	Ziel/Vorgehen	Siehe unten
	Periodizität	Laufende Prozesse
	Varianten	• Kurzfristige Dienstleistungen in der Einführungsphase • Permanentes Leistungsangebot
Konsequenzen		
	Voraussetzungen	• Personelle Kapazität und fachliche Kompetenz in der IL-Organisation erforderlich
	Nutzentreiber	• Unterstützung bei komplexen IL-Nutzungsszenarien • Zugänglichmachen zusätzlicher IL-Funktionalität
	Kostentreiber	• Personalaufwand für die Dienstleistungen
	Wirkung	• TR: Verfügbarkeit sonst unzugänglicher IL-Leistungen • DQ: Einschalten eines vertrauenswürdigen Intermediärs • FU: Verfügbarkeit von Unterstützungsleistungen für komplexe Nutzungsarten
	Einfluss	
	Literatur	Klesse, Schmaltz 2008: Organisationsformen für die IL

Tabelle 7-13: Pattern 9 – Analytische Dienstleistungen

---

[541] Vgl. Gravill, Compeau 2008, S. 292.

Ziel: Ziel des Anbietens von analytischen Dienstleistungen ist es, Teile der Nutzungsprozesse für die nutzenden OE zu unterstützen. Dies kann durch temporäre oder permanente analytische Dienstleistungen erfolgen. Während in der Praxis Organisationsformen für die IL überwiegen, die im Bereich der Nutzung eher geringe Fertigungstiefe aufweisen,[542] zeigen die Fallstudien, dass in bestimmten Situationen die Übernahme von Teilen der Nutzungsprozesse sinnvoll sein kann. Dabei werden hauptsächlich die komplexeren Teile der Nutzungsprozesse, insbesondere die Entwicklung von Standardauswertungen und das Durchführen von Sonderanalysen, von der IL-Organisation übernommen. Dieses Erbringen von analytischen Dienstleistungen kann permanent erfolgen oder auf die Einführungsphase der IL-Systeme beschränkt sein.

Empirische Untersuchungen im DSS-Umfeld zeigen die Wichtigkeit von Unterstützungsleistungen für den Erfolg von komplexen IS.[543] Für die Nutzenden kann Unterstützung bei der Nutzung insbesondere dann nützlich sein, wenn die notwendigen Fähigkeiten für die Durchführung komplexer Analysen ausserhalb der IL-Organisation noch nicht verbreitet sind. Die IL-Organisation kann durch Übernahme von Dienstleistungen zusätzliche Einsatzmöglichkeiten für die IL-Leistungen aufzeigen und die Qualität der Ergebnisse steigern.

Aus Perspektive der Nutzenden eröffnet die Verfügbarkeit von analytischen Dienstleistungen Nutzungsmöglichkeiten, die die Nutzenden ohne Unterstützung nicht umsetzen könnten und sie steigert das Vertrauen in die Produkte der IL, da ein vertrauenswürdiger Partner in die Bereitstellung der Informationen eingebunden ist.[544]

Diese Massnahme wirkt auf die *Concerns* Tätigkeitsrelevanz (über die Verfügbarkeit sonst unzugänglicher IL-Leistungen), Datenqualität (über das Einschalten eines vertrauenswürdigen Intermediärs) und fördernde Umstände (über die Verfügbarkeit von Unterstützungsleistungen für komplexe Nutzungsarten).

Vorgehen: Ausgangspunkt der Definition analytischer Dienstleistungen sind die Anforderungen der Nutzenden. Diese lassen sich über Befragungen ermitteln, können aber auch aus einer Analyse der Nutzungsdaten und der Supportanfragen hervorgehen. Unerwartet niedrige Nutzung und gehäufte Supportanfragen deuten auf einen Bedarf an Dienstleistungen hin.

Die so ermittelten Bedarfe sind mit dem bestehenden Dienstleistungsangebot (falls vorhanden) abzugleichen. Für die nicht abgedeckten Bedarfe sind passende Dienstleis-

---

[542] Vgl. Klesse, Winter 2007.
[543] Vgl. Bajwa et al. 1998, S. 40f.
[544] Vgl. Niccolaou, McKnight 2006, S. 346f.

tungsangebote und Prozesse zu deren Erbringung zu definieren. Die Dienstleistungen sind anschliessend zu kommunizieren, hier bietet sich eine Integration mit Schulungsprogrammen und Marketingmassnahmen an.

7.3.10 Pattern 10 – Fachlicher Support durch den Fachbereich

Pattern 10 – Fachlicher Support durch den Fachbereich		
Übersicht		
	Zusammenfassung	Support für die IL-Nutzenden wird durch *Power User* in den Fachbereichen erbracht
	Klasse	Peer-Support
	Quellen	Fallstudien Automobilhersteller, Versicherung
Problem		
	Concerns	TR, DQ, FU, SQ
	Zielgruppe	Alle Nutzenden
	Rahmenbedingungen	• Homogene IL-Architektur vereinfacht Kompetenzaufbau • Kombinationsmöglichkeit mit Schulungs- und Dienstleistungskonzept
Lösung		
	Ziel/Vorgehen	Siehe unten
	Periodizität	Laufende Prozesse
	Varianten	
Konsequenzen		
	Voraussetzungen	• IL-Kompetenz im Fachbereich erforderlich
	Nutzentreiber	• Fachwissen in der Supportorganisation durch Anbindung an den Fachbereich • Vereinfachte Kommunikationswege
	Kostentreiber	• Personalaufwand in den Fachbereichen • Entstehen von informellen, schwer kontrollierbaren Supportnetzwerken möglich
	Wirkung	• TR: Aufzeigen produktivitätssteigernder Nutzungsformen • DQ: Hilfe beim Formulieren korrekter Abfragen • FU: Verfügbarkeit leicht erreichbarer Unterstützungsleistungen • SQ: Hilfe bei der effizienten Nutzung des Systems
	Einfluss	*(Diagramm)*
	Literatur	Victor, Günther 2005: IT-Serviceorganisation nach ITIL

Tabelle 7-14: Pattern 10 – Fachlicher Support durch den Fachbereich

Ziel: Ziel dieser Massnahme ist es, den fachlichen Support für die Nutzenden durch qualifizierte *Peers* aus den Fachbereichen erbringen zu lassen. Diese besonders qualifizierten Nutzenden leisten *First Level Support* für alle IL-Nutzenden. IL-Systeme bringen aufgrund der Komplexität sowohl der Frontend-Werkzeuge als auch der Datenmodelle höheren Erklärungsbedarf mit sich als z. B. Analysen in Papierform.[545] Die Verfügbarkeit von qualifiziertem Support hat daher nachweislich positiven Einfluss auf die Nutzung von IL-Systemen.[546] Die positive Wirkung von Support steigt mit der Erfahrung der Nutzenden, da sie mit zunehmender Erfahrung die verfügbaren Supportkanäle effizienter zu Nutzen lernen. Für ältere Nutzende zeigt sich ebenfalls eine steigende Bedeutung von Support, da diese Gruppe eher auf Unterstützung angewiesen ist.[547]

Empirische Untersuchungen zeigen, dass Defizite bei der Nutzung von Geschäftsanwendungen in erster Linie im Bereich des geschäftskontext- und prozessbezogenen Wissens auftreten.[548] An dieser Stelle kann Support durch den Fachbereich besser auf die Probleme der Nutzenden eingehen, da die Unterstützenden mit den fachlichen Hintergründen der Nutzung besser vertraut sind als dies eine vom Fachbereich losgelöste Support-OE wäre.[549]

Aus Perspektive der Nutzenden kann Support durch den Fachbereich mehrere der Faktoren adressieren, die zu Unzufriedenheit mit Supportleistungen führen.[550] Eine enge organisatorische Anbindung kann die Reaktionszeit der Unterstützenden im Hinblick auf die Beantwortung von Fragen und auf die Umsetzung von Änderungen (etwa in neuen Analysen) senken. Sie sichert zudem die Fachkompetenz und darüber die Fähigkeit der Unterstützenden, die Produktivität ihrer Kunden zu steigern.

Diese Massnahme wirkt auf die *Concerns* Tätigkeitsrelevanz (über das Aufzeigen produktivitätssteigernder Nutzungsformen), Datenqualität (über Hilfe beim Formulieren korrekter Abfragen), fördernde Umstände (über die Verfügbarkeit leicht erreichbarer Unterstützungsleistungen) und Systemqualität (über Hilfe bei der effizienten Nutzung des Systems).

Vorgehen: Die Bereitstellung von Supportleistungen setzt die Definition einer entsprechenden Organisation voraus. Als Träger der Supportleistungen in den Fachberei-

---

[545] Vgl. March, Hevner 2007, S. 1039.
[546] Vgl. Hong et al. 2006, S. 307.
[547] Vgl. Venkatesh et al. 2003, S. 454.
[548] Vgl. Kang, Santhanam 2003, S. 268.
[549] Vgl. Eckerson, Howson 2005, S. 20.
[550] Vgl. Shaw et al. 2002, S. 47.

chen kommen in erster Linie *Power User* in Frage, die aufgrund ihrer erweiterten Nutzungsrechte über besondere Kompetenzen im Bereich der IL-Systeme verfügen. Sie können neben Aufgaben aus dem Bereich der IL-Nutzungsprozesse (z. B. dem Erstellen von Sonderanalysen) auch Aufgaben im Bereich Training und Support übernehmen.[551] Ergänzend müssen Eskalationsmechanismen vorgesehen werden, über die Probleme, die durch die Supportverantwortlichen in den Fachbereichen nicht gelöst werden können, an die verantwortliche IL-Organisation übergeben werden.

Die IT Infrastructure Library (ITIL) als Standardansatz für das Management von IT-Services liefert ein umfassendes Referenzmodell zur Organisation von Supportleistungen.[552] Eine Integration in gemanagte Prozesse und *Service Desk*-Strukturen ermöglicht auch bei Support durch den Fachbereich eine systematische Kontrolle und Steuerung der Serviceleistungen.

Der hier relevante Bereich ist in ITIL unter der Bezeichnung Problem Management zusammengefasst. Der ITIL-Problemprozess unterstützt die Klassifizierung und Analyse der Probleme, die systematische Erfassung und Bereitstellung von Lösungen und das proaktive Management von Problemen.[553]

Bei der Umsetzung ist allerdings zu beachten, dass ITIL auf einem sehr zentralisierten *Service Desk*-Konzept als vereinheitlichter Kundenschnittstelle aufbaut.[554] Bei Etablierung eines fachnahen IL-Supports müssen die Referenzmodelle im Hinblick auf eine teilweise Dezentralisierung angepasst werden.

---

[551] Vgl. Eckerson, Howson 2005, S. 20.
[552] Vgl. Victor, Günther 2005, S. 46ff.
[553] Vgl. Victor, Günther 2005, S. 47ff.
[554] Vgl. Victor, Günther 2005, S. 28f.

8 Methode zur Steigerung der Akzeptanz von Informationslogistik

Die Gestaltungsziele dieser Arbeit (vgl. Abschnitt 1.3) fordern die Entwicklung einer systematischen Messung und Steigerung der IL-Akzeptanz im Unternehmen. Die hierzu erforderlichen Ergebnisse werden in Abschnitt 3.3 hergeleitet. In diesem Abschnitt werden die notwendigen Aktivitäten und Techniken entwickelt, die zur Erzeugung dieser Ergebnisse benötigt werden. Im folgenden Abschnitt werden die Grundlagen der Methodenkonstruktion erläutert, in den daran anschliessenden Abschnitten werden das Vorgehensmodell, Rollenmodell, Informationsmodell und Dokumentationsmodell der Methode erläutert.

8.1 Grundlagen der Methodenkonstruktion

8.1.1 Vorgehen zur Konstruktion der Methode

Diese Arbeit hat das Ziel, im Sinne des *Business Engineering* die gezielte (Um-)Gestaltung von *Work Systems* der IL mit dem Ziel der Akzeptanzsteigerung zu ermöglichen. Zur Unterstützung solcher Veränderungen sind Methoden als Abfolge von Schritten zur Erreichung eines Ziels der zentrale Ergebnistyp des *Business Engineering*.[555]

Die Beschreibung einer *Business Engineering*-Methode besteht aus mehreren Elementen, die Teilaspekte der Methode dokumentieren. Die in dieser Arbeit genutzte Methodendokumentation beruht auf Arbeiten von GUTZWILLER, die um einige der von WORTMANN vorgeschlagenen Erweiterungen ergänzt werden.[556] Die Bestandteile der Methodendokumentation sind in dem in Abbildung 8-1 dargestellten Metamodell zusammengefasst.

Kern der Methode sind Aktivitäten als Verrichtungseinheiten zur Herstellung von Ergebnissen. Diese Aktivitäten können hierarchisch in Unteraktivitäten gegliedert sein, die im Folgenden als Schritte bezeichnet werden. Vorgehensmodelle dokumentieren die Abfolge dieser Aktivitäten, die nach sachlogischen oder zeitlichen Kriterien in Phasen gegliedert werden können.

---

[555] Vgl. March, Smith 1995, S. 257; Winter 2008a, S. 29f.
[556] Vgl. Gutzwiller 1994, S. 12ff.; Wortmann 2006, S. 97ff.

Aktivitäten werden von Personen durchgeführt, die bestimmte Rollen ausfüllen. Die Rollen bündeln die Beteiligung an Aktivitäten, sie differenzieren verschiedene Arten der Beteiligung (Verantwortlich, Befragt,...). Ein Rollenmodell dokumentiert die Zuordnung der Rollen zu den Aktivitäten.

Jede Aktivität erzeugt genau ein Ergebnis, das Aspekte des Entwurfs des gestalteten *Work Systems* festhält. Diese Ergebnisse können hierarchisch in Teilergebnisse zerlegt werden. Ein Dokumentationsmodell fasst die Gesamtheit der Ergebnisse zusammen, ein Informationsmodell dokumentiert die elementaren Bestandteile der Ergebnisse.[557]

Techniken schliesslich beschreiben das Vorgehen zur Erstellung der Ergebnisse im Detail. Im Gegensatz zu den Aktivitäten beschreiben sie auf detaillierterer Ebene, wie die einzelnen Ergebnisse erzeugt werden.

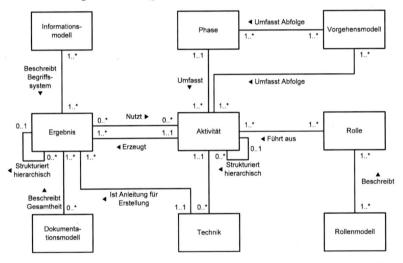

Quelle: Vgl. Gutzwiller 1994, S. 13; Wortmann 2006, S. 98.

Abbildung 8-1: Elemente der Methode

Zur Methodenentwicklung kann entweder ein deduktives (auf logischem Schliessen basierendes), oder ein induktives (von Beobachtungen verallgemeinerndes) Vorgehen oder eine Kombination der Ansätze gewählt werden.[558] Zur Konstruktion des Vorgehensmodells von Methoden hat sich eine induktive Ableitung aus bestehenden Quellen

---

[557] Dieser Teil der Methodendokumentation wird von GUTZWILLER als Metamodell bezeichnet, hier aber der Klarheit halber als Informationsmodell bezeichnet.
[558] Vgl. Braun et al. 2005, S. 1296; Chalmers 2001, S. 35ff.

wie z. B. Fallstudien bewährt.[559] Diese Vorgehensweise wird für die hier zu konstruierende Methode dadurch erschwert, dass die betrachteten Fallstudien zwar zahlreiche sinnvoll nutzbare Massnahmen zur Akzeptanzsteigerung, aber kein methodisches Vorgehen aus Messung der Akzeptanz und Auswahl von Massnahmen erkennen lassen. Daher wird auf die in Abschnitt 3.3 hergeleiteten Ergebnisse und die in Abschnitt 4.2.2 dokumentierten bestehenden Methoden aus Praxis und Wissenschaft zurückgegriffen, um das Vorgehensmodell der vorliegenden Methode abzuleiten (vgl. Abschnitt 4.2.2).

In Abschnitt 3.3 werden die durch die Anwendung der Methode zu generierenden Ergebnisse identifiziert. Dabei wird jedes dieser Ergebnisse durch eine Aktivität erzeugt, woraus sich in Zusammenhang mit den Beziehungen zwischen den Ergebnissen das Vorgehensmodell ableiten lässt. Die Ergebnisse und Aktivitäten werden im Zuge der Dokumentation hierarchisch in Teilergebnisse bzw. Schritte verfeinert. Um das Vorgehen im Detail zu spezifizieren, werden den Aktivitäten Techniken zugeordnet, die die Ausführung der Aktivitäten beschreiben. Zur Abbildung auf die Organisation werden schliesslich über Rollen die Verantwortlichkeiten für die Ergebniserstellung definiert.[560]

8.1.2 Dokumentation der Methode

Die Dokumentation der Methode erfolgt vor dem Hintergrund der in Abschnitt 1.3 identifizierten Gestaltungsziele. Insbesondere soll die Methode IL-Verantwortliche in die Lage versetzen, die Gestaltungsziele im Unternehmen zu erreichen. Hierzu bedarf es einer Dokumentationsform, die die erforderlichen Informationen umfasst, dabei jedoch verständlich und übersichtlich ist. Deshalb wird wo möglich auf bestehende Dokumentationsformen zurückgegriffen. Für Diagramme werden die Dokumentationsformen der UML 2.0 genutzt,[561] die sich als Standardmethodik für die Modellierung im Software Engineering weitgehend durchgesetzt hat.[562]

Für das **Vorgehensmodell** der Methode werden UML-Aktivitätsdiagramme verwendet.[563] UML-Aktivitätsdiagramme bilden die Abfolge von Handlungen ab, die aus einzelnen Aktionen bestehen. In Abbildung 8-2 sind die Elemente der Aktivitätsdiagramme dargestellt. Hierbei ist zu beachten, dass Aktionen im Sinne der UML hier zur Dokumentation von Aktivitäten im Sinne GUTZWILLERS genutzt werden, während Ak-

---
[559] Vgl. z. B. Klesse 2007; Wortmann 2006.
[560] Vgl. Klesse 2007, S. 238ff.
[561] Vgl. OMG 2007.
[562] Vgl. Born et al. 2004, S. 12ff.; Jeckle et al. 2004, S. 10ff.
[563] Vgl. Born et al. 2004, S. 199ff.

tivitäten in der Terminologie der UML Bündelungen von Aktionen sind und damit den Phasen in der Methodendokumentation entsprechen.[564]

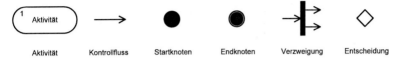

Abbildung 8-2: *Elemente des UML-Aktivitätsdiagramms*

Die Dokumentation der **Aktivitäten** folgt einem einheitlichen Schema. Für jede Aktivität werden tabellarisch die für die Durchführung benötigten Ergebnisse vorhergehender Aktivitäten, die produzierten Ergebnisse und Teilergebnisse, das Vorgehen, die genutzten Techniken und die beteiligten Rollen zusammengefasst. Das Vorgehen innerhalb der Aktivitäten ist in Schritte gegliedert, die zur Erstellung der Teilergebnisse notwendig sind und deren Abfolge in Form eines Aktivitätsdiagramms dokumentiert wird. Die beteiligten Rollen sind in Form von RACI-Matrizen dokumentiert (vgl. Abschnitt 8.4) In den darauf folgenden Abschnitten werden die für die einzelnen Schritte genutzten Techniken dokumentiert. Wo vorhanden, wird auf alternative Techniken hingewiesen. Auf die Dokumentation trivialer Techniken wird dabei verzichtet.

Für die Dokumentation des **Rollenmodells** werden als verbreitete Dokumentationsform RACI-Matrizen benutzt, die vier Stufen der Verantwortlichkeit für eine Aktivität unterscheiden (vgl. Tabelle 8-1).[565]

Verantwortlichkeit	Beschreibung
Responsible /R	Verantwortlich für die Durchführung. Diese Rolle ist für das tatsächliche Ausführen der Aktivität zuständig.
Accountable/A	Rechenschaftspflichtig für die Durchführung der Aktivität. Diese Rolle übernimmt die kaufmännische und rechtliche Verantwortung für die Durchführung der Aktivität. Pro Aktivität kann nur eine Rolle A existieren.
Consulted/C	Befragt. Diese Rolle liefert Informationen bzw. ist in fachlicher Hinsicht in die Ausführung der Aktivität eingebunden. Die Kommunikation ist bidirektional.
Informed/I	Diese Rolle muss über die Ausführung der Aktivität informiert werden. Die Kommunikation ist unidirektional zum Informierten.

Tabelle 8-1: *Verantwortlichkeitstypen*

Zur Zuordnung von Rollen zu Aktivitäten werden diese in Form einer Tabelle erfasst, wobei die Zeilen die Aktivitäten und die Spalten die Rollen enthalten. In den entspre-

---

[564] Vgl. Gutzwiller 1994, S. 12f.; Wortmann 2006, S. 98.
[565] Diese Dokumentationsform ist in der IT-Governance und im Projektmanagement weit verbreitet, vgl. ISACA 2005; Melton 2005, S. 68ff.

chenden Zellen der Tabelle werden die Verantwortlichkeiten eingetragen (vgl. Tabelle 8-2).

Aktivitäten		Rollen	Rolle 1	Rolle 2	Rolle 3
1	Aktivität 1		A/R	C	I
2	Aktivität 2		A	R	C
3	Aktivität 3		R	A	I

Legende: R=Responsible; A= Accountable; C = Consulted; I = Informed

Tabelle 8-2: RACI-Matrix (Beispiel)

Das **Informationsmodell** wird in Form eines vereinfachten UML-Klassendiagramms dokumentiert.[566] Die Elemente des Informationsmodells zeigt Abbildung 8-3. Die Objekttypen werden als Klassen modelliert. Neben einfachen Beziehungen werden Aggregationen zum Zerlegen komplexer Typen und Vererbungen zur Dokumentation von Spezialisierungen verwendet.

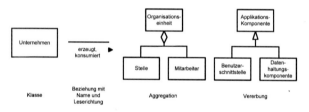

Abbildung 8-3: Elemente des UML-Klassendiagramms

8.2 Vorgehensmodell der Methode

Die mit der Methode zu erstellenden Ergebnisse sind in Abschnitt 3.3 dokumentiert. Wie oben erläutert, wird ein Ergebnis von genau einer Aktivität erzeugt.[567] Daher lassen sich aus den in Abschnitt 3.3.2 identifizierten Ergebnissen die in Tabelle 8-3 dargestellten Aktivitäten ableiten. Diese Aktivitäten der Methode können in Anlehnung an die Vorgehensmodelle der Qualitätsmanagement-Methoden TDQM und Six Sigma in vier thematisch zusammenhängende Phasen gegliedert werden (vgl. Abschnitt 4.2.2). Das gesamte Vorgehensmodell der Methode ist in Abbildung 8-4 zusammengefasst.

---

[566] Vgl. Born et al. 2004, S. 83ff.
[567] Vgl. Wortmann 2006, S. 98f.

Methode zur Steigerung der Akzeptanz von Informationslogistik

Phasen	Aktivitäten		Ergebnis
1 Projektdefinition	1.1	Dokumentation der Situation	Situationsdokumentation
	1.2	Erstellung des Untersuchungsplans	Untersuchungsplan
	1.3	Anpassung der Dokumente	Angepasster Fragebogen und Dokumente
2 Messung	2.1	Erhebung der Daten	Datensatz
3 Analyse	3.1	Auswertung des Datensatzes	Messergebnis
	3.2	Auswahl von Massnahmen	Massnahmenauswahl
4 Implementierung	4.1	Spezifikation der Massnahmen	Angepasste Massnahmen
	4.2	Umsetzung der Massnahmen	Implementierte Massnahmen
	4.3	Implementierung der Betriebsprozesse	Modifizierte IL-Prozesse

Tabelle 8-3: Überblick über das Vorgehensmodell

Die Methode startet mit der Phase der **Projektdefinition**. Sie umfasst die vorbereitenden Schritte, die der Messung und Steigerung der Akzeptanz vorausgehen. Sie besteht aus der Klärung der Rahmenbedingungen in Form der Situationsdokumentation, der Auswahl der zu betrachtenden Systeme und Zielgruppen, weiteren Festlegungen im Rahmen der Untersuchungsplanung und der Anpassung des Fragebogens und der begleitenden Dokumente. Auf sie folgt die Phase der **Messung**, in der die Daten für die Auswertung mit Hilfe des in Abschnitt 5.2 vorgestellten Messinstruments bei den Nutzenden erhoben werden. In der **Analysephase** werden die Ergebnisse der Befragung ausgewertet und die Akzeptanz des untersuchten IS beurteilt. Basierend auf den identifizierten Schwachstellen werden dann Massnahmen zur Akzeptanzsteigerung aus den in Abschnitt 7 beschriebenen Patterns ausgewählt. Daran schliesst sich die **Implementierungsphase** an, während derer die Massnahmen für die Steigerung der Akzeptanz für die Projektsituation spezifiziert und dann umgesetzt werden. Ergänzend sind je nach gewählten Massnahmen IL-Prozesse zu initiieren bzw. zu modifizieren und in den Regelbetrieb zu überführen, etwa für den Betrieb neuer Systemkomponenten. Nach Beendigung dieser Phase kann im Sinne einer kontinuierlichen Verbesserung der Messzyklus erneut durchlaufen werden, d. h. die Definitionsphase erneut gestartet werden.

Die einzelnen Aktivitäten werden in den folgenden Abschnitten detailliert erläutert. Die vierte Phase (Implementierung) wird dabei nur in verkürzter Form ohne Explizierung der Techniken dokumentiert. Einerseits wird auf eine Detaillierung verzichtet, weil die Implementierung situationsspezifisch unterschiedlich ist. Andererseits handelt es sich bei den Implementierungsaktivitäten um Entwicklungsprojekte für IS. Für diese Art von Projekten existiert eine grosse Zahl bewährter Projektmethodiken. Unternehmen nutzen in der Regel eine definierte Standardmethodik für die Mehrzahl der Entwicklungsprojekte. Da diese Methodiken in der Literatur umfassend dokumentiert sind, würde eine Detaillierung im Rahmen dieser Arbeit nur begrenzten Mehrwert bieten.[568]

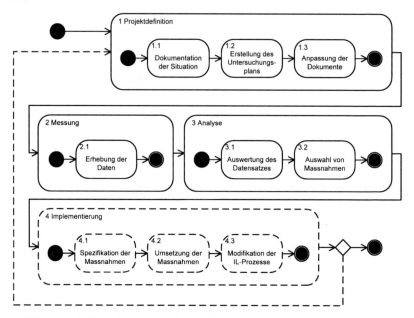

Abbildung 8-4: Vorgehensmodell der Methode

8.3 Aktivitäten und Techniken der Methode

8.3.1 Aktivität 1.1 – Dokumentation der Situation

8.3.1.1 Überblick

Die initiale Aktivität der Situationsdokumentation hat das Ziel, Klarheit über die Rahmenbedingungen des Projekts zu schaffen. Im Ergebnis der Aktivität werden die *Work Systems* der IL mit Organisation und IS so dokumentiert, dass die in den späteren Aktivitäten benötigten Informationen in ausreichend detaillierter Form vorliegen. Die Dokumentation der Situation in Form von geeigneten Modellen ermöglicht so die Kommunikation des Ist-Zustands und erleichtert die Analyse von Optimierungsmög-

---
[568] Vgl. z. B. Balzert 1998; Koreimann 2000; Sommerville 2001, S. 56ff.

Methode zur Steigerung der Akzeptanz von Informationslogistik

lichkeiten auf Basis der in Phase 3 erhobenen Messergebnisse zur gezielten Weiterentwicklung der *Work Systems*.[569] Dabei ist im Zuge der Ist-Analyse nur ein begrenzter Detaillierungsgrad erforderlich, um für den Einsatzzweck ausreichende Informationen zu erheben.[570]

In der praktischen Anwendung kann davon ausgegangen werden, dass die hier beschriebenen Informationen vielfach schon vorliegen, weil sie etwa im Umfeld der EA-Planung erhoben und gepflegt werden.[571] Vor diesem Hintergrund sind auch die vorgestellten Modellierungstechniken lediglich als Vorschlag zu sehen – zur Erfüllung des Kommunikationszwecks und im Sinne der wirtschaftlichen Nutzung der Modelle ist es sinnvoll, wo möglich im Unternehmen etablierte Techniken und Modellierungssprachen zur Modellierung zu nutzen.[572]

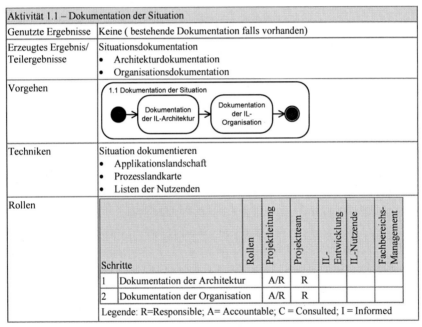

Tabelle 8-4: Aktivitätsübersicht 1.1 – Dokumentation der Situation

---

[569] Vgl. BMI 2007, S. 118; Schwegmann, Laske 2005, S. 155; Winter 2003, S. 89.
[570] Vgl. Aier et al. 2008b, S. 120f.; Schwegmann, Laske 2005, S. 156.
[571] Vgl. Winter et al. 2007.
[572] Vgl. Schütte 1998, S. 127.

8.3.1.2 Schritt 1 – Dokumentation der IL-Architektur

Teilergebnis: Architekturdokumentation

Um gezielt die Akzeptanz der IL zu steigern, ist eine Dokumentation der logischen und physischen IL-Systemarchitektur erforderlich. Die Komponenten der IL-Systemarchitektur unterstützen bzw. ermöglichen die Erstellung von Leistungen, die in den IL-Prozessen genutzt werden.[573] Insbesondere für die Umsetzung von Massnahmen mit technischem Schwerpunkt zur Modifikation von Designcharakteristika (vgl. Abschnitt 4.2.1) ist daher eine Kenntnis der Systemkomponenten erforderlich. Neben einer eindeutigen Identifikation der Komponenten müssen auch die für die Komponenten verantwortlichen OE identifiziert werden, um Massnahmen veranlassen zu können, die nicht von der IL-Organisation direkt verantwortete Komponenten berühren.

Als Leitfaden für die Dokumentation kann die in Abschnitt 2.1.3 abgebildete generische IL-Architektur dienen, die die wesentlichen Arten von Systemkomponenten zusammenfasst. KLESSE schlägt im Kontext der Leistungsverrechnung für die IL eine auf Arbeiten von BÖHMANN basierende Technik zur Beschreibung der IL-Systemarchitektur vor.[574] Diese Technik ist mit geringen Anpassungen auch für diese Methode geeignet, sie ist im Folgenden dokumentiert. In Abweichung zu KLESSE wird auf eine Dokumentation der verrechnungsspezifischen Aspekte verzichtet.

Quellsysteme erfassen: Im ersten Dokumentationsschritt sind die internen und externen Quellsysteme der IL zu erfassen. Zu jeder Quelle sind eine eindeutige Kennung, ein Name, eine Beschreibung und die verantwortliche OE (*Owner*) zu erfassen.[575]

IL-Systemkomponenten erfassen: Im zweiten Schritt werden die Komponenten der IL-Integrationsinfrastruktur und der IL-Applikationen erfasst. Auch für diese Komponenten sind eine eindeutige Kennung, ein Name, eine Beschreibung und die verantwortliche OE zu bestimmen. Zusätzlich ist zu erfassen, ob auf die Komponenten durch Nutzende direkt zugegriffen werden kann (z. B. bei Business Intelligence-Tools) oder nicht (z. B. bei Extraktionskomponenten). Auf die von KLESSE zu Verrechnungszwecken empfohlene Erfassung des Kostenanteils und auf die Zuordnung zu den Schichten Integrationsinfrastruktur und Applikationen kann in diesem Kontext verzichtet werden.

---

[573] Vgl. Böhmann 2004, S. 162.
[574] Vgl. Böhmann 2004, S. 162ff.; Klesse 2007, S. 265ff.
[575] Vgl. Klesse 2007, S. 266.

Physische Komponenten erfassen: Im dritten Erhebungsschritt werden die physischen Komponenten mit denselben Details wie die logischen Komponenten erfasst. Falls für die Realisierung der Applikationen standardisierte Infrastrukturplattformen verwendet werden,[576] sind diese zuerst zu identifizieren. Die genutzten Hardware- und Softwareressourcen werden ebenfalls erfasst.

Abhängigkeiten identifizieren: Um eine gezielte Beeinflussung von Designcharakteristika zu ermöglichen und um die möglichen Auswirkungen von Massnahmen erkennen zu können, müssen im abschliessenden Erhebungsschritt die Abhängigkeiten, insbesondere Lieferbeziehungen zwischen den Komponenten identifiziert werden. Hierfür wird eine Architekturmatrix erstellt, die sämtliche Komponenten einander in Lieferanten- und Abnehmerposition gegenüberstellt (vgl. Tabelle 8-5).[577]

---

[576] Vgl. Binzegger Ruoss et al. 2008, S. 322.
[577] Vgl. Klesse 2007, S. 269.

Komponente liefernd	Logische Struktur	Business Performance Mgmt	DWH	Warenwirtschaftssystem	...	Physische Plattformen	IL-Plattform	ERP-Plattform	...
Logische Struktur									
Business Performance Mgmt									
DWH		1							
Warenwirtschaftssystem			1						
...									
Physische Plattformen		1	1						
IL-Plattform				1					
ERP-Plattform									
...									
Physische Ressourcen									
Server 1							1		
Server 2								1	
Datenbank-Managementsystem 1							1		
BI-Tool 1							1		
...									
Anzahl Abhängigkeiten		2	2	1			3	1	

Quelle: Vgl. Klesse 2007, S. 270.

Tabelle 8-5: Architekturmatrix

Alternative – Toolunterstützung: Bei Verfügbarkeit eines geeigneten EA-Werkzeugs kann die Architekturdokumentation toolgestützt erfolgen. Geeignete Werkzeuge ermöglichen eine Darstellung in visueller Form, z. B. in Form von Applikationslandkarten (vgl. Abbildung 8-5).[578] Applikationslandkarten ermöglichen ein intuitives Analysieren von Abhängigkeiten und bieten die Möglichkeit, die System- und die Organisationsdokumentation zu verknüpfen.[579] Diese Verknüpfung erlaubt ein einfaches Navigieren über die Abhängigkeiten und übergreifende Auswertungen.

---

[578] Vgl. Lankes et al. 2005.
[579] Vgl. Aier et al. 2009a; Aier et al. 2008b, S. 125ff.

Methode zur Steigerung der Akzeptanz von Informationslogistik

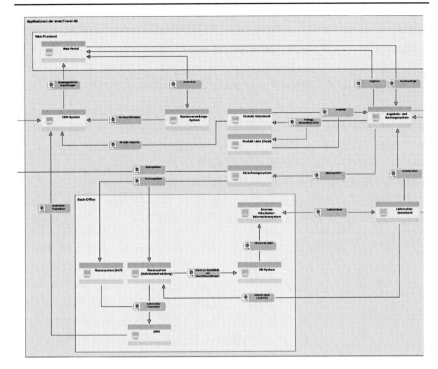

Quelle: Vgl. Aier et al. 2008b, S. 127.

Abbildung 8-5: Applikationslandkarte (Ausschnitt)

8.3.1.3 Schritt 2 – Dokumentation der IL-Organisation

Teilergebnis: Organisationsdokumentation

Die Organisation der IL muss zur Planung und Umsetzung in der Aufbau- und Ablaufdimension beschrieben werden. Zusätzlich ist eine Dokumentation der Nutzenden für die einzelnen IL-Systemkomponenten erforderlich, auf die direkt zugegriffen werden kann.

Aufbauorganisation: Zur Dokumentation der Organisation sind zunächst die an den IL-Prozessen beteiligten OE zu erfassen. Für jede OE sind eine eindeutige Kennung, der Name und die Rolle in den IL-Prozessen zu erfassen. Externe OE sind dabei ebenso wie interne OE zu erfassen.

Ablauforganisation: Die Prozesse der IL müssen auf grobgranularer Ebene beschrieben werden. Als Ausgangspunkt der Analyse können die in Abschnitt 2.1.3 dokumentierten Prozesse der IL dienen. Eine geeignete Modellierungstechnik für die benötigte

Granularitätsstufe ist die Prozesslandkarte, die überblicksartig die Prozesse und ihre Hierarchie auf aggregierter Stufe darstellt.[580] Eine detaillierte Erhebung der Prozesse mit ihren einzelnen Ablaufschritten ist wegen des erheblichen Aufwands an dieser Stelle nicht sinnvoll. Eine Detaillierung sollte erst später für einzelne Prozesse durchgeführt werden, wenn die Umsetzung der Massnahmen dies erfordert.[581]

Nutzendengruppen: Um in Phase 2 die Nutzenden für die Messung der Akzeptanz gezielt ansprechen zu können, ist eine Dokumentation der Nutzenden und ihrer Gruppen erforderlich. Für jede der in Schritt 1 dieser Aktivität identifizierten IL-Systemkomponenten mit direktem Zugriff durch die Nutzenden sind die Gruppen bzw. Rollen von Nutzenden (z. B. Report-Autoren oder einfache Nutzende) mit ihren Nutzungsrechten zu identifizieren. Für jede der Rollen bzw. Gruppen müssen dann die Nutzenden mit ihrer OE und Kontaktinformationen identifiziert werden.

Alternative – Toolunterstützung: Ähnlich wie im vorhergehenden Schritt ist auch für diesen Schritt die Nutzung eines EA-Werkzeugs sinnvoll, um die Erfassung und insbesondere Auswertung der Daten zu erleichtern (vgl. Abbildung 8-6). Die von EA-Tools angestrebte Betrachtung auf aggregierter Ebene ist für die Dokumentation der Aufbau- und Ablauforganisation ausreichend.[582] Eine Ausnahme ist die Dokumentation der Nutzenden, die bis auf die feinste Ebene (d. h. einzelne Nutzende) detailliert werden muss, um eine individuelle Ansprache zu ermöglichen.

---

[580] Vgl. BMI 2007, S. 303f.; Winter 2003, S. 103.
[581] Vgl. Schwegmann, Laske 2005, S. 156.
[582] Vgl. Aier et al. 2009b, S. 38f.

Methode zur Steigerung der Akzeptanz von Informationslogistik

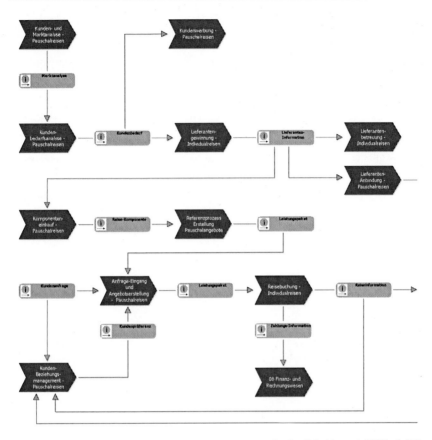

Quelle: Vgl. Aier et al. 2008b, S. 127.

Abbildung 8-6: Prozesslandkarte

8.3.2 Aktivität 1.2 – Erstellung des Untersuchungsplans

8.3.2.1 Überblick

Vor der Durchführung der Messung ist ein Untersuchungsplan zu erstellen, der den Ablauf der Messung festlegt. In der Literatur zur empirischen Forschung wird eine Vielzahl von Festlegungen betreffend der Durchführung genannt, die im Vorfeld der Befragung getroffen werden müssen.[583] Die Ausgestaltung einer empirischen Untersuchung kann sich in vielfältiger Art und Weise unterscheiden, wobei die einzelnen

---
[583] Vgl. z. B. Bortz 2005, S. 46ff.; Creswell 2008, S. 146ff.; Fink 2003d, S. 98ff.

Wahlmöglichkeiten je nach Kontext unterschiedliche Konsequenzen haben können. Durch den klar definierten Zweck der Befragung im Kontext dieser Methode ergeben sich für viele dieser Wahlmöglichkeiten offensichtliche Präferenzen. Dennoch müssen einige Entscheidungen getroffen werden, um den Ablauf der Befragung festzulegen. Hierbei handelt es sich in erster Linie um operativ-technische Fragen, da die inhaltlichen Aspekte durch die Ziele der Methode und durch den darauf abgestimmten Fragebogen vorgegeben sind (vgl. Abschnitt 5.2). Zu bestimmen sind die Zielgruppe der Befragung, die technische Umsetzung und der Ablauf der Befragung.

Diese Aktivität unterstützt die Festlegung der Untersuchungsparameter und deren Zusammenfassung in einem Untersuchungsplan (vgl. Tabelle 8-6). Dabei werden aufgrund der geringen Komplexität einiger Schritte nicht für alle Teilschritte konkrete Techniken genannt.

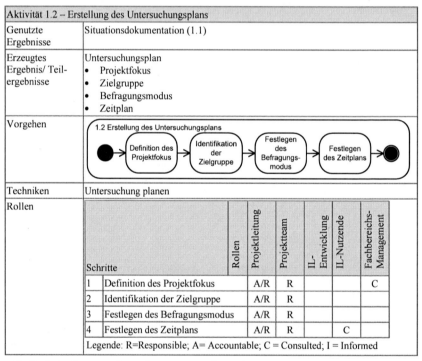

Tabelle 8-6: *Aktivitätsübersicht 1.2 – Erstellung des Untersuchungsplans*

8.3.2.2 Schritt 1 – Definition des Projektfokus

Teilergebnis: Projektfokus (Ausschnitt der IL-*Work Systems*)

Die IL wird insbesondere in grossen Unternehmen oft über sehr umfangreiche und heterogene IS-Architekturen und entsprechend komplexe *Work Systems* realisiert.[584] Daher kann es sinnvoll sein, ein Projekt zur Steigerung der IL-Akzeptanz auf Teile der IL im Unternehmen einzuschränken, um den Aufwand und die Komplexität zu senken. Dabei sind verschiedene Dimensionen der Einschränkung denkbar. Einerseits kann die Anwendung der Methode auf bestimmte Systemkomponenten (z. B. einzelne DWHs und die von ihnen abhängigen analytischen Applikationen oder nur einzelne analytische Applikationen) eingeschränkt werden. Dieses Vorgehen ist insbesondere dann sinnvoll, wenn zwischen den Teilsystemen hinsichtlich der informationstechnischen Realisierung und der Prozesse nur geringe Abhängigkeiten bestehen. Andererseits ist auch eine Einschränkung nach Nutzendengruppen denkbar, die z. B. nach Art der durchgeführten Nutzungsprozesse oder nach geographischen Kriterien abgegrenzt werden können.

Die Kriterien für eine Einschränkung sind dabei in hohem Masse situationsabhängig. Neben den oben genannten Architekturaspekten können Einflussfaktoren wie Mandate des Managements, Kompetenzen der ausführenden OE, wahrgenommene Akzeptanzdefizite in bestimmten Bereichen, bestehende Projekte zur Implementierung bzw. Weiterentwicklung von IL-Systemen oder Budgetrestriktionen die Wahl des Projektfokus beeinflussen.

Am Ende des Entscheidungsprozesses steht ein Ausschnitt der IL-Architektur, der im weiteren Verlauf Gegenstand der Methodenanwendung ist.

8.3.2.3 Schritt 2 – Identifikation der Zielgruppe

Teilergebnis: Liste der Nutzenden in der Zielgruppe

Aus dem Projektfokus geht hervor, was die Zielsysteme der Untersuchung sind. In der Situationsdokumentation ist erfasst, wer die Nutzenden der Systeme sind und wie sie zu erreichen sind. Im Zuge der Untersuchungsplanung muss nun die Zielgruppe der Untersuchung genauer spezifiziert werden. Hierzu müssen einerseits die Zielpopulation mit Ein- und Ausschlusskriterien identifiziert werden und andererseits der Stichprobenumfang festgelegt werden.[585]

---

[584] Vgl. Wilhelmi 2008, S. 95ff.
[585] Vgl. Bourque 2003, S. 143ff.; Fink 2003d, S. 33ff.

Population: Die Population eines Forschungsvorhabens ist die Gruppe von Personen, die Gegenstand der Forschung ist und über die Aussagen getroffen werden sollen.[586] Aus dem Ziel der Befragung (Messung der Akzeptanz bei Nutzenden von IL-Systemen) ergibt sich die Zielpopulation, nämlich die Nutzenden der im vorhergehenden Schritt festgelegten Systeme.

Ein- und Ausschlusskriterien: Mit Ein- und Ausschlusskriterien wird bestimmt, welche Mitglieder der Zielpopulation an der Befragung teilnehmen sollen. Sie dienen dazu, die Teilnehmenden auszuwählen und wo nötig die Zahl der Teilnehmenden zu beschränken.[587]

Die IL-Nutzenden und ihre Gruppen können der in Aktivität 1.1 erstellten Situationsdokumentation entnommen werden, die Gruppenzugehörigkeit stellt daher ein geeignetes Einschlusskriterium dar. Wie in Abschnitt 2.2 angemerkt, setzt eine Nutzung im Sinne dieser Arbeit eine Interaktion mit dem System voraus. Ein rein passives Nutzen ohne Interaktion – wie z. B. das Empfangen von Reports per E-Mail – reicht nicht aus, da für diese Art von Nutzung viele der gemessenen akzeptanzbeeinflussenden Konstrukte nicht sinnvoll sind. Hieraus ergibt sich ein Ausschlusskriterium für die Auswahl: Nutzendengruppen, die das System nicht interaktiv nutzen, sind auszuschliessen.[588] Weitere Ausschlusskriterien ergeben sich aus dem Projektfokus.

Stichprobe: Die Stichprobe bei einer empirischen Untersuchung ist die Teilmenge der Population, von der Daten gesammelt wird und die so in die Untersuchung eingeht. Ziel der Stichprobenerhebung ist es, Daten lediglich von einem Teil der Population zu erheben und zu analysieren, die Ergebnisse dann aber auf die Population zu verallgemeinern.[589] Die Nutzung von Stichproben ist insbesondere dann nötig, wenn die Population für eine Vollerhebung zu gross ist. Im Kontext der IL liegen i. d. R. endliche, relativ kleine und Populationen vor, deren Mitglieder bekannt sind, so dass eine Vollerhebung zu bevorzugen ist.[590] Falls aus Kostengründen nur eine Stichprobe der Nutzendenpopulation untersucht werden soll, ist zu bedenken, dass bei grösseren Stichproben die zu erwartenden Schätzfehler geringer sind, andererseits aber die Genauigkeit nicht

---

[586] Vgl. Punch 2005, S. 101.
[587] Vgl. Fink 2003d, S. 35.
[588] Sollen auch passive Reportempfänger in die Untersuchung einbezogen werden, sind die Konstrukte mit Einfluss auf die wahrgenommene Benutzerfreundlichkeit zum grössten Teil nicht sinnvoll. In diesem Fall ist eine Einschränkung des Akzeptanzmodells auf die auf die wahrgenommene Nützlichkeit wirkenden Konstrukte empfehlenswert.
[589] Vgl. Punch 2005, S. 103.
[590] Vgl. Bortz, Döring 2006, S. 395.

linear mit der Stichprobengrösse zunimmt.[591] Darüber hinaus muss die erwartete Antwortquote berücksichtigt werden – eine „Sicherheitsmarge" von mindestens 25% sollte eingeplant werden, um eine hinreichend grosse Stichprobe zu erreichen, auch wenn ein gewisser Teil der Befragten die Antwort verweigert. Die Auswertung der Teststärkenanalyse (vgl. Abschnitt 5.3.4.3) zeigt, dass eine Stichprobengrösse von ca. 250 für eine trennscharfe Schätzung des SEM ausreicht.[592]

Wenn eine Stichprobe genutzt wird, muss diese für die Population repräsentativ sein, damit die Ergebnisse der Stichprobe auf die Population übertragbar sind. Repräsentativität bedeutet, dass die Stichprobe in ihren wesentlichen Merkmalen mit der Population übereinstimmt.[593] Um die Repräsentativität der Stichprobe zu gewährleisten, muss ein Auswahlverfahren zur Ziehung der Stichprobe genutzt werden, bei dem die Einschlusswahrscheinlichkeit für alle Kandidaten gleich hoch ist. Zu bevorzugen ist eine zufällige Auswahl, die Repräsentativität ermöglicht.[594] Geeignete Techniken zur Auswahl von Kandidaten sind Zufallszahlen und die systematische Stichprobenentnahme:[595]

- Bei der Nutzung von Zufallszahlen wird jedem Kandidaten eine Zufallszahl zugewiesen. Anhand dieser Zufallszahlen wird die gewünschte Anzahl an Kandidaten ausgewählt, z. B. durch Sortieren der Zufallszahlen nach Grösse oder durch Kombination von einzelnen Stellen der Zufallszahlen.
- Beim systematischen Entnehmen wird zur Ziehung eines Anteils von 1/n der Population (z. B. n=2 bei Ziehung der Hälfte der Population) zufällig ein Kandidat aus den ersten n ausgewählt und dann jeder n-te folgende Kandidat gewählt.[596]

Unter Zuhilfenahme eines dieser Algorithmen ist eine Liste der zu befragenden Kandidaten zu erstellen. Diese Liste enthält je nach Versandart und Personalisierungsmöglichkeiten des Anschreibens zumindest die Adresse (E-Mail oder Anschrift), Anrede und Namen der Kandidaten.

---

[591] Vgl. Bortz, Döring 2006, S. 419ff.,627ff.; Fink 2003c, S. 28f.
[592] Für Hinweise auf die erforderliche Stichprobengrösse für die Schätzung der Akzeptanzausprägung ohne anschliessende SEM vgl. Bortz, Döring 2006, S. 421ff.
[593] Vgl. Fink 2003d, S. 34; Punch 2005, S. 102. Weitere mögliche Einschränkungen der Repräsentativität können unabhängig von der Stichprobe aus der Freiwilligkeit der Befragungsteilnahme entstehen. Vgl. Bortz, Döring 2006, S. 231ff.
[594] Vgl. Creswell 2008, S. 148.
[595] Vgl. Bortz, Döring 2006, S. 400; Fink 2003d, S. 38.
[596] Zu beachten ist, dass die Sortierreihenfolge hier keine Periodizität, z. B. nach Monaten, aufweisen darf. Vgl. Fink 2003c, S. 13.

8.3.2.4 Schritt 3 – Festlegen des Befragungsmodus

Teilergebnis: Befragungsmodus und Softwarewerkzeug

Nachdem im vorhergehenden Schritt die Kandidaten für die Teilnahme an der Befragung identifiziert worden sind, muss in diesem Schritt die Art der Befragung festgelegt werden. In diesem Zusammenhang muss geklärt werden, wie die Befragung technisch durchgeführt wird, wie die Fragebögen verteilt werden und wie die Teilnahme inzentiviert werden soll.

Technische Umsetzung: Es existieren verschiedene technische Möglichkeiten zur Verteilung und zum Ausfüllen des Fragebogens, die sich in der Art der Computerunterstützung und damit im Aufwand für Verteilung und Ausfüllen der Fragebögen und für die Datenerfassung unterscheiden. Die technische Umsetzung hat keinen signifikanten Einfluss auf die Ergebnisse, aus methodischer Sicht sind die Technologien mithin gleichwertig.[597] Wenn also keine methodischen Aspekte für eine bestimmte Technologie sprechen, ist die Minimierung des Aufwandes ein sinnvolles Ziel für die Technologieauswahl. Dabei ist zu bedenken, dass Computerunterstützung für die Arbeitsschritte den Aufwand für das Ausführen in der Regel senkt, was allerdings u. U. mit Kosten für die notwendigen Werkzeuge erkauft werden muss. In Tabelle 8-7 werden verschiedene Möglichkeiten der technischen Umsetzung gegenübergestellt, die drei erwähnten Arbeitsschritte Versand, Ausfüllen und Datenerfassung werden in den Abschnitten 8.3.4f. näher erläutert.

Der Versand des Fragebogens kann entweder per Post oder per E-Mail als Dateianhang oder Link zum Online-Fragebogen erfolgen. Während ein elektronischer Versand kostengünstig ist, fallen für den Versand auf Papier Kosten für Konfektionierung der Sendungen und Porto an, was die Stückkosten erhöht.[598] Falls Fragebögen online ausgefüllt werden, ist dies für die Befragten mit weniger Aufwand verbunden als bei Ausfüllen auf Papier, da ein Zurücksenden des Fragebogens entfällt. Die Codierung und Erfassung der Daten schliesslich wird bei Online-Fragebögen durch das Fragebogensystem automatisch gewährleistet. Bei Versand von Fragebögen als Datei bzw. in Papierform muss dies manuell geschehen, was die Stückkosten deutlich erhöht. Durch Nutzung von Scannern oder entsprechende Programmierung von dateibasierten Frage-

---

[597] Vgl. Ferrando, Lorenzo-Seva 2005, S. 200ff.
[598] Vgl. Churchill, Iacobucci 2002, S. 294f.

bögen kann die Erfassung vereinfacht werden.[599] Allerdings sind hierfür ebenso wie für Online-Befragungssysteme teils erhebliche Kosten zu berücksichtigen.

Die Auswahl der Befragungstechnologie sollte sich daher an der Zahl der Teilnehmenden orientieren: Während bei kleineren Stichproben eher die manuellen Verfahren vorteilhaft sind, kann bei grösseren Stichproben die Nutzung von Werkzeugen sinnvoll sein. Ebenfalls in die Überlegungen einfliessen sollte das Vorhandensein nutzbarer Werkzeuge und entsprechender Kompetenzen im Unternehmen.

Technische Umsetzung	Versand des Fragebogens	Ausfüllen	Datenerfassung	Anmerkungen
Versand per Post, Papier-Fragebogen zum manuellen Ausfüllen	Post	Papier	Manuell/ Werkzeuggestützt	Automatisierte Datenerfassung erfordert Scannen der Fragebögen
Versand per E-Mail, Fragebogen zum Ausdrucken und manuellen ausfüllen	E-Mail (Datei)	Papier	Manuell/ Werkzeuggestützt	Automatisierte Datenerfassung erfordert Scannen der Fragebögen
Versand per E-Mail, digitaler Fragebogen zum Ausfüllen am PC	E-Mail (Datei)	Online	Manuell/ Werkzeuggestützt	Automatisierte Datenerfassung erfordert Makroprogrammierung
Versand per E-Mail, Online-Fragebogen	E-Mail (Link)	Online	Automatisch	Durchführung erfordert Werkzeug zur Online-Befragung

Tabelle 8-7: Umfrage-Technologien

Verteilung: Erfahrungen mit empirischer Forschung zeigen, dass die Antwortrate steigt, wenn die Befragenden den Befragten persönlich bekannt sind und wenn die Teilnahme an der Untersuchung als „zum guten Ton gehörend" empfunden wird.[600] Falls die Befragten den Organisatoren der Umfrage nicht persönlich bekannt sein sollten, kann es also sinnvoll sein, die Verteilung bzw. den Versand der Fragebögen über die Vorgesetzten der Nutzenden abwickeln zu lassen. Dies kann die Antwortrate erhöhen, indem sowohl die Autorität als auch die persönliche Beziehung zu den Verteilenden genutzt werden.

Inzentivierung: Aufgrund der Relevanz der Umfrage für die Tätigkeit der Befragten ist von einem gewissen Grad an intrinsischer Motivation zur Teilnahme auszugehen. Um die Antwortquote weiter zu steigern, können zusätzlich materielle Anreize ange-

---

[599] Vgl. Babbie 1992, S. 384.
[600] Vgl. Bortz, Döring 2006, S. 74.

boten werden.[601] Dabei wirken kleine Geschenke besser als monetäre Entlohnungen.[602] Neben einem kleinen Geschenk, das mit dem Fragebogen zusammen verteilt wird, ist auch eine Verlosung von Preisen unter den Teilnehmenden denkbar. Es ist daher zu prüfen, inwieweit derartige Anreize zur Teilnahme zur Verfügung gestellt werden sollten. Je nach Kosten der Anreize ist bei Nutzung einer Stichprobe die Steigerung der Stichprobengrösse möglicherweise sinnvoller. Im Zweifel kann über eine Vorstudie die Antwortrate abgeschätzt werden.[603]

Weitere Aspekte der Motivation der Teilnehmenden werden in Zusammenhang mit der Anpassung des Fragebogens in Abschnitt 8.3.3 erörtert.

8.3.2.5 Schritt 4 – Festlegen des Zeitplans

Teilergebnis: Zeitplan

Als letzter Schritt der Untersuchungsplanung ist ein Zeitplan für die Untersuchung aufzustellen. Hierbei müssen der Startzeitpunkt der Untersuchung, die Zeitspanne für die Antworten und die Zeitpunkte für Nachfassaktionen festgelegt werden.

Startzeitpunkt: Der Startzeitpunkt der Untersuchung hängt in erster Linie von der Planung für das Gesamtprojekt (d. h. die Methodenanwendung) ab. In der Regel wird ein möglichst zeitnaher Start der Umfrage sinnvoll sein, da die weiteren Methodenschritte vom Vorliegen der Umfrageergebnisse abhängen. Dennoch können Aspekte für eine Verschiebung des Umfragestarts sprechen, wenn dies eine Steigerung der Antwortzahlen verspricht (z. B. zur Urlaubszeit oder in Phasen hoher Arbeitsbelastung).

Antwortfrist: Erfahrungen aus der Forschung zeigen, dass die Nennung einer Antwortfrist die Rücklaufquote erhöhen kann.[604] Im Kontext dieser Arbeit wurde eine Antwortfrist von 2 Wochen gesetzt, wobei eine systematische Untersuchung der Rücklaufquote bei unterschiedlichen Fristen nicht durchgeführt wurde.

Vorabinformation: Eine Vorabinformation kann die Antwortquote steigern (vgl. zum Inhalt dieser Information Abschnitt 8.3.3.3). Wird eine solche Vorabinformation versandt, sollte dies ca. 2 Wochen vor dem Versand des Fragebogens geschehen.[605]

---

[601] Vgl. Bourque 2003, S. 120f.; Diekmann 2007, S. 519.
[602] Vgl. Bortz, Döring 2006, S. 74.
[603] Vgl. Fink 2003d, S. 112.
[604] Vgl. Churchill, Iacobucci 2002, S. 537.
[605] Vgl. Bourque 2003, S. 87.

Nachfassen: Auch das Nachfassen, d. h. die Aufforderung zum Beantworten des Fragebogens einige Zeit nach der Zusendung, steigert die Rücklaufquote.[606] Die Literatur zur empirischen Forschung schlägt ein mehrfaches Nachfassen bei den Kandidaten vor, die noch nicht geantwortet haben.[607] Eine Identifikation von Kandidaten, die noch nicht geantwortet haben, verbietet sich jedoch, wo Anonymität versprochen wurde.[608] Dies lässt jedoch eine Beschränkung auf ein bis zwei Kontakte sinnvoll erscheinen, um die Kandidaten nicht zu belästigen, die bereits geantwortet haben. Die Entscheidung für einmaliges oder zweimaliges Nachfassen sollte von der erreichten Antwortquote abhängig gemacht werden.[609] Generell führen die dritten und folgenden Kontakte kaum noch zu einer weiteren Erhöhung der Antwortquote.[610] Das erste Nachfassen sollte nach Auffassung von HIPPLER und SEIDEL nach ca. einer Woche erfolgen, ein zweites Nachfassen nach ca. 3 Wochen, wobei diese Zeitplanung je nach Fristsetzung angepasst werden sollte.[611]

8.3.3 Aktivität 1.3 – Anpassen der Dokumente

8.3.3.1 Überblick

Vor der Durchführung im Unternehmen müssen die in dieser Arbeit bereitgestellten Umfragematerialien an die Einsatzsituation angepasst werden. Dies betrifft einerseits den Fragebogen und andererseits die begleitenden Texte, insbesondere das Begleitschreiben, das mit dem Fragebogen versandt wird, und die Nachfassschreiben, die vor Ablauf der Antwortfrist versandt werden.

Eine Anpassung des Fragebogens ist sinnvoll, um eine möglichst spezifische Messung der Akzeptanz zu ermöglichen. Bei allen TPB/TAM-basierten Akzeptanzmodellen gilt, dass eine Messung von spezifischeren Einstellungen eine höhere Prognosegenauigkeit für das vorherzusagende Verhalten (hier die Nutzung des betrachteten analytischen IS) ermöglicht.[612] In Abschnitt 5.2 wurde die Anpassung des Fragebogens an den Einsatz in der IL diskutiert, in diesem Abschnitt erfolgt eine weitere Spezifizierung der abgefragten Einstellungen für den konkreten Einsatz.

---

[606] Vgl. Churchill, Iacobucci 2002, S. 537.
[607] Vgl. Bourque 2003, S. 159ff.
[608] Vgl. Churchill, Iacobucci 2002, S. 538.
[609] Vgl. Bourque 2003, S. 161.
[610] Vgl. Hippler, Seidel 1985, S. 46.
[611] Vgl. Hippler, Seidel 1985, S. 43.
[612] Vgl. Ajzen, Fishbein 2005, S. 182ff.; Aronson 2004, S. 151; Moore, Benbasat 1991, S. 199.

Weitere für die Rücklaufquote wichtige Bestandteile der Umfrage sind die Vorabinformation, das Begleitschreiben zum Fragebogen, indem der Hintergrund der Umfrage erklärt wird, und die Schreiben zum Nachfassen vor Ablauf der Antwortfrist.[613] Eine angemessene Gestaltung dieser Materialien kann die Antwortquote um ein Mehrfaches steigern.[614]

Diese Aktivität unterstützt die Anpassung des Fragebogens an die Situation und die Formulierung angemessener Vorabinformationen, Begleitschreiben und Nachfassschreiben (vgl. Tabelle 8-8). Für den Fragebogen werden konkrete Anpassungen genannt, für die weiteren Dokumente werden Hinweise auf sinnvolle Inhalte gegeben.

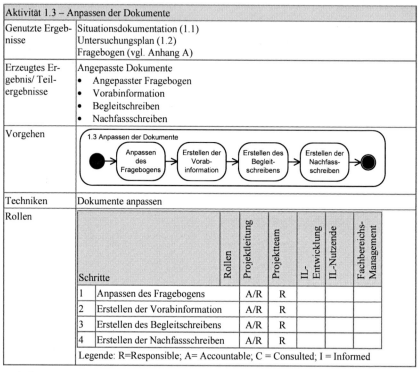

Aktivität 1.3 – Anpassen der Dokumente	
Genutzte Ergebnisse	Situationsdokumentation (1.1) Untersuchungsplan (1.2) Fragebogen (vgl. Anhang A)
Erzeugtes Ergebnis/ Teilergebnisse	Angepasste Dokumente • Angepasster Fragebogen • Vorabinformation • Begleitschreiben • Nachfassschreiben
Vorgehen	1.3 Anpassen der Dokumente: Anpassen des Fragebogens → Erstellen der Vorabinformation → Erstellen des Begleitschreibens → Erstellen der Nachfassschreiben
Techniken	Dokumente anpassen
Rollen	siehe untenstehende Tabelle

Schritte		Rollen	Projektleitung	Projektteam	IL-Entwicklung	IL-Nutzende	Fachbereichs-Management
1	Anpassen des Fragebogens		A/R	R			
2	Erstellen der Vorabinformation		A/R	R			
3	Erstellen des Begleitschreibens		A/R	R			
4	Erstellen der Nachfassschreiben		A/R	R			

Legende: R=Responsible; A= Accountable; C = Consulted; I = Informed

Tabelle 8-8: Aktivitätsübersicht 1.3 – Anpassung der Dokumente

Die in den folgenden Abschnitten aufgeführten Instruktionen sind von der in Aktivität 1.2 gewählten Umfragetechnologie unabhängig – die Teilnehmenden sollten bei allen

---

[613] Vgl. Bourque 2003, S. 113ff.; Diekmann 2007, S. 516ff.
[614] Vgl. Churchill, Iacobucci 2002, S. 537; Diekmann 2007, S. 517.

Technologien dieselben Informationen erhalten.[615] Daher wird im Folgenden unabhängig von der Versandtechnologie jeweils von Schreiben gesprochen.

8.3.3.2 Schritt 1 – Anpassen des Fragebogens

Teilergebnis: Angepasster Fragebogen

Wie im vorhergehenden Abschnitt ausgeführt, sollte der Fragebogen so spezifisch wie möglich an die Situation angepasst werden. Dies bedingt projektspezifische Anpassungen, die bei jedem Projekt durchzuführen sind und systemspezifische Anpassungen, die nur dann durchzuführen sind, wenn sich die Umfrage auf ein bestimmtes IL-System (statt auf die gesamte IL) bezieht. Zusätzlich können Fragen zu weiteren Konstrukten ergänzt werden. In den meisten Teilen des Fragebogens sind Anpassungen erforderlich, sie sind in Tabelle 8-9 zusammengefasst.

Projektspezifische Anpassungen: Der Einführungsteil des Fragebogens (Abschnitt 1.1) wiederholt in der vorliegenden Version im Wesentlichen die Inhalte des Anschreibens. Anders als beim Papierversand existiert beim Online-Versand ein Medienbruch zwischen Anschreiben (E-Mail) und Fragebogen (Datei bzw. Webseite). Um die Einführung möglichst nahtlos zugänglich zu machen, werden deren Inhalte auf der ersten Fragebogenseite wiederholt. So kann der Fragebogen auch von Kandidaten ausgefüllt werden, die das Begleitschreiben nicht zur Hand haben.[616] Bei Papierversand kann dieser Bereich gekürzt werden, wenn die relevanten Informationen im Anschreiben enthalten sind. Unabhängig von der Umfragetechnologie sollte die graphische Gestaltung an die Corporate Identity des Unternehmens angepasst werden.[617] Die Sprachauswahl (Abschnitt 1.2 des Fragebogens) muss an die im Projekt verwendeten Fragen angepasst bzw. bei Verwendung von Papierfragebögen entfernt werden.

Die abgefragten Funktionen und Tätigkeiten (Abschnitt 2.1/2.5 des Fragebogens) können an die von den untersuchten IL-Systemen tatsächlich unterstützten Funktionen und Tätigkeiten angepasst werden.

Die Eingabemöglichkeit für die Verlosungsteilnahme (Abschnitt 7.2 des Fragebogens) wird entfernt, falls keine Verlosung vorgesehen ist.

Systemspezifische Anpassungen: Der vorgeschlagene Fragebogen (vgl. Abschnitt 5.2 dieser Arbeit) ist nicht auf ein bestimmtes System zugeschnitten. Das untersuchte IL-System wird durchgehend als „das DWH" bezeichnet. Vor Beginn der systembezoge-

---

[615] Vgl. Bourque 2003, S. 114.
[616] Vgl. Bourque 2003, S. 114.
[617] Vgl. Domsch, Ladwig 2002, S. 13.

nen Fragen wird am Ende von Abschnitt 2 des Fragebogens darauf hingewiesen, dass die Nutzenden im Folgenden das von ihnen am häufigsten genutzte System als „das DWH" betrachten sollen.

Diese Formulierung ist sinnvoll, wenn in Aktivität 1.1 mehrere IL-Systeme als Untersuchungsgegenstand ausgewählt worden sind und nicht bekannt ist, welches System die Befragten schwerpunktmässig nutzen. Falls nur ein System untersucht wird, ist die Formulierung „das DWH" durch den Namen, unter dem das System den Nutzenden geläufig ist, zu ersetzen, damit den Nutzenden klar ist, welches IL-System gemeint ist. Dies vermeidet Verwechslungen und ermöglicht das spezifischere Abfragen von Einstellungen gegenüber dem System. Falls mehrere Systeme mit disjunkten Nutzendengruppen betrachtet werden, können basierend auf den selektierten Gruppen mehrere Versionen des Fragebogens mit entsprechend angepassten Systemnamen erstellt werden.

Ergänzungen: Eine sinnvolle Ergänzung des Fragebogens für den Einsatz im Unternehmen kann aus halboffenen Fragen zur Akzeptanz bestehen.[618] Über diese können z. B. die Ursachen für Akzeptanzprobleme differenzierter abgefragt werden und Vorschläge zur Akzeptanzsteigerung von den Nutzenden erfragt werden. Der Aufwand zur Auswertung solcher Fragen ist allerdings erheblich.

Grundsätzlich kann auch das Akzeptanzmodell (und damit der Fragebogen) um weitere Konstrukte ergänzt werden, oder es können Konstrukte aus der Untersuchung ausgeschlossen werden, um den Fragebogen zu kürzen. Wenn die Aussagekraft der Befragung darunter nicht leiden soll, müssen allerdings die in Abschnitt 5.2 dieser Arbeit genannten Anforderungen an die Operationalisierung von Konstrukten eingehalten werden – es müssen entweder bestehende, verifizierte Skalen übernommen werden oder wissenschaftliche Methoden zur Konstruktoperationalisierung angewendet werden.[619] Auch die kausalen Zusammenhänge zwischen den Konstrukten müssen bei Aufnahme zusätzlicher Konstrukte erneut überprüft werden, was eine Wiederholung der in Abschnitt 5.3 dokumentierten Strukturgleichungsmodellierung erforderlich macht.[620] Die hohen Anforderungen der Operationalisierung lassen eine Erweiterung des Akzeptanzmodells um zusätzliche Konstrukte im praktischen Einsatz wenig ratsam erscheinen.

---

[618] Vgl. Bortz, Döring 2006, S. 213.
[619] Vgl. Churchill 1979; Lewis et al. 2005.
[620] Vgl. Venkatesh et al. 2003, S. 455.

Methode zur Steigerung der Akzeptanz von Informationslogistik 209

Abschnitt		Abschnitt/Konstrukt/Angaben	Anpassung
1		Einführung	
	1.1	Einführungstext	Projektspezifisch
	1.2	Sprachauswahl	Projektspezifisch
2		Allgemeine Angaben	
	2.1	Funktion	Projektspezifisch
	2.2	Geschlecht	
	2.3	Alter	
	2.4	Erfahrung	
	2.5	Tätigkeiten	Projektspezifisch
	2.6	Erläuterungstext System	Systemspezifisch
3		*Management Support*, Relevanz des Systems und Nachvollziehbarkeit der Ergebnisse	
	3.1	*Management Support*	Systemspezifisch
	3.2	Tätigkeitsrelevanz	Systemspezifisch
	3.3	Nachvollziehbarkeit der Ergebnisse	Systemspezifisch
4		Datenqualität	
	4.1	Vollständigkeit	Systemspezifisch
	4.2	Genauigkeit	Systemspezifisch
	4.3	Format	Systemspezifisch
	4.4	Aktualität	Systemspezifisch
	4.5	Transparenz	Systemspezifisch
	4.6	Datenqualität allgemein	Systemspezifisch
5		Systemqualität	
	5.1	Zuverlässigkeit	Systemspezifisch
	5.2	Flexibilität	Systemspezifisch
	5.3	Integration	Systemspezifisch
	5.4	Zugänglichkeit	Systemspezifisch
	5.5	Systemqualität insgesamt	Systemspezifisch
6		Allgemeine Einschätzung des Systems	
	6.1	Training und Support	Systemspezifisch
	6.2	Nützlichkeit	Systemspezifisch
	6.2	Nutzerfreundlichkeit	Systemspezifisch
	6.4	Nutzungsabsicht	Systemspezifisch
7		Selbsteinschätzung	
	7.1	CSE	
	7.2	Teilnahme Verlosung	Projektspezifisch
	7.3	Kommentare	

Tabelle 8-9: Anpassungen am Fragebogen

Personalisierung: Um die Rücklaufquote nachzuverfolgen und um gezielt bei den Befragten nachfassen zu können, die noch nicht geantwortet haben, können die Fragebögen z. B. mit einer laufenden Nummer personalisiert werden.[621] Solche Personalisierung ist allerdings nicht mit vollständiger Anonymität der Befragung zu vereinbaren, daher muss darauf verzichtet werden, falls im Anschreiben Anonymität versprochen wird.

8.3.3.3 Schritt 2 – Erstellen der Vorabinformation

Teilergebnis: Vorabinformation

Ein kurzes Informationsschreiben an die Nutzenden vor dem Versand des Fragebogens kann helfen, die Rücklaufquote zu steigern.[622] In diesem Schreiben werden die Befragten darauf vorbereitet, dass ihnen ein Fragebogen zugesandt werden wird. Es informiert über den Inhalt der Umfrage, ihren Zweck und ihre Sponsoren und erklärt den Nutzenden, warum sie für die Teilnahme ausgewählt worden sind und warum ihre Teilnahme wichtig ist.[623]

8.3.3.4 Schritt 3 – Erstellen des Begleitschreibens

Teilergebnis: Begleitschreiben

Ein gut gestaltetes Begleitschreiben ist eines der wichtigsten Instrumente zur Steigerung der Rücklaufquote.[624] BOURQUE und FIELDER nennen verschiedene Elemente, die in einem Begleitschreiben verwendet werden können. Weitgehend deckungsgleiche Empfehlungen finden sich bei HIPPLER und SEIDEL.[625] Diese Elemente sind in Tabelle 8-10 zusammengefasst. Dabei können nicht immer alle Elemente in das Anschreiben aufgenommen werden, insbesondere, wenn dessen Länge eine Seite nicht überschreiten soll.

---

[621] Vgl. Bourque 2003, S. 160.
[622] Vgl. Bourque 2003, S. 122; Churchill, Iacobucci 2002, S. 537; Hippler, Seidel 1985, S. 52.
[623] Vgl. Bourque 2003, S. 87, 122.
[624] Vgl. Bourque 2003, S. 113ff.; Diekmann 2007, S. 517.
[625] Vgl. Bourque 2003, S. 114f.; Hippler, Seidel 1985, S. 48.

Methode zur Steigerung der Akzeptanz von Informationslogistik

Element		Bemerkungen
1	Briefkopf der Organisation	Offizieller Briefkopf vermittelt Professionalität, bei E-Mail-Anschreiben entsprechende Gestaltung des Fragebogens.
2	Informationen über Sponsoren	Klarstellung, wer die Untersuchung durchführt und unterstützt – hier das DWH-Team bzw. das Projektteam.
3	Genaue Daten	Daten auf dem Anschreiben müssen den Daten des Versandes entsprechen.
4	Anrede	Personalisierte Anrede mit Namen der Teilnehmenden ist zu bevorzugen.
5	Informationen zum Untersuchungszweck	Klare Nennung des Umfragezwecks und der Erkenntnisziele – hier Steigerung der Akzeptanz.
6	Gründe, warum die Teilnahme des Empfängers wichtig ist	Begründung, warum die persönliche Beteiligung der Befragten wichtig ist und warum die Informationen nur von ihnen kommen können.
7	Informationen über Teilnahmeanreize	Immaterielle Teilnahmeanreize aus Perspektive der Nutzenden, hier die Verbesserung der IL-Systeme, und materielle Anreize wie z. B. Verlosung.
8	Informationen zur Verteilung der Anreize	Informationen zur Auslosung und Verteilung der materiellen Anreize.
9	Realistische Schätzung der Teilnahmezeit	Schätzung der durchschnittlichen Beantwortungszeit. Für den vorliegenden Fragebogen liegt der Median der Bearbeitungszeit bei ca. 13 Minuten.
10	Informationen zur Auswahl der Teilnehmenden	Bei Stichprobe Hinweis auf Zufallsauswahl und Repräsentativität für andere Nutzende, bei Vollerhebung Hinweis auf Wichtigkeit der Vollständigkeit.
11	Informationen über Vertraulichkeit und Nutzung der Daten	Hinweise auf Datenschutz und Sicherheitsmassnahmen, bei persönlichem Nachfassen kein Versprechen der Anonymität.
12	Name und Kontaktinformationen einer Kontaktperson	Anlaufstelle für Rückfragen und zusätzliche Informationen.
13	Informationen zur Rücksendung der Fragebögen	Anweisungen zum Zurücksenden (entfällt online), Deadline in „weicher" Formulierung.
14	Persönliche Unterschrift	Blau in Kugelschreiber-Optik, entfällt online.

Tabelle 8-10: Elemente des Begleitschreibens

In Abbildung 8-7 ist beispielhaft die Titelseite des Fragebogens abgebildet, der im Rahmen dieser Arbeit genutzt wurde. Die Elemente aus Tabelle 8-10 sind mit Zahlen gekennzeichnet. Schwerpunkt lag hier weniger auf der Nutzung möglichst vieler Elemente als auf einer übersichtlichen Gestaltung mit begrenzter Textmenge.

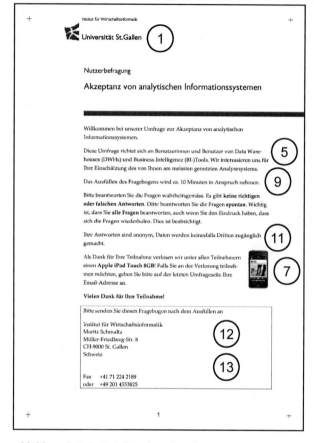

Abbildung 8-7: Beispiel Begleitschreiben

8.3.3.5 Schritt 4 – Erstellen der Nachfassschreiben

Teilergebnis: Nachfassschreiben

Das Nachfassen nach der Befragung ist eine erfolgversprechende Möglichkeit, um Antworten auch von den Befragten zu bekommen, die z. B. bei der ersten Befragung keine Zeit hatten zu antworten oder die Untersuchung vergessen haben.[626]

Ein erstes Nachfassschreiben kann dabei relativ einfach gestaltet werden. Es enthält neben der Erinnerung an die Untersuchung auch die Kontaktdaten einer Kontaktperson

---

[626] Vgl. Churchill, Iacobucci 2002, S. 537; Hippler, Seidel 1985, S. 46.

für Rückfragen und (bei Papierform) zur Anforderung eines neuen Fragebogens.[627] Falls dieses Schreiben an alle Angeschriebenen verschickt wird, sollte denjenigen Teilnehmenden gedankt werden, die schon an der Befragung teilgenommen haben. Bei Online-Fragebogen empfiehlt sich ein Link auf den Fragebogen. Für das zweite Nachfassen wird ein erneuter Versand des Fragebogens mit verkürztem Anschreiben empfohlen.[628] Sehr gute Erfahrungen wurden auch mit telefonischem Nachfassen gemacht. Allerdings ist dieses Verfahren sehr aufwändig und mit Anonymität nicht zu vereinbaren.[629]

8.3.4 Aktivität 2.1 – Erhebung der Daten

8.3.4.1 Überblick

Wenn die vorbereitenden Aktivitäten der Definitionsphase abgeschlossen sind, kann die eigentliche Messung durchgeführt werden. In dieser Phase werden die Fragebögen verteilt und ausgefüllt sowie die Nachfassschreiben versandt. Ergebnis dieser Phase ist der Datensatz.[630] Diese Rohdaten bilden die Grundlage für die Analyse in der anschliessenden Phase.

Die Messung durch von den Befragten selbst ausgefüllte Fragebögen erfordert von den Untersuchenden im Gegensatz zu persönlich durchgeführten Interviews wenig Mitarbeit. Dementsprechend ist die Beschreibung dieser Aktivität knapp gehalten.

8.3.4.2 Schritt 1 – Verteilen der Fragebögen

Teilergebnis: Fragebögen an Zielgruppe verteilt

Das Vorgehen zum Verteilen der Fragebögen hängt von der gewählten Umfragetechnologie ab, der Postversand erfordert dabei deutlich mehr Aufwand als ein Versand per E-Mail.

Einige Tage vor dem eigentlichen Versand der Fragebögen wird gemäss Zeitplan die Vorabinformation versendet, um die Befragten auf den Fragebogen vorzubereiten.

---

[627] Vgl. Bourque 2003, S. 159ff.
[628] Vgl. Hippler, Seidel 1985, S. 43.
[629] Vgl. Diekmann 2007, S. 517.
[630] Vgl. Bourque 2003, S. 143ff.

Aktivität 2.1 – Erhebung der Daten	
Genutzte Ergebnisse	Untersuchungsplan (1.2) Angepasste Dokumente (1.3)
Erzeugtes Ergebnis/ Teilergebnisse	Datensatz • Ausgefüllte Fragebögen
Vorgehen	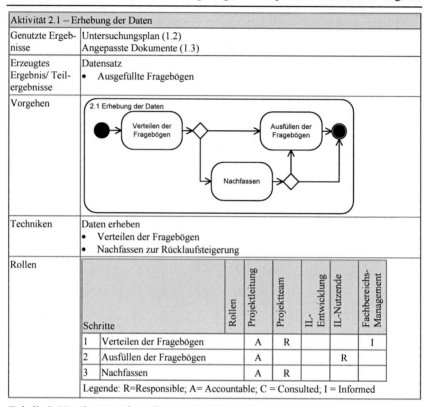
Techniken	Daten erheben • Verteilen der Fragebögen • Nachfassen zur Rücklaufsteigerung
Rollen	siehe Tabelle unten

Schritte		Rollen	Projektleitung	Projektteam	IL-Entwicklung	IL-Nutzende	Fachbereichs-Management
1	Verteilen der Fragebögen		A	R			I
2	Ausfüllen der Fragebögen		A			R	
3	Nachfassen		A	R			

Legende: R=Responsible; A= Accountable; C = Consulted; I = Informed

Tabelle 8-11: Aktivitätsübersicht 2.1 – Erhebung der Daten

Versand per E-Mail: In Aktivität 1.2 wurde eine Liste der zu befragenden Nutzenden erstellt. Das Anschreiben wird zusammen mit dem angepassten Fragebogen bzw. einem Link zum Online-Fragebogen (aus Aktivität 1.3) an die Kandidaten aus dieser Liste versandt. Bei grossen Zielgruppen empfiehlt sich die Nutzung eines speziellen Software-Werkzeugs zum Massenversand von E-Mail.

Versand in Papierform: Falls der Fragebogen in Papierform verteilt wird, müssen im Vergleich zum E-Mail-Versand zusätzliche Aspekte bedacht werden. Für den Versand von gedruckten Fragebögen müssen folgende Teile der Sendung bereitgestellt werden:[631]

- Fragebögen
- Anschreiben

---

[631] Vgl. Bourque 2003, S. 158.

- Umschläge
- Adressetiketten
- Porto, falls kein Versand mit interner Post des Unternehmens
- Rücksendeumschläge
- Materielle Anreize, falls vorgesehen

Die äussere Gestaltung der Sendungen (handgeschriebene Adresse, verschiedenfarbige Briefmarken) hat dabei nur mässigen Einfluss auf die Antwortquote, der Zusatzaufwand dafür scheint daher nicht gerechtfertigt.[632]

8.3.4.3 Schritt 2 – Ausfüllen der Fragebögen

Teilergebnis: Ausgefüllte Fragebögen

Nach dem Versand werden die Fragebögen durch die Befragten ausgefüllt. Dieser Schritt kann von der Untersuchungsleitung nicht beeinflusst werden, allerdings kann es sinnvoll sein, die Antwortquote im Auge zu behalten. Dies ermöglicht die Planung der Nachfassaktionen – falls die Antwortquote hinreichend hoch ist, kann u. U. auf eine oder alle Nachfassaktionen verzichtet werden.[633]

8.3.4.4 Schritt 3 – Nachfassen

Teilergebnis: Zusätzliche Fragebögen

Nach der im Zeitplan festgelegten Zeit werden die Nachfassschreiben versendet. Bei Papierversand wird für das erste Nachfassen aus Kostengründen die Nutzung von Postkarten empfohlen.[634] Falls die Fragebögen individuell zuzuordnen sind, sind diejenigen Befragten auszusortieren, die bereits geantwortet haben.

Die Entscheidung für ein zweites Nachfassen kann neben der ursprünglichen Planung (aus Aktivität 1.2) auch von der erzielten Rücklaufquote abhängig gemacht werden: Falls die Antwortquote hoch genug ist, kann auf weitere Nachfassaktionen aus Zeit- und Kostengründen verzichtet werden.

---

[632] Vgl. Bourque 2003, S. 150; Churchill, Iacobucci 2002, S. 537.
[633] Bei Befragung von Verbrauchern sind bei sorgfältiger Planung und mehrfachem Nachfassen Antwortquoten über 70% erreicht worden. Allerdings ist eine Übertragung auf den Unternehmenskontext nur mit Vorsicht möglich. Vgl. Diekmann 2007, S. 518.
[634] Vgl. Bourque 2003, S. 162.

8.3.5 Aktivität 3.1 – Auswertung des Datensatzes

8.3.5.1 Überblick

Ziel dieser Aktivität ist es, die im Rahmen der Messung erhobenen Daten mit statistischen Methoden auszuwerten, um ein Messergebnis zu erhalten, welches als Basis für die Massnahmenauswahl dient. Auch für die Auswertung existiert ein umfassender Literaturfundus aus dem Bereich der empirischen Forschung, auf den für die Spezifikation der einzelnen Schritte zurückgegriffen wird. Diese Aktivität folgt im Wesentlichen dem von DIEKMANN vorgeschlagenen Vorgehen für die Datenauswertung.[635]

Vor einer Auswertung, die bei den vorliegenden Stichprobengrössen sinnvollerweise mit Hilfe von Computerprogrammen erfolgt, sind die Daten in ein geeignetes Dateiformat zu überführen. Die so erfassten Daten werden dann auf Fehler überprüft und diese soweit möglich bereinigt. Schliesslich werden die Daten statistisch ausgewertet, um das Messergebnis zu erhalten.

Diese Aktivität unterstützt die Auswertung der Daten zur Erzeugung eines Messergebnisses.

8.3.5.2 Schritt 1 – Codieren und Datenerfassung

Teilergebnis: Auswertungsfertig erfasster Datensatz

Vor einer computergestützten statistischen Auswertung ist es erforderlich, die Daten so zu erfassen, dass sie von den genutzten Programmen gelesen oder importiert werden können. Für die Auswertungstechniken dieser Methode ist eine Tabellenkalkulation ausreichend. Die Daten werden mit dem Fragebogen in Form von Fragen und Antworten erfasst. Diese Fragen und Antworten sind in Variablen und Werte für diese Variablen zu codieren. Wie die Zuordnung von Werten zu Antworten durchgeführt wird, wird in einem Codebuch festgelegt. Im Zuge der Datenerfassung werden die einzelnen Fragebögen codiert und erfasst.[636]

Diese Arbeitsschritte sind in erster Linie dann erforderlich, wenn Papierfragebögen genutzt werden. Bei der Nutzung von Online-Fragebögen wird dieser Schritt u. U. ganz oder teilweise von der Umfrage-Software geleistet, die entsprechenden Arbeiten können in diesem Fall übersprungen werden.

---

[635] Vgl. Diekmann 2007, S. 661. Ein vergleichbares Vorgehen schlägt FINK vor, vgl. Fink 2003d, S. 100.
[636] Vgl. Atteslander 2008, S. 283ff.; Diekmann 2007, S. 663ff.; Fink 2003b, S. 4ff.

Methode zur Steigerung der Akzeptanz von Informationslogistik

Aktivität 3.1 – Auswertung des Datensatzes	
Genutzte Ergebnisse	Rohdaten (2.1)
Erzeugtes Ergebnis/ Teilergebnisse	Messergebnis • Codebuch und codierter Datensatz • Bereinigter Datensatz • Messergebnis
Vorgehen	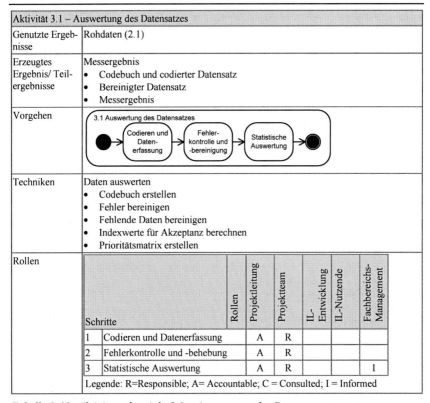
Techniken	Daten auswerten • Codebuch erstellen • Fehler bereinigen • Fehlende Daten bereinigen • Indexwerte für Akzeptanz berechnen • Prioritätsmatrix erstellen
Rollen	siehe unten

Schritte		Rollen	Projektleitung	Projektteam	IL-Entwicklung	IL-Nutzende	Fachbereichs-Management
1	Codieren und Datenerfassung		A	R			
2	Fehlerkontrolle und -behebung		A	R			
3	Statistische Auswertung		A	R			I

Legende: R=Responsible; A= Accountable; C = Consulted; I = Informed

Tabelle 8-12: Aktivitätsübersicht 3.1 – Auswertung des Datensatzes

Codebuch: Das Codebuch bestimmt, wie die Fragen und Antworten aus dem Fragebogen auf Variablen und Werte abgebildet werden, die statistisch auswertbar sind.[637] Dazu wird jeder Frage eine Variable zugewiesen, die einen Namen oder eine Nummer hat. Um die möglichen Antworten zu codieren, wird jeder Antwortmöglichkeit eine Codeziffer zugeordnet, zusätzlich werden Codeziffern für fehlende Antworten vergeben. Da im zu dieser Methode gehörigen Fragebogen keine Freitextfelder ausgewertet werden müssen, ist die Codierung relativ einfach.

Die Likert-skalierten Items (Abschnitte 3.1 bis 7.1 des Fragebogens, vgl. Abschnitt 5.2) werden so codiert, dass für „stimme voll zu" der Wert 5, für „stimme überhaupt nicht zu" der Wert 1 und für die dazwischen liegenden Werte analog ganze Zahlen vergeben werden (eine umgekehrte Codierung ist ebenso möglich, wichtig ist, dass ne-

---

[637] Vgl. Diekmann 2007.

gative Items invers codiert werden). Für die allgemeinen Angaben werden bei exklusiven Antwortmöglichkeiten (Geschäftsbereich und Geschlecht, Abschnitte 2.1 und 2.2) den Antwortmöglichkeiten fortlaufende Nummern zugeordnet. Jahresangaben (Alter und Erfahrung, Abschnitt 2.3 und 2.4) werden als Zahlenwerte übernommen. Wo mehrere Antwortmöglichkeiten zulässig sind (Tätigkeiten, Abschnitt 2.5) wird jede Antwortmöglichkeit als einzelne Variable binär codiert. Abbildung 8-8 zeigt einen Ausschnitt aus dem Codebuch.

Falls der Fragebogen in Aktivität 1.3 um zusätzliche Fragen ergänzt worden ist, müssen entsprechende Codierungen für die hinzugekommenen Fragen ergänzt werden.

Datenerfassung: Die Daten aus den Fragebögen müssen mit den im Codebuch festgelegten Codes elektronisch erfasst werden. Zuerst werden die Fragebögen numeriert, um eine Kontrolle der erfassten Daten zu ermöglichen. Um Fehler zu vermeiden, empfiehlt sich für die weitere Erfassung ein zweistufiges Vorgehen, bei dem erst die Codes zu den Variablen auf dem Fragebogen notiert werden und dann die Daten in die Datenbank bzw. Auswertungsbogen eingegeben werden.[638]

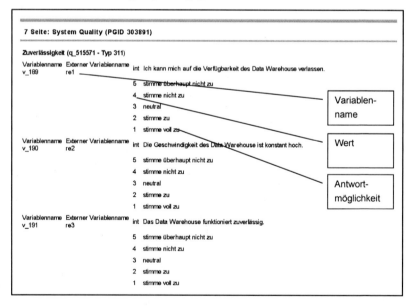

Abbildung 8-8: Auszug aus dem Codebuch

---

[638] Vgl. Diekmann 2007, S. 664.

8.3.5.3 Schritt 2 – Fehlerkontrolle und -bereinigung

Teilergebnis: Korrigierter Datensatz

Fehlerbehebung: Bei manueller Erfassung von Daten sind Fehler unvermeidlich. Mit einer Fehlerbereinigung können ein Teil dieser Fehler korrigiert bzw. fehlende Werte aus der Auswertung ausgeschlossen werden. Drei behebbare Fehlerklassen sind zu unterscheiden:[639]

- Ungültige Codes: Beim Likert-skalierten Items dürfen gemäss Codebuch nur die Werte 1,2,3,4,5 und ein Code für fehlende Angaben vorkommen. Alle anderen Werte sind als ungültig zu verwerfen. Sie können im Originalfragebogen überprüft oder durch den Code für fehlende Werte ersetzt werden.
- Ausreisser: Bei Zahlenwerten (hier insbesondere Alter und Erfahrung) können unplausibel grosse oder kleine Werte vorkommen. Ein Beispiel sind Erfahrungsangaben, die deutlich über allen anderen Werten aus dem Unternehmen liegen. Sie werden durch den Code für fehlende Angaben ersetzt.
- Inkonsistente Werte: Sachlogische Abhängigkeiten können auf Fehler hinweisen. Altersangaben unter 16 und über 65 Jahren sind bei Nutzenden in Unternehmen unplausibel, ebenso muss die Erfahrung wesentlich unter dem Alter liegen. Solche fehlerhaften Werte werden durch den Code für fehlende Angaben ersetzt.

Die Prüfung auf diese Fehler kann bei kleinen Datensätzen visuell erfolgen. Eine genauere Prüfung ermöglichen die Funktionen zur Erstellung von Frequenztabellen bzw. Histogrammen der Statistikprogramme, die aussergewöhnliche Werte leicht erkennbar machen.[640] Daneben existieren weitere Fehlerarten wie z. B. Fehleingaben der Befragten, die nicht korrigierbar sind.

Fehlende Werte: Zusätzlich müssen fehlende Werte korrigiert werden. Bei Nutzung eines geeigneten Online-Umfragesystems kann das Entstehen von fehlenden Werten mit technischen Mitteln verhindert werden, indem das Verlassen der aktuellen Fragebogenseite erst ermöglicht wird, wenn alle Fragen beantwortet wurden. Bei Nutzung von Papierfragebögen besteht diese Möglichkeit nicht, hier muss mit fehlenden Werten für einzelne Fragen gerechnet werden.

---

[639] Vgl. Diekmann 2007, S. 666.
[640] Vgl. Fink 2003b, S. 21ff.

Es gibt verschiedene anerkannte Möglichkeiten zur Behandlung von fehlenden Werten, wobei alle Methoden die Daten in irgendeiner Art und Weise verfälschen.[641] Für die Anwendung im Rahmen dieser Methode empfiehlt sich bei wenigen Fällen mit fehlenden Werten aufgrund der Einfachheit der Technik das paarweise Ausschliessen von Fällen. Hier werden die Fälle nur aus den Analysen ausgeschlossen, die die fehlenden Werte nutzen, in den anderen Fällen werden sie beibehalten.[642]

Alternativ können die fehlenden Fälle mit dem arithmetischen Mittel ersetzt werden. Hierzu kann entweder als einfachere Lösung das arithmetische Mittel für das fehlende Item aus dem gesamten Datensatz genutzt werden oder es kann (aufwändiger) das arithmetische Mittel der Itemwerte des betrachteten Falls für die Items des gemessenen Konstrukts eingesetzt werden: Falls also zwei Items mit 2 und 4 beantwortet worden wären, würde für ein fehlendes drittes Item der Wert 3 eingesetzt bzw. der Gesamtwert für das Konstrukt aus den beantworteten Items hochgerechnet). Der Nachteil von Ersetzungen ist der zusätzliche Aufwand für diese Verfahren. Der methodische Nachteil, dass statistische Beziehungen abgeschwächt werden, fällt in diesem Nutzungszusammenhang nicht ins Gewicht.[643]

8.3.5.4 Schritt 3 – Auswertung der Daten

Teilergebnis: Messergebnis

Die Auswertung der Daten im Rahmen der Methodenanwendung hat das Ziel, eine Bewertung der Akzeptanzsituation im Unternehmen zu ermöglichen. Anders als bei der in Abschnitt 5.3 diskutierten empirischen Validierung des Akzeptanzmodells ist hierfür kein komplexes statistisches Instrumentarium erforderlich, da lediglich eine Populationsbeschreibung bezüglich der Akzeptanz angestrebt wird.[644] Eine Wiederholung der Modellvalidierung wird als alternative Technik beschrieben.

Datenanalyse: Um den akzeptanzbeeinflussenden Konstrukten einen eindimensionalen Wert für ihre Ausprägung zuweisen zu können, muss aus den verschiedenen Likert-skalierten Items für die einzelnen Datensätze ein Indexwert je Akzeptanzfaktor berechnet werden. Dies geschieht durch (gleichgewichtetes) Summieren der Werte für

---

[641] Vgl. Babbie 1992, S. 177f.; Fink 2003b, S. 21f.; Tsikriktsis 2005.
[642] Vgl. Tsikriktsis 2005, S. 57.
[643] Vgl. Babbie 1992, S. 178; Tsikriktsis 2005, S. 57.
[644] Vgl. Bortz, Döring 2006, S. 393ff.

die einzelnen Items.[645] Um eine Vergleichbarkeit der Indexwerte für Akzeptanzfaktoren mit unterschiedlich vielen Items zu ermöglichen, müssen die Indexwerte anschliessend normiert werden, damit sie einen übereinstimmenden Wertebereich aufweisen. Zweckmässig ist eine Normierung auf den Wertebereich der einzelnen Items durch Teilen des Indexwerts durch die Anzahl der berücksichtigten Items. Formalisiert dargestellt ergibt sich der Indexwert jedes Akzeptanzfaktors durch die Formel

$$S_k = \frac{\sum_{i=1}^{m} I_{ki}}{m}$$

mit S_k = Indexwert (Score) für den Akzeptanzfaktor k,
I_{ki} = Wert von Item i für Akzeptanzfaktor k,
m = Anzahl der Items zur Messung von Akzeptanzfaktor k.

Aus diesen individuellen Indexwerten können dann Masse für die zentrale Tendenz und Dispersionsmasse für den Datensatz errechnet werden. Für die Analyse der zentralen Tendenz (d. h. des Werts, der die gesamte Population am besten repräsentiert) kann das arithmetische Mittel genutzt werden.[646] Dessen Wert gibt als Mittelwert der Einschätzungen der Befragten die durchschnittliche Bewertung des untersuchten Akzeptanzfaktors wieder.

Um diese Bewertung weiter zu differenzieren kann zusätzlich ein Dispersionsmass wie z. B. die Standardabweichung betrachtet werden. Dieses gibt an, wie weit die einzelnen Werte um den Mittelwert streuen.[647] Eine grosse Standardabweichung zeigt an, dass die Nutzenden sich in ihrer Einschätzung des betrachteten Akzeptanzfaktors stark unterscheiden – in diesen Fällen kann eine weitergehende Analyse sinnvoll sein, um z. B. Abweichungen zwischen verschiedenen OE, Tätigkeiten o. ä. zu identifizieren.

Alternative – Strukturgleichungsmodellierung: Um weitergehende Erkenntnisse über die Zusammenhänge der IL-Akzeptanz in der Organisation zu gewinnen, kann das in Abschnitt 5.3 beschriebene Verfahren zur Strukturgleichungsmodellierung angewendet werden. Diese Art der Auswertung hat den Vorteil, dass sie Auskunft über die genaue Gewichtung der Akzeptanzfaktoren für den speziellen Anwendungskontext gibt, die von den im Rahmen dieser Arbeit ermittelten Gewichten abweichen kann. Vor dem Hintergrund der schwierigen Übertragung von empirischen Ergebnissen über den organisatorischen Kontext hinaus ist dieses Vorgehen empfehlenswert. Allerdings

---

[645] Die Gleichgewichtung ist insb. sinnvoll, wenn die Items leicht unterschiedliche Facetten der Konstrukte messen. Für eine Ungleichgewichtung müssten überzeugende sachlogische Gründe vorliegen, die hier nicht gegeben sind. Vgl. Babbie 1992, S. 180f.; Bortz, Döring 2006, S. 224; Churchill, Iacobucci 2002, S. 382.
[646] Vgl. Babbie 1992, S. 390ff.; Bortz 2005, S. 35ff.
[647] Vgl. Babbie 1992, S. 392f.; Bortz 2005, S. 39ff.

sind hierfür umfassende Kenntnisse über die Auswertung und Interpretation von Strukturgleichungsmodellen sowie spezielle Software erforderlich. Eine detaillierte Beschreibung des Vorgehens findet sich bei HUBER ET AL. sowie in Abschnitt 5.3.[648]

Bewertung: Um Prioritäten für die Massnahmen zu identifizieren, ist eine Beurteilung der für die Items ermittelten Mittelwerte erforderlich. Hierfür ist bei Likert-skalierten Items die Angabe einer Norm sinnvoll, mit der die im Unternehmen erreichten Werte verglichen werden können.[649] So ist es z. B. nicht ohne Weiteres klar, ob ein Durchschnittswert von 3.5 für die Tätigkeitsrelevanz besonders hoch ist und ob dieser Wert z. B. für Tätigkeitsrelevanz und *Management Support* gleich gut ist. Als Norm können die in der dieser Arbeit zugrunde liegenden Umfrage identifizierten Werte herangezogen werden (vgl. Abschnitt 5.3). Tabelle 8-13 zeigt die ermittelten Werte für die befragten Unternehmen. Diese Ergebnisse basieren auf einer begrenzten Anzahl an Unternehmen und Datensätzen, daher ist eine Erweiterung der Datenbasis anzustreben. Negative Abweichungen von den Normwerten geben Hinweise auf Ansatzpunkte zur Verbesserung der Akzeptanz, die bei der Massnahmenauswahl im Vordergrund stehen sollten. Die Bildung der Normabweichung zeigt Tabelle 8-14.

Falls die Messmethode im Unternehmen bereits angewandt wurde, können die Ergebnisse der vorhergehenden Messungen als Norm genutzt werden. Dies ermöglicht den Methodenanwendern, die Entwicklung der Akzeptanz in Form einer Längsschnittstudie zu betrachten, die Entwicklung der Akzeptanz zu beurteilen und Rückschlüsse auf die Wirksamkeit der durchgeführten Massnahmen zu treffen. Durch Subtraktion des Normwerts von den im Unternehmen erreichten Werten ergibt sich für jeden Akzeptanzfaktor eine Normabweichung, anhand derer der Akzeptanzfaktor bewertet werden kann.

	Faktor/Concern	Normwert	Normwert Unternehmen 1	Normwert Unternehmen 2
U	MS	2.5	2.4	2.6
U	TR	4	3.8	4.2
U	NE	3.5	3.5	3.5
U	DQ	2.5	2.5	2.5
EOU	CSE	2.5	2	3
EOU	FU	4	4.1	3.9
EOU	SQ	3.5	3	4

Tabelle 8-13: Normwerte für die Akzeptanzfaktoren (Beispielwerte)

---

[648] Vgl. Huber et al. 2007.
[649] Vgl. Churchill, Iacobucci 2002, S. 382.

Methode zur Steigerung der Akzeptanz von Informationslogistik 223

	Faktor/Concern	Normwert	Ermittelter Wert	Normabweichung
U	MS	2.5	2.4	-0.1
U	TR	4	4.4	0.4
U	NE	3.5	3.5	0
U	DQ	2.5	3.3	0.8
EOU	CSE	2.5	2	-0.5
EOU	FU	4	2	-2
EOU	SQ	3.5	3	-0.5

Tabelle 8-14: Ermittlung der Normabweichung (Beispielwerte)

Alternative – Akzeptanzbeurteilung: Alternativ zur Nutzung von Normdaten schlägt LADWIG in einem Beitrag zur Qualitätssicherung interner Dienstleistungen eine kontextfreie Methode der Datenbeurteilung ohne Vergleich mit Normwerten vor, die auch für die Akzeptanzbeurteilung geeignet ist.[650] Diese basiert auf den individuellen Scores, nicht auf Durchschnittswerten. Beurteilt wird danach, welcher Prozentsatz an Befragten die Akzeptanzfaktoren als sehr gut (Beurteilung ≥ 4) bzw. sehr schlecht (Beurteilung ≤ 2) einstuft. Anhand von aus dem Total Quality Management abgeleiteten Prozentsätzen wird die Bewertung nach dem in Tabelle 8-15 dargestellten Schema vorgenommen.

Nach diesem Schema wird z. B. ein Akzeptanzfaktor, der von 55-80% der Nutzenden mit Werten zwischen 1 und 2 bewertet wird, als kritisch eingestuft. Dabei können Akzeptanzfaktoren gleichzeitig als kritisch und positiv eingestuft werden, wenn die Einschätzungen der Nutzenden stark divergieren.

Als Ergebnis dieses Schritts resultiert ein Akzeptanzprofil für die untersuchten IL-Systeme, dass die Ausprägung der Akzeptanz und der beeinflussenden Akzeptanzfaktoren aufzeigt und als Grundlage für die Massnahmenauswahl dient.

Prozentsätze	Positive Beurteilungen		Negative Beurteilungen	
	Symbol	Beurteilung	Symbol	Beurteilung
30-54%	✓	schwach positiv	✗	schwach kritisch
55-80%	✓✓	positiv	✗✗	kritisch
81-100%	✓✓✓	sehr positiv	✗✗✗	sehr kritisch

Quelle: Ladwig 2006, S. 260.

Tabelle 8-15: Bewertung von Qualitätseinschätzungen

---

[650] Vgl. Ladwig 2006, S. 260ff.

Für die Berechnung der Normwertabweichungen können an dieser Stelle für die Normabweichung die Werte minus bzw. plus 0.5 für schwache, 1 für mittlere und 1.5 für starke negative bzw. positive Beurteilungen eingesetzt werden, wobei bei gleichzeitig negativer und positiver Beurteilung der grössere Wert die Richtung der Beurteilung vorgibt.

8.3.6 Aktivität 3.2 – Auswahl der Massnahmen

8.3.6.1 Übersicht

Ziel dieser Aktivität ist es, basierend auf dem im vorhergehenden Schritt ermittelten Messergebnis und der Situationsdokumentation eine Auswahl an Massnahmenpatterns zu treffen, die zur Steigerung der Akzeptanz umgesetzt werden. Diese Auswahl wird dadurch erschwert, dass zwar die Akzeptanzsituation im Unternehmen bekannt ist, die Kosten und der Nutzen der Massnahmenpatterns aber nur geschätzt werden können. Insbesondere zum Nutzen einzelner Massnahmen liegen keine wissenschaftlich fundierten Erkenntnisse vor, da eine isolierte Messung der Wirkung einzelner Massnahmen im Unternehmen kaum möglich ist.[651] Daher wird eine Technik benötigt, die eine Expertenschätzung von Kosten und Nutzen der alternativen Massnahmen erleichtert und den Entscheidungsprozess strukturiert. Um der Anforderung an eine Einsetzbarkeit im Unternehmen (vgl. Abschnitt 3.2.1) gerecht zu werden, sollte die Technik zudem ohne komplexe mathematische Verfahren auskommen.

Die hier vorgeschlagene Technik basiert auf einer Technik aus dem Bereich der EA, der *Cost Benefit Analysis Method* (CBAM) von KAZMAN ET AL.[652] CBAM ist eine Erweiterung der *Architecture Tradeoff Analysis Method*, einer Methode zum Treffen von IS-Architekturentscheidungen auf Basis von Qualitätsanforderungen der Kunden.[653] CBAM ermöglicht es den IS-Verantwortlichen, Architekturszenarien (hier Massnahmen zur Akzeptanzsteigerung) anhand ihres erwarteten Nutzens hinsichtlich bestimmter Qualitätsattribute (hier die von den Akzeptanzfaktoren bestimmten *Concerns*, vgl. Abschnitt 7.1) und ihrer erwarteten Kosten zu bewerten und anhand dieser Bewertung und der Rahmenbedingungen des Projekts eine Auswahl zu treffen.[654] CBAM wird für diese Methode modifiziert, um die Ergebnisse der Akzeptanzmessung besser zu berücksichtigen.

---

[651] Vgl. Jasperson et al. 2005, S. 544f.; Venkatesh, Bala 2008, S. 295.
[652] Vgl. Kazman et al. 2002.
[653] Vgl. Graham et al. 2007; Kazman et al. 2000.
[654] Vgl. Kazman et al. 2002, S. 3.

Methode zur Steigerung der Akzeptanz von Informationslogistik

Aktivität 3.2 – Auswahl der Massnahmen	
Genutzte Ergebnisse	Messergebnis (3.1) Situationsdokumentation (1.1)
Erzeugtes Ergebnis/ Teilergebnisse	Massnahmenprogramm • Gewichtete Concerns • Bewertete Massnahmen • Massnahmenprogramm
Vorgehen	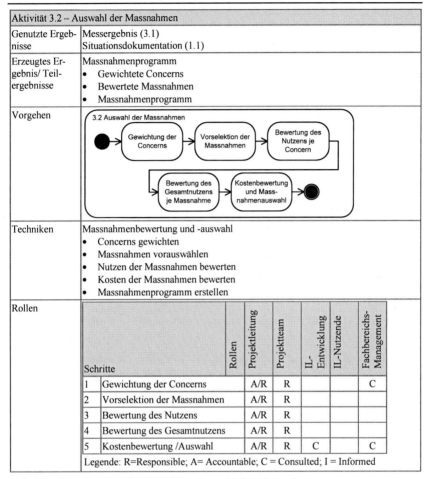
Techniken	Massnahmenbewertung und -auswahl • Concerns gewichten • Massnahmen vorauswählen • Nutzen der Massnahmen bewerten • Kosten der Massnahmen bewerten • Massnahmenprogramm erstellen
Rollen	(siehe unten)

Schritte		Rollen	Projektleitung	Projektteam	IL-Entwicklung	IL-Nutzende	Fachbereichs-Management
1	Gewichtung der Concerns		A/R	R			C
2	Vorselektion der Massnahmen		A/R	R			
3	Bewertung des Nutzens		A/R	R			
4	Bewertung des Gesamtnutzens		A/R	R			
5	Kostenbewertung /Auswahl		A/R	R	C		C

Legende: R=Responsible; A= Accountable; C = Consulted; I = Informed

Tabelle 8-16: Aktivitätsübersicht 3.2 – Auswahl der Massnahmen

Im Bereich der Entscheidungstheorie existiert eine Reihe weiterer Techniken zur Bewertung von Alternativen, die hier aufgrund mangelnder Datengrundlage nicht genutzt werden. Die erwähnte Unsicherheit bezüglich der Kosten- und Nutzenbewertung der Massnahmen lässt die entscheidungstheoretischen Techniken wie Minimax/Maximax, *Info Gap Analysis* oder *Analytic Network Process* in diesem Kontext wenig nützlich erscheinen, da sie Eingabedaten zu Kosten, Nutzen und (teils) zu den Eintrittswahrscheinlichkeiten der verschiedenen Szenarien voraussetzen.[655] Zudem erfordern diese

---

[655] Vgl. z. B. Ben-Haim 2006; Laux 2005, S. 106ff.; Saaty 2006.

Techniken komplexe mathematische und statistische Verfahren, deren Mehrwert zum genaueren Verrechnen ungenauer Eingabedaten zweifelhaft erscheint.

Diese Aktivität unterstützt die Auswahl von Massnahmen und ihre Priorisierung in Form eines Massnahmenprogramms.

8.3.6.2 Schritt 1 – Gewichtung der Concerns

Teilergebnis: Gewichtete Normabweichung je *Concern*

Um die Massnahmenauswahl im folgenden Schritt zu erleichtern, muss eine Auswahl an *Concerns* getroffen werden, deren Beeinflussung als Ziel für die Massnahmenauswahl festgelegt wird und die eine erste Vorselektion geeigneter Massnahmen ermöglicht. Dafür wird den *Concerns* (d. h. Einflussfaktoren auf die Akzeptanz) ein Wert zugewiesen, der die Normabweichung und die statistisch ermittelte relative Wichtigkeit des Akzeptanzfaktors für die Akzeptanz berücksichtigt. Dies hat zur Folge, dass z. B. eine Normabweichung von 0.5 bei einem wichtigeren Akzeptanzfaktor höher gewertet wird als bei einem unwichtigen Akzeptanzfaktor.

Zuerst wird das Gewicht der einzelnen *Concerns* errechnet. Dieses Gewicht ergibt sich aus den im Rahmen der Umfrageauswertung ermittelten Einflussstärken der Akzeptanzfaktoren (die den *Concerns* entsprechen),[656] die auf einen Wertebereich von 1-100 normiert werden, um Kompatibilität mit der CBAM-Systematik herzustellen (vgl. Tabelle 8-17). Die Gewichtung errechnet sich nach der Formel

$$FG_j = \frac{FE_j}{\sum_{i=1}^{n} FE_i} \times 100$$

mit FG_j = Faktorgewicht des Akzeptanzfaktors/*Concerns* j,
FE_i = Faktoreinfluss des Akzeptanzfaktors i aus der statistischen Auswertung,
n = Anzahl der Akzeptanzfaktoren (hier 7).

Die Priorisierung der *Concerns* ergibt sich aus den in Aktivität 3.1 ermittelten Normabweichungen der korrespondierenden Akzeptanzfaktoren.

---

[656] Die Stärke des Einflusses ergibt sich aus den in Abschnitt 5.3 ermittelten Pfadkoeffizienten.

Methode zur Steigerung der Akzeptanz von Informationslogistik

	Faktor/Concern	Faktoreinfluss des Faktors (vgl. Tabelle 8-13)	Faktorgewichtung: Einfluss (normalisiert)
U	MS	0.15	18.75
U	TR	0.2	25
U	NE	0.1	12.5
U	DQ	0.1	12.5
EOU	CSE	0.2	25
EOU	FU	0.4	50
EOU	SQ	0.1	12.5

Tabelle 8-17: Normierung der Akzeptanzfaktoren (Beispielwerte)

Mit diesen Gewichtungen werden die erzielten Normabweichungen multipliziert (vgl. Tabelle 8-18). Aus diesen gewichteten Normabweichungen werden Prioritäten gebildet, nach denen die *Concerns* durch die ausgewählten Massnahmen adressiert werden sollen. Dafür werden die *Concerns* mit der kleinsten gewichteten Normabweichung (d. h. prioritär diejenigen mit negativer Normabweichung) ausgewählt. Anhand der ermittelten Prioritäten werden jetzt die vier wichtigsten *Concerns* selektiert, die für die Massnahmenauswahl in den weiteren Schritten berücksichtigt werden.

	Faktor/Concern	Faktorgewichtung: Einfluss (normalisiert)	Normabweichung (aus Aktivität 3.1)	Gewichtete Normabweichung	Priorität
U	MS	18.75	-1	-18.75	4
U	TR	25	-1.2	-30	1
U	NE	12.5	-0.5	-6.25	5
U	DQ	12.5	-1.8	-22.5	2
EOU	CSE	25	1.1	27.5	7
EOU	FU	50	-0.5	-25	3
EOU	SQ	12.5	-1	-12.5	6

Tabelle 8-18: Gewichtung der Concerns (Beispielwerte)

8.3.6.3 Schritt 2 – Vorselektion der Massnahmen

Teilergebnis: Vorauswahl von Massnahmen

In diesem Schritt werden grundsätzlich geeignete Massnahmen für eine weitere Bewertung ausgewählt. Aus Tabelle 7-4 sind die Massnahmen und die von ihnen beeinflussten *Concerns* ersichtlich. Alle die Massnahmen, die auf keinen der im vorhergehenden Schritt ausgewählten *Concern* wirken, werden jetzt von der weiteren Bearbeitung ausgeschlossen. Ergebnis ist eine Vorauswahl von Massnahmen.

Diejenigen vorausgewählten Massnahmen, die nicht in Form von Patterns dokumentiert sind, werden an dieser Stelle zu Patterns detailliert, um eine Vergleichbarkeit mit den Patterns herzustellen. Zusätzlich können die Mitglieder des Projektteams an dieser Stelle zusätzliche Massnahmenvorschläge in die Diskussion einbringen, um den Patternkatalog zu erweitern. Andererseits können auch an dieser Stelle Patterns ausgeschlossen werden, die schon umgesetzt sind oder aus sachlogischen Erwägungen nicht sinnvoll erscheinen.

8.3.6.4 Schritt 3 – Bewertung des Nutzens je Concern

Teilergebnis: Nutzenbewertung je *Concern* und Massnahme

In diesem Schritt bewerten die Mitglieder des Projektteams die Massnahmen hinsichtlich ihres Einflusses auf die *Concerns*. Um eine Rangfolge der Massnahmen zu bilden, bietet sich ein Dominanzpaarvergleich als Urteilstechnik an, die eine verlässlichere Rangordnung zulässt als eine direkte Sortierung durch die Urteilenden.[657] Dieser Dominanzpaarvergleich wird für jeden der in Schritt 1 ausgewählten *Concerns* durchgeführt.

Beim Dominanzpaarvergleich geben die urteilenden Mitglieder des Projektteams an, welche Massnahme bezüglich des untersuchten *Concerns* dominiert, d. h. welche Massnahme besser zur Verbesserung des *Concerns* geeignet ist (vgl. Abbildung 8-9). Dieser Vergleich wird durch jedes Teammitglied für jeden *Concern* durchgeführt.

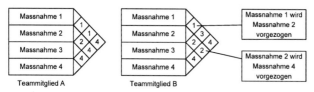

Abbildung 8-9: Dominanzpaarvergleich für zwei Urteilende

Zur Bildung der Rangordnung wird je *Concern* summiert, wie oft die einzelnen Massnahmen von den Urteilenden anderen Massnahmen vorgezogen werden. Aus diesen Punktzahlen ergibt sich ein Rang, wobei bei Punktegleichheit ein Verbundrang mit dem Durchschnittswert der erreichten Rangstufen vergeben wird (z. B. 3.5 für punktgleiche Massnahmen auf den Rängen 3 und 4).[658] Diesen Rängen werden jetzt Nutzenscores zugewiesen, wobei dem mittleren Rang der Wert 1 zugewiesen wird und ab-

---

[657] Vgl. Bortz, Döring 2006, S. 157ff.
[658] Vgl. Bortz, Döring 2006, S. 155.

weichende Ränge mit einem Zu- oder Abschlag von 0.2 belegt werden. So ergeben sich z. B. für drei Massnahmen Nutzenscores von 1.2 (Rang 1); 1 (Rang 2) und 0.8 (Rang 3). Der Nutzen der Massnahmen hinsichtlich der einzelnen *Concerns* berechnet sich nach der Formel

$$U_i = 1 + 0.1(A + 1) - 0.2i$$

mit U_i = Nutzen der Massnahme mit Rang i
A = Anzahl der beurteilten Massnahmen.[659]

In Tabelle 8-19 wird die Bewertung der Massnahmen aus dem obigen Beispiel gezeigt. Die algorithmisch ermittelten Nutzenscores können vor der weiteren Bewertung durch das Projektteam anhand von Expertenmeinungen angepasst werden. Dieses Vorgehen wird für jeden der betrachteten *Concerns* iteriert.

Concern 1			
Massnahme	Punkte	Rang	Nutzenscore
Massnahme 1 wird 3 anderen Massnahmen vorgezogen	3	4	0.7
Massnahme 2 wird 3 anderen Massnahmen vorgezogen	3	2.5	1
Massnahme 3 wird 1 anderen Massnahme vorgezogen	1	2.5	1
Massnahme 4 wird 5 anderen Massnahmen vorgezogen	5	1	1.3

Quelle: Vgl. Bortz, Döring 2006, S. 159.

Tabelle 8-19: Bildung der Nutzenscores für einen Concern

Alternative – Nutzenschätzung: In der CBAM-Methode wird für die Bewertung des Nutzens eine Technik vorgeschlagen, die sich eignet, wenn die Bewertenden schon gewisse Erfahrung mit der Materie haben (d. h. bei wiederholter Methodenanwendung).[660] Diese Technik basiert auf einer Einschätzung des schlechtestmöglichen, derzeitigen, angestrebten und bestmöglichen Nutzens, den ein *Concern* je nach Zielerreichung erwirtschaften kann. Diese Nutzeneinschätzungen werden dann der Bewertung der für eine Massnahme erwarteten absoluten Nutzensteigerung zugrunde gelegt.

8.3.6.5 Schritt 4 – Bewertung des Gesamtnutzens je Massnahme

Teilergebnis: Bewertung des Gesamtnutzens je Massnahme

Im vorhergehenden Schritt wurde für jede Massnahme ein Nutzenscore pro beeinflusstem *Concern* festgelegt. In diesem Schritt werden die Nutzenscores anhand der ge-

---

[659] Dieser Algorithmus führt bei Beurteilung von mehr als 10 Massnahmen zu negativen Nutzenscores für die schlechtesten Massnahmen. Falls mehr als 10 Massnahmen beurteilt werden, müssen daher die Gewichtungen von 0.1(A+1) und 0.2i reduziert werden oder Massnahmen anhand der Rangfolge von der weiteren Beurteilung ausgeschlossen werden.

[660] Vgl. Kazman et al. 2002, S. 11ff.

wichteten Normabweichungen der *Concerns* aus Schritt 1 zu einem Gesamtnutzenscore für jede Massnahme verdichtet. Dies geschieht über die Multiplikation der Nutzenscores mit dem Betrag der gewichteten Normabweichung der jeweiligen *Concerns* (vgl. Tabelle 8-20).

Massnahme	Concern	Gewicht (aus Schritt 2)	Nutzen (aus Schritt 3)	Gewichteter Nutzen	Gesamtnutzen
Massnahme 1	Concern 1	43	0.7	47.3	
	Concern 2	32	1.1	35.2	82.5
Massnahme 2	Concern 1	43	1	43	
	Concern 2	32	0.9	28.8	
	Concern 3	15	0.9	13.5	85.3
Massnahme 3	Concern 1	43	1	43	
	Concern 3	15	1.1	16.5	59.5
Massnahme 4	Concern 1	43	1.3	55.9	55.9

Quelle: Vgl. Kazman et al. 2002, S. 14.

Tabelle 8-20: Berechnung des Gesamtnutzens der Massnahmen (Beispielwerte)

8.3.6.6 Schritt 5 – Kostenbewertung und Massnahmenauswahl

Teilergebnis: Massnahmenprogramm

Um die Massnahmen abschliessend bewerten zu können, muss für jede der Massnahmen eine Kostenschätzung durchgeführt werden. Dieser Kostenschätzung liegen die Kostentreiber der Patterns und die Architektur- und Organisationsdokumentation zugrunde. Diese Schätzung kann durch das Projektteam im Konsens durchgeführt werden oder aus Einzelschätzungen gemittelt werden. Der geschätzte Kostensatz kann um einen passenden Faktor gekürzt werden, um die Vergleichbarkeit mit den Nutzenbewertungen zu verbessern. Aus den Kosten- und Nutzenwerten wird dann ein *Return on Investment* (ROI) berechnet, indem der Gesamtnutzen durch die Kosten geteilt wird. Zu beachten ist, dass dieser „ROI" keine betriebswirtschaftliche Kennzahl im engeren Sinne bildet, sondern nur zum Vergleich der Massnahmen untereinander eingesetzt werden kann. Die Massnahmen werden dann nach Höhe des ROI in eine Rangfolge gebracht (vgl. Tabelle 8-21).

Alternative – Methodische Kostenschätzung: Falls im Unternehmen Erfahrungen mit fortschrittlicheren Methoden der Aufwandsschätzung, wie z. B. der *Function Point*-Methode vorliegen, können diese angewandt werden. Dabei sollte der Aufwand für die Schätzung aber gering gehalten werden.[661]

---

[661] Vgl. Poensgen, Bock 2005; Sommerville 2001, S. 525ff.

Das durchzuführende Massnahmenprogramm wird unter Berücksichtigung vorhandener Budget- und Zeitrestriktionen nach der Rangfolge der Massnahmen gebildet. Dazu werden so lange Massnahmen nach absteigendem ROI in das Programm aufgenommen, bis das Budget erschöpft ist.

Abschliessend wird das Ergebnis der Massnahmenplanung durch das Projektteam begutachtet und anhand der Erfahrung der beteiligten IL-Experten auf allfällige Inkonsistenzen hin überprüft. Falls die Ergebnisse nicht sinnvoll erscheinen, kann die Aktivität mit verfeinerten Annahmen nochmals durchlaufen oder das Massnahmenprogramm modifiziert werden.

Massnahme	Gesamtnutzen	Kosten	ROI	Rang
Massnahme 1	82.5	40	2.06	1
Massnahme 2	85.3	65	1.31	3
Massnahme 3	59.5	35	1.7	2
Massnahme 4	55.9	60	0.93	4

Quelle: Vgl. Kazman et al. 2002, S. 15.

Tabelle 8-21: ROI-Berechnung und Rangfolge

8.3.7 Aktivität 4.1 – Spezifizierung der Massnahmen

8.3.7.1 Übersicht

Diese Aktivität hat das Ziel, die Massnahmen-Patterns so weit zu detaillieren, dass die Massnahmen im Unternehmen umgesetzt werden können. Die in Kapitel 7 vorgestellten Patterns für die akzeptanzsteigernden Massnahmen sind hinsichtlich der Umsetzung noch wenig detailliert. Sie müssen daher vor der Umsetzung im Hinblick auf die Situation im Unternehmen verfeinert werden. Hierfür werden die betroffenen IS-Komponenten, Prozesse und OE identifiziert und die Anforderungen für die Umsetzung erarbeitet.

Diese Aktivität unterstützt die Spezifikation der Massnahmen bis zu einem Detaillierungsgrad, der eine Umsetzung ermöglicht.

232 Methode zur Steigerung der Akzeptanz von Informationslogistik

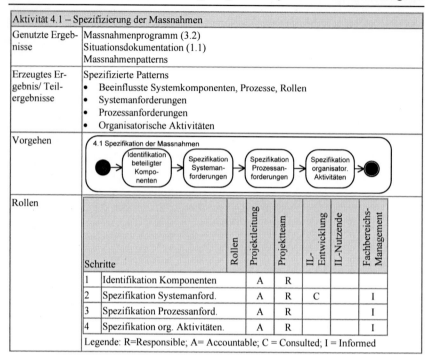

Tabelle 8-22: Aktivitätsübersicht 4.1 – Spezifizierung der Massnahmen

8.3.7.2 Vorgehen

Komponentenidentifikation: Im ersten Schritt werden die durch eine Massnahme beeinflussten Komponenten der IL-Systeme identifiziert. Die Dokumentation der Massnahmen-Patterns enthält als ersten Anhaltspunkt die beeinflussten Softwarekomponenten und Prozesse in generischer Form. Diese sind anhand der Situationsdokumentation zu konkretisieren. Mit Hilfe der Komponentendokumentation, Architekturmatrix und Prozesslandkarte werden sämtliche IS-Komponenten und Prozesse identifiziert, die von der Massnahme betroffen sind. Die Architekturmatrix hilft dabei, mögliche Abhängigkeiten zu identifizieren.

Systemanforderungen: Im zweiten Schritt werden für die Massnahmen, die Änderungen an den IL-Systemen erfordern, die Anforderungen an die neu zu gestaltenden bzw. zu modifizierenden Systemkomponenten dokumentiert. Die Anforderungen werden zunächst anhand der in den Patterns genannten Ziele grob in Form von Funktionalitäten und Randbedingungen spezifiziert. Dann werden sie in Form eines Pflichtenheftes detailliert, das Leistungen und Beschränkungen der Softwarekomponenten detailliert festlegt.⁶⁶² Dabei werden funktionale Anforderungen (d. h. Funktionalitäten, die das System ermöglichen muss) und nichtfunktionale Anforderungen (wie z. B. Antwortzeiten, einzuhaltende Standards etc.) spezifiziert.

Prozessanforderungen: Der dritte Schritt dient der Spezifikation der Prozessanforderungen. Einige Massnahmen erfordern die Modifikation von Prozessen der IL bzw. die Neugestaltung von Prozessen zum Betrieb neuer Systemkomponenten bzw. zum Erbringen sonstiger Leistungen. Die Prozessanforderungen können in Form von Prozessgrundsätzen, Prozessleistungen und Ablaufdiagrammen dokumentiert werden.⁶⁶³ Die Prozessgrundsätze dokumentieren Leistungen, Rahmenbedingungen und Kontext in textueller Form. Bei neuen Prozessen kann es sinnvoll sein, in Form eines Kontextdiagramms die Leistungsverflechtungen mit anderen Prozessen darzustellen. Die Prozessleistungen werden in Form eines Leistungsverzeichnisses näher beschrieben, ein Ablaufdiagramm beschreibt das Vorgehen auf Makro-Ebene.⁶⁶⁴

Organisatorische Massnahmen: Einige Massnahmen erfordern weniger Modifikationen am IL-System als vielmehr organisatorische Aktivitäten wie die Durchführung von Informations- oder Schulungsaktivitäten. Diese werden in einem separaten Schritt geplant. Insbesondere sind Ziele, betroffene OE und Personen sowie Inhalte der Massnahmen zu planen.

Diese Planungsschritte werden für jede Massnahme iteriert. Abschliessend solle geprüft werden, inwieweit sich die Massnahmen überschneiden oder inwieweit sie sinnvoll zusammengefasst werden können, um den Ressourceneinsatz zu minimieren.

8.3.8 Aktivität 4.2 – Umsetzung der Massnahmen

8.3.8.1 Übersicht

Ziel dieser Aktivität ist es, die in der vorhergehenden Aktivität spezifizierten Massnahmen umzusetzen. Die Umsetzung umfasst die Implementierung der Software und das Ausführen organisatorischer Aktivitäten. Die Implementierung der modifizierten bzw. neuen Prozesse wird in der nächsten Aktivität behandelt. Das Vorgehen dieser Aktivität umfasst zwei Pfade, die die Implementierung von Softwarekomponenten

---

⁶⁶² Vgl. Sommerville 2001, S. 108.
⁶⁶³ Vgl. IMG 1997, S. AKTI15.
⁶⁶⁴ Wie das Ablaufdiagramm dokumentiert wird, sollte sich dabei an den Modellierungsstandards des Unternehmens ausrichten. Aktivitätsdiagramme, Ereignisgesteuerte Prozessketten und andere Modellierungssprachen sind grundsätzlich gleichermassen geeignet.

bzw. die Umsetzung von organisatorischen Aktivitäten abdecken. Je nach Massnahme ist der passende Pfad zu durchlaufen.

Die Schritte zur Softwareimplementierung entsprechen vereinfacht dem Vorgehen üblicher Vorgehensmodelle aus dem Software Engineering. Detaillierte Vorgehensmodelle finden sich in der Literatur, wobei bei der Auswahl in erster Linie die Kompatibilität zur Unternehmenspraxis im Vordergrund stehen sollte.[665]

Diese Aktivität unterstützt die Umsetzung der Massnahmen.

Aktivität 4.2 – Umsetzung der Massnahmen								
Genutzte Ergebnisse	Spezifizierte Massnahmen-Patterns (4.1)							
Erzeugtes Ergebnis/ Teilergebnisse	Umgesetzte Massnahme • Neue/modifizierte IL-Systemkomponenten • Organisatorische Aktivitäten							
Vorgehen	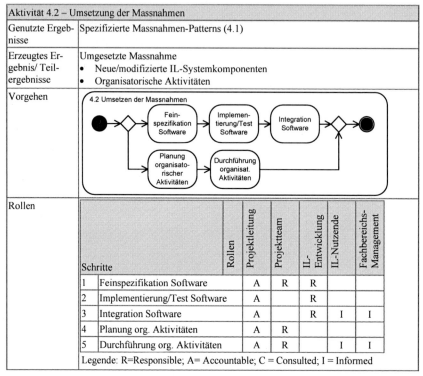							
Rollen	Schritte	Rollen	Projektleitung	Projektteam	IL-Entwicklung	IL-Nutzende	Fachbereichs-Management	
	1	Feinspezifikation Software		A	R	R		
	2	Implementierung/Test Software		A		R		
	3	Integration Software		A		R	I	I
	4	Planung org. Aktivitäten		A	R			
	5	Durchführung org. Aktivitäten		A	R		I	I
	Legende: R=Responsible; A= Accountable; C = Consulted; I = Informed							

Tabelle 8-23: Aktivitätsübersicht 4.2 – Umsetzung der Massnahmen

8.3.8.2 Vorgehen

Feinspezifikation: Das in der vorhergehenden Aktivität erstellte Pflichtenheft dokumentiert die Anforderungen an die zu erstellende Lösung. Es kann als Auftragsdokument dienen, falls die Erstellung der Softwarekomponenten an externe Dienstleister

---

[665] Vgl. Balzert 1998, S. 97ff.; Sommerville 2001, S. 56ff.

vergeben wird.[666] Für die Implementierung ist es jedoch nicht detailliert genug. Daher sind die Anforderungen in Form von Modellen zu dokumentieren, die die Anforderungen spezifizieren und formalisieren.

Implementierung und Test: Im Implementierungsschritt erfolgt das tatsächliche Erstellen bzw. Modifizieren des Programmcodes zur Umsetzung der Feinspezifikation. Im Anschluss an die Implementierung wird der erstellte Programmcode getestet, um sicherzustellen, dass die geforderten Funktionalitäten korrekt umgesetzt wurden.[667]

Integration: Abschliessend müssen die erstellten Softwarekomponenten in den laufenden Betrieb überführt werden. Dieser Schritt umfasst die Installation der Komponenten auf den Zielsystemen, die Integration in die Systeme zum Betrieb und Management der Software sowie die Inbetriebnahme.

Die Umsetzung organisatorischer Aktivitäten erfolgt in den zwei Schritten Planung und Ausführung.

Planung: Vor der Umsetzung einer organisatorischen Aktivität ist diese zu planen. Die Planung umfasst eine detaillierte Festlegung der Ziele, die Identifikation der beteiligten Stakeholder und die Festlegung des zeitlichen Ablaufs der Teilaktivitäten. Auch für das Management dieser Art von Projekten finden sich in der Literatur zahlreiche Methoden.[668]

Umsetzung: In der Umsetzungsphase werden die organisatorischen Aktivitäten ausgeführt. Die Projektplanung aus dem vorhergehenden Schritt gibt dazu das detaillierte Vorgehen vor. Nach der Durchführung sollte eine Erfolgskontrolle durchgeführt werden, z. B. durch Befragen der Teilnehmenden. Eine inhaltliche Nachbereitung kann helfen, die Zielerreichung zu verbessern, indem z. B. die wichtigsten Inhalte und Ergebnisse zum Nachlesen zusammengefasst und den Teilnehmenden zur Verfügung gestellt werden.

8.3.9 Aktivität 4.3 – Etablierung der Betriebsprozesse

8.3.9.1 Übersicht

Ziel dieser abschliessenden Aktivität ist es, die von den Massnahmen betroffenen Prozesse zu modifizieren bzw. sie zu etablieren. Neue Prozesse sind insbesondere für Massnahmen erforderlich, die die Erstellung neuer Softwarekomponenten zum Ziel

---

[666] Vgl. Sommerville 2001, S. 125ff.
[667] Vgl. Balzert 1998, S. 391ff.
[668] Vgl. z. B. Kerzner 2001; Kraus, Westermann 1998.

haben. Der Betrieb dieser Komponenten setzt vielfach Betriebsprozesse voraus, um z. B. die laufende Erfassung und Verarbeitung von Daten sicherzustellen. Ausserdem müssen u. U. die Nutzungsprozesse der IL angepasst werden, um die Leistungen der neuen Systemkomponenten in die Nutzung zu integrieren.

Wie auch für die vorhergehenden Schritte dieser Phase existiert für das Management von Geschäftsprozessen ein umfangreicher Fundus von bewährten Methoden aus Wissenschaft und Praxis.[669] Das hier vorgeschlagene Vorgehen basiert auf der Methode Promet BPR, die aufgrund ihrer Fundierung im St. Galler *Business Engineering*-Ansatz ausgewählt wurde.[670] Es besteht aus den Schritten Makroentwurf und Mikroentwurf sowie begleitendem Change Management.

Diese Aktivität unterstützt die Anpassung und Neuimplementierung der zu ändernden IL-Prozesse.

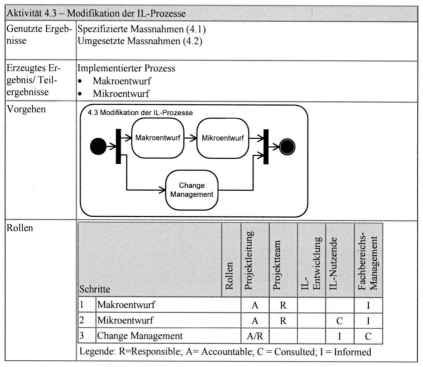

Aktivität 4.3 – Modifikation der IL-Prozesse							
Genutzte Ergebnisse	Spezifizierte Massnahmen (4.1) Umgesetzte Massnahmen (4.2)						
Erzeugtes Ergebnis/ Teilergebnisse	Implementierter Prozess • Makroentwurf • Mikroentwurf						
Vorgehen	4.3 Modifikation der IL-Prozesse: Makroentwurf → Mikroentwurf, Change Management						
Rollen	Schritte	Rollen	Projektleitung	Projektteam	IL-Entwicklung	IL-Nutzende	Fachbereichs-Management
	1 Makroentwurf		A	R			I
	2 Mikroentwurf		A	R		C	I
	3 Change Management		A/R			I	C
	Legende: R=Responsible; A= Accountable; C = Consulted; I = Informed						

Tabelle 8-24: Aktivitätsübersicht 4.3 – Modifikation der IL-Prozesse

---

[669] Vgl. z. B. Becker et al. 2005; Melton 2005; Scheer 1996; Smith, Fingar 2003; van der Aalst et al. 2000.
[670] Vgl. IMG 1997.

8.3.9.2 Vorgehen

Makroentwurf: Der Makroentwurf trifft Grundsatzentscheidungen bezüglich des Prozesses und spezifiziert ihn auf grober Granularitätsstufe. Teile der für den Makroentwurf erforderlichen Ergebnisse wurden schon in Aktivität 4.1 erzeugt (Prozessgrundsätze, Prozessleistungen und Makro-Ablaufdiagramme). Zusätzlich werden in dieser Phase die Ergebnisse Aufgabenverzeichnis, Applikationsverzeichnis und Prozesszerlegungsmatrix erzeugt. Das Aufgabenverzeichnis spezifiziert die Aufgaben (d. h. die Aktivitäten des Ablaufdiagramms) mit Gegenstand, verantwortlicher OE, genutzten IT-Systemen und Aufwand. Das Applikationsverzeichnis fasst die vom Prozess genutzten IT-Systeme zusammen. In der Prozesszerlegungsmatrix wird der Prozess anhand der Aktivitäten und Teilergebnisse in Subprozesse zerlegt.

Mikroentwurf: Im Arbeitsschritt Mikroentwurf wird der Prozess detailliert spezifiziert. Dazu werden Prozessziele und Messgrössen definiert sowie der Ablauf der Subprozesse detailliert spezifiziert. Diese Spezifikation resultiert in einem Ablaufdiagramm, einem Aufgabenverzeichnis und einem Applikationsverzeichnis auf detaillierter Ebene. Nach dieser Spezifikationsarbeit ist die Einführung des Prozesses vorzubereiten. Hierzu sind Stellenbeschreibungen zu erstellen, Schulungen zu planen und ähnliche Vorbereitungen zu treffen.

Change Management: Ziel des Change Management ist es, die Übernahme des geänderten Prozesses in die Organisation sicherzustellen. Dazu sind die betroffenen Stakeholder und das Projektumfeld zu dokumentieren und zu bewerten. Ein Informationskonzept legt darauf aufbauend die notwendigen Kommunikationsmassnahmen zur Information und Beeinflussung dieser Stakeholder fest.

8.4 Rollenmodell

Das Rollenmodell bündelt Aktivitäten der Methode und ordnet sie bestimmten OE zu.[671] Diese Abstraktionsschicht ermöglicht eine flexible Zuordnung der Aktivitäten zur Primärorganisation des Unternehmens.[672] Daraus ergibt sich eine hohe Methodenspezifität der Rollenmodelle, die eine Übernahme bestehender Rollenmodelle aus der Literatur wenig sinnvoll erscheinen lässt.[673] Das Rollenmodell lässt sich jedoch analytisch aus den Rahmenbedingungen (insbesondere der Organisation als IL-CC) ableiten.

---

671 Vgl. Gutzwiller 1994, S. 14.
672 Vgl. Kaiser 2000, S. 144.
673 Vgl. z. B. Klesse 2007, S. 381ff.; Töpfer 2004a, S. 205ff. für Beispiele aus dem IL-Umfeld bzw. dem Qualitätsmanagement.

Die für diese Arbeit angenommene Organisation der IL in Form eines IL-CC impliziert eine Arbeitsteilung entlang der Systemkomponenten und Nutzungsprozesse, aus denen sich die wichtigsten Rollen ableiten lassen.[674]

8.4.1 Rollen der Methode

Projektleitung: Die Projektleitung trägt die Gesamtverantwortung für die Methodendurchführung. Sie verantwortet die Koordination der einzelnen Aktivitäten und die Steuerung der beteiligten Mitarbeitenden. Darüber hinaus ist sie für die Kommunikation mit den beteiligten Anspruchsgruppen zuständig.[675] Diese Position kann sinnvoll vom Leiter der IL-Organisation wahrgenommen werden.

Projektteam: Das Projektteam ist für die Umsetzung der Mehrzahl der Aktivitäten zuständig. Gemeinsam mit der Projektleitung sind die Mitglieder des Projektteams für die Aktivitäten zuständig, die nicht aufgrund der Fertigungstiefe der IL-Organisation an andere OE fremdvergeben werden. Das Projektteam rekrutiert sich sinnvollerweise aus Vertretern der IL-Organisation und u. U. aus Vertretern der Nutzenden sowie IL-externen Experten für einzelne Teilaufgaben.

IL-Entwicklung: Die IL-Entwicklung verantwortet die Softwareentwicklung für die IL-Systeme. Sie ist für die Weiterentwicklung sowohl der Frontend-Komponenten, Analysen und Reports, als auch der Backend-Komponenten verantwortlich. In einer CC-Organisation wird diese Rolle häufig in Teilen an andere OE oder externe Dienstleister vergeben.

IL-Nutzende: Die Nutzenden verantworten den grössten Teil der Nutzungsprozesse. Ihre Tätigkeiten umfassen vor allem das Abrufen bzw. Aktualisieren bestehender Reports und die Parametrisierung von vordefinierten Abfragen. Sie sind i. d. R. den Fachbereichen zugeordnet.

Fachbereichs-Management: Das Management umfasst sowohl direkte Vorgesetzte der Nutzenden, als auch das mittlere Management und die oberen Führungsebenen des Unternehmens.[676] Das Management hat die Budgetverantwortung für die IL. Zudem tritt es als Sponsor des Systems auf und fördert so die Systemnutzung.

---

[674] Vgl. Klesse 2007, S. 142ff.
[675] Vgl. Balzert 1998, S. 80ff.
[676] Vgl. Venkatesh, Bala 2008, S. 296.

8.4.2 Zuordnung der Rollen zu den Aktivitäten

Die oben eingeführten Rollen verantworten in unterschiedlichen Konstellationen die Aktivitäten der Methode. Die Zuordnung der Rollen zu den in Abschnitt 8.3.5 spezifizierten Aktivitäten ist der RACI-Matrix in Tabelle 8-25 zu entnehmen. Diese Übersicht spezifiziert die Rollenverteilung für eine typische Massnahme, bei der IL-Systemkomponenten entwickelt bzw. modifiziert werden und zugehörige Betriebsprozesse implementiert werden. Für andere Arten von Massnahmen sind u. U. weitere Rollen sinnvoll, wie z. B. Trainer für Ausbildungsmassnahmen.

Die Rollenzuordnung wird im Rahmen der Dokumentation des Vorgehensmodells in Abschnitt 8.3 für die einzelnen Schritte der Aktivitäten verfeinert. Um Redundanz zu vermeiden, wird auf eine Wiederholung dieser Detaillierung in diesem Abschnitt verzichtet.

Schritte \ Rollen	Projektleitung	Projektteam	IL-Entwicklung	IL-Nutzende	Fachbereichs-Management
1.1 Dokumentation der Situation	A/R	R			
1.2 Erstellung des Untersuchungsplans	A/R	R		C	C
1.3 Anpassung der Dokumente	A/R	R			
2.1 Erhebung der Daten	A	R		R	I
3.1 Auswertung des Datensatzes	A	R			I
3.2 Auswahl von Massnahmen	A/R	R			C
4.1 Spezifikation der Massnahmen	A	R	C		I
4.2 Umsetzung der Massnahmen	A		R	I	I
4.3 Implementierung der Betriebsprozesse	A/R	R		C/I	C/I

Legende: R=Responsible; A= Accountable; C = Consulted; I = Informed

Tabelle 8-25: Verantwortlichkeiten der Methode

8.5 Informationsmodell

Das Informationsmodell bildet das konzeptionelle Datenmodell der Methodenergebnisse.[677] Es beschreibt die Entitäten, die im Rahmen der Methodenanwendung gestaltet werden und ihre Beziehungen.[678] Das Informationsmodell dieser Methode ist eine Un-

---

[677] Vgl. Gutzwiller 1994, S. 14.
[678] Vgl. Österle et al. 2007, S. 191.

termenge des *Core Business Metamodel* nach ÖSTERLE ET AL.[679] Das Modell ist in Abbildung 8-10 abgebildet, die einzelnen Entitäten sind in Tabelle 8-26 erläutert.

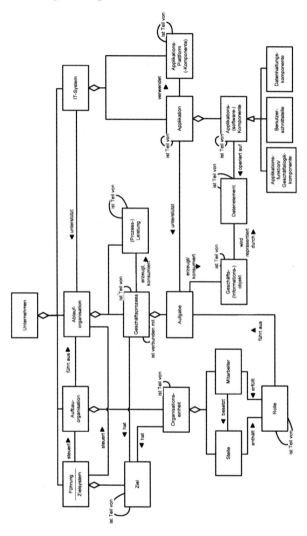

Quelle: Vgl. Österle et al. 2007, S. 193

Abbildung 8-10: Informationsmodell

---

[679] Vgl. Österle et al. 2007, S. 193.

Methode zur Steigerung der Akzeptanz von Informationslogistik

Entität	Erläuterungen
Unternehmen	Das Unternehmen ist der zentrale Gegenstand des *Business Engineering*. Es besteht (für das *Business Engineering*) aus den gestaltbaren Teilbereichen Führung/Zielsystem, Aufbauorganisation, Ablauforganisation und IT-System.[680]
Führung/Zielsystem	Führung und Zielsystem steuern die Organisation über die Ermittlung von Soll- und Ist-Kennzahlen und Massnahmen zur Zielerreichung.[681]
Ziel	Ziele bestehen aus Zielinhalt (d. h. einer zu beeinflussenden Kennzahl), Zeitbezug, sachlichem Bezug und Zielausmass (d. h. dem Zielwert der Kennzahl). Ziele werden hierarchisch zu Zielsystemen gegliedert.[682]
Aufbauorganisation	Die Aufbauorganisation gliedert das Unternehmen in eine Hierarchie von OE. Die Untergliederung erfolgt meist anhand von Aufgaben.[683]
Organisationseinheit	Eine OE ist eine Zusammenfassung von Stellen zu einem selbständigen Teil der Aufbauorganisation.[684]
Stelle	Die Stelle ist die kleinste selbständig handelnde Einheit der Gesamtorganisation, die bestimmte Ausgaben erfüllt.[685]
Mitarbeiter	Mitarbeiter sind einzelne Personen, die Aufgaben ausführen, Stellen besetzen und Rollen ausfüllen.
Rolle	Rollen bündeln Aktivitäten und ordnen sie bestimmten OE zu.[686]
Ablauforganisation	Die Ablauforganisation beschreibt die Abfolge von Aktivitäten zur Erfüllung von Aufgaben und deren Kombination zu Prozessen.[687]
Geschäftsprozess	Geschäftsprozesse strukturieren Aufgaben zur Erzeugung von Prozessleistungen, welche in weitere Prozesse eingehen oder am Markt abgesetzt werden.[688]
Aufgabe	Aufgaben sind Zielsetzungen für zweckbezogenes menschliches Handeln, die von Aufgabenträgern zu erfüllen sind.[689]
Prozessleistung	Prozessleistungen sind die Ergebnisse von Geschäftsprozessen, sie können in weitere Prozesse eingehen oder am Markt abgesetzt werden.[690]
Geschäfts-informationsobjekt	Geschäftsinformationsobjekte sind reale oder gedachte Gegenstände der Leistungserstellung, wie z. B. Geschäftspartner, Aufträge o. ä.[691]
Datenelement	Datenelemente sind die informationstechnische Repräsentation von Geschäftsobjekten.
IT-System	Das IT-System umfasst die Gesamtheit der computerisierten Informationsverarbeitung.[692] Es besteht aus Applikationen und Applikationsplattformkomponenten.

---

[680] Vgl. Österle et al. 2007, S. 193.
[681] Vgl. Österle et al. 2007, S. 193.
[682] Vgl. Bea 2004, S. 1674.
[683] Vgl. Frost 2004, S. 46.
[684] Vgl. Österle 1995, S. 51.
[685] Vgl. Bleicher 1991, S. 45.
[686] Vgl. Gutzwiller 1994, S. 14.
[687] Vgl. Frost 2004, S. 49.
[688] Vgl. Österle et al. 2007, S. 193.
[689] Vgl. Bleicher 1991, S. 35.
[690] Vgl. Österle et al. 2007, S. 193.
[691] Vgl. Österle 1995, S. 87.
[692] Vgl. Österle 1995, S. 58.

Entität	Erläuterungen
Applikation	Applikationen beschreiben die Anwendungssoftware zur Unterstützung der Geschäftsprozesse.[693] Sie sind eine virtuelle Bündelung von Softwarekomponenten.[694]
Applikationskomponente	Applikationskomponenten implementieren Teilfunktionalitäten von Applikationen und ermöglichen eine Modularisierung der Applikationen.
Applikationsfunktion/Geschäftslogikkomponente	Applikationsfunktionen/Geschäftslogikkomponenten realisieren die fachliche Funktionalität von Applikationen.
Benutzerschnittstelle	Benutzerschnittstellen realisieren die Interaktion des Systems mit den Nutzenden.
Datenhaltungskomponente	Datenhaltungskomponenten realisieren die persistente Speicherung von Datenelementen.
Applikationsplattformkomponente	Applikationsplattformkomponenten sind verwendungsneutrale IS-Komponenten, die Infrastrukturdienste für verschiedenen Applikationen zur Verfügung stellen.

Tabelle 8-26: Entitäten des Informationsmodells

8.6 Dokumentationsmodell

Das Dokumentationsmodell ist eine Zusammenfassung der in der Methode erzeugten Ergebnisse. Das Dokumentationsmodell wird hier nur äusserst knapp dokumentiert, da die Details der Ergebnisse, ihre Untergliederung in Teilergebnisse und ihre Abhängigkeiten bereits im Rahmen des Vorgehensmodells in Abschnitt 8.3 dargestellt wurden. Die Dokumentation beschränkt sich auf die Ergebnisse und die Phasen, in denen sie erzeugt werden.

Ergebnis	Aktivität
Situationsdokumentation	1.1 Dokumentation der Situation
Untersuchungsplan	1.2 Erstellung des Untersuchungsplans
Angepasster Fragebogen und Dokumente	1.3 Anpassung der Dokumente
Datensatz	2.1 Erhebung der Daten
Messergebnis	3.1 Auswertung des Datensatzes
Massnahmenauswahl	3.2 Auswahl von Massnahmen
Angepasste Massnahmen	4.1 Spezifikation der Massnahmen
Implementierte Massnahmen	4.2 Umsetzung der Massnahmen
Modifizierte IL-Prozesse	4.3 Implementierung der Betriebsprozesse

Tabelle 8-27: Dokumentationsmodell

---

[693] Vgl. Österle et al. 2007, S. 193.
[694] Vgl. Aier, Winter 2009, S. 178.

9 Evaluation der Methode

In den vorhergehenden Kapiteln wurde eine Methode zur Messung und Steigerung der IL-Akzeptanz in Unternehmen entwickelt. Dem DR-Forschungszyklus folgend sind DR-Artefakte nach der Konstruktion zu evaluieren, um ihre Tauglichkeit zur Lösung der zugrunde liegenden Probleme zu überprüfen (vgl. Abschnitt 1.5.3). In diesem Kapitel wird die Methode einer solchen Evaluation unterzogen. In Abschnitt 9.1 werden die Grundlagen des Evaluationsprozesses dargestellt, in den folgenden Abschnitten wird die Methode evaluiert.

9.1 Evaluation von gestaltungsorientierter Forschung

Die Evaluation der konstruierten Artefakte im Sinne einer gezielten Bewertung ist ein zentraler Bestandteil des Forschungsprozesses der konstruktionsorientierten WI.[695] Erst durch den Nachweis der Nützlichkeit durch methodische Evaluation unterscheidet sich gestaltungsorientierte Forschung vom blossen Postulieren. Evaluation ist ein zentrales Werkzeug zum Sicherstellen von *Rigour*.[696] Dementsprechend enthält der hier gewählte Forschungsprozess, wie auch fast alle weiteren vorgeschlagenen Modelle für den DR-Prozess, eine dedizierte Evaluationsphase.[697]

Für die Evaluation von DR-Artefakten wird eine Vielzahl von Ansätzen vorgeschlagen.[698] Diese Evaluationsansätze haben i. d. R. spezifische Stärken und Schwächen, weshalb eine Kombination verschiedener Evaluationsansätze zu einer multiperspektivischen Evaluation sinnvoll ist. So wird eine differenziertere Beurteilung der Artefakte möglich.[699]

Zur Systematisierung dieser Ansätze schlagen FETTKE und LOOS eine Klassifikation nach Kriterienableitung und Forschungsmethode vor.[700] Die Kriterien, die zur Evaluation genutzt werden, können entweder aus bestehender Theorie angeleitet sein oder ad hoc, also untersuchungsspezifisch ohne Rückgriff auf bestimmte Theorien entwickelt werden. Die Forschungsmethode kann entweder analytisch ausgerichtet sein, also auf

---

[695] Vgl. Frank 2000, S. 36.
[696] Vgl. Hevner et al. 2004, S. 85; March, Storey 2008, S. 726; Winter 2008b, S. 470.
[697] Vgl. Peffers et al. 2006, S. 91; Winter 2008b, S. 70f.
[698] Vgl. z. B. Fettke, Loos 2004, S. 7ff.; Hevner et al. 2004, S. 86; Siau, Rossi 2007, S. 4ff.
[699] Vgl. Fettke, Loos 2003, S. 82; Frank 2007, S. 123.
[700] Vgl. Fettke, Loos 2003; Fettke, Loos 2004.

logischen Schlüssen basieren, oder empirisch ausgerichtet sein, d. h. auf Erfahrungen basieren.[701]

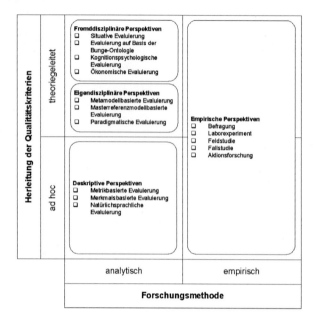

Quelle: Fettke, Loos 2004, S. 7.

Abbildung 9-1: Evaluationsansätze

Anzumerken ist, dass sich die folgenden Ausführungen schwerpunktmässig auf den gestaltungsorientierten Teil dieser Arbeit beziehen. Die Ergebnisse des behavioristischen Teils dieser Arbeit (Akzeptanzmodell und Umfrage) wurden in Abschnitt 5.3 zusätzlich zu dieser Evaluation im Hinblick auf die in der behavioristischen Forschung üblichen (vorwiegend statistikbezogenen) Qualitätskriterien evaluiert.

9.2 Auswahl der Evaluationsansätze

Aus den unterschiedlichen Evaluationsansätzen muss eine Auswahl von anzuwendenden Ansätzen getroffen werden. Die ausgewählten Ansätze sollten dabei dem Artefakt

---

[701] Vgl. Fettke, Loos 2004, S. 4. Anzumerken ist, dass dieser Bezugsrahmen primär für die Evaluation von Referenzmodellen vorgesehen ist. Mangels dedizierter Evaluationsrahmen für Methoden und in Anbetracht der Verwandtschaft der Artefakte Modell und Methode (vgl. Winter 2008b, S. 472) scheint sein Einsatz in diesem Kontext angemessen.

und seinem Kontext angemessen sein.[702] BUCHER ET AL. merken an, dass die analytischen Methoden dabei lediglich eine Evaluation hinsichtlich des Schliessens der identifizierten Forschungslücke ermöglichen. Bei empirischer Evaluation ist darüber hinaus auch eine Evaluation gegenüber der Realität bezüglich einer tatsächlichen Lösung des der Forschungslücke zugrunde liegenden realen Problems möglich.[703] Dies legt die Kombination von empirischen und analytischen Evaluationsansätzen nahe.

Die Kriterien, die der Evaluation zugrunde gelegt werden, wurden im Rahmen der Problemdefinition zu Anfang des Forschungsprozesses festgelegt.[704] Sie wurden in Abschnitt 3.2 in Form von inhaltlichen und methodischen Anforderungen formuliert. Da diese Anforderungen nur teilweise theoriegeleitet identifiziert wurden, eignen sich zu ihrer Evaluation die Ansätze für ad hoc identifizierte Qualitätskriterien (deskriptive Perspektiven in Abbildung 9-1).

Für die analytische Evaluation eignen sich mangels geeigneter Metriken bzw. aufgrund der erschwerten Messbarkeit im organisatorischen Kontext eine merkmalsbasierte und natürlichsprachliche Evaluation.[705] Da in der Literatur bislang keine umfassenden Ansätze zur Akzeptanzsteigerung existieren, ist bei der merkmalsbasierten Evaluation hier lediglich ein Abgleich mit den Anforderungen, jedoch kein Vergleich mit konkurrierenden Ansätzen möglich.[706]

Für die empirische Evaluation werden Fallstudien bzw. Experteninterviews gewählt. Diese Evaluationsform eignet sich zur praxisbezogenen Bewertung, da sie erlaubt, die potenziellen Methodenanwendenden zu adressieren. Diese definieren die *Business Needs*, die der Methode zugrunde liegen. Dennoch kann diese Art der Evaluation mit relativ geringem Aufwand durchgeführt werden. Eine Anwendung der Methode im Sinne einer Feldstudie kommt im Rahmen dieses Dissertationsvorhabens nicht in Betracht, da sie mit unverhältnismässig hohem Aufwand verbunden wäre: Es müsste nicht nur die Akzeptanz gemessen werden, sondern es wäre darüber hinaus auch die Umsetzung von Massnahmen abzuwarten und danach erneut die Akzeptanz zu messen. Hierfür wäre erheblicher Zeit- und Ressourcenaufwand notwendig, der im Rahmen dieser Dissertation nicht zu leisten ist. Zudem wäre die Validität einer solchen Messung eingeschränkt: Einerseits ist die Akzeptanzwirkung einzelner Massnahmen

---

[702] Vgl. Hevner et al. 2004, S. 86; March, Smith 1995, S. 254.
[703] Vgl. Bucher et al. 2008, S. 75.
[704] Vgl. Hevner et al. 2004, S. 88ff.
[705] Vgl. Fettke, Loos 2004, S. 7ff.; Siau, Rossi 2007, S. 4.
[706] Vgl. z. B. vom Brocke 2003.

kaum zu isolieren (vgl. Abschnitt 4.2.1), andererseits ist die Übertragbarkeit auf andere Unternehmen bzw. Kontexte bei Analyse eines Einzelfalls fraglich.[707]

9.3 Analytische Evaluation

9.3.1 Evaluation bezüglich der inhaltlichen Anforderungen

In Abschnitt 3.2.1 wurden sechs inhaltliche Anforderungen an die Methode identifiziert. In diesem Abschnitt wird beurteilt, inwieweit diese Anforderungen in der vorliegenden Arbeit umgesetzt werden. Tabelle 9-1 fasst zusammen, über welche Ergebnisse des Forschungsprozesses die Anforderungen adressiert werden.

Anforderung	Akzeptanzmodell	Fragebogen	Forschungsdatensatz	Erweitertes Messergebnis	Massnahmenpatterns	Methode
AI_1 – Modellierung der Akzeptanz von IL	●	●	○	●	○	○
AI_2 – Messung der IL-Akzeptanz	○	●	○	○	○	●
AI_3 – Steigerung der IL-Akzeptanz	○	○	●	○	●	●
AI_4 – Einsetzbarkeit im Unternehmen	○	●	○	○	●	●
AI_5 – Anpassbarkeit	○	●	○	○	●	●
AI_6 – IL-Spezifität	●	○	○	○	●	○

Legende: ● – Schwerpunktmässig adressiert ○ – teils adressiert ○ – nicht/kaum adressiert

Tabelle 9-1: Adressierung der Anforderungen durch die Ergebnisse

AI_1 – **Modellierung der Akzeptanz von IL**: Für die Messung der IL-Akzeptanz wird die Konstruktion eines Akzeptanzmodells gefordert. Dieses Modell muss den Akzeptanzkontext der IL abbilden, d. h. es muss die internen und externen Einflussfaktoren auf die Akzeptanz von IL-Systemen im Unternehmen abbilden.

Diese Anforderung wurde mit der Konstruktion und Validierung des Akzeptanzmodells für die IL in Kapitel 5 umgesetzt. Das Akzeptanzmodell modelliert die Akzeptanz basierend auf dem TAM als weit verbreitetem und empirisch vielfach geprüftem Modell für die Erklärung der IS-Akzeptanz. Das TAM wird ergänzt um externe Faktoren, die den Akzeptanzkontext der IL abbilden. Diese externen Faktoren umfassen

---

[707] Vgl. Frank 2006, S. 54.

Evaluation der Methode 247

technologische, organisatorische und psychologische Faktoren. Dabei werden Einflussfaktoren, die in der bestehenden Theorie eingeführt sind, für den Kontext der Il spezifiziert. Eine empirische Validierung bestätigt die auf Basis der Theorie zu erwartende Eignung des Akzeptanzmodells für die Modellierung der IL-Akzeptanz.

AI$_2$ – Messung der IL-Akzeptanz: Die Methode muss eine Messung der IL-Akzeptanz im Unternehmen ermöglichen, um erfolgversprechende Massnahmen zur Steigerung der Akzeptanz zu identifizieren und um u. U. nach Durchführung der Massnahmen eine Erfolgskontrolle zu ermöglichen. Für diese Messung sind ein sparsames Akzeptanzmodell und eine Methode zur Messung erforderlich.

Die Messung der Akzeptanz wird über das Akzeptanzmodell, seine Operationalisierung und die konstruierte Methode umfassend adressiert. Das Akzeptanzmodell umfasst mit 19 Konstrukten nicht mehr Konstrukte als das TAM3, das als Standardmodell der Akzeptanzforschung gelten kann. Durch die IL-bezogenen Konstrukte zur Modellierung des Akzeptanzkontextes erlaubt es trotzdem eine passgenauere Modellierung der IL-Akzeptanz als das generische Modell. Es wird operationalisiert über einen Fragebogen, der den einschlägigen Gütekriterien für die Operationalisierung von Konstrukten entspricht und im praktischen Einsatz von den befragten Nutzenden in überschaubarer Zeit ausgefüllt werden kann (vgl. Abschnitt 5.2). In einer Feldstudie wird die Eignung des Modells und des Fragebogens zur Messung der Akzeptanz im Unternehmenskontext nachgewiesen (vgl. Abschnitt 5.3).

Die in Kapitel 8 konstruierte Methode adressiert das Vorgehen zur Messung der Akzeptanz im praktischen Umfeld in grosser Detailtiefe. Basierend auf anerkannten Vorgehensweisen aus dem Bereich der wissenschaftlichen Datenerhebung werden in der Methode Vorgehen und Techniken zur Messung der Akzeptanz unter Nutzung des Fragebogens erläutert. Durch den Einsatz der Methode im Rahmen der Feldstudie wurde zudem der Nachweis für die praktische Einsetzbarkeit erbracht.

AI$_3$ – Steigerung der IL-Akzeptanz: Die Methode muss geeignet sein, die Akzeptanz der IL im Unternehmen zu steigern. Dazu muss sie die situative Identifikation geeigneter Massnahmen zur Steigerung der IL-Akzeptanz auf Basis einer Akzeptanzmessung mit einer integrierten Methode unterstützen.

Die Methode ermöglicht die Akzeptanzsteigerung dadurch, dass sie die Auswahl und Umsetzung von geeigneten Patterns unterstützt. Zur Auswahl der Massnahmen-Patterns wird eine Technik vorgegeben, die die Auswahl unterstützt (vgl. Abschnitt 8.3.6). Diese Technik basiert auf einer bewährten Methode aus dem Bereich der IT-

Architektur. Sie unterstützt die Bewertung einzelner Massnahmen-Patterns auf der Basis des Messergebnisses und von Expertenschätzungen zu Kosten und Nutzen der Patterns.

Mögliche Massnahmen zur Akzeptanzsteigerung werden in Form von Patterns dokumentiert (vgl. Kapitel 7). Diese Patterns basieren auf Fallstudien aus der Praxis und den Ergebnissen zahlreicher wissenschaftlicher Arbeiten. Um eine hinreichende Auswahl an Patterns zur Verfügung zu stellen, werden über den Patternkatalog sämtliche Kategorien von Massnahmen zur Akzeptanzsteigerung und sämtliche Aspekte der IL-Akzeptanz abgedeckt (vgl. Abschnitt 7.2). Darüber hinaus werden weitere mögliche Massnahmen kurz skizziert und Möglichkeiten zur situativen Identifikation von eigenen Patterns durch die Anwendenden gegeben (vgl. Abschnitt 8.3.6).

AI$_4$ – Einsetzbarkeit im Unternehmen: Die Methode zur Akzeptanzsteigerung soll im Unternehmen praktisch einsetzbar sein. Bei der Modellierung der Akzeptanz sind Konstrukte, die sich durch die IL-Organisation gestalten lassen, von besonderem Interesse. Die Methode muss im Hinblick auf das Vorgehen und die verwendeten Techniken praxisgerecht gestaltet werden. Für die Massnahmen zur Steigerung der IL-Akzeptanz schliesslich gilt, dass eine nachgewiesene Umsetzbarkeit im Kontext der IL zu fordern ist.

Das Akzeptanzmodell wurde im Hinblick auf die praktische Einsetzbarkeit gestaltet (vgl. Abschnitt 5.1.2). Einige der im TAM3 modellierten psychologischen Einflussfaktoren (z. B. *Computer Anxiety*) wurden nicht übernommen. Andere Konstrukte wurden im Hinblick auf die Operationalisierung verfeinert (z. B. subjektive Norm). Die Anwendbarkeit des operationalisierten Akzeptanzmodells im Unternehmenskontext wurde durch die in Abschnitt 5.3 dokumentierte Feldstudie nachgewiesen.

Die Anwendbarkeit der Methode in der Praxis wurde im Rahmen der Experteninterviews vertiefend behandelt. Die Ergebnisse dieses Evaluationsschrittes sind in Abschnitt 9.4 dokumentiert.

Die praktische Anwendbarkeit der Massnahmen wurde durch die Ableitung aus Fallstudien sichergestellt (vgl. Kapitel 6). Da die Massnahmen aus praktischen Erfahrungen hervorgegangen sind, ist eine Anwendbarkeit nachgewiesen. Zusätzlich wird die Wirksamkeit anhand der Literatur belegt (vgl. Abschnitt 7.3).

AI$_5$ – Anpassbarkeit: Die Methode soll in verschiedenen Unternehmen einsetzbar sein, die sich naturgemäss in strategischer Ausrichtung, Organisation und technischer

Realisierung der IL unterscheiden und in denen die Akzeptanz der IL unterschiedlich ausgeprägt ist.

Diese situative Anpassbarkeit wird an verschiedenen Stellen der Methode hergestellt. Der Fragebogen kann an definierten Stellen angepasst werden, um eine gezielte Messung zu ermöglichen (vgl. Abschnitt 8.3.3.2). Die Auswahl der Massnahmen zur Akzeptanzsteigerung erfolgt anhand der im Unternehmen ermittelten Messergebnisse (vgl. Abschnitt 8.3.6). Das Vorgehensmodell der Methode sieht an verschiedenen Stellen über die Vorgabe alternativer Techniken Anpassungsmöglichkeiten an die Kompetenzen des Projektteams und an die Situation vor. Zudem wird insbesondere bei der Massnahmenauswahl dem Urteil der mit der Situation vertrauten Experten ein grosser Stellenwert eingeräumt (vgl. Abschnitt 8.3).

Durch die Vorgabe der Massnahmen zur Akzeptanzsteigerung als Patterns wird höchste Flexibilität bei der Einsetzbarkeit erreicht (vgl. Abschnitt 7.1). Die Patterns sind nicht auf bestimmte Situationen beschränkt, sondern geben Vorgaben für eine situative Detaillierung.

AI_6 – **IL-Spezifität**: Die Methode muss den speziellen Eigenschaften der IL Rechnung tragen, um im Kontext der IL ohne umfassende Modifikationen anwendbar zu sein. Insbesondere müssen die in Abschnitt 2.1 dargestellten inhaltlichen, organisatorischen und technischen Eigenheiten der IL berücksichtigt werden.

Die IL-Spezifität der Methode wird primär über das Akzeptanzmodell und über die Massnahmen hergestellt. Das Akzeptanzmodell berücksichtigt über die Konstruktauswahl und die Operationalisierung die Eigenschaften der IL (vgl. Abschnitt 5.1). Die Massnahmen sind über die Fallstudien aus konkreten IL-Projekten abgeleitet worden (vgl. Abschnitt 7.2). Durch die Ableitung aus der IL-Praxis kann dabei sichergestellt werden, dass die generischen Massnahmenklassen aus der Literatur spezifisch für die IL konkretisiert werden. Die Methodenteile zur Akzeptanzmessung und Massnahmenauswahl sind demgegenüber weniger IL-spezifisch. Bei Nutzung eines anderen Akzeptanzmodells wären sie grundsätzlich auch für andere Arten von IS einsetzbar.

Zusammenfassend lässt sich feststellen, dass die inhaltlichen Anforderungen an die Artefaktkonstruktion erfüllt werden. Insbesondere die Erfüllung der Anforderungen AI_1 und AI_2 (Modellierung und Messung der Akzeptanz) ist empirisch abgesichert. Bezüglich der Erfüllung der Anforderungen AI_3 (Steigerung der Akzeptanz) und AI_4 (Einsetzbarkeit im Unternehmen) ist jedoch eine tatsächliche Anwendung der Methode im Unternehmenskontext als weitere Evidenzquelle wünschenswert.

9.3.2 Evaluation bezüglich der methodischen Anforderungen

In Abschnitt 3.2.2 wurden acht methodische Anforderungen an diese Arbeit formuliert. Diese Anforderungen wurden aus den DR-Richtlinien von HEVNER ET AL. abgeleitet,[708] die achte ergibt sich sowohl aus dem DR-Forschungszyklus als auch aus den methodischen Anforderungen an behavioristische WI. Die Adressierung dieser methodischen Anforderungen wird in Tabelle 9-2 bewertet.

Richtlinie	Inhalt	Adressierung in der Arbeit
AM_1 – Artefaktproduktion	DR muss Artefakte (Konstrukte, Modelle, Methoden, Instanziierungen, Theorien) produzieren.	Im Rahmen der Arbeit werden ein Modell zur Erklärung der IL-Akzeptanz und darauf aufbauend eine Methode zur Akzeptanzmessung und -steigerung konstruiert (vgl. Abschnitte 5.1 und 8). Damit werden die Ergebnisse in Form von zwei Artefakten dokumentiert.
AM_2 – Relevanz	DR muss Artefakte produzieren, die nützlich sind, indem sie praktische Probleme lösen. Die Probleme ergeben sich aus den *Business Needs* von Unternehmen.	Die Notwendigkeit des Forschungsvorhabens ergibt sich aus den in zahlreichen empirischen Arbeiten dokumentierten Akzeptanzproblemen im Bereich der IL (vgl. Abschnitt 1.2). Die praktische Einsetzbarkeit der Lösungsvorschläge ist eine der inhaltlichen Anforderungen an die Artefakte und wird im Rahmen der Evaluation eingehend geprüft.
AM_3 – Evaluation	Nützlichkeit, Qualität und Wirksamkeit der Artefakte müssen nachgewiesen werden. Hierzu sind anerkannte Evaluationsmethoden zu nutzen.	Die Ergebnisse werden einer multiperspektivischen Evaluation unterzogen. Die Evaluationsmethoden basieren auf den Empfehlungen aus der Literatur, ihr Einsatz entspricht üblicher *Best Practice* in der Literatur.[709] Die analytische Evaluation wird um eine empirische Perspektive ergänzt, um die Evaluation gegenüber der Realität zu ermöglichen.
AM_4 – Forschungsbeitrag	DR muss neue Beiträge in den Bereichen Artefakte, Grundlagen oder Methodiken liefern.	In dieser Arbeit wird erstmalig eine Methode zur Steigerung der IL-Akzeptanz auf Basis bestehender Akzeptanzforschung vorgeschlagen. Damit werden einerseits neue Artefakte konstruiert und andererseits wird das Grundlagenwissen zur IS-Akzeptanz durch empirische Prüfung und Einbettung in den DR-Kontext erweitert.
AM_5 – Methodische Stringenz	Zu Konstruktion und Evaluation der Artefakte müssen stringente (*rigorous*) Forschungsmethoden genutzt werden. Stringenz (*Rigour*) ergibt sich aus der Auswahl passender Methoden aus der *Knowledge Base* und deren korrekter Anwendung.	Diese Arbeit basiert auf einer Kerntheorie aus dem ISR, die empirisch vielfach überprüft ist. Die empirische Grundlegung dieser Arbeit erfolgt gemäss anerkannten Richtlinien zur empirischen Forschung. Die Methodenkonstruktion erfolgt gemäss den Richtlinien des Methodenengineering-Ansatzes, auch zur Evaluation werden anerkannte Methoden genutzt.

---

[708] Vgl. Hevner et al. 2004, S. 82ff.
[709] Vgl. z. B. Adomavicius et al. 2008; Fischer 2008; Parsons, Wand 2008; Peffers et al. 2007.

Evaluation der Methode

AM$_6$ – Suchprozess	DR muss einen iterativen Prozess von Entwurf und Prüfung verfolgen. Von vereinfachten Annahmen bzw. zufriedenstellenden Lösungen ausgehend sind die Ergebnisse schrittweise zu verfeinern.	Diese Arbeit basiert auf einem umfassenden Theoriekern zur Technologieakzeptanz. Die dort vorgestellten generischen Massnahmenklassen zur Akzeptanzsteigerung werden anhand von Fallstudien für die IL konkretisiert. Ebenso basiert das Vorgehensmodell der Methode auf einer Adaption von bestehenden Methoden zum Qualitätsmanagement. Durch die Evaluation werden Hinweise für eine weitere Optimierung der Methode gegeben. Für die konstruierten Artefakte ist eine erfolgreiche Iteration des Forschungsprozesses zur Verfeinerung der Artefakte allerdings noch nicht erfolgt.
AM$_7$ – Kommunikation der Ergebnisse	DR-Ergebnisse müssen sowohl an die Wissenschaft als auch an die Praxis kommuniziert werden.	Diese Arbeit wird nach Annahme veröffentlicht und steht damit der wissenschaftlichen Community zur Verfügung. Gleichzeitig ergeben sich verschiedene Möglichkeiten, Teilergebnisse der Arbeit in anderer Form zu publizieren.
AM$_8$ – Anschlussfähigkeit	Die Arbeit soll auf bestehenden Forschungsergebnissen aufbauen und üblichen methodischen Standards gerecht werden.	Die Anschlussfähigkeit zur behavioristischen Forschung wird über die Nutzung des TAM3 als Basis des Akzeptanzmodells hergestellt. Das Modell wird anhand der Standards für empirische Forschung auf seine Güte geprüft. Im Hinblick auf die gestaltungsorientierte Forschung setzt die Arbeit auf Vorarbeiten zur IL und zum Methodenengineering auf.

Quelle: DR-Anforderungen nach Hevner et al. 2004, S. 83.

Tabelle 9-2: Methodische Anforderungen und Adressierung in dieser Arbeit

Wie die Tabelle zeigt, werden die methodischen Anforderungen an das Artefakt weitgehend erfüllt. Hinsichtlich der Anforderungen AM$_6$ (Iteration) und AM$_7$ (Kommunikation) ist der Nachweis der Erfüllung zum Zeitpunkt der Fertigstellung dieser Arbeit noch nicht erbracht, die Erfüllung kann daher noch nicht abschliessend konstatiert werden.

9.4 Empirische Evaluation

Die empirische Evaluation stellt den Einbezug der Praxisperspektive in die Evaluation sicher. Dadurch wird in erster Linie der Zweckbezug der Methode evaluiert.[710] Für die vorliegende Arbeit werden insbesondere Aufbau, Einfachheit, Konstruktionsadäquanz und Anwendbarkeit überprüft.

Um die Anwendbarkeit und den Nutzen aus der Perspektive der Praxis zu beurteilen, wurden Experteninterviews zur Begutachtung der Methode geführt. Dazu wurden zwei erfahrene IL-Experten befragt, die in unterschiedlicher Position für die Entwicklung

---

[710] Vgl. Greiffenberg 2003, S. 16.

von IL-Systemen verantwortlich sind und damit der Zielgruppe für die Anwendung der Methode angehören (vgl. Tabelle 9-3).

Die Befragung fand in Form von semistrukturierten Interviews statt. Die Fragen wurden in einem Interviewleitfaden dokumentiert. Durch den Befrager wurde sichergestellt, dass alle Fragen behandelt werden, wobei flexibel auf sich im Gesprächsverlauf ergebende Aspekte eingegangen wurde, um auch zusätzliche Informationen zu erfassen. Die Interviews umfassten vor der Befragung eine Einführung mit Hintergrundinformationen zur Arbeit und zum Zweck der Evaluation, einen Hauptteil mit Fragen zur Evaluation und einen Abschluss, in dem das weitere Vorgehen diskutiert wurde.[711]

Der Hauptteil des Interviews war aufgrund des Umfangs der Methode in mehrere Abschnitte gegliedert, die sich auf die Patterns und die einzelnen Phasen der Methode konzentrierten. In jedem Abschnitt wurden zuerst das Vorgehensmodell der Phase und die Techniken (bzw. die Patterndokumentation) erläutert und im Anschluss Fragen zur erläuterten Phase gestellt. Die Fragen umfassten die Reihenfolge der Schritte, Vollständigkeit, Umsetzbarkeit im Unternehmen und die Detaillierung der Techniken. Ein abschliessender Abschnitt behandelte die Beurteilung der Methode als Ganzes. Der vollständige Leitfaden ist in Anhang C dokumentiert. Die Interviews dauerten je ca. 2 Stunden.

Die erste Fallstudie basierte auf einer früheren Version dieser Arbeit, daher konnten die Anmerkungen des Experten in der hier vorliegenden Version bereits teilweise berücksichtigt werden.

	Interview 1	Interview 2
Branche	Versicherung	Versorger
Position	Zentrale eines multinationalen Konzerns	Zentrale eines multinationalen Konzerns
Funktion Interviewpartner	Leiter IL-Entwicklungsprojekte	Leiter IL-CC
IL-Erfahrung	10 Jahre	7 Jahre

Tabelle 9-3: Interviewpartner für die Evaluation

9.4.1 Fallstudie 1 – Versicherung

Pattern-Dokumentation: Die Patterns werden als grundsätzlich gut geeignet für die Dokumentation der Massnahmen eingeschätzt. Einige Verbesserungsmöglichkeiten bestehen im Bereich der Dokumentation, um den Inhalt der Patterns für die Anwendenden noch intuitiver erfassbar zu machen (vgl. Tabelle 9-4).

---

[711] Vgl. Myers, Newman 2007, S. 14.

Evaluation der Methode 253

Frage	Kommentare
Generelle Eignung	Patterns sind gut geeignet zur Dokumentation der Massnahmen. Die Bekanntheit des Konzepts aus dem Software Engineering erhöht die Verständlichkeit. Die gewählte Form der Lösungsdokumentation ist für den Einsatz sinnvoll.
Vollständigkeit	Die Dokumentation ist grundsätzlich vollständig.
Detaillierungsgrad	Die Dokumentation ist gut verständlich.
Verbesserungsmöglichkeiten	Eine textuelle Beschreibung des vom Pattern adressierten Problems über die Nennung der *Concerns* hinaus kann Experten bei der Beurteilung des Patterns helfen.[712] Die Art, in der das Pattern auf die adressierten *Concerns* wirkt, sollte aus dem Text in die Übersicht übernommen werden. Detailbetrachtung von DQ/SQ ist sinnvoll zur Steuerung von konkreten Kundenanforderungen.

Tabelle 9-4: Evaluation Fallstudie 1: Patterns

Phase 1 – Projektdefinition: Die Aktivitäten der ersten Phase werden als grundsätzlich sinnvoll eingestuft. Hinsichtlich der Granularität und Detaillierung der einzelnen Aktivitäten wird Optimierungspotenzial gesehen (vgl. Tabelle 9-5).

Frage	Kommentare
Generelle Eignung	Gut geeignet zur Zielerreichung.
Reihenfolge	Reihenfolge sinnvoll.
Vollständigkeit	Vollständigkeit gegeben.
Umsetzbarkeit	Keine Probleme zu erwarten.
Detaillierung/ Komplexität	Aktivität 1.1 ist eher zu wenig detailliert. Aktivität 1.3 ist eher zu feingranular spezifiziert, da die Aktivitäten wenig Einfluss auf die Wirksamkeit haben. Aus methodischer Perspektive ist der Zeitplan nicht erforderlich.

Tabelle 9-5: Evaluation Fallstudie 1: Phase 1

Die Dokumentation der Organisation sollte in Ablauf- und Aufbauorganisation differenziert werden. Auch die vorgesehene Dokumentation der Ist-Situation sollte teilweise von Anfang an detaillierter erfolgen, um eine gezieltere Umsetzung von Nutzendenanforderungen zu ermöglichen.

Phase 2 – Messung: Die Aktivitäten und Techniken für die Phase der Messung werden als angemessen beurteilt, zumal der Inhalt der Phase wenig komplex ist (vgl. Tabelle 9-6).

---

[712] Vgl. das Beispiel aus dem Software Engineering bei Gamma et al. 1996, S. 3.

Frage	Kommentare
Generelle Eignung	Gut geeignet zur Zielerreichung.
Reihenfolge	Reihenfolge sinnvoll.
Vollständigkeit	Vollständigkeit gegeben.
Umsetzbarkeit	Keine Probleme zu erwarten.
Detaillierung/ Komplexität	Die Detaillierung der Phase ist ausreichend. Vor dem Hintergrund der einfachen Zielsetzung dieser Phase (Verteilen und Ausfüllen von Fragebögen) ist keine weitere Detaillierung erforderlich.

Tabelle 9-6: Evaluation Fallstudie 1: Phase 2

Phase 3 – Analyse: Die Diskussion der dritten Phase zeigte, dass die Komplexität der Massnahmenbewertung und -auswahl erheblich mehr Erklärungsbedarf mit sich bringt als das Vorgehen in den ersten Phasen. Die Aktivitäten der dritten Phase wurden als grundsätzlich angemessen bewertet, wobei Zweifel an der Feinheit der Steuerungsmöglichkeiten auf Basis der verfügbaren Daten zu Kosten und Nutzen der Patterns auftraten (vgl. Tabelle 9-7). Zum Vorgehen und zu den Techniken wurden einige Verbesserungsvorschläge gemacht, die zum Teil in der finalen Version dieser Arbeit umgesetzt sind.

Frage	Kommentare
Generelle Eignung	Befragung und Datenauswertung können interessante Erkenntnisse für die IL-Praxis liefern. Generell geeignet zur Zielerreichung. Zu hinterfragen ist, ob die vorhandenen Daten zu Kosten und Nutzen zur feingranularen Steuerung eines Massnahmenprogramms ausreichen.
Reihenfolge	Reihenfolge sinnvoll.
Vollständigkeit	Vollständigkeit gegeben.
Umsetzbarkeit	Auswahlheuristiken ohne Probleme umsetzbar, statistisches Know-how für SEM sollte im IL-Umfeld erwartet werden können.
Detaillierung/ Komplexität	Verständlich, zur praktischen Umsetzung hinreichend detailliert dokumentiert.

Tabelle 9-7: Evaluation Fallstudie 1: Phase 3

In der Diskussion der dritten Phase ergaben sich folgende Vorschläge zur Optimierung der Methode:

- Derzeit ist keine Priorisierung oder Gewichtung von unterschiedlichen Nutzendengruppen vorgesehen. Diese könnte ein differenzierteres Erfüllen der Anforderungen wichtiger Stakeholder ermöglichen.
- Die Terminologie schwankt uneinheitlich zwischen „Akzeptanzfaktor" und „Konstrukt", eine Vereinheitlichung könnte die Verständlichkeit erhöhen (bereits umgesetzt).

Evaluation der Methode

- Zusätzliche Referenzdaten zu Akzeptanzausprägung und Faktorgewichtung würden der Praxis erheblichen Mehrwert stiften, wenn die Akzeptanz z. B. nach Nutzungsart, Branche o. ä. differenziert betrachtet werden könnte. Dies könnte auch individuelles Messen im Unternehmen überflüssig machen.
- Bei der Auswahl relevanter *Concerns* in Aktivität 3.2 ist eine Festlegung auf 4 *Concerns* nicht zwingend sinnvoll. Alternativ wäre eine Auswahl nach Zielverbesserung/Kosten oder durch Abdecken von 80% der Faktorgewichtungen sinnvoll, da möglicherweise durch statistische Mittelung wichtige Aspekte verlorengehen.

Phase 4 – Implementierung: Die Dokumentation der vierten Phase wird in der vorliegenden Form für ausreichend befunden. Da es sich bei der Massnahmenumsetzung um kleinere IL-Projekte bzw. organisatorische Aktivitäten handelt, hätte eine Dokumentation von bekannten Projektmanagement-Methoden o. ä. begrenzten Mehrwert.

Frage	Kommentare
Generelle Eignung	Gut geeignet zur Zielerreichung.
Reihenfolge	Reihenfolge sinnvoll.
Vollständigkeit	Vollständigkeit gegeben.
Umsetzbarkeit	Keine Probleme zu erwarten.
Detaillierung/ Komplexität	Ausreichend detailliert, Methoden zur Umsetzung sind im Unternehmen bekannt.

Tabelle 9-8: Evaluation Fallstudie 1: Phase 4

Gesamturteil: Die Methode wird als grundsätzlich gut geeignet für die Erreichung ihrer Ziele eingestuft. An der praktischen Einsetzbarkeit bestehen keine grundsätzlichen Zweifel (vgl. Tabelle 9-9).

Frage	Kommentare
Verständlichkeit, Detaillierungsgrad	UML-Diagramme sind als Dokumentationsform geeignet (bekannt aus Software Engineering). Die Detaillierung der ersten Phase sollte geprüft werden.
Anwendbarkeit/ Komplexität	Anwendbar und von der Komplexität für das Unternehmen geeignet. Pragmatisch gewählte Techniken bereiten keine Schwierigkeiten in der Anwendung.
Beitrag zu Akzeptanzprojekt	Die Methode ermöglicht Transparenz der Massnahmenauswahl, Vergleichbarkeit zwischen Unternehmen bzw. Nutzendengruppen.
Einsetzbarkeit	Ein Einsatz der Methode im Unternehmen ist denkbar.
Schwächen/ Verbesserungsmöglichkeiten	Einbettung in Governance, Berücksichtigung geteilter Systemkomponenten, langfristiges Programmmanagement, Heuristiken zur Massnahmenauswahl (siehe unten).

Tabelle 9-9: Evaluation Fallstudie 1: Gesamturteil

Einige Verbesserungsmöglichkeiten, die die Methode als Ganzes betreffen, sind im Folgenden aufgeführt:

- Die Methode enthält keine Governance-Komponente. Sie sollte daher in ein IL-Governance-Framework eingebettet werden können, um die langfristige Planung und die Koordination mit anderen Aktivitäten im IL-Bereich sicherzustellen.
- Geteilte Ressourcen (z. B. Applikationsplattformen) werden nicht berücksichtigt. Falls Applikationen, die diese Ressourcen nutzen, unterschiedliche Prioritäten haben, kann dies bei der Umsetzung von Massnahmen zu Konflikten führen. Hier sind geeignete Mechanismen zur Konfliktlösung notwendig.
- Oft steht in der Praxis nicht genug Budget zur vollständigen Umsetzung eines Massnahmenprogramms zur Verfügung. Die Adressierung von Fragen der Langfriststeuerung, teilweiser Umsetzung von Massnahmen, sich ändernden Zielen und Kontextfaktoren kann den Einsatz der Methode in dynamischen Umfeldern erleichtern.
- Eine höhere IL-Spezifität der Bewertungs- und Auswahlkomponenten kann die Nützlichkeit steigern. Heuristiken zu Akzeptanzbewertung und Massnahmenauswahl, basierend auf Erfahrungswerten aus dem IL-Umfeld, würden den Einsatz vereinfachen (z. B. Ausblenden von Modellteilen/Teilen der Patterns bei Vorliegen bestimmter Bedingungen). Ebenfalls helfen könnten diese bei der Adressierung von Grenzen der statistischen Komponente, etwa bei mangelnder Trennschärfe der Auswahl bei ähnlich gewichteten *Concerns* oder bei stark divergierenden Bedürfnissen einzelner Nutzendengruppen, die durch die Aggregation der Bewertungen in einem Mittelwert „verschluckt" würden.

9.4.2 Fallstudie 2 – Versorger

Akzeptanzmodell und Pattern-Dokumentation: Das Akzeptanzmodell wurde als grundsätzlich geeignet zur Modellierung der Akzeptanz bewertet. Als mögliche Ergänzung wurde auf die Wichtigkeit einer Eignung der Frontend-Software zur Unterstützung der Arbeitsweisen der Nutzenden hingewiesen. Die Anforderungen an Funktionalitäten der Frontends divergieren je nach Nutzenden erheblich, daher wurde eine Ergänzung des Akzeptanzmodells um Konstrukte zur Beurteilung des *Task-Technology-Fit* vorgeschlagen.[713] Die Patterns wurden als grundsätzlich geeignet für

---

[713] Diese Ergänzung wurde auch von GOODHUE gefordert, vgl. Goodhue 2007. Für Grundlagen zum Task-Technology-Fit vgl. Goodhue 1995.

die Dokumentation der Massnahmen eingestuft. Als Ergänzung wurde die Aufnahme von Kennzahlen zur Erfolgsmessung in die Patterns vorgeschlagen.

Frage	Kommentare
Generelle Eignung	Geeignet zur Dokumentation von Massnahmen in fachlicher Sicht.
Vollständigkeit	Ergänzung um Kennzahlen zur Erfolgsbeurteilung sinnvoll.
Detaillierungsgrad	Aus fachlicher Sicht ausreichend, müssen für die technische Umsetzung weiter detailliert werden.
Verbesserungsmöglichkeiten	Vorgaben zur Messung des Massnahmenerfolgs sind für den praktischen Einsatz wichtig. Die Massnahme muss konkreter vorgeben, was genau gesteigert werden soll, um den Nutzen der Massnahme nachzuweisen.

Tabelle 9-10: Evaluation Fallstudie 2: Patterns

Phase 1 – Projektdefinition: Die Aktivitäten der ersten Phase wurden als grundsätzlich sinnvoll eingeschätzt. Hinsichtlich der Reihenfolge der Aktivitäten wurde vorgeschlagen, den Projektfokus vor der Dokumentation der Situation zu definieren, um den Dokumentationsaufwand zu minimieren (vgl. Tabelle 9-11).

Frage	Kommentare
Generelle Eignung	Generell geeignet zur Zielerreichung.
Reihenfolge	Situationsdokumentation ist sinnvoller nach der Phase der Projektdefinition durchzuführen, um unnötige Dokumentationsarbeiten zu vermeiden.
Vollständigkeit	Aktivitäten sind vollständig.
Umsetzbarkeit	Generell umsetzbar, aber in der Praxis Projektdefinition eher Ausgehen von konkretem Problem.
Detaillierung/ Komplexität	Ausreichend detailliert, angemessen komplex.

Tabelle 9-11: Evaluation Fallstudie 2: Phase 1

Bezüglich des Ablaufs der Phase wurde angemerkt, dass Akzeptanzprojekte in der Praxis i. d. R. aus konkreten Akzeptanzproblemen bestimmter IL-Systeme erwachsen. Daraus ergibt sich der Projektfokus, der Ausgangspunkt dieser Phase sein sollte. Alternativ sollte als Ausgangspunkt der Projektfokus aus einem Soll-Ist-Vergleich abgeleitet werden.

Phase 2 – Messung: Die Aktivitäten der zweiten Phase wurden als problemlos einsetzbar eingeschätzt (vgl. Tabelle 9-12).

Frage	Kommentare
Generelle Eignung	Gut geeignet zur Zielerreichung.
Reihenfolge	Sinnvolle Reihenfolge.
Vollständigkeit	Keine Ergänzungen.
Umsetzbarkeit	Problemlos umsetzbar.
Detaillierung/ Komplexität	Angesichts der geringen Komplexität angemessen detailliert.

Tabelle 9-12: Evaluation Fallstudie 2: Phase 2

Phase 3 – Analyse: Das Vorgehen in der Analysephase wurde als geeignet für Akzeptanzprojekte mit allgemeinem Fokus beurteilt (vgl. Tabelle 9-13). Für Projekte mit spezifischerem Systembezug wurden eine Konkretisierung der Ziele und die Formulierung von Heuristiken zur Massnahmenauswahl vorgeschlagen.

Frage	Kommentare
Generelle Eignung	Probleme sind bei der Beurteilung der Akzeptanz durch die Nutzenden zu erwarten, die u. U. absichtlich negativ urteilen.
Reihenfolge	Reihenfolge ist sinnvoll.
Vollständigkeit	Für allgemeine Akzeptanzprojekte vollständig, bei konkretem Systembezug müssen Ziele konkretisiert werden.
Umsetzbarkeit	Generell umsetzbar, aber für kleinere Projekte sollten kontextbezogene Heuristiken die Messung ersetzen.
Detaillierung/ Komplexität	Die Heuristik zur Auswahl der Methoden wird für den praktischen Einsatz als eher zu komplex angesehen.

Tabelle 9-13: Evaluation Fallstudie 2: Phase 3

Hinsichtlich der Massnahmenauswahl wurden zwei für den praktischen Einsatz sinnvolle Optimierungen aufgezeigt.

Einerseits ist bei Projekten mit Bezug auf einzelne IL-Systeme eine sich an die Akzeptanzmessung anschliessende Ursachenanalyse erforderlich. Die Messung liefert einen Einblick in die Akzeptanzsituation, sie liefert aber keine Informationen über Hintergründe für die Akzeptanzprobleme, die z. B. technische, organisatorische oder politische Ursachen haben können. Die identifizierten Akzeptanzdefizite sollten daher genauer analysiert werden, um eine passgenauere Massnahmenauswahl zu ermöglichen.

Andererseits wurde die Messung für kleinere Projekte als eher zu aufwändig eingestuft. Daher sollte die Methode durch Heuristiken ergänzt werden, die eine Auswahl von Massnahmen basierend auf Situationsfaktoren ermöglichen und in Form eines Entscheidungsbaums zu sinnvollen Massnahmen führen. Diesem Vorschlag liegt die Erfahrung zugrunde, dass Anforderungen an IL-Systeme sich je nach Situation ähneln. Einschlägige Faktoren können z. B. die Funktionen und Arbeitweisen der Nutzenden, aber auch Eigenschaften der Informationen wie Harmonisierungsgrad oder globale/lokale Relevanz sein.

Phase 4 – Implementierung: Die Aktivitäten der Implementierungsphase wurden zur Erreichung der Phasenziele als gut geeignet eingestuft. Ergänzend wurde die explizite Aufnahme einer Erfolgskontrolle in die Methode vorgeschlagen (vgl. Tabelle 9-14).

Frage	Kommentare
Generelle Eignung	Geeignet zur Zielerreichung.
Reihenfolge	Angemessene Reihenfolge, entspricht weitgehend dem Vorgehen im Unternehmen.
Vollständigkeit	Eine abschliessende Erfolgskontrolle fehlt.
Umsetzbarkeit	Aktivitäten sind umsetzbar, Berücksichtigung von Kontext und Wechselwirkungen der Massnahmen sind wichtig.
Detaillierung/ Komplexität	Angemessener Detaillierungsgrad/Komplexität.

Tabelle 9-14: Evaluation Fallstudie 2: Phase 4

In der vorliegenden Fassung endet die Methode mit der Implementierung der Massnahmen, eine erneute Akzeptanzmessung ist im Rahmen einer optionalen erneuten Methodenanwendung vorgesehen. Hier wurde angeregt, zum Abschluss der Methode eine systematische Erfolgskontrolle anhand der für die Patterns zu definierenden Erfolgskennzahlen vorzuschreiben, um den Projekterfolg zu dokumentieren.

Gesamturteil: Die Methode wird als gut geeignet für eine allgemeine Analyse der IL-Akzeptanz eingeschätzt, wie sie z. B. nach der Durchführung von Grossprojekten sinnvoll sein kann (vgl. Tabelle 9-15). Für den praktischen Einsatz im Rahmen von konkreten, systembezogenen Projekten ist sie eher zu komplex, zudem fehlt eine Aktivität zur genaueren Analyse der Ursachen für die Akzeptanzprobleme und idealerweise ein Entscheidungsbaum zur Auswahl von Patterns ohne die Notwendigkeit einer Messung. Die Patterns sind für die Dokumentation der Massnahmen gut geeignet.

Um die praktische Einsetzbarkeit der Methode zu steigern, wurden vier Verbesserungsmöglichkeiten genannt:

Frage	Kommentare
Verständlichkeit, Detaillierungsgrad	Methodendokumentation ist angemessen detailliert und verständlich.
Anwendbarkeit/Komplexität	Weitgehend anwendbar und ausreichend detailliert. Die Auswahlheuristik für die Massnahmen ist eher zu komplex für den praktischen Einsatz.
Beitrag zu Akzeptanzprojekt	Liefert globales Verständnis von der Akzeptanz und von der Nutzendenperspektive. Danach systembezogene Problemanalyse erforderlich.
Einsetzbarkeit	Einsetzbar nur im Kontext von allgemeinen Akzeptanzprojekten. Für systemspezifische Anwendung fehlt detaillierter Ursachenanalyse von System und Nutzungskontext.
Schwächen/ Verbesserungsmöglichkeiten	Verbesserungsmöglichkeiten: Detaillierte Ursachenanalyse, Entscheidungsregeln für die Massnahmenauswahl, Marketing der Verbesserungen (siehe unten).

Tabelle 9-15: Evaluation Fallstudie 2: Gesamturteil

- Die Methode ermöglicht eine Einschätzung der Akzeptanz aus der Perspektive der Nutzenden. Allerdings ist eine allgemeine Messung im Unternehmenskontext eher selten, meist basieren Akzeptanzprojekte auf einem konkreten Akzeptanzproblem von einzelnen Systemen. Für solche Projekte ist eine konkretere Analyse der Ursachen für die Akzeptanzprobleme erforderlich. Dabei sollten die Gründe für die Nicht-Nutzung identifiziert werden (z. B. technische Aspekte, mangelnde Eignung zur Unterstützung der Arbeitsweise der Nutzenden, wahrgenommene Defizite der Tools oder politische Aspekte). Ausserdem sollten genutzte Alternativen oder *Workarounds* und Verbesserungsmöglichkeiten aus Perspektive der Nutzenden erfasst werden.
- Praxiserfahrungen zeigen, dass die Eignung der Werkzeuge für die konkreten Arbeitsweisen der Nutzenden grossen Einfluss auf die Akzeptanz hat. Beispielsweise unterscheiden sich Nutzendengruppen in ihren Anforderungen an Mobilität oder flexible Auswertbarkeit der Daten. Daher sollte die Eignung für die Prozessunterstützung in das Akzeptanzmodell integriert werden.
- Um die aufwändige Messung für kleinere Projekte zu vermeiden, sollten Entscheidungsregeln auf Basis von Erfahrungen erarbeitet werden, die anhand des Kontexts eine Massnahmenauswahl ermöglichen.
- Im praktischen Umfeld ist eine Marketingkomponente für akzeptanzbeeinflussende Massnahmen erforderlich. Vielfach werden Verbesserungen am System von den Nutzenden nicht wahrgenommen, wenn sie nicht aktiv kommuniziert werden. Ein Herausstellen der erreichten Verbesserungen kann eine Akzeptanzsteigerung herbeiführen.

10 Zusammenfassung und Ausblick

In diesem Kapitel werden die Ergebnisse der Forschungsarbeit kurz zusammengefasst (Abschnitt 10.1) und kritisch gewürdigt (Abschnitt 10.2). Ein Ausblick auf mögliche weitergehende Forschungsarbeiten auf Basis der vorliegenden Arbeit beschliesst das Kapitel (Abschnitt 10.3).

10.1 Zusammenfassung

Ausgangspunkt dieser Arbeit ist die Frage, wie die Akzeptanz von IL im Unternehmen gemessen und gesteigert werden kann.

Akzeptanz wird definiert als Nutzung von IS, die durch die Nutzungsabsicht gesteuert wird. Es existieren verschiedene Modelle aus dem Bereich der behavioristischen WI, die über unterschiedliche externe Einflussfaktoren erklären, wie die Nutzungsabsicht entsteht. Basierend auf diesen generischen Modellen wird ein spezifisches Akzeptanzmodell für die IL konstruiert, das die IL-Akzeptanz analog zum TAM über die Einflussfaktoren wahrgenommene Nützlichkeit und wahrgenommene Benutzerfreundlichkeit erklärt. Um eine gezielte Akzeptanzsteigerung zu ermöglichen, werden vorwiegend Konstrukte ausgewählt, die durch die IL-Organisation beeinflusst werden können. Auf die wahrgenommene Nützlichkeit wirken die externen Einflussfaktoren *Management Support*, Tätigkeitsrelevanz, Datenqualität und Nachvollziehbarkeit der Ergebnisse. Auf die wahrgenommene Benutzerfreundlichkeit wirken interne Kontrollüberzeugung, fördernde Umstände und Systemqualität.

Das Akzeptanzmodell wird mit Hilfe eines Strukturgleichungsmodells empirisch überprüft. Basierend auf den Ergebnissen einer Feldstudie mit Praktikern werden die Stärke und Signifikanz der im Modell postulierten Zusammenhänge quantifiziert. Dabei zeigt sich, dass die Tätigkeitsrelevanz und die Systemqualität die stärkste Wirkung haben. Alle angenommenen Wirkungen der externen Einfussfaktoren sind signifikant, die einzige Ausnahme ist die nicht signifikante Wirkung des Faktors Nachvollziehbarkeit der Ergebnisse. Die wahrgenommene Benutzerfreundlichkeit zeigt in der empirischen Prüfung keinen signifikanten Zusammenhang mit der Nutzungsabsicht. Dieser Zusammenhang wird von der Erfahrung der Nutzenden moderiert. Hohe wahrgenommene Benutzerfreundlichkeit hat also für die untersuchte Gruppe von Nutzenden keine nachweisbare positive Wirkung auf die Nutzungsabsicht. Der Mangel an Signifikanz dieses Zusammenhangs kann auf die hohe durchschnittliche Nutzungserfahrung der Befragten zurückgeführt werden.

Nachdem das Akzeptanzmodell die Akzeptanz aus der Perspektive der Nutzenden erklärt, werden aus der Perspektive der IL-Organisation Wege zur Akzeptanzsteigerung identifiziert. Um Möglichkeiten zur Steigerung der IL-Akzeptanz im Unternehmen zu identifizieren, wurden vier Fallstudien durchgeführt, die um die Ergebnisse eines Expertenworkshops ergänzt wurden. Aus diesen Fallstudien lassen sich zahlreiche Massnahmen zur Akzeptanzsteigerung ableiten, die in unterschiedlicher Weise auf die Akzeptanzfaktoren wirken. Eine Auswahl dieser Massnahmen wird in Form von Patterns detailliert. Diese beschreiben den Einsatz der Massnahmen und dienen als fachliche Anleitung für die Umsetzung der Massnahmen im Unternehmen. Dabei werden für jeden der Akzeptanzfaktoren passende Massnahmen beschrieben.

Um eine situative Auswahl von geeigneten Massnahmen zur Steigerung der Akzeptanz zu unterstützen, wird eine Methode entworfen. Diese Methode gliedert sich in die vier Phasen Projektdefinition, Messung, Analyse und Implementierung. Die Definitionsphase umfasst die Dokumentation der Situation, die Erstellung eines Untersuchungsplans und die Anpassung der Dokumente für die Datenerhebung. Die Messung erfolgt durch Befragung von Nutzenden der untersuchten Systeme. Im Rahmen der Analysephase werden die Einschätzungen der Befragten zu Scores für die einzelnen Akzeptanzfaktoren verdichtet. Darauf aufbauend wird eine Technik zur Auswahl von Massnahmen vorgeschlagen, mit der anhand der Akzeptanzscores und der Gewichtung der Akzeptanzfaktoren ein Nutzenscore für jede Massnahme berechnet werden kann. Darauf und auf einer Kostenschätzung für die jeweilige Massnahme basierend kann ein Massnahmenprogramm zusammengestellt werden. Die abschliessende Implementierungsphase umfasst Aktivitäten zur Spezifikation und Umsetzung der Massnahmen und zur Modifikation der beeinflussten Prozesse, die sich an übliche Methodiken für Softwareprojekte anlehnen.

Die Methode wird abschliessend analytisch und empirisch evaluiert. Die analytische Evaluation zeigt, dass die inhaltlichen und formalen Anforderungen an die Methode weitgehend erfüllt werden. Die empirische Evaluation erbringt den Nachweis einer weitgehenden Praxistauglichkeit der Methode. In Ergänzung dazu zeigt sie zeigt aber auch Optimierungsmöglichkeiten auf, die die Anwendbarkeit in typischen Problemsituationen aus der Unternehmenspraxis weiter verbessern können.

10.2 Kritische Würdigung

Design Research ist ein Prozess der Suche nach effektiven Lösungen für ein Problem.[714] Zum Abschluss eines Forschungsvorhabens gilt es daher, die Ergebnisse zu beurteilen: Welche Aspekte des Problems wurden gelöst, welche nicht? Welchen Beitrag leistet die Forschungsarbeit zur *Knowledge Base* des Fachs? Welche der vereinfachenden Annahmen sind zutreffend, welche sollten in einer nächsten Iteration der Forschung revidiert werden?

Aus forschungsmethodischer Sicht demonstriert diese Arbeit die Integrations- und Ergänzungsmöglichkeiten zwischen der behavioristischen und der gestaltungsorientierten Strömung der WI. Sie löst die verschiedentlich geäusserte Forderung nach einer Kombination der unterschiedlichen methodischen Paradigmen in der WI ein:[715] Der behavioristische Teil der Arbeit liefert ein theoretisches Fundament für die Artefaktkonstruktion im gestaltungsorientierten Teil. Der gestaltungsorientierte Teil liefert seinerseits Beiträge zur Weiterentwicklung der Theorie.

Diese Arbeit kann den zu Beginn in Abbildung 1-3 dargestellten Forschungszyklus noch nicht schliessen. Die letzten Schritte der Anwendung der Artefakte in der Praxis und der Theoriebildung auf Basis der Anwendungserfahrungen konnten nicht umgesetzt werden. Die analytische und empirische Evaluation geben aber Hinweise darauf, welche Wirkungen zu erwarten sind und wie gut die Artefakte anwendbar sind. Darüber hinaus bilden die Forschungsergebnisse einen Beitrag zur *Knowledge Base*, der für weitere Forschung als Grundlage dienen kann.

HEVNER ET AL. unterscheiden drei Beitragstypen zur *Knowledge Base*: Erstens Artefakte, die Probleme lösen, zweitens Grundlagen, auf denen Konstruktionstätigkeit aufbauen kann und drittens Methoden und Metriken zur Evaluation von Artefakten.[716] Diese Arbeit liefert Beiträge aus den Kategorien Artefakte und Grundlagen. Als Artefakte werden eine Methode zur Messung und Steigerung der IL-Akzeptanz und Patterns (Methodenfragmente) zur Steigerung der Akzeptanz entwickelt und evaluiert. Als Beitrag zu den Grundlagen wird ein Akzeptanzmodell konstruiert, das eine Erklärung der Akzeptanz von IL-Systemen ermöglicht.

Insbesondere die konstruierten Artefakte leisten einen Beitrag zur Behebung eines vielfach bemängelten Defizits der Akzeptanzforschung: Bisherige Akzeptanzfor-

---
[714] Vgl. Hevner et al. 2004, S. 88.
[715] Vgl. z. B. Frank 2006; Mingers 2001, S. 242ff.; Niehaves 2006, S. 70ff.
[716] Vgl. Hevner et al. 2004, S. 87.

schung hat nur geringe Aussagekraft hinsichtlich der gezielten IS-Gestaltung und zur gezielten Behebung entdeckter Akzeptanzprobleme.[717] Die Methode und die Patterns zeigen, welche Implikationen die Akzeptanz für die Systemgestaltung hat und welche Massnahmen den Systemverantwortlichen zur Akzeptanzsteigerung zur Verfügung stehen.

Andererseits zeigt die Evaluation der Ergebnisse auch, dass noch nicht alle der zu Anfang der Arbeit definierten Erkenntnis- und Gestaltungsziele vollständig erreicht werden konnten und dass die getroffenen vereinfachenden Annahmen teilweise die Anwendbarkeit der Artefakte einschränken. In Tabelle 10-1 ist zusammengefasst, über welche Ergebnisse der Arbeit die einzelnen Ziele adressiert werden. In den folgenden Absätzen wird auf die Einschränkungen bei der Zielerreichung eingegangen, mögliche Ansätze zu ihrer Behebung sind im folgenden Abschnitt 10.3 dokumentiert.

Nr.	Ziel	Adressierung
Erkenntnisziel: Welche externen Variablen beeinflussen die Akzeptanz von IL in Unternehmen?		
E_1	Welche externen Variablen beeinflussen die Akzeptanz von IL?	Akzeptanzmodell
E_2	Wie stark sind die Einflüsse der jeweiligen externen Faktoren auf die IL-Akzeptanz?	Empirische Prüfung des Akzeptanzmodells
Gestaltungsziel: Wie kann die Akzeptanz von IL im Unternehmen gesteigert werden?		
G_1	Die Akzeptanz von IL im Unternehmen soll in einem Modell abgebildet und gemessen werden.	Fragebogen zur Messung und messungsbezogene Methodenteile
G_2	Es sollen Massnahmen identifiziert werden, die ermöglichen, die Bewertung der einzelnen externen Variablen durch die Nutzenden zu steigern.	Fallstudien und Massnahmen-Patterns
G_3	Basierend auf dem Model, der Messung und den einzelnen Massnahmen zur Steigerung der Akzeptanz soll eine gesamthafte Methode zur Steigerung der Akzeptanz der IL im Unternehmen konstruiert werden.	Methode zur Messung und Steigerung der Akzeptanz

Tabelle 10-1: Adressierung der Ziele der Arbeit

Das Akzeptanzmodell adressiert das Erkenntnisziel E_1, über die empirische Auswertung wird das Erkenntnisziel E_2 adressiert. Am Akzeptanzmodell ist in erster Linie zu kritisieren, dass es die IL-Akzeptanz nur in Teilen erklären kann. Die Nutzungsabsicht als primärer Einflussfaktor auf die Nutzung wird zu 26,3% durch die modellierten Konstrukte erklärt. Dies ist ein Ergebnis, das mit dem Erklärungsgehalt anderer Ak-

---

[717] Vgl. Benbasat, Barki 2007, S. 215; Davis et al. 1989, S. 988; Goodhue 2007, S. 221; Hevner et al. 2004, S. 87; Jasperson et al. 2005, S. 545; Venkatesh, Bala 2008, S. 274.

Zusammenfassung und Ausblick

zeptanzmodelle durchaus vergleichbar ist.[718] Zudem wurden absichtlich Konstrukte aus dem TAM3 ausgeschlossen, die nicht von der IL-Organisation beeinflusst werden können. Aus der Sicht des Praktikers ist es dennoch unbefriedigend, da offensichtlich noch andere, nicht modellierte Faktoren die Akzeptanz beeinflussen. Diese Faktoren wären möglicherweise einer Beeinflussung durch die IL-Organisation zugänglich. Ohne Messung sind sie allerdings nicht sinnvoll zu steuern.

Zweitens scheint das Akzeptanzmodell für die Erklärung von Akzeptanz in der Frühphase der Nutzung wesentlich besser geeignet zu sein als bei erfahrenen Nutzenden. Für die Erklärung der Akzeptanz von Systemen in der Reifephase sollte das Akzeptanzmodell entsprechend erweitert werden.

Drittens muss auf ein generelles Defizit der individuumsbezogenen Akzeptanzforschung hingewiesen werden: Individuelle Akzeptanz ist zu wenig aussagekräftig für die Vorhersage von Erfolg auf der Ebene der Gesamtorganisation.[719] Aus Sicht der Praxis müssen Akzeptanzmassnahmen auch einen wirtschaftlichen Mehrwert haben. Diesen nachzuweisen, ist eine Herausforderung für die Forschung. Unter diesen Gesichtspunkten können die Erkenntnisziele E_1 und E_2 als teilweise erreicht betrachtet werden.

Das Gestaltungsziel G_1 (Messung der Akzeptanz im Unternehmen) wird über den Fragebogen und die auf die Messung bezogenen Methodenteile adressiert. Basierend auf der Methode wurden Daten in Unternehmen erhoben. Die Auswertung der Daten zeigt eine hohe statistische Güte des Fragebogens, daher wird das Gestaltungsziel G_1 als erreicht betrachtet.

Zur Identifikation von Massnahmen zur Akzeptanzsteigerung (Gestaltungsziel G_2) werden Patterns identifiziert. Im Hinblick auf die Patterns sind zwei Aspekte zu kritisieren. Erstens sind die hier dokumentierten Patterns letztlich eine teilweise willkürliche Auswahl. Ein optimaler Pattern-Katalog sollte einerseits möglichst vollständig sein und andererseits möglichst wirksame Patterns enthalten. Hier ist noch weitere Forschung zur Evaluation und Vervollständigung des Pattern-Katalogs erforderlich. Der zweite Aspekt betrifft ebenfalls die Wirksamkeit der Patterns. Um den Einsatz der Patterns in der Praxis zu rechtfertigen, sollte ihre Nützlichkeit quantifizierbar gemacht werden. Ein ideales Pattern enthält Kennzahlen, die den Erfolg messbar machen und Erfahrungswerte, die die zu erwartende Wirkung beziffern. Das Gestaltungsziel G_2 wurde damit erreicht, wenn auch nicht vollständig.

---

[718] Vgl. Sun, Zhang 2006, S. 59.
[719] Vgl. z. B. Devaraj, Kohli 2003, S. 274ff.

Die Integration von Messung und Steigerung der Akzeptanz (Gestaltungsziel G_3) wird über die Entwicklung einer Methode umgesetzt. Auch die Methode kann in verschiedener Hinsicht kritisiert werden. Die Evaluation ergab vier Aspekte, die verbesserungswürdig sind. Sie sind in erster Linie durch im Konstruktionsprozess getroffene, vereinfachende Annahmen bedingt.[720]

Der erste Aspekt betrifft die praktische Umsetzbarkeit der Ergebnisse. Zur Vereinfachung der Konstruktion wurde von systemspezifischen Aspekten weitgehend abstrahiert. Daher gibt die Methode zwar Einblick in die Wahrnehmung der Akzeptanzfaktoren durch die Nutzenden, sie hilft aber nicht beim Ermitteln der Gründe für diese Wahrnehmung. Um zielgerichteter Massnahmen auswählen zu können, wäre eine Erweiterung im Hinblick auf eine Ursachenanalyse wünschenswert: Je nach dem, ob technische, organisatorische oder sonstige Aspekte die schlechte Wahrnehmung der Akzeptanz verursachen, können andere Massnahmen geeignet sein. Dies würde die Einsetzbarkeit der Methode bei systemspezifischen Projekten verbessern.

Der zweite Aspekt betrifft die Vereinfachung des Akzeptanzmodells für die Massnahmenauswahl. Die Einflussfaktoren auf Datenqualität und Systemqualität werden für die Massnahmenauswahl nicht einzeln berücksichtigt. Auch dies schränkt die Massnahmenauswahl ein, da eine passgenaue Massnahmenselektion zur Adressierung bestimmter Qualitätsaspekte nicht möglich ist.

Drittens wurde im Rahmen der Evaluation die mangelnde Einbettung der Methode in übergreifende Governance-Mechanismen kritisiert. Die Methode steht weitgehend für sich alleine, daher muss eine Integration in die Gesamtsteuerung der IL im Unternehmen individuell ausgestaltet werden.

Viertens wird schliesslich der Aufwand für die Messung bemängelt. Für kleinere Projekte zur Adressierung konkreter Akzeptanzprobleme scheint die Befragung der Nutzenden mit unangemessen hohem Aufwand verbunden zu sein. Erfahrungswerte aus der Methodenanwendung könnten hier eine Massnahmenauswahl auch ohne Messung ermöglichen, wenn geeignete Richtlinien zur Problemanalyse und Auswahl von Massnahmen vorgegeben werden. Damit kann das auch das Gestaltungsziel G_3 im Rahmen der aufgeführten Restriktionen als weitgehend erreicht betrachtet werden.

Diese Bewertung zeigt, dass die Ziele des Forschungsvorhabens weitgehend erreicht werden konnten. Andererseits bleiben auch offene Fragen, wobei Möglichkeiten zu deren Adressierung im nächsten Absatz skizziert werden.

---

[720] Vgl. Hevner et al. 2004, S. 88.

10.3 Ausblick und weiterer Forschungsbedarf

Als Ergebnis dieser Arbeit stehen am Ende des Forschungsprozesses Artefakte, die einen Lösungsbeitrag leisten. Diese Artefakte weisen die oben skizzierten Defizite auf, die den Ausgangspunkt für eine weitere Iteration des Forschungsprozesses bilden und Möglichkeiten für anschliessende Forschungsarbeiten aufzeigen.

Das Modell bietet Ansatzpunkte für Modifikationen, die den Erklärungsgrad verbessern können. Dies kann einerseits durch die Aufnahme zusätzlicher Konstrukte geschehen. Zwar würde dies dem Ziel einer geringen Konstruktzahl zuwider laufen, bei angemessener Verbesserung der Aussagekraft wäre dies aber sinnvoll. Mögliche Kandidaten sind z. B. weitere Qualitätsaspekte wie die Leistung, die in einer der Fallstudien genannt wurde, oder die Angemessenheit der Technologie für die Arbeitsweise der Nutzenden (*Task-Technology-Fit*), die im Rahmen der Evaluation und in der Literatur von GOODHUE genannt wurde.[721] Andererseits kann das Modell auf zusätzliche Nutzendengruppen erweitert werden, die derzeit nicht erfasst werden. Dies betrifft insbesondere Nutzende, die nicht direkt mit dem System interagieren und für die daher möglicherweise Aspekte von Systemqualität weniger wichtig sind.

Ein anderer Ansatzpunkt zur Steigerung des Erklärungsgehalts (insbesondere im Hinblick auf erfahrene Nutzende) liegt in der besseren Integration der Nutzungserfahrung in das Modell. TAM-basierte Akzeptanzmodelle sind nur mässig geeignet, um fortdauernde Nutzung nach der Einführungsphase zu erklären.[722] Eine Reihe von Forschungsansätzen versucht, diese fortgesetzte Nutzung über zusätzliche Konstrukte zu erklären. Dazu gehören der Grad, zu dem die initialen Erwartungen der Nutzenden bestätigt werden, Gewohnheit als unreflektierte Wiederholung von Nutzungsverhalten und Anpassungen der Einschätzungen aufgrund gemachter Nutzungserfahrungen.[723] Diese Arbeiten bieten interessante Anknüpfungspunkte für eine Erweiterung des Modells zur Abbildung längerfristigen Nutzungsverhaltens.

Einen dritten Aspekt zur Abbildung des Nutzungsverhaltens nennen JASPERSON ET AL. Sie setzen am Konzept der Nutzung an und differenzieren zwischen verschieden intensiven und verschieden innovativen Arten der Nutzung, z. B. durch aktives Ausprobie-

---

[721] Vgl. Goodhue 2007.
[722] Vgl. Kim, Malhotra 2005, S. 741f.
[723] Vgl. Sørebø, Eikebrokk 2008, S. 2358ff. (Erwartungen); Gefen 2003, S. 7; Schepers, Wetzels 2007, S. 100 (Gewohnheit); Kim, Malhotra 2005, S. 742ff. (Erfahrungen).

ren neuer Funktionalitäten.[724] Die Art der Nutzung könnte auch Hinweise auf die Auswirkungen auf Organisationsebene geben.[725]

Zur Weiterentwicklung der Patterns ist eine Messbarmachung der Massnahmenwirkung anzustreben. Die schwierige Nachweisbarkeit von Interventionswirkungen ist eines der zentralen Probleme der Akzeptanzforschung.[726] Die offensichtlichen Schwierigkeiten bei der Messung sollten die Forschung dennoch nicht davon abhalten, dieses Problem zu adressieren. Für die betriebliche Praxis ist unerlässlich, dass Möglichkeiten zur Quantifizierung der Massnahmen identifiziert werden und eine Beurteilung der Wirkung ermöglicht wird. Dazu können z. B. verschiedene Aspekte der Systemnutzung herangezogen werden.[727]

Andererseits ist eine weitere Detaillierung und Erweiterung des Patternkatalogs erstrebenswert. Viele der Patterns haben das Potenzial, zu vollständigen Methoden ausgebaut zu werden. Eine Detaillierung der Patterns kann ihre Umsetzung vereinfachen, indem der Bedarf an situativen Spezifizierungen gesenkt wird. Eine Entwicklung zusätzlicher Patterns kann Lösungsmöglichkeiten für weitere Akzeptanzprobleme und Situationen aufzeigen.

Die Methode kann ebenfalls in verschiedener Hinsicht weiterentwickelt werden. Erstens sollten zur Objektivierung der Massnahmenauswahl weitere Daten zur Kalibrierung der Methode erhoben werden. Um die erreichte Akzeptanz zu beurteilen, sind Normwerte für die Akzeptanzfaktoren als Referenz erforderlich.[728] Derzeit sind Normwerte zur Beurteilung der Konstrukte nur für eine spezifische Gruppe von Nutzenden (*Power User* mit hoher Nutzungserfahrung) verfügbar. Um bessere Vergleichbarkeit zu erreichen, sollten solche Werte auch für weitere Nutzendengruppen und Kontexte erhoben werden.

Zweitens ermöglicht die oben geforderte Quantifizierung der Patterns auch eine Verfeinerung der Auswahlheuristik für die Patterns. Wo derzeit eine Expertenschätzung des Nutzens im Mittelpunkt der Auswahl steht, kann eine Integration von empirisch ermittelten Nutzenwerten die Auswahl objektivieren.

Ein dritter Ansatz zur Weiterentwicklung der Methode geht aus der Evaluation hervor. In der zweiten Fallstudie wurde bemängelt, dass die Methode keine ausreichende Ana-

---

[724] Vgl. Jasperson et al. 2005, S. 532.
[725] Vgl. Devaraj, Kohli 2003, S. 277.
[726] Vgl. Jasperson et al. 2005, S. 545; Venkatesh, Bala 2008, S. 274f.
[727] Vgl. Lahrmann, Schmaltz 2008, S. 31ff.
[728] Vgl. Bortz, Döring 2006, S. 191; Churchill, Iacobucci 2002, S. 382.

lyse der Gründe für die Akzeptanzprobleme ermöglicht. Sie eignet sich zur Analyse der Akzeptanz auf der Makroebene, zeigt aber noch nicht hinreichend konkret die Ursachen für Akzeptanzprobleme bei einzelnen Systemen. Daher ist eine Erweiterung der Methode um ein Fragment zur Ursachenanalyse erforderlich. Es muss eine Analyse der Akzeptanz auf organisatorischer und technischer Ebene ermöglichen, um die konkreten Ursachen von Nicht-Akzeptanz aufdecken zu können. Diese Ursachen können z. B. im Bereich der Technik, der Unterstützung der Nutzung oder der Prozesse liegen. Eine Kenntnis dieser Ursachen ermöglicht dann einen gezielten Abgleich mit dem Einsatzkontext der Patterns und damit eine passgenaue Patternauswahl.

Viertens ermöglicht die Sammlung von Erfahrungswerten eine Vereinfachung der Methode, die die praktische Anwendbarkeit verbessert. Im Rahmen der Evaluation wurde angeregt, die Messung durch erfahrungsbasierte Heuristiken zu ersetzen, die z. B. in Form eines Entscheidungsbaums die Massnahmenauswahl ermöglichen. Dazu ist eine Integration von Erfahrungen aus Akzeptanzmessungen und Ursachenanalysen erforderlich, was ein mehrfaches Anwenden der Methode erfordert. Diese Integration würde die Identifikation von typischen Akzeptanzsituationen und eine Einschätzung der situativen Eignung der Patterns ermöglichen. Resultat wäre eine situative Methode, die für typische Akzeptanzsituationen eine Massnahmenauswahl auf analytischem Weg statt auf Basis einer Messung ermöglicht. Eine solche Methode ist allerdings als Fernziel zu betrachten, da zu einer validen Umsetzung noch umfassende empirische Daten und Anwendungserfahrungen erforderlich sind.

Anhang A: Fragebogen

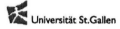

Institut für Wirtschaftsinformatik
Universität St.Gallen

Nutzerbefragung

Akzeptanz von analytischen Informationssystemen

Willkommen bei unserer Umfrage zur Akzeptanz von analytischen Informationssystemen.

Diese Umfrage richtet sich an Benutzerinnen und Benutzer von Data Warehouses (DWHs) und Business Intelligence (BI-)Tools. Wir interessieren uns für Ihre Einschätzung des von Ihnen am meissten genutzten Analysesystems.

Das Ausfüllen des Fragebogens wird ca. 10 Minuten in Anspruch nehmen.

Bitte beantworten Sie die Fragen wahrheitsgemäss. Es gibt **keine richtigen oder falschen Antworten**. Ditte beantworten Sie die Fragen **spontan**. Wichtig ist, dass Sie **alle Fragen** beantworten, auch wenn Sie den Eindruck haben, dass sich die Fragen wiederholen. Dies ist beabsichtigt.

Ihre Antworten sind anonym, Daten werden keinesfalls Dritten zugänglich gemacht.

Als Dank für Ihre Teilnahme verlosen wir unter allen Teilnehmern einen **Apple iPod Touch 8GB**! Falls Sie an der Verlosung teilnehmen möchten, geben Sie bitte auf der letzten Umfrageseite Ihre Email-Adresse an.

Vielen Dank für Ihre Teilnahme!

Bitte senden Sie diesen Fragebogen nach dem Ausfüllen an

Institut für Wirtschaftsinformatik
Moritz Schmaltz
Müller-Friedberg-Str. 8
CH-9000 St. Gallen
Schweiz

Fax   +41 71 224 2189
oder +49 201 4553825

Anhang A: Fragebogen

A - Allgemeine Fragen

In welchem Geschäftsbereich sind Sie tätig?

- ○ Finanzwesen und Buchhaltung
- ○ Personal/Human Ressources
- ○ Marketing und Vertrieb
- ○ Analyse, Forschung und Entwicklung
- ○ IT
- ○ Andere: _____

Sind sie weiblich oder männlich?

○ weiblich   ○ männlich

Wie alt sind Sie?

[   ]

Wie viele Jahre Erfahrung haben Sie mit Data Warehousing/BI-Systemen?

[   ]

Tätigkeiten

Anwendungen zur Unterstützung von Entscheidungen mit Informationen (z. B. Data Warehouses und BI-Tools) können für verschiedene Aufgaben genutzt werden. Bitte kreuzen Sie die Aufgaben an, die Sie mit Hilfe von solchen Anwendungen ausführen:

- ☐ Vordefinierte Reports, Berichte oder Analysen abrufen/aktualisieren
- ☐ Dashboards/Scorecards nutzen
- ☐ Reports/Analysen erstellen
- ☐ Ad hoc-Analysen/OLAP-Analysen ausführen
- ☐ Planung/Vorhersage/Simulation
- ☐ Data Mining

Falls Sie mehrere verschiedene Systeme oder Anwendungen nutzen, um die oben abgefragten Tätigkeiten zu erledigen, beantworten Sie die folgenden Fragen bitte für das System, das Sie **am häufigsten nutzen.**

Dieses System wird im Folgenden als **das Data Warehouse** bezeichnet.

B - Management Support, Einfluss der Ergebnisse und Relevanz des Systems

Bitte kreuzen Sie an, in wie weit Sie den einzelnen Aussagen zustimmen!

Unterstützung durch das Management

	stimme überhaupt nicht zu	stimme nicht zu	neutral	stimme zu	stimme voll zu
Unsere Führungskräfte wissen, welche Vorteile die Nutzung des Data Warehouse bringen kann.	O	O	O	O	O
Unsere Führungskräfte unterstützen und fördern die Nutzung des Data Warehouse.	O	O	O	O	O
Unsere Führungskräfte stellen die nötigen Ressourcen und Unterstützung bereit, damit das Data Warehouse genutzt werden kann.	O	O	O	O	O
Es ist unseren Führungskräften wichtig, dass die Nutzer mit dem Data Warehouse zufrieden sind.	O	O	O	O	O
Unsere Führungskräfte ermuntern mich zur Nutzung des Data Warehouse für meine Tätigkeit.	O	O	O	O	O

Bedeutung für Ihre Tätigkeit

	stimme überhaupt nicht zu	stimme nicht zu	neutral	stimme zu	stimme voll zu
Die Nutzung des Data Warehouse ist für meine Tätigkeit wichtig.	O	O	O	O	O
Das Data Warehouse passt zu meiner Tätigkeit.	O	O	O	O	O
Ich brauche das Data Warehouse zur Entscheidungsfindung.	O	O	O	O	O
Die Nutzung des Data Warehouse ist für meine Arbeit relevant.	O	O	O	O	O

Anhang A: Fragebogen

Sichtbarer Einfluss auf die Arbeitsergebnisse

	stimme überhaupt nicht zu	stimme nicht zu	neutral	stimme zu	stimme voll zu
Ich glaube, ich kann anderen erklären, was die Nutzung des Data Warehouse bewirkt.	O	O	O	O	O
Mir ist klar, welche Ergebnisse ich mit der Nutzung des Data Warehouse erzielen kann.	O	O	O	O	O
Ich kann nur schwer erklären, warum es hilfreich ist, das Data Warehouse zu benutzen.	O	O	O	O	O
Es ist einfach, anderen die Ergebnisse der DWH-Nutzung zu erklären.	O	O	O	O	O

C - Datenqualität

Bitte kreuzen Sie an, in wie weit Sie den einzelnen Aussagen zustimmen!

Vollständigkeit

	stimme überhaupt nicht zu	stimme nicht zu	neutral	stimme zu	stimme voll zu
Das Data Warehouse liefert mir vollständige Daten.	O	O	O	O	O
Das Data Warehouse liefert mir alle Daten, die ich brauche.	O	O	O	O	O
Das Data Warehouse erzeugt umfassende Daten.	O	O	O	O	O

Genauigkeit

	stimme überhaupt nicht zu	stimme nicht zu	neutral	stimme zu	stimme voll zu
Das Data Warehouse erzeugt korrekte Daten.	O	O	O	O	O
Die Daten, die ich aus dem Data Warehouse beziehe, enthalten nur wenige Fehler.	O	O	O	O	O
Die Daten aus dem Data Warehouse sind oft ungenau.	O	O	O	O	O

Format

	stimme überhaupt nicht zu	stimme nicht zu	neutral	stimme zu	stimme voll zu
Die Daten aus dem Data Warehouse sind gut formatiert.	○	○	○	○	○
Die Daten aus dem Data Warehouse werden gut dargestellt.	○	○	○	○	○
Die Daten aus dem Data Warehouse werden auf dem Bildschirm übersichtlich präsentiert.	○	○	○	○	○

Aktualität

	stimme überhaupt nicht zu	stimme nicht zu	neutral	stimme zu	stimme voll zu
Das Data Warehouse versorgt mich mit den neuesten Daten.	○	○	○	○	○
Das Data Warehouse liefert die aktuellsten Daten.	○	○	○	○	○
Die Daten aus dem Data Warehouse sind immer auf dem Laufenden.	○	○	○	○	○

Transparenz

	stimme überhaupt nicht zu	stimme nicht zu	neutral	stimme zu	stimme voll zu
Die Ergebnisse aus dem Data Warehouse sind nachvollziehbar.	○	○	○	○	○
Es ist klar, wie die Zahlen aus dem Data Warehouse zu Stande kommen.	○	○	○	○	○
Die Herkunft der Daten ist transparent.	○	○	○	○	○

Datenqualität insgesamt

	stimme überhaupt nicht zu	stimme nicht zu	neutral	stimme zu	stimme voll zu
Alles in allem würde ich den Daten aus dem Data Warehouse eine gute Note geben.	○	○	○	○	○
Insgesamt schätze ich die Qualität der vom Data Warehouse gelieferten Daten als hoch ein.	○	○	○	○	○
Im Allgemeinen versorgt mich das Data Warehouse mit Daten von hoher Qualität.	○	○	○	○	○

Anhang A: Fragebogen

D - Fragen zur Systemqualität

Bitte kreuzen Sie an, in wie weit Sie den einzelnen Aussagen zustimmen!

Zuverlässigkeit

	stimme überhaupt nicht zu	stimme nicht zu	neutral	stimme zu	stimme voll zu
Ich kann mich auf die Verfügbarkeit des Data Warehouse verlassen.	O	O	O	O	O
Die Geschwindigkeit des Data Warehouse ist konstant hoch.	O	O	O	O	O
Das Data Warehouse funktioniert zuverlässig.	O	O	O	O	O

Flexibilität

	stimme überhaupt nicht zu	stimme nicht zu	neutral	stimme zu	stimme voll zu
Das Data Warehouse kann angepasst werden, um unterschiedliche Anforderungen zu erfüllen.	O	O	O	O	O
Das Data Warehouse kann sich flexibel an neue Anforderungen oder Rahmenbedingungen einstellen.	O	O	O	O	O
Das Data Warehouse kann vielseitig neue Bedürfnisse befriedigen, wenn sie sich ergeben.	O	O	O	O	O

Integration

	stimme überhaupt nicht zu	stimme nicht zu	neutral	stimme zu	stimme voll zu
Das Data Warehouse integriert effektiv Daten aus unterschiedlichen Teilen des Unternehmens.	O	O	O	O	O
Das Data Warehouse zieht Daten zusammen, die früher von unterschiedlichen Stellen im Unternehmen gekommen sind.	O	O	O	O	O
Das Data Warehouse kombiniert effektiv Daten aus unterschiedlichen Bereichen des Unternehmens.	O	O	O	O	O

Zugänglichkeit

	stimme überhaupt nicht zu	stimme nicht zu	neutral	stimme zu	stimme voll zu
Im Data Warehouse finde ich schnell die Daten, die ich benötige.	O	O	O	O	O
Das Data Warehouse macht Daten leicht zugänglich.	O	O	O	O	O
Das Data Warehouse sorgt dafür, dass ich auf die Daten leicht zugreifen kann.	O	O	O	O	O

Technische Systemqualität insgesamt

	stimme überhaupt nicht zu	stimme nicht zu	neutral	stimme zu	stimme voll zu
Hinsichtlich der Systemqualität schätze ich das Data Warehouse hoch ein.	O	O	O	O	O
Insgesamt ist die Qualität des Data Warehouse hoch.	O	O	O	O	O
Alles in allem würde ich der Qualität des Data Warehouse eine gute Note geben.	O	O	O	O	O

E - Allgemeine Einschätzung des Systems

Bitte kreuzen Sie an, in wie weit Sie den einzelnen Aussagen zustimmen!

Training und Support

	stimme überhaupt nicht zu	stimme nicht zu	neutral	stimme zu	stimme voll zu
Ich konnte spezielle Schulungen für das Data Warehouse besuchen.	O	O	O	O	O
Eine Person oder Gruppe steht zur Verfügung, um bei Schwierigkeiten mit dem Data Warehouse zu helfen.	O	O	O	O	O
Bei Problemen mit dem Data Warehouse reagiert der Support schnell.	O	O	O	O	O
Bei Problemen mit dem Data Warehouse liefert der Support effektive Lösungen.	O	O	O	O	O

Anhang A: Fragebogen

Nützlichkeit

	stimme überhaupt nicht zu	stimme nicht zu	neutral	stimme zu	stimme voll zu
Die Nutzung des Data Warehouse verbessert meine berufliche Leistung.	O	O	O	O	O
Die Nutzung des Data Warehouse erhöht meine Produktivität.	O	O	O	O	O
Die Nutzung des Data Warehouse steigert meine Effektivität bei der Arbeit.	O	O	O	O	O
Ich finde das Data Warehouse nützlich für meine Arbeit.	O	O	O	O	O

Nutzerfreundlichkeit

	stimme überhaupt nicht zu	stimme nicht zu	neutral	stimme zu	stimme voll zu
Die Bedienung des Data Warehouse ist leicht zu lernen.	O	O	O	O	O
Ich kann das Data Warehouse einfach dazu bringen, das zu tun, was ich von ihm will.	O	O	O	O	O
Ich finde das Data Warehouse einfach zu benutzen.	O	O	O	O	O
Es ist mühsam, das Data Warehouse zu benutzen.	O	O	O	O	O

Nutzungsabsicht

	stimme überhaupt nicht zu	stimme nicht zu	neutral	stimme zu	stimme voll zu
Ich beabsichtige, das Data Warehouse in den nächsten 3 Monaten regelmässig im Rahmen meiner Arbeit zu nutzen.	O	O	O	O	O
Ich plane, das Data Warehouse in den nächsten 3 Monaten verstärkt zu nutzen.	O	O	O	O	O
Ich versuche, das Data Warehouse immer dann zu nutzen, wenn es mich bei einer Aufgabe unterstützen kann.	O	O	O	O	O
Ich versuche, das Data Warehouse so viel wie möglich zu nutzen.	O	O	O	O	O

F - Selbsteinschätzung

Umgang mit neuer Software

In diesem Teil des Fragebogens fragen wir Sie nach Ihrer Einschätzung Ihrer Fähigkeit mit Software umzugehen, die sie noch nicht kennen.
Häufig werden uns in unserer beruflichen Tätigkeit Software-Systeme oder Programme zur Verfügung gestellt, die unsere Arbeit erleichtern sollen.
Stellen Sie sich für die folgenden Fragen vor, dass Ihnen ein neues System zur Unterstützung eines Teils Ihrer beruflichen Tätigkeit zur Verfügung gestellt wird. Es ist dabei nicht wichtig, was das System bzw. Programm genau tut, sondern nur, dass es Ihre Tätigkeit erleichtern soll und dass Sie es vorher noch nie benutzt haben.
In den folgenden Fragen werden Sie gefragt, ob Sie Ihre Aufgabe mit dem neuen System erledigen könnten, wenn bestimmte Bedingungen erfüllt sind. Bitte schätzen Sie für jede der folgenden Aussagen ein, ob Sie Ihre Aufgabe erfüllen können.

	bin mir überhaupt nicht sicher	bin mir nicht sicher	neutral	bin mir sicher	bin mir ganz sicher
Ich könnte meine Aufgabe erfüllen, auch wenn niemand dabei ist, der mir während der Ausführung weiterhelfen kann.	O	O	O	O	O
Ich könnte meine Aufgabe erfüllen, auch wenn ich noch nie ein ähnliches System benutzt habe.	O	O	O	O	O
Ich könnte meine Aufgabe erfüllen, wenn ich nur die eingebaute Hilfefunktionalität zur Unterstützung hätte.	O	O	O	O	O
Ich könnte meine Aufgabe erfüllen, wenn mir vorher jemand zeigt, wie es geht.	O	O	O	O	O
Ich könnte meine Aufgabe erfüllen, wenn ich vorher ähnliche Systeme zum Lösen der selben Aufgabe genutzt habe.	O	O	O	O	O

Möchten Sie an der Verlosung teilnehmen?

Bitte geben Sie hier Ihre Email-Adresse an:

Falls Sie noch Fragen haben oder an weiteren Informationen zum Thema interessiert sind, können Sie uns hier eine Nachricht zukommen lassen:

Vielen Dank für Ihre Teilnahme an dieser Umfrage!

Anhang B: Interviewleitfaden für die Fallstudien

Institut für Wirtschaftsinformatik

Universität St.Gallen

Akzeptanz von analytischen Informationssystemen

Interviewleitfaden

Moritz Schmaltz

Hintergrund Systeme zur Unterstützung von Entscheidungen mit Informationen wie z. B. Data Warehouses, BI-Tools etc. finden sich mittlerweile in fast jedem Unternehmen. Dennoch sind sie nicht unumstritten, vielfach bleibt die Akzeptanz und Nutzung dieser Systeme hinter den Erwartungen zurück.

Ziel dieses Forschungsprojekts ist es, eine Methode zur systematischen Messung und Steigerung der Akzeptanz zu entwickeln. Im Rahmen von Fallstudien soll erhoben werden, welche Möglichkeiten zur Akzeptanzsteigerung von Unternehmen in der Praxis genutzt werden.

Aufbau Der Interviewleitfaden umfasst drei Teile:

Teil A behandelt allgemeine Informationen zu Ihrem Unternehmen und den von Ihnen vertretenen Bereich. Weiterhin werden Fragen zur Positionierung des Data Warehousing in ihrem Unternehmen gestellt.

Teil B fokussiert auf Einsatz und Architektur des behandelten Data Warehouse und die Akzeptanz des Systems.

Teil C befasst sich mit durchgeführten oder geplanten Massnahmen zur Akzeptanzsteigerung im Umfeld des Data Warehouse.

Kontakt Für Rückfragen und weitere Diskussion stehen wir Ihnen auch im Nachgang des Gesprächs sehr gerne zur Verfügung.

Universität St. Gallen Tel. +41 71 224 33 76
Institut für Wirtschaftsinformatik Mobil +41 76 222 96 92
Moritz Schmaltz Fax +41 71 224 21 89
moritz.schmaltz@unisg.ch
www.iwi.unisg.ch

Anhang B: Interviewleitfaden für die Fallstudien

Teil A: Allgemeine Informationen

A.1. Wie würden Sie Ihr derzeitiges Geschäftsmodell kurz beschreiben und charakterisieren? (gemeint sind aktuelle Herausforderungen in Bezug auf Produkte, Kunden, Märkte, Mitbewerber)

A.2. Wie viele Mitarbeiter haben Sie insgesamt und in der IT?

A.3. Wie viel Umsatz und Gewinn erwirtschaftet Ihr Unternehmen pro Jahr?

A.4. Wie ist das Data Warehousing organisiert? Welchen Anteil der Leistungen (für Nutzung, Entwicklung und Betrieb) erbringt die DWH-Abteilung selber, welche Teile werden fremdbezogen?

A.5. Wie ist Ihre Position und Aufgaben im DWH-Umfeld?

Teil B: Data Warehouse

B.1. Was ist die Aufgabe des von uns betrachteten Data Warehouse?

B.2. Wie sieht die Gesamtarchitektur des Data Warehousing in Ihrem Unternehmen aus? Wo positioniert sich das betrachtete DWH in dieser Architektur?

B.3. Was sind die derzeitigen Schwerpunkte der DWH-Strategie in Ihrem Unternehmen?

B.4. Wie verlief die Entwicklung des betrachteten DWH?

- Was war der Auslöser der Entwicklung? Wie war die Situation vor der Systementwicklung?
- Wie lange dauerte die Entwicklung des Systems bis heute? Was waren die wichtigsten Entwicklungsschritte?
- Was sind die derzeitigen Herausforderungen für die Systementwicklung?

B.5. Wie schätzen sie die Akzeptanz des Systems heute ein? Entsprechen Nutzerzufriedenheit und Nutzungsintensität Ihren Vorstellungen?

B.6. Wird die Akzeptanz des Systems systematisch verfolgt oder gemessen? Wenn ja, wie waren die Ergebnisse der Messung?

Teil C: Massnahmen zur Akzeptanzsteigerung

C.1. War die Akzeptanz des Systems von Anfang an hoch oder mussten Massnahmen zur Steigerung der Akzeptanz durchgeführt werden?

C.2. Welche Massnahmen wurden vor der Implementierung bzw. vor grösseren Releases durchgeführt? Übliche Massnahmen sind z.B.:

- Massnahmen zur Steigerung der Datenqualität (Vollständigkeit, Genauigkeit, Format, Aktualität, Transparenz)
- Massnahmen zur Steigerung der Systemqualität (Zuverlässigkeit, Flexibilität, Accessibility (Auffinden von Daten), Integration verschiedener Quellen)
- Anwenderbeteiligung bei der Spezifikation/Entwicklung
- Management Support für das System
- Incentive Alignment/Kongruenz mit Zielen der Nutzer

C.3. Welche Massnahmen wurden nach der Implementierung durchgeführt? Übliche Massnahmen sind z.B.:

- Training der Nutzer
- Fachlicher und technischer Support durch die DWH-Organisation
- Peer-Support durch andere Nutzer
- Umgestaltung von operativen Prozessen, um die Nutzung zu fördern

C.4. Wie bewerten Sie diese Massnahmen hinsichtlich des Nutzens und der Kosten? Gibt es bestimmte Massnahmen, die besonders erfolgreich waren?

Anhang C: Interviewleitfaden für die Evaluation

Institut für Wirtschaftsinformatik

Universität St.Gallen

Akzeptanz von analytischen Informationssystemen

Interviewleitfaden zur Evaluation

Moritz Schmaltz

Hintergrund	Systeme zur Unterstützung von Entscheidungen mit Informationen wie z. B. Data Warehouses, BI-Tools etc. finden sich mittlerweile in fast jedem Unternehmen. Dennoch sind sie nicht unumstritten, vielfach bleibt die Akzeptanz und Nutzung dieser Systeme hinter den Erwartungen zurück.
	Ziel dieses Forschungsprojekts ist es, eine Methode zur systematischen Messung und Steigerung der Akzeptanz zu entwickeln. Ziel der Evaluation ist es, die Eignung der entworfenen Methode für den praktischen Einsatz zu beurteilen.
Aufbau	Der Interviewleitfaden umfasst sieben Teile:
	Teil A behandelt die Einführung und das grundlegende Vorgehen im Rahmen der Dissertation.
	Teil B fokussiert auf die Patterns zur Akzeptanzsteigerung.
	Die Teile C - F befassen sich mit den Phasen der Methode zur Akzeptanzsteigerung.
	In Teil G wird die Methode insgesamt bewertet.
Kontakt	Für Rückfragen und weitere Diskussion stehen wir Ihnen auch im Nachgang des Gesprächs sehr gerne zur Verfügung.

Universität St. Gallen	Tel.	+41 71 224 33 76
Institut für Wirtschaftsinformatik	Mobil	+41 76 222 96 92
Moritz Schmaltz	Fax	+41 71 224 21 89
moritz.schmaltz@unisg.ch		
www.iwi.unisg.ch		

Teil A: Einführung/Übersicht

A.1. Haben Sie Fragen zum Inhalt der Einführungspräsentation?
A.2. Sind der Aufbau und die Bedeutung des Akzeptanzmodells klar?

Teil B: Massnahmen-Pattern

B.1. Haben Sie Fragen zur Pattern-Dokumentation?
B.2. Halten sie diese Art von Pattern für geeignet, um die Akzeptanz der IL zu steigern?
B.3. Ist die Dokumentation vollständig oder fehlen wesentliche Aspekte?
B.4. Halten Sie die Dokumentation für ausreichend, um die Patterns im Unternehmen umzusetzen?
B.5. Haben Sie Vorschläge zur Optimierung der Pattern-Dokumentation?

Teil C: Methode zur Akzeptanzsteigerung – Phase 1

C.1. Haben Sie Fragen zum Vorgehen in dieser Phase?
C.2. Halten Sie dieses Vorgehen grundsätzlich für sinnvoll?
C.3. Ist die Reihenfolge der Schritte sinnvoll?
C.4. Ist das Vorgehen vollständig oder fehlen Schritte bzw. Ergebnisse?
C.5. Halten Sie das Vorgehen für umsetzbar in Ihrem Unternehmen?
C.6. Sind die Techniken ausreichend detailliert und angemessen komplex?

Teil D: Methode zur Akzeptanzsteigerung – Phase 2

D.1. Haben Sie Fragen zum Vorgehen in dieser Phase?
D.2. Halten Sie dieses Vorgehen grundsätzlich für sinnvoll?
D.3. Ist die Reihenfolge der Schritte sinnvoll?
D.4. Ist das Vorgehen vollständig oder fehlen Schritte bzw. Ergebnisse?
D.5. Halten Sie das Vorgehen für umsetzbar in Ihrem Unternehmen?
D.6. Sind die Techniken ausreichend detailliert und angemessen komplex?

Anhang C: Interviewleitfaden für die Evaluation

Teil E: Methode zur Akzeptanzsteigerung – Phase 3

E.1. Haben Sie Fragen zum Vorgehen in dieser Phase?
E.2. Halten Sie dieses Vorgehen grundsätzlich für sinnvoll?
E.3. Ist die Reihenfolge der Schritte sinnvoll?
E.4. Ist das Vorgehen vollständig oder fehlen Schritte bzw. Ergebnisse?
E.5. Halten Sie das Vorgehen für umsetzbar in Ihrem Unternehmen?
E.6. Sind die Techniken ausreichend detailliert und angemessen komplex?

Teil F: Methode zur Akzeptanzsteigerung – Phase 4

F.1. Haben Sie Fragen zum Vorgehen in dieser Phase?
F.2. Halten Sie dieses Vorgehen grundsätzlich für sinnvoll?
F.3. Ist die Reihenfolge der Schritte sinnvoll?
F.4. Ist das Vorgehen vollständig oder fehlen Schritte bzw. Ergebnisse?
F.5. Halten Sie das Vorgehen für umsetzbar in Ihrem Unternehmen?
F.6. Sind die Techniken ausreichend detailliert und angemessen komplex?

Teil G: Methode zur Akzeptanzsteigerung – Gesamtbeuteilung

G.1. Haben Sie Fragen zur Methode insgesamt?
G.2. Ist die Darstellung verständlich und angemessen detailliert?
G.3. Sind die dargestellten Techniken im Unternehmen sinnvoll anwendbar? Sind sie zu kompliziert oder zu einfach?
G.4. Was ist aus ihrer Sicht der Beitrag dieser Methode zur Umsetzung eines Akzeptanzprojekts?
G.5. Halten Sie einen Einsatz der Methode für denkbar? Wenn nein, warum nicht?
G.6. Sehen Sie Schwächen der Methode, haben Sie Verbesserungsvorschläge?

Literaturverzeichnis

Adam, Murphy 1995
: Adam, Frederic; Murphy, Ciaran: Information flows amongst executives: Their implications for systems development. In: The Journal of Strategic Information Systems 4 (1995) 4, S. 341-355.

Adomavicius et al. 2008
: Adomavicius, Gediminas; Bockstedt, Jesse C.; Gupta, Alok; Kauffman, Robert J.: Making Sense of Technology Trends in the Information Technology Landscape: A Design Science Approach. In: MIS Quarterly 32 (2008) 4, S. 779-809.

Agarwal 2000
: Agarwal, Ritu: Individual Acceptance of Information Technologies. In: Zmud, Robert (Hrsg.): Framing the Domains of IT Management: Projecting the Future...Through the Past. Pinnaflex, Cincinnati 2000, S. 85-104.

Agarwal, Karahanna 2000
: Agarwal, Ritu; Karahanna, Elena: Time Flies When You're Having Fun: Cognitive Absorption and Beliefs About Information Technology Usage. In: MIS Quarterly 24 (2000) 4, S. 665-694.

Agarwal, Prasad 1997
: Agarwal, Ritu; Prasad, Jayesh: The role of innovation characteristics and perceived voluntariness in the acceptance of information technologies. In: Decision Sciences 28 (1997) 3, S. 557-582.

Agarwal, Venkatesh 2002
: Agarwal, Ritu; Venkatesh, Viswanath: Assessing a Firm's Web Presence: A Heuristic Evaluation Procedure for the Measurement of Usability. In: Information Systems Research 13 (2002) 2, S. 168-186.

Ågerfalk et al. 2007
: Ågerfalk, Pär J.; Brinkkemper, Sjaak; Gonzalez-Perez, Cesar; Henderson-Sellers, Brian; Karlsson, Fredrik; Kelly, Steven; Ralyté, Jolita: Modularization Constructs in Method Engineering: Towards Common Ground? In: Ralyté, Jolita et al. (Hrsg.): Proceedings of the IFIP WG8.1 Working Conference on Situational Method Engineering - Fundamentals and Experiences (ME07), Geneva 2007, S. 359-368.

Aier et al. 2008a
: Aier, Stephan; Kurpjuweit, Stephan; Riege, Christian; Saat, Jan: Stakeholderorientierte Dokumentation und Analyse der Unternehmensarchitektur. In: Hegering, Heinz-Gerd et al. (Hrsg.): Informatik 2008, München 2008a, S. 559–565.

Aier et al. 2009a
: Aier, Stephan; Kurpjuweit, Stephan; Saat, Jan; Winter, Robert: Business Engineering Navigator – A "Business to IT" Approach to Enterprise Architecture Management. In: Bernard, Scott et al. (Hrsg.): Coherency Management – Architecting the Enterprise for Alignment, Agility, and Assurance. 2009a.

Aier et al. 2009b
: Aier, Stephan; Kurpjuweit, Stephan; Saat, Jan; Winter, Robert: Enterprise Architecture Design as an Engineering Discipline. In: AIS Transactions on Enterprise Systems 1 (2009b) 1, S. 36-43.

Aier et al. 2008b
Aier, Stephan; Kurpjuweit, Stephan; Schmitz, Otto; Schulz, Jörg; Thomas, André; Winter, Robert: An Engineering Approach to Enterprise Architecture Design and its Application at a Financial Service Provider. In: Loos, Peter et al. (Hrsg.): Proceedings der Modellierung betrieblicher Informationssysteme (MobIS 2008), Saarbrücken 2008b, S. 115-130.

Aier, Winter 2009
Aier, Stephan; Winter, Robert: Virtuelle Entkopplung von fachlichen und IT-Strukturen für das IT/Business Alignment – Grundlagen, Architekturgestaltung und Umsetzung am Beispiel der Domänenbildung. In: Wirtschaftsinformatik 51 (2009) 2, S. 175–191.

Ajzen 1980
Ajzen, Icek: Understanding attitudes and predicting social behavior. Prentice-Hall, Englewood Cliffs 1980.

Ajzen 1991
Ajzen, Icek: The theory of planned behavior. In: Organizational Behavior and Human Decision Processes 50 (1991) 2, S. 179-211.

Ajzen, Fishbein 2005
Ajzen, Icek; Fishbein, Martin: The Influence of Attitudes on Behavior. In: Allbaracin, Dolores et al. (Hrsg.): The Handbook of Attitudes. Lawrence Erlbaum Associates, Mahwah 2005, S. 173-222.

Albarracín et al. 2005
Albarracín, Dolores; Johnson, Blair; Zanna, Mark; Kumkale, Tarcan: Attitudes: Introduction and Scope. In: Albarracín, Dolores et al. (Hrsg.): The Handbook of Attitudes. Lawrence Erlbaum Associates, Mahwah 2005, S. 3-20.

Alter 2003
Alter, Steven: 18 Reasons Why IT-Reliant Work Systems Should Replace "The IT Artifact" as the Core Subject Matter of the IS Field. In: Communications Of The AIS 12 (2003) 23, S. 366-395.

Amoako-Gyampah 2007
Amoako-Gyampah, Kwasi: Perceived usefulness, user involvement and behavioral intention: An empirical study of ERP implementation. In: Computers in Human Behavior 23 (2007) 3, S. 1232-1248.

Amoako-Gyampah, Salam 2004
Amoako-Gyampah, Kwasi; Salam, A. F.: An extension of the technology acceptance model in an ERP implementation environment. In: Information & Management 41 (2004) 6, S. 731-745.

Anandarajan et al. 2003
Anandarajan, Murugan; Anandarajan, Asokan; Srinivasan, Cadambi: Business Intelligence Techniques - A Perspective from Accounting and Finance. Springer, Berlin et al. 2003.

Arbaugh, Warell 2009
Arbaugh, J.B.; Warell, S.S.: Distance Learning and Web-Based Instruction in Management Education. In: Armstrong, Steven J. ; Fukami, Cynthia V. (Hrsg.): The SAGE Handbook of Management Learning, Education and Development. Sage, London 2009, S. 231-254.

Arnott, Pervan 2005
> Arnott, David; Pervan, Graham: A critical analysis of decision support systems research. In: Journal of Information Technology 20 (2005) 2, S. 67-87.

Arnott, Pervan 2008
> Arnott, David; Pervan, Graham: Eight key issues for the decision support systems discipline. In: Decision Support Systems 44 (2008) 3, S. 657-672.

Aronson 2004
> Aronson, Elliot: Sozialpsychologie. 4. Aufl., Pearson Studium, München 2004.

Atteslander 2008
> Atteslander, Peter: Methoden der empirischen Sozialforschung. 12. Aufl., Erich Schmidt, Berlin 2008.

Auth 2003
> Auth, Gunnar: Prozessorientierte Organisation des Metadatenmanagements für Data-Warehouse-Systeme. Dissertation, Universität St. Gallen, St. Gallen 2003.

Ba et al. 2001
> Ba, Sulin; Stallaert, Jan; Whinston, Andrew B.: Research Commentary: Introducing a Third Dimension in Information Systems Design - The Case for Incentive Alignment. In: Information Systems Research 12 (2001) 3, S. 225-239.

Babbie 1990
> Babbie, Earl R.: Survey Research Methods. 2. Aufl., Wadsworth, Belmont 1990.

Babbie 1992
> Babbie, Earl R.: The practice of social research. 6. Aufl., Wadsworth, Belmont 1992.

Bacharach 1989
> Bacharach, Samuel B.: Organizational Theories: Some Criteria for Evaluation. In: Academy of Management Review 14 (1989) 4, S. 496-515.

Back 2002
> Back, Andrea: Entscheidungsunterstützungssysteme. In: Küpper, Hans-Ulrich; Wagenhofer, Alfred (Hrsg.): Handwörterbuch Unternehmensrechnung und Controlling. 4. Aufl., Schäffer-Poeschel, Stuttgart 2002, S. 370-374.

Back et al. 2008
> Back, Andrea; Gronau, Norbert; Tochtermann, Klaus (Hrsg.): Web 2.0 in der Unternehmenspraxis: Grundlagen, Fallstudien und Trends zum Einsatz von Social Software. Oldenbourg, München 2008.

Back, Seufert 2001
> Back, Andrea; Seufert, Andreas: Executive Information System (EIS). In: Mertens, P.; et al. (Hrsg.): Lexikon der Wirtschaftsinformatik. 4. Aufl., Springer, Berlin et al. 2001, S. 192-193.

Backhaus 1997
> Backhaus, Klaus: Relationship Marketing - Ein neues Paradigma im Marketing? In: Bruhn, Manfred; Steffenhagen, H. (Hrsg.): Marktorientierte Unternehmensführung. Reflexionen - Denkanstösse - Perspektiven. Wiesbaden 1997, S. 19-35.

Backhaus et al. 2006
  Backhaus, Klaus; Erichson, Bernd; Plinke, Wulff; Weiber, Rolf: Multivariate Analysemethoden - Eine anwendungsorientierte Einführung. 11. Aufl., Springer, Berlin et al. 2006.
Bailey, Pearson 1983
  Bailey, James E.; Pearson, Sammy W.: Development of a Tool for Measuring and Analyzing Computer User Satisfaction. In: Management Science 29 (1983) 5, S. 530-545.
Bajaj, Nidumolu 1998
  Bajaj, Akhilesh; Nidumolu, Sarma R.: A feedback model to understand information system usage. In: Information & Management 33 (1998) 4, S. 213-224.
Bajwa et al. 1998
  Bajwa, Deepinder S.; Rai, Arun; Brennan, Ian: Key antecedents of Executive Information System success: A path analytic approach. In: Decision Support Systems 22 (1998) 1, S. 31-43.
BAKOM 2008
  BAKOM, Bundesamt für Kommunikation: Der Schweizer Fernmeldemarkt im internationalen Vergleich. Um die Schweiz erweiterter Auszug aus dem 13. Implementierungsbericht der Europäischen Union. Biel 2008.
Balzert 1998
  Balzert, Helmut: Lehrbuch der Software-Technik. Software-Management, Software-Qualitätssicherung, Unternehmensmodellierung. Spektrum, Heidelberg, Berlin 1998.
Bandura 1997
  Bandura, Albert: Self-efficacy. The exercise of control. Freeman, New York 1997.
Bange 2006a
  Bange, Carsten: Werkzeuge für analytische Informationssysteme. In: Chamont, Peter; Gluchowski, Peter (Hrsg.): Analytische Informationssysteme. 3. Aufl., Springer, Heidelberg et al. 2006a, S. 89-110.
Bange 2006b
  Bange, Carsten: Werkzeuge für Business Intelligence. In: HMD 247 (2006b), S. 63-73.
Barki, Hartwick 1994
  Barki, Henri; Hartwick, Jon: Measuring User Participation, User Involvement, and User Attitude. In: MIS Quarterly 18 (1994) 1, S. 59-82.
Baroudi, Orlikowski 1989
  Baroudi, Jack J.; Orlikowski, Wanda J.: The Problem of Statistical Power in MIS Research. In: MIS Quarterly 13 (1989) 1, S. 87-106.
Basili, Caldiera 1995
  Basili, Victor R.; Caldiera, Gianluigi: Improve Software Quality by Reusing Knowledge and Experience. In: Sloan Management Review 37 (1995) 1, S. 55-64.
Baskerville et al. 2008
  Baskerville, Richard L.; Pries-Heje, Jan; Venable, John: Evaluation Risks in Design Science Research: A Framework. In: Vaishnavi, V.; Baskerville, Ri-

chard L. (Hrsg.): Proceedings of the Third International Conference on Design Science in Information Systems and Technology, Atlanta 2008, S. 329-334.

Batini, Scannapieco 2006
Batini, Carlo; Scannapieco, Monica: Data Quality - Concepts, Methodologies and Techniques. Springer, Berlin, Heidelberg 2006.

Bauer, Günzel 2004
Bauer, Andreas; Günzel, Holger: Data Warehouse Systeme - Architektur, Entwicklung, Anwendung. 2. Aufl., dpunkt, Heidelberg 2004.

Bea 2004
Bea, Franz Xaver: Ziele und Zielkonflikte. In: Schreyögg, Georg; von Werder, Axel (Hrsg.): Handwörterbuch Unternehmensführung und Organisation. 4. Aufl., Schäffer-Poeschel, Stuttgart 2004, S. 1674–1680.

Becker et al. 2003
Becker, Jörg; Holten, Roland; Knackstedt, Ralf; Niehaves, Björn: Forschungsmethodische Positionierung in der Wirtschaftsinformatik - Epistemologische, ontologische und linguistische Leitfragen. Münster 2003.

Becker et al. 2005
Becker, Jörg; Kugeler, Martin; Rosemann, Michael (Hrsg.): Prozessmanagement. 5. Aufl., Springer, Berlin et al. 2005.

Becker, Pfeiffer 2006
Becker, Jörg; Pfeiffer, Daniel: Beziehungen zwischen behavioristischer und konstrukionsorientierter Forschung in der Wirtschaftsinformatik. In: Zelewski, Stephan; Akca, Naciye (Hrsg.): Fortschritt in den Wirtschaftswissenschaften - Wissenschaftstheoretische Grundlagen und exemplarische Anwendungen. Deutscher Universitäts-Verlag, Wiesbaden 2006, S. 1-17.

Ben-Haim 2006
Ben-Haim, Yakov: Info-gap decision theory. Decisions under severe uncertainty. 2. Aufl., Academic, Oxford 2006.

Benbasat, Barki 2007
Benbasat, Izak; Barki, Henri: Quo vadis, TAM? In: Journal of the AIS 8 (2007) 4, S. 211-218.

Benbasat, Zmud 1999
Benbasat, Izak; Zmud, Robert W.: Empirical Research in Information Systems: The Practice of Relevance. In: MIS Quarterly 23 (1999) March, S. 3-16.

Betz 2003
Betz, Jürgen: Die Akzeptanz des E-Commerce in der Automobilwirtschaft Ausmass, Konsequenzen und Determinanten aus Sicht von Neuwagenkäufern. Deutscher Universitäts-Verlag, Wiesbaden 2003.

Beuthner 2008
Beuthner, Andreas: Spezialsysteme wetteifern mit Komplettlösungen. In: Computerzeitung 39 (2008) 20, S. 13.

Bhattacherjee 2001
Bhattacherjee, Anol: Understanding Information Systems Continuance: An Expectation-Confirmation Model. In: MIS Quarterly 25 (2001) 3, S. 351-370.

Bhattacherjee, Hikmet 2008
Bhattacherjee, Anol; Hikmet, Neset: Reconceptualizing Organizational Support and its Effect on Information Technology Usage: Evidence from the Healthcare Sector. In: Journal of Computer Information Systems 48 (2008) 4, S. 69-76.

Bichler, Schröter 2004
Bichler, Klaus; Schröter, Norbert: Praxisorientierte Logistik. 3. Aufl., Kohlhammer, Stuttgart 2004.

Bierhoff 2000
Bierhoff, Hans-Werner: Sozialpsychologie. Ein Lehrbuch. 5. Aufl., Kohlhammer, Stuttgart 2000.

Binzegger Ruoss et al. 2008
Binzegger Ruoss, Barbara; Geppert, Andreas; Stroh, Florian: Informationslogistikarchitekturen am Beispiel der Credit Suisse. In: Dinter, Barbara; Winter, Robert (Hrsg.): Integrierte Informationslogistik. Springer, Berlin, Heidelberg 2008, S. 319-338.

Bleicher 1991
Bleicher, Knut: Organisation: Strategien, Strukturen, Kulturen. 2. Aufl., Gabler, Wiesbaden 1991.

BMI 2007
BMI, Bundesministerium des Inneren: Handbuch für Organisationsuntersuchungen und Personalbedarfsermittlung. http://www.orghandbuch.de/, Abruf am 2009-05-03.

Böhmann 2004
Böhmann, Tilo: Modularisierung von IT-Dienstleistungen: Eine Methode für das Service-Engineering. Deutscher Universitäts-Verlag GmbH, Wiesbaden 2004.

Borg 2007
Borg, Ingwer: Mitarbeiterbefragungen als Führungsinstrument. In: Piwinger, Manfred; Zerfass, Ansgar (Hrsg.): Handbuch Unternehmenskommunikation. Gabler, Wiesbaden 2007, S. 339-356.

Born et al. 2004
Born, Marc; Holz, Eckhardt; Kath, Olaf: Softwareentwicklung mit UML 2 - Die "neuen" Entwurfstechniken UML 2, MOF 2 und MDA. Addison-Wesley, München 2004.

Bortz 2005
Bortz, Jürgen: Statistik für Human- und Sozialwissenschaftler. 6. Aufl., Springer Medizin, Heidelberg 2005.

Bortz, Döring 2006
Bortz, Jürgen; Döring, Nicola: Forschungsmethoden und Evaluation. 4. Aufl., Springer Medizin, Heidelberg 2006.

Bourque 2003
Bourque, Linda B.: How to conduct self-administered and mail surveys. 2. Aufl., Sage, Thousand Oaks 2003.

Braun et al. 2005
Braun, Christian; Wortmann, Felix; Hafner, Martin; Winter, Robert: Method Construction - A Core Approach to Organizational Engineering. In: Haddad,

Hisham et al. (Hrsg.): Proceedings of the 20th ACM Symposium on Applied Computing (SAC2005), Santa Fe 2005, S. 1295-1299.

Brinkkemper 1996
Brinkkemper, Sjaak: Method Engineering - Engineering of Information Systems Development Methods and Tools. In: Information and Software Technology 38 (1996) 4, S. 275-280.

Brinkkemper et al. 1999
Brinkkemper, Sjaak; Saeki, Motoshi; Harmsen, Anton Frank: Meta-Modelling Based Assembly Techniques for Situational Method Engineering. In: Information Systems 24 (1999) 3, S. 209-228.

Bruner et al. 1992
Bruner, Gordon; James, Karen; Hensel, Paul: Marketing scales handbook. A compilation of multi-item measures. American Marketing Association, Chicago 1992.

Bucher, Dinter 2008
Bucher, Tobias; Dinter, Barbara: Process Orientation of Information Logistics - An Empirical Analysis to Assess Benefits, Design Factors, and Realization Approaches. In: IEEE Computer Society (Hrsg.) Proceedings of the 41th Hawaii International Conference on System Sciences (HICSS-41), Waikoloa, Big Island, Hawaii 2008.

Bucher et al. 2009
Bucher, Tobias; Gericke, Anke; Winter, Robert: Method versus Model - Two Sides of the Same Coin? In: Proceedings of the DESRIST 2009, Philadelphia 2009.

Bucher et al. 2007
Bucher, Tobias; Klesse, Mario; Kurpjuweit, Stephan; Winter, Robert: Situational Method Engineering - On the Differentiation of "Context" and "Project Type". In: Ralyté, Jolita et al. (Hrsg.): Proceedings of the IFIP WG8.1 Working Conference on Situational Method Engineering - Fundamentals and Experiences (ME07), Geneva 2007, S. 33-48.

Bucher et al. 2008
Bucher, Tobias; Riege, Christian; Saat, Jan: Evaluation in der gestaltungsorientierten Wirtschaftsinformatik - Systematisierung nach Erkenntnisziel und Gestaltungsziel. In: Becker, Jörg et al. (Hrsg.): Proceedings der Multikonferenz Wirtschaftsinformatik 2008 (MKWI 2008), München 2008, S. 69-86.

Bucher, Winter 2008
Bucher, Tobias; Winter, Robert: Dissemination and Importance of the "Method" Artifact in the Context of Design Research for Information Systems. In: Vaishnavi, Vijay; Baskerville, Richard (Hrsg.): Third International Conference on Design Science Research in Information Systems and Technology (DESRIST 2008), Atlanta 2008, S. 39-59.

Buchner et al. 1996
Buchner, Axel; Erdfelder, Edgar; Faul, Franz: Teststärkeanalysen. In: Erdfelder, Edgar et al. (Hrsg.): Handbuch Quantitative Methoden. Psychologie Verlags Union, Weinheim 1996, S. 123-136.

Buckl et al. 2008
 Buckl, Sabine; Ernst, Alexander M.; Lankes, Josef; Matthes, Florian: Enterprise Architecture Management Pattern Catalog. Technische Universität München, München 2008.

Buckl et al. 2007
 Buckl, Sabine; Ernst, Alexander M.; Lankes, Josef; Schneider, Kathrin; Schweda, Christian M.: A Pattern based Approach for Constructing Enterprise Architecture Management Information Models. In: Oberweis, Andreas et al. (Hrsg.): Proceedings der 8. Internationalen Tagung Wirtschaftsinformatik, Karlsruhe 2007, S. 145-162.

Burton-Jones, Gallivan 2007
 Burton-Jones, Andrew; Gallivan, Michael: Toward a Deeper Understanding of System Usage in Organizations: A Multilevel Perspective. In: MIS Quarterly 31 (2007) 4, S. 657-680.

Burton-Jones, Hubona 2006
 Burton-Jones, Andrew; Hubona, Geoffrey: The mediation of external variables in the technology acceptance model. In: Information & Management 43 (2006) 6, S. 706-717.

Buschmann et al. 1996
 Buschmann, Frank; Meunier, Regine; Rohnert, Hans; Somerland, Peter; Stal, Michael: Pattern-Oriented Software Achitecture. John Wiley & Sons, Chichester et al. 1996.

Chalmers 2001
 Chalmers, Alan F.: Wege der Wissenschaft - Einführung in die Wissenschaftstheorie. Springer, Berlin et al. 2001.

Chamoni, Gluchowski 2006
 Chamoni, Peter; Gluchowski, Peter (Hrsg.): Analytische Informationssysteme - Business Intelligence-Technologien und -Anwendungen. 3. Aufl., Springer, Berlin et al. 2006.

Chan, Teo 2007
 Chan, Hock Chuan; Teo, Hock-Hai: Evaluating the boundary conditions of the technology acceptance model: An exploratory investigation. In: ACM Transactions on Computer-Human Interaction 14 (2007) 2, S. 9.

Chau 1996
 Chau, Patrick Y. K.: An empirical assessment of a modified technology acceptance model. In: Journal of Management Information Systems 13 (1996) 2, S. 185-204.

Chen, Hirschheim 2004
 Chen, WenShin; Hirschheim, Rudy: A paradigmatic and methodological examination of information systems research from 1991 to 2001. In: Information Systems Journal 14 (2004) 3, S. 197-235.

Chenoweth et al. 2004
 Chenoweth, Tim; Dowling, Karen L.; St. Louis, Robert D.: Convincing DSS users that complex models are worth the effort. In: Decision Support Systems 37 (2004) 1, S. 71-82.

Chin 1998
: Chin, Wynne W.: The Partial Least Squares Approach to Structural Equation Modeling. In: Marcoulides, George A. (Hrsg.): Modern Methods for Business Research. Lawrence Erlbaum Associates, Mahwah 1998, S. 295-336.

Chin 2001
: Chin, Wynne W.: PLS Graph User's Guide - Version 3.0. http://www.pubinfo.vcu.edu/carma/Documents/OCT1405/PLSGRAPH3.0Manual.hubona.pdf, Abruf am 2009-05-03.

Chin et al. 2008
: Chin, Wynne W.; Johnson, Norman; Schwarz, Andrew: A Fast Form Approach to Measuring Technology Acceptance and Other Constructs. In: MIS Quarterly 32 (2008) 4, S. 687-703.

Chin et al. 2003
: Chin, Wynne W.; Marcolin, Barbara L.; Newsted, Peter R.: A Partial Least Squares Latent Variable Modeling Approach for Measuring Interaction Effects: Results from a Monte Carlo Simulation Study and an Electronic-Mail Emotion/Adoption Study. In: Information Systems Research 14 (2003) 2, S. 189-217.

Chin, Newsted 1999
: Chin, Wynne W.; Newsted, Peter R.: Structural Equation Modeling Analysis with Small Samples Using Partial Least Sqaures. In: Hoyle, Rick H. (Hrsg.): Statistical Strategies for Small Sample Research. Sage, Thousand Oaks 1999, S. 307-341.

Churchill, Iacobucci 2002
: Churchill, Gilbert A.; Iacobucci, Dawn: Marketing Research. Methodological foundations. 8. Aufl., Harcourt, Fort Worth 2002.

Churchill 1979
: Churchill, Gilbert A., Jr.: A Paradigm for Developing Better Measures of Marketing Constructs. In: Journal of Marketing Research 16 (1979) 1, S. 64-73.

Cohen, Levinthal 1990
: Cohen, Wesley M.; Levinthal, Daniel A.: Absorptive Capacity: A New Perspective On Learning And Innovation. In: Administrative Science Quarterly 35 (1990) 1, S. 128-152.

Compeau et al. 1999
: Compeau, Deborah; Higgins, Christopher A.; Huff, Sid: Social Cognitive Theory and Individual Reactions to Computing Technology: A Longitudinal Study. In: MIS Quarterly 23 (1999) 2, S. 145-158.

Compeau, Higgins 1995a
: Compeau, Deborah R.; Higgins, Christopher A.: Application of Social Cognitive Theory to Training for Computer Skills. In: Information Systems Research 6 (1995a) 2, S. 118-143.

Compeau, Higgins 1995b
: Compeau, Deborah R.; Higgins, Christopher A.: Computer Self-Efficacy: Development of a Measure and Initial Test. In: MIS Quarterly 19 (1995b) 2, S. 189-211.

Cooper et al. 2000
: Cooper, Brian L.; Watson, Hugh J.; Wixom, Barbara H.; Goodhue, Dale L.: Data warehousing supports corporate strategy at First American Corporation. In: MIS Quarterly 24 (2000) 4, S. 547-567.

Crespo, Rodriguez 2008
: Crespo, A. H.; Rodriguez, Iard: Explaining B2C e-commerce acceptance: An integrative model based on the framework by Gatignon and Robertson. In: Interacting with Computers 20 (2008) 2, S. 212-224.

Creswell 2008
: Creswell, John W.: Research Design: Qualitative, Quantitative, and Mixed Methods Approaches. 3. Aufl., Sage, Los Angeles et al. 2008.

Davis 1986
: Davis, Fred D.: A technology acceptance model for empirically testing new end-user information systems : theory and results. Dissertation, Massachusetts Institute of Technology Sloan School of Management, Cambridge 1986.

Davis 1989
: Davis, Fred D.: Perceived Usefulness, Perceived Ease of Use, and User Acceptance of Information Technology. In: MIS Quartely 13 (1989) 3, S. 318-340.

Davis 1993
: Davis, Fred D.: User acceptance of information technology: system characteristics, user perceptions and behavioral impacts. In: International Journal of Man-Machine Studies 38 (1993) 3, S. 475-487.

Davis et al. 1989
: Davis, Fred D.; Bagozzi, Richard P.; Warshaw, Paul: User Acceptance of Computer Technology: A Comparison of two Theoretical Models. In: Management Science 35 (1989) 8, S. 982-1003.

Davis et al. 1992
: Davis, Fred D.; Bagozzi, Richard P.; Warshaw, Paul R.: Extrinsic and Intrinsic Motivation to Use Computers in the Workplace. In: Journal of Applied Social Psychology 22 (1992) 14, S. 1111-1132.

Davis, Yi 2004
: Davis, Fred D.; Yi, Mun Y.: Improving Computer Skill Training: Behavior Modeling, Symbolic Mental Rehearsal, and the Role of Knowledge Structures. In: Journal of Applied Psychology 89 (2004) 3, S. 509-523.

Davis, Venkatesh 1996
: Davis, Fred; Venkatesh, Viswanath: A critical assessment of potential measurement biases in the technology acceptance model: Three experiments. In: International Journal of Human-Computer Studies 45 (1996) 1, S. 19-45.

Davis, Olson 1985
: Davis, Gordon; Olson, Margrethe: Management Information Systems - Conceptual Foundations, Structure and Development. 2. Aufl., McGraw-Hill, New York 1985.

Dawes 2008
: Dawes, John: Do data characteristics change according to the number of scale points used? In: International Journal of Market Research 50 (2008) 1, S. 61-77.

DeLone, McLean 1992
DeLone, William H.; McLean, Ephraim R.: Information Systems Success - The Quest for the Dependent Variable. In: Information System Research 3 (1992) 1, S. 60-95.

DeLone, McLean 2003
DeLone, William H.; McLean, Ephraim R.: The DeLone and McLean Model of Information Systems Success - A Ten-Year Update. In: Journal of Management Information Systems 19 (2003) 4, S. 9-30.

Deming 1986
Deming, William E.: Out of the Crisis. MIT Press, Cambridge 1986.

Deng et al. 2004
Deng, Xiaodong; Doll, William; Truong, Dothang: Computer self-efficacy in an ongoing use context. In: Behaviour & Information Technology 23 (2004) 6, S. 395-412.

Devaraj, Kohli 2003
Devaraj, Sarv; Kohli, Rajiv: Performance Impacts of Information Technology: Is Actual Usage the Missing Link? In: Management Science 49 (2003) 3, S. 273-298.

Devlin 1997
Devlin, Barry A.: Data Warehouse: from Architecture to Implementation. Addison Wesley, Reading et al. 1997.

Devlin, Murphy 1988
Devlin, Barry A.; Murphy, Paul T.: An Architecture for a Business and Information System. In: IBM Systems Journal 27 (1988) 1, S. 60-80.

Dickinger et al. 2008
Dickinger, A.; Arami, M.; Meyer, D.: The role of perceived enjoyment and social norm in the adoption of technology with network externalities. In: European Journal of Information Systems 17 (2008) 1, S. 4-11.

Diekmann 2007
Diekmann, Andreas: Empirische Sozialforschung. Grundlagen, Methoden, Anwendungen. 18. Aufl., Rowohlt, Reinbek 2007.

Dillon, Morris 1996
Dillon, Andrew; Morris, Michael G.: User Acceptance of Information Technology: Theories and Models. In: Annual Review of Infomation Science and Technology 31 (1996), S. 3-32.

Domsch 2003
Domsch, Michel: Mitarbeiterbefragungen. In: Piwinger, Manfred; Zerfass, Ansgar (Hrsg.): Führung von Mitarbeitern. Schaeffer-Poeschel, Stuttgart 2003, S. 651-664.

Domsch, Ladwig 2002
Domsch, Michel; Ladwig, Désirée: Mitarbeiterbefragungen. In: Bentele, Günter (Hrsg.): Kommunikationsmanagement. Strategien, Wissen, Lösungen. Luchterhand, Darmstadt 2002.

Domsch, Ladwig 2006
Domsch, Michel; Ladwig, Désirée (Hrsg.): Handbuch Mitarbeiterbefragung. 2. Aufl., Springer, Berlin et al. 2006.

Dördrechter 2006
Dördrechter, Nikolai: Piraterie in der Filmindustrie eine Analyse der Gründe für Filmpiraterie und deren Auswirkungen auf das Konsumverhalten. Dissertation, Rheinisch-Westfälische Technische Hochschule, Aachen 2006.

Dresner et al. 2002
Dresner, Howard J.; Buytendijk, Frank; Linden, Alexander; Friedman, Ted; Strange, Kevin H.; Knox, Mary; Camm, Mark: The Business Intelligence Competency Center: An Essential Business Strategy. Gartner, Stamford 2002.

Dubé, Paré 2003
Dubé, Line; Paré, Guy: Rigor in Information Systems Positivist Case Research: Current Practices, Trends, and Recommendations. In: MIS Quarterly 27 (2003) 4, S. 597-635.

Earl, Feeny 2000
Earl, Michael; Feeny, David: How To Be a CEO for the Information Age. In: Sloan Management Review 41 (2000) 2, S. 11-23.

Eckerson 2002
Eckerson, Wayne W.: The Rise of Analytical Applications: Build or Buy?, TDWI, Seattle 2002.

Eckerson 2004
Eckerson, Wayne W.: The BI Evangelist. In: Business Intelligence Journal 9 (2004) 3, S. 4-5.

Eckerson 2005
Eckerson, Wayne W.: Development Techniques for Creating Analytic Applications. TDWI, Seattle 2005.

Eckerson 2006
Eckerson, Wayne W.: 2006 TDWI BI Benchmark Report. TDWI, Chatsworth 2006.

Eckerson, Howson 2005
Eckerson, Wayne W.; Howson, Cindi: Enterprise Business Intelligence: Strategies and Technologies for Deploying BI on an Enterprise Scale. TDWI, Chatsworth 2005.

Efron, Gong 1983
Efron, Bradley; Gong, Gail: A Leisurely Look at the Bootstrap, the Jackknife, and Cross-Validation. In: The American Statistician 37 (1983) 1, S. 36-48.

Eickhoff 1999
Eickhoff, Birgit: Gleichstellung von Frauen und Männern in der Sprache. In: Sprachspiegel 55 (1999) 1, S. 2-6.

Eisenhardt 1989
Eisenhardt, Kathleen M.: Building Theories from Case Study Research. In: Academy of Management Review 14 (1989) 4, S. 532-550.

English 1999
English, Larry P.: Improving Data Warehouse and Business Information Quality: Methods for Reducing Costs and Increasing Profits. Wiley Computer, New York et al. 1999.

Eppler, Mengis 2008
Eppler, Martin J.; Mengis, Jeanne: The Concept of Information Overload - A Review of Literature from Organization Science, Accounting, Marketing, MIS,

and Related Disciplines. In: Meckel, Miriam; Schmid, Beat (Hrsg.): Kommunikationsmanagement im Wandel. Gabler, Wiesbaden 2008, S. 271-305.

Europäische Kommission 2002
Europäische Kommission: VERORDNUNG (EG) Nr. 29/2002 DER KOMMISSION vom 19. Dezember 2001 zur Änderung der Verordnung(EWG) Nr. 3037/90 des Rates betreffend die statistische Systematik der Wirtschaftszweige in der Europäischen Gemeinschaft. 2002.

Faul et al. 2007
Faul, Franz; Erdfelder, Edgar; Lang, Albert-Georg; Buchner, Axel: G*power 3: A flexible statistical power analysis program for the social, behavioral, and biomedical sciences. In: Behavior Research Methods 39 (2007) 2, S. 175-191.

Felden 2006
Felden, Carsten: Personalisierung der Informationsversorgung in Unternehmen. Habilitation, Universität Duisburg-Essen, Duisburg 2006.

Ferrando, Lorenzo-Seva 2005
Ferrando, Pere J.; Lorenzo-Seva, Urbano: IRT-Related Factor Analytic Procedures for Testing the Equivalence of Paper-and-Pencil and Internet-Administered Questionnaires. In: Psychological Methods 10 (2005) 2, S. 193-205.

Fettke, Loos 2003
Fettke, Peter; Loos, Peter: Multiperspective Evaluation of Reference Models - Towards a Framework. In: Jeusfeld, Manfred; Pastor, Oscar (Hrsg.): Proceedings of the ER 2003 Workshops ECOMO, IWCMQ, AOIS, and XSDM, Chicago 2003, S. 80-91.

Fettke, Loos 2004
Fettke, Peter; Loos, Peter: Entwicklung eines Bezugsrahmens zur Evaluierung von Referenzmodellen. Mainz 2004.

Fink 2003a
Fink, Arlene: How to design survey studies. 2. Aufl., Sage, Thousand Oaks 2003a.

Fink 2003b
Fink, Arlene: How to manage, analyze, and interpret survey data. 2. Aufl., Sage, Thousand Oaks 2003b.

Fink 2003c
Fink, Arlene: How to sample in surveys. 2. Aufl., Sage, Thousand Oaks 2003c.

Fink 2003d
Fink, Arlene: The survey handbook. 2. Aufl., Sage, Thousand Oaks 2003d.

Fischer 2008
Fischer, Ronny: Organisation der Unternehmensarchitektur. Entwicklung der aufbau- und ablauforganisatorischen Strukturen unter besonderer Berücksichtigung des Gestaltungsziels Konsistenzerhaltung. Dissertation, Universität St. Gallen, St. Gallen 2008.

Fishbein, Ajzen 1975
Fishbein, Martin; Ajzen, Iczek: Belief, attitude, intention and behavior. An introduction to theory and research. Addison-Wesley, Reading 1975.

Folmer, Bosch 2004
: Folmer, Eelke; Bosch, Jan: Architecting for usability: a survey. In: Journal of Systems and Software 70 (2004) 1-2, S. 61-78.

Foshay et al. 2007
: Foshay, Neil; Mukherjee, Avinandan; Taylor, Andrew: Does Data Warehouse End-User Metadata Add Value? In: Communications of the ACM 50 (2007) 11, S. 70-77.

Fowler et al. 2003
: Fowler, Martin; Rice, David; Foemmel, Matthew; Hieatt, Edward; Mee, Robert; Stafford, Randy: Patterns of Enterprise Application Architecture. Person Education, Boston 2003.

Fox, Spence 1999
: Fox, Terry L.; Spence, Wayne: An examination of the decision styles of project managers: Evidence of significant diversity. In: Information & Management 36 (1999), S. 313-320.

Frank 1997
: Frank, Ulrich: Erfahrung, Erkenntnis und Wirklichkeitsgestaltung - Anmerkungen zur Rolle der Empirie in der Wirtschaftsinformatik. In: Grün, Oskar; Heinrich, Lutz J. (Hrsg.): Wirtschaftsinformatik - Ergebnisse empirischer Forschung. Springer, Berlin et al. 1997, S. 21-35.

Frank 2000
: Frank, Ulrich: Evaluation von Artefakten in der Wirtschaftsinformatik. In: Heinrich, Lutz J.; Häntschel, Irene (Hrsg.): Evaluation und Evaluationsforschung in der Wirtschaftsinformatik - Handbuch für Praxis, Lehre und Forschung. Oldenbourg, München 2000, S. 35-48.

Frank 2006
: Frank, Ulrich: Towards a Pluralistic Conception of Research Methods in Information Systems Research. Essen 2006.

Frank 2007
: Frank, Ulrich: Evaluation of Reference Models. In: Fettke, Peter; Loos, Peter (Hrsg.): Reference Modeling for Business Systems Analysis. Idea Group, Hershey 2007, S. 118-140.

Frie, Wellmann 2000
: Frie, Thorsten; Wellmann, Ralph: Der Business Case im Kontext des Data Warehousing. In: Jung, R. Winter R. (Hrsg.): Data Warehousing Strategie - Erfahrungen, Methoden, Visionen. Springer, Berlin et al. 2000.

Frost 2004
: Frost, Jetta: Aufbau- und Ablauforganisation. In: Schreyögg, Georg; von Werder, Axel (Hrsg.): Handwörterbuch Unternehmensführung und Organisation. 4. Aufl., Schäffer-Poeschel, Stuttgart 2004, S. 45-53.

Fryman 2006
: Fryman, Harriet: Four Strategies to Broaden BI Adoption. In: Business Intelligence Journal 11 (2006) 3.

Gamma et al. 1996
: Gamma, Erich; Helm, Richard; Johnson, Ralph; Vlissides, John: Entwurfsmuster - Elemente wiederverwendbarer objektorientierter Software. Addison-Wesley, München et al. 1996.

Gardner 1998
    Gardner, Stephen R.: Building the Data Warehouse. In: Communications of the ACM 41 (1998) 9, S. 52-60.

Gartner Group 2004
    Gartner Group: The Gartner Glossary of Information Technology Acronyms and Terms. http://www.gartner.com/6_help/glossary/Gartner_IT_Glossary.pdf, Abruf am 2009-05-03.

Gefen 2003
    Gefen, David: TAM or just plain habit: A look at experienced online shoppers. In: Journal of End User Computing 15 (2003) 3, S. 1.

Gericke 2008
    Gericke, Anke: Konstruktionsforschung und Artefaktkonstruktion in der gestaltungsorientierten Wirtschaftsinformatik: Ein Literaturüberblick. St. Gallen 2008.

Gericke 2009
    Gericke, Anke: Analysis of Design Science Research Patterns from an Engineering Perspective. In: Nunes, Miguel Baptista et al. (Hrsg.): Proceedings of the IADIS International Conference Information Systems 2009, Barcelona 2009, S. 64-72.

Gist et al. 1989
    Gist, Marilyn E.; Schwoerer, Catherine; Rosen, Benson: Effects of Alternative Training Methods on Self-Efficacy and Performance in Computer Software. In: Journal of Applied Psychology 74 (1989) 6, S. 884-891.

Gluchowski 2001
    Gluchowski, Peter: Business Intelligence - Konzepte, Technologien und Einsatzbereiche. In: HMD - Praxis der Wirtschaftsinformatik 222 (2001), S. 5-15.

Gluchowski 2006
    Gluchowski, Peter: Techniken und Werkzeuge zum Aufbau betrieblicher Berichtssysteme. In: Chamoni, Peter; Gluchowski, Peter (Hrsg.): Analytische Informationssysteme - Business Intelligence-Technologien und -Anwendungen. 3. Aufl., Springer, Berlin et al. 2006, S. 207-226.

Gluchowski, Kemper 2006
    Gluchowski, Peter; Kemper, Hans-Georg: Quo Vadis Business Intelligence? In: BI-Spektrum 1 (2006) 1, S. 12-19.

Goeke, Faley 2007
    Goeke, R. J.; Faley, R. H.: Leveraging the flexibility of your data warehouse. In: Communications of the ACM 50 (2007) 10, S. 107-111.

Goeken 2006
    Goeken, Matthias: Entwicklung von Data-Warehouse-Systemen - Anforderungsmanagement, Modellierung, Implementierung. DUV, Wiesbaden 2006.

Goldkuhl 2004
    Goldkuhl, Göran: Design Theories in Information Systems - A Need for Multi-Grounding. In: Journal of Information Technology Theory and Application 6 (2004) 2, S. 59-72.

Goodhue 2007
Goodhue, Dale: Comment on Benbasat and Barki's "Quo Vadis TAM" Article. In: Journal of the AIS 8 (2007) 4, S. 219-222.
Goodhue 1995
Goodhue, Dale L.: Understanding User Evaluations of Information Systems. In: Management Science 41 (1995) 12, S. 1827-1844.
Gorla 2003
Gorla, Narasimhaiah: Features to consider in a data warehousing system. In: Communications of the ACM 46 (2003) 11, S. 111-115.
Gorry, Scott Morton 1971
Gorry, Anthony; Scott Morton, Michael: A Framework for Management Information Systems. In: Sloan Management Review 13 (1971) 1, S. 55-70.
Götz, Liehr-Gobbers 2004
Götz, Oliver; Liehr-Gobbers, Kerstin: Analyse von Strukturgleichungsmodellen mit Hilfe der Partial-Least-Squares(PLS)-Methode. In: Die Betriebswirtschaft 64 (2004) 6, S. 714-738.
Graham et al. 2007
Graham, T. C. Nicholas; Kazman, Rick; Walmsley, Chris: Agility and Experimentation: Practical Techniques for Resolving Architectural Tradeoffs. In: Knight, John et al. (Hrsg.): Proceedings of the 29th International Conference on Software Engineering (ICSE'07), Minneapolis, Minnesota 2007, S. 519-528.
Gravill, Compeau 2008
Gravill, Jane; Compeau, Deborah: Self-regulated learning strategies and software training. In: Information & Management 45 (2008) 5, S. 288-296.
Gregor 2006
Gregor, Shirley: The Nature of Theory in Information Systems Research. In: MIS Quarterly 30 (2006) 3, S. 611-642.
Greiffenberg 2003
Greiffenberg, Steffen: Methoden als Theorien der Wirtschaftsinformatik. In: Uhr, Wolfgang et al. (Hrsg.): Proceedings der Wirtschaftsinformatik 2003, Dresden 2003, S. 947-968.
Grothe, Gentsch 2000
Grothe, Martin; Gentsch, Peter: Business Intelligence. Addison-Wesley, München 2000.
Gschwend 1987
Gschwend, Walter: Die Zielproblematik des Verrechnungspreises. Eine kritische Analyse der verschiedenen Verrechnungspreisfunktionen. 1987.
Gubler 2008
Gubler, Philipp: Unternehmensinternes Marketing der Informationslogistik Analyse der gegenwärtigen Praxis und Ableitung von Handlungsempfehlungen. St. Gallen 2008.
Guimaraes, Igbaria 1997
Guimaraes, Tor; Igbaria, Magid: Client/server system success: Exploring the human side. In: Decision Sciences 28 (1997) 4, S. 851-877.

Gutzwiller 1994
    Gutzwiller, Thomas A.: Das CC RIM-Referenzmodell für den Entwurf von betrieblichen, transaktionsorientierten Informationssystemen. Physica, Heidelberg 1994.

Hair et al. 2006
    Hair, Joseph; Black, William; Babin, Barry; Anderson, Rolph; Tatham, Ronald: Multivariate Data Analysis. 6. Aufl., Prentice-Hall, Upper Saddle River 2006.

Harmsen et al. 1994
    Harmsen, Anton Frank; Brinkkemper, Sjaak; Oei, Han: Situational Method Engineering for Information System Project Approaches. In: Verrijn-Stuart, Alexander A.; Olle, T. William (Hrsg.): Proceedings of the IFIP 8.1 Working Conference on Methods and Associated Tools for the Information Systems Life Cycle, Masstricht, The Netherlands, 26-28 September, 1994, Maastricht, The Netherlands 1994, S. 169-194.

Hauschildt, Kirchmann 2001
    Hauschildt, Jürgen; Kirchmann, Edgar: Teamwork for innovation - the 'troika' of promotors. In: R&D Management 31 (2001) 1.

Hedgebeth 2007
    Hedgebeth, Darius: Data-driven decision making for the enterprise: An overview of business intelligence applications. In: The Journal of Information and Knowledge Management Systems 37 (2007) 4, S. 414-420.

Heinrich 2000
    Heinrich, Lutz J.: Bedeutung von Evaluation und Evaluationsforschung für die Wirtschaftsinformatik. In: Heinrich, Lutz J.; Häntschel, Irene (Hrsg.): Evaluation und Evaluationsforschung in der Wirtschaftsinformatik. Oldenbourg, München, Wien 2000, S. 7-22.

Heinzl et al. 2001
    Heinzl, Armin; König, Wolfgang; Hack, Joachim: Erkenntnisziele der Wirtschaftsinformatik in den nächsten drei und zehn Jahren. In: Wirtschaftinformatik 43 (2001) 3, S. 223-233.

Heiserich 2002
    Heiserich, Otto-Ernst: Logistik: Eine praxisorientierte Einführung. 3. Aufl., Gabler, Wiesbaden 2002.

Helfert 2002
    Helfert, Markus: Planung und Messung der Datenqualität in Data-Warehouse-Systemen. Dissertation, St. Gallen, Bamberg 2002.

Henderson, Venkatraman 1999
    Henderson, John C.; Venkatraman, Natarajan: Strategic Alignment: Leveraging Information Technology for Transforming Organizations. In: IBM Systems Journal 38 (1999) 2/3, S. 472-484.

Herrmann et al. 2006
    Herrmann, Andreas; Huber, Frank; Kressmann, Frank: Varianz- und kovarianzbasierte Strukturgleichungsmodelle - Ein Leitfaden zu deren Spezifikation, Schätzung und Beurteilung. In: Zeitschrift für betriebswirtschaftliche Forschung 58 (2006) 1, S. 34-66.

Hevner 2007
Hevner, Alan R.: Design Research: Rigorous and Relevant (Keynote). St. Gallen 2007.

Hevner, March 2003
Hevner, Alan R.; March, Salvatore T.: The Information Systems Research Cycle. In: Computer 36 (2003) 11, S. 111-113.

Hevner et al. 2004
Hevner, Alan R.; March, Salvatore T.; Park, Jinsoo; Ram, Sudha: Design Science in Information Systems Research. In: MIS Quarterly 28 (2004) 1, S. 75-105.

Hippler, Seidel 1985
Hippler, H.-J. ; Seidel, K.: Schriftliche Befragung bei allgemeinen Bevölkerungsstichproben Untersuchungen zur Dillmanschen "Total Design Method". In: ZUMA-Nachrichten 16 (1985), S. 39-56.

Hitt, Brynjolfsson 1996
Hitt, Lorin M.; Brynjolfsson, Erik: Productivity, Business Profitability, and Consumer Surplus: Three Different Measures of Information Technology Value. In: MIS Quarterly 20 (1996) 2, S. 121-142.

Hohpe, Woolf 2003
Hohpe, Gregor; Woolf, Bobby: Enterprise Integration Patterns: Designing, Building, and Deploying Messaging Solutions. Addison-Wesley Longman, Amsterdam 2003.

Holten 1999
Holten, Roland: Entwicklung von Führungsinformationssystemen. Deutscher Universitäts Verlag, Wiesbaden 1999.

Hong et al. 2006
Hong, S. G.; Katerattanakul, P.; Hong, S. K.; Cao, Q.: Usage and perceived impact of data warehouses: A study in Korean financial companies. In: International Journal of Information Technology & Decision Making 5 (2006) 2, S. 297-315.

Hornbæk 2006
Hornbæk, Kasper: Current practice in measuring usability: Challenges to usability studies and research. In: International Journal of Human-Computer Studies 64 (2006) 2, S. 79-102.

Huang et al. 1999
Huang, Kuan-Tsae; Lee, Yang; Wang, Richard Y.: Quality Information and Knowledge. Prentice Hall, Upper Saddle River 1999.

Huber et al. 2007
Huber, Frank; Herrmann, Andreas; Meyer, Frederik; Vogel, Johannes; Vollhardt, Kai: Kausalmodellierung mit Partial Least Squares. Eine anwendungsorientierte Einführung. Gabler, Wiesbaden 2007.

Huigang et al. 2007
Huigang, Liang; Saraf, Nilesh; Qing, Hu; Yajiong, Xue: Assimilation of Enterprise Systems: The Effect of Institutional Pressures and the Mediating Role of Top Management. In: MIS Quarterly 31 (2007) 1, S. 59-87.

Hulland 1999
:   Hulland, John: Use of partial least squares (PLS) in strategic management research: a review of four recent studies. In: Strategic Management Journal 20 (1999) 2, S. 195-204.

Humm, Wietek 2005
:   Humm, Bernhard; Wietek, Frank: Architektur von Data Warehouses und Business Intelligence Systemen. In: Informatik Spektrum 23 (2005), S. 3-14.

Igbaria 1990
:   Igbaria, Magid: End-user computing effectiveness: A structural equation model. In: Omega 18 (1990) 6, S. 637-652.

Igbaria, Chakrabarti 1990
:   Igbaria, Magid; Chakrabarti, Alok: Computer anxiety and attitudes towards microcomputer use. In: Behaviour & Information Technology 9 (1990) 3, S. 229-241.

Igbaria et al. 1995
:   Igbaria, Magid; Guimaraes, Tor; Davis, Gordon B.: Testing the determinants of microcomputer usage via a structural equation model. In: Journal of Management Information Systems 11 (1995) 4, S. 87-114.

Igbaria et al. 1997
:   Igbaria, Magid; Zinatelli, Nancy; Cragg, Paul; Cavaye, Angele L. M.: Personal Computing Acceptance Factors in Small Firms: A Structural Equation Model. In: MIS Quarterly 21 (1997) 3, S. 279-305.

Iivari 2005
:   Iivari, Juhani: An Empirical Test of the DeLone-McLean Model of Information System Success. In: Database for Advances in Information Systems 36 (2005) 2, S. 8.

Ikart 2005
:   Ikart, Emmanuel: Critical Success Factors for Executive Information Systems Usage in Organisations. Dissertation, University of Woolongong, Woolongong 2005.

IMG 1997
:   IMG, The Information Management Group: PROMET BPR, Methodenhandbuch für den Entwurf von Geschäftsprozessen, Version 2.0. Information Management Group/Institut für Wirtschaftsinformatik Universität St. Gallen, St. Gallen 1997.

Inmon 2002
:   Inmon, William: Building the Data Warehouse. 3. Aufl., Wiley, New York 2002.

ISACA 2005
:   ISACA, Information Systems Audit and Control Association: Control Objectives for Information and Related Technology (CobiT) 4.0. 2005.

Jasperson et al. 2005
:   Jasperson, John; Carter, Pamela; Zmud, Robert: A Comprehensive Conceptualization of Post-adoptive Behaviors Associated with Information Technology Enabled Work Systems. In: MIS Quarterly 29 (2005) 3, S. 525-557.

Jeckle et al. 2004
: Jeckle, Mario; Rupp, Chris; Hahn, Jürgen; Zengler, Barbara; Queins, Stefan: UML 2 glasklar. Hanser, München 2004.

Jeyaraj et al. 2006
: Jeyaraj, Anand; Rottman, Joseph W. ; Lacity, Mary C. : A review of the predictors, linkages, and biases in IT innovation adoption research. In: Journal of Information Technology 21 (2006) 1, S. 1-23.

Johns 2006
: Johns, Gary: The Essential Impact of Context on Organizational Behavior. In: Academy of Management Review 31 (2006) 2, S. 386-408.

Johnson, Marakas 2000
: Johnson, R. D.; Marakas, G. M.: Research report: The role of behavioral modeling in computer skills acquisition - Toward refinement of the model. In: Information Systems Research 11 (2000) 4, S. 402-417.

Jun, King 2008
: Jun, He; King, William R.: The Role of User Participation in Information Systems Development: Implications from a Meta-Analysis. In: Journal of Management Information Systems 25 (2008) 1, S. 301-331.

Jung 2006
: Jung, Reinhard: Architekturen zur Datenintegration: Gestaltungsempfehlungen auf der Basis fachkonzeptueller Anforderungen. Deutscher Universitätsverlag, Wiesbaden 2006.

Jung, Winter 2000
: Jung, Reinhard; Winter, Robert: Data Warehousing: Nutzungsaspekte, Referenzarchitektur und Vorgehensmodell. In: Jung, Reinhard; Winter, Robert (Hrsg.): Data Warehousing Strategie. Springer, Berlin et al. 2000, S. 3-20.

Kagermann, Österle 2006
: Kagermann, Henning; Österle, Hubert: Geschäftsmodelle 2010 - Wie CEOs Unternehmen transformieren. F.A.Z.-Institut für Management- Markt- und Medieninformationen, Frankfurt 2006.

Kaiser 2000
: Kaiser, Thomas M.: Methode zur Konzeption von Intranets. Dissertation, Universität St. Gallen, St. Gallen 2000.

Kang, Santhanam 2003
: Kang, David; Santhanam, Radhika: A Longitudinal Field Study of Training Practices in a Collaborative Application Environment. In: Journal of Management Information Systems 20 (2003) 3, S. 257-281.

Kaplan 2000
: Kaplan, David: Structural Equation Modeling - Foundations and Extensions. Sage, Thousand Oaks et al. 2000.

Karahanna, Straub 1999
: Karahanna, Elena; Straub, Detmar W.: The psychological origins of perceived usefulness and ease-of-use. In: Information & Management 35 (1999) 4, S. 237-250.

Karahanna et al. 1999
> Karahanna, Elena; Straub, Detmar W.; Chervany, Norman: Information technology adoption across time: A cross-sectional comparison of pre-adoption and post-adoption beliefs. In: MIS Quarterly 23 (1999) 2, S. 183.

Karlsson, Ågerfalk 2004
> Karlsson, Fredrik; Ågerfalk, Pär J.: Method Configuration - Adapting to Situational Characteristics while Creating Reusable Assets. In: Information and Software Technology 46 (2004) 9, S. 619-633.

Kazman et al. 2002
> Kazman, Rick; Asundi, Jai; Klein, Mark: Making Architecture Design Decisions: An Economic Approach. Software Engineering Institute, Carnegie Mellon University Pittsburgh 2002.

Kazman et al. 2000
> Kazman, Rick; Klein, Mark; Clements, Paul: ATAM: Method for Architecture Evaluation. Software Engineering Institute, Carnegie Mellon University, Pittsburgh 2000.

Keil et al. 1995
> Keil, Mark; Beranek, Peggy M.; Konsynski, Benn R.: Usefulness and ease of use: field study evidence regarding task considerations. In: Decision Support Systems 13 (1995) 1, S. 75-91.

Kemper et al. 2006
> Kemper, Hans-Georg; Mehanna, Walid; Unger, Carsten: Business Intelligence - Grundlagen und praktische Anwendungen. Eine Einführung in die IT-basierte Managementunterstützung. 2. Aufl., Vieweg, Wiesbaden 2006.

Kerzner 2001
> Kerzner, Harold: Project Management - A Systems Approach to Planning, Scheduling, and Controlling. John Wiley & Sons, New York 2001.

Kim 2008
> Kim, Sang Hyun: Moderating effects of Job Relevance and Experience on mobile wireless technology acceptance: Adoption of a smartphone by individuals. In: Information & Management 45 (2008) 6, S. 387-393.

Kim, Malhotra 2005
> Kim, Sung S.; Malhotra, Naresh K.: A Longitudinal Model of Continued IS Use: An Integrative View of Four Mechanisms Underlying Postadoption Phenomena. In: Management Science 51 (2005) 5, S. 741-755.

Kim et al. 2008
> Kim, Tae Goo; Lee, Jae Hyoung; Law, Rob: An empirical examination of the acceptance behaviour of hotel front office systems: An extended technology acceptance model. In: Tourism Management 29 (2008) 3, S. 500-513.

Kimball, Ross 2002
> Kimball, Ralph; Ross, Margy: The Data Warehouse Toolkit. 2. Aufl., John Wiley & Sons Inc., New York et al. 2002.

King, He 2006
> King, William R.; He, Jun: A meta-analysis of the technology acceptance model. In: Information & Management 43 (2006) 6, S. 740-755.

Klee 1989
Klee, Hans Werner: Zur Akzeptanz von Expertensystemen. Eine empirische Analyse der Relevanz und Angemessenheit der Erklärungskomponente. Eul, Bergisch Gladbach et al. 1989.

Klein, Rowe 2008
Klein, Heinz K.; Rowe, Frantz: Marshaling the Professional Experience of Doctoral Students: A Contribution to the Practical Relevance Debate. In: MIS Quarterly 32 (2008) 4, S. 675-686.

Klesse 2007
Klesse, Mario: Leistungsverrechnung im Data Warehousing – Entwicklung einer Methode. Dissertation, Universität St. Gallen, St. Gallen 2007.

Klesse 2008
Klesse, Mario: Methode zur Gestaltung einer Leistungsverrechnung für DWH Competence Center. In: Dinter, Barbara; Winter, Robert (Hrsg.): Integrierte Informationslogistik. Springer, Berlin, Heidelberg 2008, S. 231-260.

Klesse, Schmaltz 2008
Klesse, Mario; Schmaltz, Moritz: Organisationsformen für die Informationslogistik. In: Dinter, Barbara; Winter, Robert (Hrsg.): Integrierte Informationslogistik. Springer, Berlin, Heidelberg 2008, S. 83-106.

Klesse, Winter 2007
Klesse, Mario; Winter, Robert: Organizational Forms of Data Warehousing: An Explorative Analysis. In: Proceedings of the 40th Hawaii International Conference on System Sciences (HICSS-40) 2007.

Kobelsky et al. 2008
Kobelsky, Kevin W.; Richardson, Vernon J.; Smith, Rodney E.; Zmud, Robert W.: Determinants and Consequences of Firm Information Technology Budgets. In: Accounting Review 83 (2008) 4, S. 957-995.

KOFRAH 2005
KOFRAH, Konferenz der Gleichstellungs- und Frauenbeauftragten an Schweizer Universitäten und Hochschulen: Zielsetzung. http://www.unige.ch/rectorat/codefuhes/kofrah-index_fichiers/Page394.htm, Abruf am 2009-05-03.

Kollmann 1999
Kollmann, Tobias: Das Konstrukt der Akzeptanz im Marketing. In: WiSt Wirtschaftswissenschaftliches Studium 28 (1999) 3, S. 125-130.

Kollmann 2000
Kollmann, Tobias: Die Messung der Akzeptanz bei Telekommunikationssystemen. In: Journal für Betriebswirtschaft 50 (2000) 2, S. 68-78.

Königer, Janowitz 1995
Königer, P.; Janowitz, K.: Drowning in information, but thirsty for knowledge. In: International Journal of Information Management 15 (1995) 1, S. 5-16.

Koreimann 2000
Koreimann, Dieter S.: Grundlagen der Software-Entwicklung. 3. Aufl., Oldenbourg, München 2000.

Kosiol 1972
Kosiol, Erich: Die Unternehmung als wirtschaftliches Aktionszentrum - Einführung in die Betriebswirtschaftslehre. Reinbek bei Hamburg 1972.

Krallmann et al. 2001
Krallmann, Hermann; Mertens, Peter; Rieger, Bodo: Management Support Systems (MSS). In: Mertens, Peter et al. (Hrsg.): Lexikon der Wirtschaftsinformatik. 4. Aufl., Springer, Berlin et al. 2001, S. 287-288.

Kraus, Westermann 1998
Kraus, Georg; Westermann, Reinhold: Projektmanagemen mit System - Organisation, Methoden, Steuerung. Gabler, Wiesbaden 1998.

Kremer 2004
Kremer, Stefan: Information Retrieval in Portalen: Gestaltungselemente, Praxisbeispiele und Methodenvorschlag. Dissertation, Universität St. Gallen, St. Gallen 2004.

Krosnick et al. 2005
Krosnick, Jon; Judd, Charles; Wittenbrink, Bernd: The Measurement of Attitudes. In: Albarracín, Dolores et al. (Hrsg.): The Handbook of Attitudes. Lawrence Erlbaum Associates, Mahwah 2005, S. 21-78.

Kuechler, Vaishnavi 2008
Kuechler, Bill; Vaishnavi, Vijay: Theory Development in Design Science Research: Anatomy of a Research Project. In: Vaishnavi, Vijay; Baskerville, Richard (Hrsg.): Proceedings of the Third International Conference on Design Science Research in Information Systems and Technology, Atlanta 2008, S. 1-15.

Kuechler et al. 2007
Kuechler, Bill; Vaishnavi, Vijay; Kuechler Sr, William L.: Design [Science] Research in IS - A Work in Progress. In: Proceedings of the Second International Conference on Design Science Research in Information Systems and Technology (DESRIST 2007), Pasadena 2007, S. 1-17.

Kurpjuweit, Winter 2007
Kurpjuweit, Stephan; Winter, Robert: Viewpoint-based Meta Model Engineering. In: Reichert, Manfred et al. (Hrsg.): Proceedings of the 2nd International Workshop on Enterprise Modelling and Information Systems Architectures, St. Goar/Rhine, Germany 2007, S. 143-161.

Kwak, Anbari 2006
Kwak, Young Hoon; Anbari, Frank T.: Benefits, Obstacles, and Future of Six Sigma Approach. In: Technovation 26 (2006) 5-6, S. 708-715.

Ladwig 2006
Ladwig, Désirée: Qualitätsmanagement interner Dienstleistungen — Befragung der internen Kunden. Handbuch Mitarbeiterbefragung. 2006, S. 249-264.

Lahrmann, Schmaltz 2008
Lahrmann, Gerrit; Schmaltz, Moritz: Ergebnisdokumentation 10. CC EIW Workshop. St. Gallen 2008.

Lahrmann, Stroh 2008
Lahrmann, Gerrit; Stroh, Florian: Systemarchitekturen für die Informationslogistik. In: Dinter, Barbara; Winter, Robert (Hrsg.): Integrierte Informationslogistik. Springer, Berlin ea. 2008, S. 137-166.

Literaturverzeichnis

Lahrmann et al. 2009
Lahrmann, Gerrit; Stroh, Florian; Gubler, Philipp: Ein Vorgehensmodell zum unternehmensinternen Marketing analytischer Informationssysteme. Universität St. Gallen, Institut für Wirtschaftsinformatik, St. Gallen 2009.

Lankes et al. 2005
Lankes, Josef; Matthes, Florian; Wittenburg, André: Softwarekartographie: Systematische Darstellung von Anwendungslandschaften. In: Ferstl, O. K. et al. (Hrsg.): Proceedings der 7. Internationalen Tagung Wirtschaftsinformatik, Bamberg 2005, S. 1443-1462.

Lapointe, Rivard 2005
Lapointe, Liette; Rivard, Suzanne: A Multilevel Model of Resistance to Information Technology Implementation. In: MIS Quarterly 29 (2005) 3, S. 461-491.

Laudon, Laudon 2006
Laudon, Jane; Laudon, Kenneth: Management Information Systems: Managing the Digital Firm. 10. Aufl., Prentice Hall, Upper Saddle River 2006.

Laux 2005
Laux, Helmut: Entscheidungstheorie. Springer, Berlin et al. 2005.

Lederer et al. 2000
Lederer, Albert L.; Maupin, Donna J.; Sena, Mark P.; Zhuang, Youlong: The technology acceptance model and the World Wide Web. In: Decision Support Systems 29 (2000) 3, S. 269-282.

Lee 1999
Lee, Allen S.: Rigor and Relevance in MIS Research: Beyond the Approach of Positivism Alone. In: MIS Quarterly 23 (1999) 1, S. 29-33.

Lee et al. 2006
Lee, Sang M.; Kim, Injai; Rhee, Shanggeun; Trimi, Silvana: The role of exogenous factors in technology acceptance: The case of object-oriented technology. In: Information & Management 43 (2006) 4, S. 469-480.

Lee et al. 2002
Lee, Yang W.; Strong, Diane M.; Kahn, Beverly K.; Wang, Richard Y.: AIMQ: A Methodology for Information Quality Assessment. In: Information & Management 40 (2002) 2, S. 133-146.

Lee et al. 2003
Lee, Younghwa; Kozar, Kenneth A.; Larsen, Kai R. T.: The Technology Acceptance Model: Past, Present, and Future. In: Communications of AIS 2003 (2003) 12, S. 752-780.

Legris et al. 2003
Legris, Paul; Ingham, John; Collerette, Pierre: Why do people use information technology? A critical review of the technology acceptance model. In: Information & Management 40 (2003) 3, S. 191-204.

Leonard-Barton, Deschamps 1988
Leonard-Barton, Dorothy; Deschamps, Isabelle: Managerial Influence in the Implementation of New Technology. In: Management Science 34 (1988) 10, S. 1252-1265.

Levis et al. 2007
　Levis, Mary; Helfert, Markus; Brady, Malcolm: Information Quality Management: Review of an Evolving Research Area. In: Robbert, Mary Ann et al. (Hrsg.): Proceedings of the 2007 International Conference on Information Quality (MIT IQ Conference), Cambridge 2007.

Lewis et al. 2005
　Lewis, Bruce; Templeton, Gary; Byrd, Terry: A methodology for construct development in MIS research. In: European Journal of Information Systems 14 (2005) 4, S. 388-400.

Lewis et al. 2003
　Lewis, William; Agarwal, Ritu; Sambamurthy, V.: Sources of Influence on Beliefs about InformationTechnology: An Empirical Study of Knowledge Workers. In: MIS Quarterly 27 (2003) 4, S. 657-678.

Liao, Landry 2000
　Liao, Ziqui; Landry, Raymond: An Empirical Study on Organizational Acceptance of New Information Systems in a Commercial Bank. In: Proceedings of the 33rd Hawaii International Conference on System Sciences, Wailea 2000, S. 2021-2028.

Linderman et al. 2003
　Linderman, Kevin; Schroeder, Roger G.; Zaheer, Srilata; Choo, Adrian S.: Six Sigma - A Goal-Theoretic Perspective. In: Journal of Operations Management 21 (2003) 2, S. 193-203.

Linthicum 2000
　Linthicum, David S.: Enterprise Application Integration. AWL Direct Sales, Reading 2000.

List et al. 2000
　List, Beate; Schiefer, Josef; Tjoa, A. Min: Use Case Driven Requirements Analysis for Data Warehouse Systems. In: Jung, Reinhard; Winter, Robert (Hrsg.): Data Warehousing 2000 - Methoden, Anwendungen, Strategien, Friedrichshafen 2000, S. 23-39.

Lönnqvist, Pirttimäki 2006
　Lönnqvist, Antti; Pirttimäki, Virpi: The Measurement of Business Intelligence. In: Information Systems Management 23 (2006) 1, S. 32-40.

López-Nicolás et al. 2008
　López-Nicolás, Carolina; Molina-Castillo, Francisco J.; Bouwman, Harry: An assessment of advanced mobile services acceptance: Contributions from TAM and diffusion theory models. In: Information & Management 45 (2008) 6, S. 359-364.

Lucas, Spider 1999
　Lucas, Henry C.; Spider, V. K.: Technology Use and Performance: A Field Study of Broker Workstations. In: Decision Sciences 30 (1999) 2, S. 291-311.

Lucke 1995
　Lucke, Doris: Akzeptanz. Legitimität in der "Abstimmungsgesellschaft". Leske und Budrich, Opladen 1995.

Luhn 1958
　Luhn, Hans Peter: A Business Intelligence System. In: IBM Journal of Research and Development 2 (1958) 4, S. 314-319.

Lynch, Gregor 2004
Lynch, Teresa ; Gregor, Shirley: User participation in decision support systems development: Influencing system outcomes. In: European Journal of Information Systems 13 (2004) 4, S. 286-301.

Madden et al. 1992
Madden, Thomas J.; Ellen, Pamela Scholder; Ajzen, Icek: A Comparison of the Theory of Planned Behavior and the Theory of Reasoned Action. In: Personality and Social Psychology Bulletin 18 (1992) 1, S. 3-9.

March 2006
March, Salvatore T.: Designing Design Science. In: King, John L.; Lyytinen, Kalle (Hrsg.): Information Systems - The State of the Field. Wiley, Chichester et al. 2006, S. 338-344.

March, Hevner 2007
March, Salvatore T.; Hevner, Alan R.: Integrated decision support systems: A data warehousing perspective. In: Decision Support Systems 43 (2007) 3, S. 1031-1043.

March, Smith 1995
March, Salvatore T.; Smith, Gerald F.: Design and Natural Science Research on Information Technology. In: Decision Support Systems 15 (1995) 4, S. 251-266.

March, Storey 2008
March, Salvatore T.; Storey, Veda C.: Design Science in the Information Systems Discipline: An Introduction to the Special Issue on Design Science Research. In: MIS Quarterly 32 (2008) 4, S. 725-730.

Markus 2001
Markus, M. Lynne: Toward a Theory of Knowledge Reuse: Types of Knowledge Reuse Situations and Factors in Reuse Success. In: Journal of Management Information Systems 18 (2001) 1, S. 57-93.

Martin 1993
Martin, Reiner: Einflussfaktoren auf Akzeptanz und Einführungsumfang von Produktionsplanung und -steuerung (PPS) eine Untersuchung in der mittelständischen Industrie. Lang, Frankfurt et al. 1993.

Maruyama 1998
Maruyama, Geoffrey M.: Basics of structural equation modeling. Sage, Thousand Oaks 1998.

Melchert 2006
Melchert, Florian: Methode zur Konzeption von Metadatenmanagementsystemen für das Data Warehousing. Dissertation, Universität St. Gallen, St. Gallen 2006.

Melton 2005
Melton, Trish: Project Management Toolkit: Supporting Success at Every Stage. Verloren, Hilversum 2005.

Mertens 2002
Mertens, Peter: Business Intelligence - Ein Überblick. In: Information Management & Consulting 17 (2002) Sonderausgabe, S. 65-73.

Meyer 2000
> Meyer, Markus: Organisatorische Gestaltung des unternehmensweiten Data Warehousing. Bamberg 2000.

Mingers 2001
> Mingers, John: Combining IS research methods: towards a pluralistic methodology. In: Information Systems Research 12 (2001) 3, S. 240-259.

Moore, Benbasat 1991
> Moore, Gary C.; Benbasat, Izak: Development of an instrument to measure the perceptions of adopting an information technology innovation. In: Information Systems Research 2 (1991) 3, S. 192-222.

Mucksch 2006
> Mucksch, Harry: Das Data Warehouse als Datenbasis analytischer Informationssysteme. In: Chamoni, Peter; Gluchowski, Peter (Hrsg.): Analytische Informationssysteme - Business Intelligence Techlologien und -Anwendungen. 3. Aufl., Springer, Berlin et al. 2006, S. 129-142.

Müller-Böling 1986
> Müller-Böling, Detlef: Akzeptanzfaktoren der Bürokommunikation. Oldenbourg, München 1986.

Myers, Newman 2007
> Myers, Michael D.; Newman, Michael: The qualitative interview in IS research: Examining the craft. In: Information and Organization 17 (2007) 1, S. 2-26.

Negash 2004
> Negash, Solomon: Business Intelligence. In: Communications Of The AIS 13 (2004), S. 177-195.

Nelson, Cheney 1987
> Nelson, R. Ryan; Cheney, Paul H.: Training End Users: An Exploratory Study. In: MIS Quarterly 11 (1987) 4, S. 547-559.

Nelson et al. 2005
> Nelson, R. Ryan; Todd, Peter A.; Wixom, Barbara H.: Antecedents of Information and System Quality: An Empirical Examination Within the Context of Data Warehousing. In: Journal of Management Information Systems 21 (2005) 4, S. 199-235.

Niccolaou, McKnight 2006
> Niccolaou, Andreas I.; McKnight, Harrison D.: Perceived Information Quality in Data Exchanges: Effects on Risk, Trust, and Intention to Use. In: Information System Research 17 (2006) 4, S. 332-351.

Niehaves 2006
> Niehaves, Björn: The Reflective Designer - Designing IT-Consulting Processes. Dissertation, Westfälische Wilhelms-Universität Münster, Münster 2006.

Nunamaker et al. 1990
> Nunamaker, Jay F.; Chen, Minder; Purdin, Titus D. M.: Systems Development in Information Systems Research. In: Journal of Management Information Systems 7 (1990) 3, S. 89-106.

O'Brien 1996
> O'Brien, James: Management Information Systems - Managing Information Technology in the Networked Enterprise. 3. Aufl., Irwin, Chicago 1996.

OMG 2007
OMG: OMG Unified Modeling Language (OMG UML), Superstructure, V2.1.2. http://www.omg.org/spec/UML/2.1.2/Superstructure/PDF/, Abruf am 2009-02-11.

Österle 1995
Österle, Hubert: Business Engineering - Prozess- und Systementwicklung (Band 1: Entwurfstechniken). Springer, Berlin et al. 1995.

Österle et al. 2007
Österle, Hubert; Winter, Robert; Höning, Frank; Kurpjuweit, Stephan; Osl, Philipp: Business Engineering: Core-Business-Metamodell. In: WISU - Das Wirtschaftsstudium 36 (2007) 2, S. 191-194.

Otto et al. 2008
Otto, Boris; Wende, Kristin; Schmidt, Alexander; Hüner, Kai; Vogel, Tobias: Unternehmensweites Datenqualitätsmanagement: Ordnungsrahmen und Anwendungsbeispiele. In: Dinter, Barbara; Winter, Robert (Hrsg.): Integrierte Informationslogistik. Springer, Berlin, Heidelberg 2008, S. 211-230.

Otto et al. 2007
Otto, Boris; Wende, Kristin; Schmidt, Alexander; Osl, Philipp: Towards a Framework for Corporate Data Quality Management. In: Toleman, Mark et al. (Hrsg.): Proceedings of the 18th Australasian Conference on Information Systems, Toowoomba 2007, S. 916-926.

Paradice 2007
Paradice, David: Expanding the boundaries of DSS. In: Decision Support Systems 43 (2007) 4, S. 1549-1552.

Park 2006
Park, Yong-Tae: An empirical investigation of the effects of data warehousing on decision performance. In: Information & Management 43 (2006) 1, S. 51-61.

Parsons, Wand 2008
Parsons, Jeffrey; Wand, Yair: Using Cognitive Principles to Guide Classification in Information Systems Modeling. In: MIS Quarterly 32 (2008) 4, S. 839-868.

Pearson, Brouch 1986
Pearson, R.W.; Brouch, R.F. (Hrsg.): Survey research designs: Towards a better understanding of their costs and benefits. Springer, Berlin et al. 1986.

Peffers et al. 2006
Peffers, Ken; Tuunanen, Tuure; Gengler, Charles E.; Rossi, Matti; Hui, Wendy; Virtanen, Ville; Bragge, Johanna: The Design Science Research Process: A Model for Producing and Presenting Information Systems Research. In: Chatterjee, Samir; Hevner, Alan (Hrsg.): Proceedings of the 1st International Conference on Design Science in Information Systems and Technology, Claremont 2006, S. 83-106.

Peffers et al. 2007
Peffers, Ken; Tuunanen, Tuure; Rothenberger, Marcus A.; Chatterjee, Samir: A Design Science Research Methodology for Information Systems Research. In: Journal of Management Information Systems 24 (2007) 3, S. 45–77.

Pentland 1989
> Pentland, Brian T.: Use and productivity in personal computing. In: DeGross, Janice et al. (Hrsg.): Proceedings of the 10th International Conference on Information Systems. ACM, Boston 1989, S. 211-222.

Pervin 2000
> Pervin, Lawrence A.: Persönlichkeitstheorien. Freud, Adler, Jung, Rogers, Kelly, Cattell, Eysenck, Skinner, Bandura u. a. 4. Aufl., Reinhardt, München 2000.

Pijpers 2001
> Pijpers, Augustinus Gerardus Maria: Senior executives' use of information technology an examination of factors influencing managerial beliefs, attitude and use of information technology. Dissertation, Technische Universiteit, Eindhoven 2001.

Poensgen, Bock 2005
> Poensgen, Benjamin; Bock, Bertram: Function-Point-Analyse. Ein Praxishandbuch. dpunkt, Heidelberg 2005.

Popper 2002
> Popper, Karl: Logik der Forschung. 10. Aufl., Mohr, Tübingen 2002.

Porter 2001
> Porter, Michael E.: Strategy and the Internet. In: Harvard Business Review 79 (2001) 3, S. 63-78.

Punch 2005
> Punch, Keith F.: Introduction to Social Research. Quantitative and Qualitative Approaches. 2. Aufl., Sage, London 2005.

Purao 2002
> Purao, Sandeep: Design Research in the Technology of Information Systems: Truth or Dare. Pennsylvania State University, State College 2002.

Pütter 2009
> Pütter, Christiane: Die Tücken von Business Intelligence. http://www.cio.de/index.cfm?webcode=871369, Abruf am 2009-04-04.

Quaddus, Intrapairot 2001
> Quaddus, Mohammed; Intrapairot, Arunee: Management policies and the diffusion of data warehouse: A case study using system dynamics-based decision support system. In: Decision Support Systems 31 (2001) 2, S. 223-240.

Ragowsky et al. 1996
> Ragowsky, Arik; Ahituv, Niv; Neumann, Seev: Identifying the value and importance of an information system application. In: Information & Management 31 (1996) 2, S. 89-102.

Rai et al. 2002
> Rai, Arun; Lang, Sandra S.; Welker, Robert B.: Assessing the Validity of IS Success Models: An Empirical Test and Theoretical Analysis. In: Information Systems Research 13 (2002) 1, S. 50-69.

Ralyté et al. 2003
> Ralyté, Jolita; Deneckère, Rébecca; Rolland, Colette: Towards a Generic Model for Situational Method Engineering. In: Eder, J.; Missikoff, M. (Hrsg.): Proceedings of the International Conference on Advanced Information Systems Engineering (CAISE'03), Klagenfurt/Velden 2003, S. 95-110.

Ralyté, Rolland 2001
Ralyté, Jolita; Rolland, Colette: An Approach for Method Reengineering. In: Hideko, S. Kunii et al. (Hrsg.): Proceedings of the 20th International Conference on Conceptual Modeling, Yokohama 2001, S. 471-484.

Ramamurthy et al. 2008
Ramamurthy, K.; Sen, A.; Sinha, A. P.: An empirical investigation of the key determinants of data warehouse adoption. In: Decision Support Systems 44 (2008) 4, S. 817-841.

Reinshagen 2007
Reinshagen, Felix: Quantitative Methods in IS Design Research. In: Isari, Daniela et al. (Hrsg.): Proceedings of the Swiss - Italian Workshop on Information Systems (SIWIS 2007), St. Gallen 2007.

Reinshagen 2009
Reinshagen, Felix: Konzepte einer komprimierten Informationsversorgung für die interne Führung und die externe Kommunikation. Dissertation, Universität St. Gallen, St. Gallen 2009.

Richardson 2008
Richardson, James: Business Intelligence Platform Usage and Quality Dynamics, 2008. Gartner Group, Stamford 2008.

Ringle et al. 2005
Ringle, Christian; Wende, Sven; Will, Alexander: SmartPLS 2.0. University of Hamburg, Hamburg 2005.

Roberson 1989
Roberson, Loriann: Assessing personal work goals in the organizational setting: Development and evaluation of the work concerns inventory. In: Organizational Behavior and Human Decision Processes 44 (1989) 3, S. 345-367.

Roca et al. 2006
Roca, Juan Carlos; Chiu, Chao-Min; Martínez, Francisco José: Understanding e-learning continuance intention: An extension of the Technology Acceptance Model. In: International Journal of Human-Computer Studies 64 (2006) 8, S. 683-696.

Rogers 2003
Rogers, Everett M.: Diffusion of Innovations. 5. Aufl., Free Press, New York 2003.

Rossi, Sein 2003
Rossi, Matti; Sein, Maung K.: Design Research Workshop: A Proactive Research Approach. http://www.cis.gsu.edu/~emonod/epistemology/Sein%20and%20Rossi%20-%20design%20research%20-%20IRIS.pdf, Abruf am 2009-05-03.

Rotter 1975
Rotter, Julian B.: Some problems and misconceptions related to the construct of internal versus external control of reinforcement. In: Journal of Consulting and Clinical Psychology 43 (1975) 1, S. 56-67.

Rüegg-Stürm 2002
Rüegg-Stürm, Johannes: Das neue St. Galler Management-Modell - Grundkategorien einer integrierten Managementlehre (Der HSG-Ansatz). Haupt, Bern 2002.

Ruh et al. 2001
Ruh, William A.; Maginnis, Francis X.; Brown, William J.: Enterprise Application Integration. John Wiley & Sons Inc., New York et al. 2001.

Saaty 2006
Saaty, Thomas Lorie: Decision making with the analytic network process. Economic, political, social and technological applications with benefits, opportunities, costs and risks. Springer, Boston 2006.

Sabherwal et al. 2006
Sabherwal, Rajiv; Jeyaraj, Anand; Chowa, Charles: Information System Success: Individual and Organizational Determinants. In: Management Science 52 (2006) 12, S. 1849-1864.

Schackmann, Schü 2001
Schackmann, Jürgen; Schü, Joachim: Personalisierte Portale. In: Wirtschaftsinformatik 43 (2001) 6, S. 623-625.

Schauer, Frank 2007
Schauer, Carola; Frank, Ulrich: Wirtschaftsinformatik und Information Systems - Ein Vergleich aus wissenschaftstheoretischer Sicht. In: Lehner, Franz; Zelewski, Stephan (Hrsg.): Wissenschaftstheoretische Fundierung und wissenschaftliche Orientierung der Wirtschaftsinformatik. Gito, Berlin 2007, S. 121-154.

Scheer 1996
Scheer, August-Wilhelm: Business Process Engineering - Reference Models for Industrial Enterprises. 2. Aufl., Springer, Berlin et al. 1996.

Schelp, Winter 2008
Schelp, Joachim; Winter, Robert: On the Interplay of Design Research and Behavioral Research - A Language Community Perspective. In: Vaishanvi, Vijay; Baskerville, Richard (Hrsg.): Proceedings of the Third International Conference on Design Science Research in Information Systems and Technology (DESRIST2008), Atlanta 2008, S. 79-92.

Schepers, Wetzels 2007
Schepers, Jeroen; Wetzels, Martin: A meta-analysis of the technology acceptance model: Investigating subjective norm and moderation effects. In: Information & Management 44 (2007) 1, S. 90-103.

Schmaltz, Bucher 2008
Schmaltz, Moritz; Bucher, Tobias: Ökonomische Theorien als Erklärungs- und Gestaltungsgrundlage der Informationslogistik. In: Dinter, Barbara; Winter, Robert (Hrsg.): Integrierte Informationslogistik. Springer, Berlin 2008, S. 39-62.

Schmaltz, Töpfer 2008
Schmaltz, Moritz; Töpfer, Jochen: Nutzenpotenziale unternehmensweiter Informationslogistik. In: Dinter, Barbara; Winter, Robert (Hrsg.): Integrierte Informationslogistik. Springer, Berlin, Heidelberg 2008, S. 167-188.

Schmaltz 2005
Schmaltz, Robert: IT-Unterstützung für das Wissensmanagement in Kooperationen. Dissertation, Universität Göttingen, Göttingen 2005.

Schmid 2004
Schmid, Beat: Elektronische Märkte. In: Österle, Hubert et al. (Hrsg.): Business Engineering - Die ersten 15 Jahre. Springer, Berlin et al. 2004, S. 171-201.

Schmincke 1997
Schmincke, M.: Ganzheitliche und Prozessorientierte Unternehmensgestaltung auf Basis von Vorgehens- und Referenzmodellen. In: Becker, Jörg et al. (Hrsg.): Entwicklungsstandards und Entwicklungstendenzen der Referenzmodellierung. Münster 1997.

Schroeder et al. 2008
Schroeder, Roger G.; Linderman, Kevin; Liedtke, Charles; Choo, Adrian S.: Six Sigma: Definition and Underlying Theory. In: Journal of Operations Management 26 (2008) 4, S. 536-554.

Schulte 2005
Schulte, Christof: Logistik: Wege zur Optimierung der Supply Chain. 4. Aufl., Vahlen, München 2005.

Schütte 1998
Schütte, Reinhard: Grundsätze ordnungsmäßiger Referenzmodellierung - Konstruktion konfigurations- und anpassungsorientierter Modelle. Gabler, Wiesbaden 1998.

Schwegmann, Laske 2005
Schwegmann, Ansgar; Laske, Michael: Istmodellierung und Istanalyse. In: Becker, Jörg et al. (Hrsg.): Prozessmanagement - Ein Leitfaden zur prozessorientierten Organisationsgestaltung. 5. Aufl., Springer, Berlin et al. 2005, S. 155-184.

Scott 2008
Scott, Judy: Technology acceptance and ERP documentation usability. In: Communications of the ACM 51 (2008) 11, S. 121-124.

Seddon 1997
Seddon, Peter B.: A Respecification and Extension of the DeLone and McLean Model of IS Success. In: Information Systems Research 8 (1997) 3, S. 240.

Seeley, Targett 1999
Seeley, Monica; Targett, David: Patterns of senior executives' personal use of computers. In: Information & Management 35 (1999), S. 315-330.

Senger, Österle 2004
Senger, Enrico; Österle, Hubert: PROMET Business Engineering Case Studies (BECS) Version 2.0. Institut für Wirtschaftsinformatik, Universität St. Gallen, St. Gallen 2004.

Shankaranarayanan, Even 2004
Shankaranarayanan, G.; Even, Adir: Managing Metadata in Data Warehouses: Pitfalls and Possibilities. In: Communications of the AIS 2004 (2004) 14, S. 247-274.

Shankaranarayanan, Even 2006
Shankaranarayanan, Ganesan; Even, Adir: The Metadata Enigma. In: Communications of the ACM 49 (2006) 2, S. 88-94.

Sharma, Yetton 2003
   Sharma, Rajeev; Yetton, Philip: The Contingent Effects of Management Support and Task Interdependence on Successful Information Systems Implementation. In: MIS Quarterly 27 (2003) 4, S. 533-555.
Sharma, Yetton 2007
   Sharma, Rajeev; Yetton, Philip: The Contingent Effects of Training, Technical Complexity and Task Interdependence on Successful Information Systems Implementation. In: MIS Quarterly 31 (2007) 2, S. 219-238.
Shaw et al. 2002
   Shaw, Nancy; DeLone, William H.; Niederman, Fred: Sources of dissatisfaction in end-user support: An empirical study. In: SIGMIS Database 33 (2002) 2, S. 41-56.
Sheppard et al. 1988
   Sheppard, Blair H.; Hartwick, Jon; Warshaw, Paul R.: The Theory of Reasoned Action: A Meta-Analysis of Past Research with Recommendations for Modifications and Future Research. In: Journal of Consumer Research 15 (1988) 3, S. 325-343.
Shim et al. 2002
   Shim, J. P.; Warkentin, Merrill; Courtney, James F.; Power, Daniel J.; Sharda, Ramesh; Carlsson, Christer: Past, present, and future of decision support technology. In: Decision Support Systems 33 (2002) 2, S. 111-126.
Siau, Rossi 2007
   Siau, Keng; Rossi, Matti: Evaluation techniques for systems analysis and design modelling methods - A review and comparative analysis. In: Information Systems Journal Online Early (2007).
Simon 2001
   Simon, Bernd: E-Learning an Hochschulen. Gestaltungsräume und Erfolgsfaktoren von Wissensmedien. Eul, Lohmar 2001.
Simon 1996
   Simon, Herbert A.: The Sciences of the Artificial. 3. Aufl., MIT Press, Cambridge 1996.
Sing 2004
   Sing, Chan Kah: The Measurement, Analysis, and Application of the Perceived Usability of Electronic Stores. In: Singapore Management Review 26 (2004) 2, S. 49.
Sitzmann et al. 2006
   Sitzmann, Traci; Kraiger, Kurt; Stewart, David; Wisher, Robert: The Comparative Effectiveness of Web-Based and Classroom Instruction: A Meta-Analysis. In: Personnel Psychology 59 (2006) 3, S. 623-664.
Smith, Fingar 2003
   Smith, Howard; Fingar, Peter: Business Process Management - The Third Wave. Meghan-Kiffer Press, Tampa 2003.
Sober 1981
   Sober, Elliott: The Principle of Parsimony. In: The British Journal for the Philosophy of Science 32 (1981) 2, S. 145-156.

Sommer 2007
Sommer, Dan: Spending Preferences for Business Intelligence and Information Infrastructure, 2007. Gartner, Stamford 2007.

Sommerville 2001
Sommerville, Ian: Software Engineering. 6. Aufl., Pearson, München 2001.

Sørebø, Eikebrokk 2008
Sørebø, Øystein; Eikebrokk, Tom Roar: Explaining IS continuance in environments where usage is mandatory. In: Computers in Human Behavior 24 (2008) 5, S. 2357-2371.

Sprague, Watson 1996
Sprague, Ralph H.; Watson, Hugh J.: Decision Support for Management. Prentice Hall, Upper Saddle River 1996.

Stachowiak 1973
Stachowiak, Herbert: Allgemeine Modelltheorie. Springer, Wien 1973.

Strange, Dresner 2002
Strange, Kevin; Dresner, Howard: The BI Competency Center's Role in the New Architecture. Research Paper, Gartner, Stamford 2002.

Straub 2008
Straub, Detmar: Editor's Comments. In: MIS Quartely 32 (2008) 1, S. iii-viii.

Straub et al. 1994
Straub, Detmar; Ang, Soon; Evaristo, Roberto: Normative Standards for IS Research. In: Data Base 25 (1994) 1, S. 21-34.

Straub, Burton-Jones 2007
Straub, Detmar; Burton-Jones, Andrew: Veni, Vidi, Vici: Breaking the TAM Logjam. In: Journal of the AIS 8 (2007) 4, S. 223-229.

Straub et al. 1997
Straub, Detmar; Keil, Mark; Brenner, Walter: Testing the technology acceptance model across cultures: A three country study. In: Information & Management 33 (1997) 1, S. 1-11.

Straub et al. 1995
Straub, Detmar; Limayen, Moez; Karahanna-Evaristo, Elena: Measuring System Usage: Implications for IS Theory Testing. In: Management Science 41 (1995) 8, S. 1328-1343.

Strauch 2002
Strauch, Bernhard: Entwicklung einer Methode für die Informationsbedarfsanalyse im Data Warehousing. Dissertation, Universität St. Gallen, St. Gallen 2002.

Strauch, Winter 2002
Strauch, Bernhard; Winter, Robert: Stichwort "Business Intelligence". In: Bellmann, M. et al. (Hrsg.): Praxishandbuch Wissensmanagement - Strategien, Methoden, Fallbeispiele. Symposion, Düsseldorf 2002, S. 439-448.

Stroebe et al. 2003
Stroebe, Wolfgang; Jonas, Klaus; Hewstone, Miles: Sozialpsychologie - Eine Einführung. 4. Aufl., Springer, Berlin et al. 2003.

Subramanian 1994
Subramanian, Girish H.: A replication of perceived usefulness and perceived ease of use measurement. In: Decision Sciences 25 (1994) 5,6, S. 863-874.

Sun, Zhang 2006
Sun, Heshan; Zhang, Ping: The role of moderating factors in user technology acceptance. In: International Journal of Human-Computer Studies 64 (2006) 2, S. 53-78.

Swoboda 1996
Swoboda, Bernhard: Akzeptanzmessung bei modernen Informations- und Kommunikationstechnologien. Theoretische und empirische Ergebnisse am Beispiel multimedialer Kundeninformationssysteme. Thexis, St. Gallen 1996.

Taylor et al. 2005
Taylor, Paul J.; Russ-Eft, Darlene F.; Chan, Daniel W. L.: A Meta-Analytic Review of Behavior Modeling Training. In: Journal of Applied Psychology 90 (2005) 4, S. 692-709.

Taylor, Todd 1995
Taylor, Shirley; Todd, Peter: Understanding Information Technology Usage: A Test of Competing Models. In: Information Systems Research 6 (1995) 2, S. 144-176.

TDWI 2008
TDWI: 2008 TDWI BI Benchmark Report - Organizational and Performance Metrics for BI Teams. TDWI, Renton 2008.

Thompson et al. 1991
Thompson, Ronald L.; Higgins, Christopher A.; Howell, Jane M.: Personal Computing: Toward a Conceptual Model of Utilization. In: MIS Quarterly 15 (1991) 1, S. 125.

Todd, Benbasat 1999
Todd, Peter; Benbasat, Izak: Evaluating the Impact of DSS, Cognitive Effort, and Incentives on Strategy Selection. In: Information Systems Research 10 (1999) 4, S. 356-374.

Töpfer 2004a
Töpfer, Armin: Der Einführungsprozess von Six Sigma. In: Töpfer, Armin (Hrsg.): Six Sigma - Konzeption und Erfolgsbeispiele für praktizierte Null-Fehler-Qualität. 3. Aufl., Springer, Berlin et al. 2004a, S. 201-232.

Töpfer 2004b
Töpfer, Armin: Six Sigma als Projektmanagement für höhere Kundenzufriedenheit und bessere Unternehmnsergebnisse. In: Töpfer, Armin (Hrsg.): Six Sigma - Konzeption und Erfolgsbeispiele für praktizierte Null-Fehler-Qualität. 3. Aufl., Springer, Berlin 2004b, S. 44-97.

Triandis 1975
Triandis, Harry C.: Einstellungen und Einstellungsänderungen. Beltz, Weinheim, Basel 1975.

Tsikriktsis 2005
Tsikriktsis, Nikos: A review of techniques for treating missing data in OM survey research. In: Journal of Operations Management 24 (2005) 1, S. 53-62.

Turban, Aronson 2001
Turban, Efraim; Aronson, Jay E.: Decision Support Systems and Intelligent Systems. 6. Aufl., Prentice Hall, Upper Saddle River 2001.

Vaishnavi, Kuechler 2007
: Vaishnavi, Vijay K.; Kuechler, William: Design Science Research Methods and Patterns: Innovating Information and Communication Technology. Auerbach Publications, New York NY 2007.

Vaishnavi, Kuechler
: Vaishnavi, Vilay; Kuechler, Bill: Design Research in Information Systems. http://ais.affiniscape.com/displaycommon.cfm?an=1&subarticlenbr=279, Abruf am 2009-05-03.

van der Aalst et al. 2000
: van der Aalst, Wil M. P.; Desel, Jörg; Oberweis, Andreas (Hrsg.): Business Process Management, Models, Techniques, and Empirical Studies. Springer, Berlin et al. 2000.

Vassiliadis et al. 2000
: Vassiliadis, Stefanos; Köhne, Marija; Seufert, Andreas; von Krogh, G.; Back, Andrea: Strategic Deployment of Networks for Knowledge Management: When to choose the Network Option. St. Gallen 2000.

Venable 2006
: Venable, John: The Role of Theory and Theorising in Design Science Research. In: Chatterjee, Samir; Hevner, Alan (Hrsg.): Proceedings of the 1st International Conference on Design Science in Information Systems and Technology (DESRIST 2006), Claremont 2006, S. 1-18.

Venkatesh 1999
: Venkatesh, Viswanath: Creation of favorable user perceptions: Exploring the role of intrinsic motivation. In: MIS Quarterly 23 (1999) 2, S. 239-260.

Venkatesh 2000
: Venkatesh, Viswanath: Determinants of Perceived Ease of Use: Integrating Control, Intrinsic Motivation, and Emotion into the Technology Acceptance Model. In: Information Systems Research 11 (2000) 4, S. 342-365.

Venkatesh 2006
: Venkatesh, Viswanath: Where To Go From Here? Thoughts on Future Directions for Research on Individual-Level Technology Adoption with a Focus on Decision Making. In: Decision Sciences 37 (2006) 4, S. 497-518.

Venkatesh, Bala 2008
: Venkatesh, Viswanath; Bala, Hillol: Technology Acceptance Model 3 and a Research Agenda on Interventions. In: Decision Sciences 39 (2008) 2, S. 273-315.

Venkatesh, Davis 1996
: Venkatesh, Viswanath; Davis, Fred D.: A model of the antecedents of perceived ease of use: Development and test. In: Decision Sciences 27 (1996) 3, S. 451-481.

Venkatesh, Davis 2000
: Venkatesh, Viswanath; Davis, Fred D.: A Theoretical Extension of the Technology Acceptance Model: Four Longitudinal Field Studies. In: Management Science 46 (2000) 2, S. 186.

Venkatesh, Morris 2000
> Venkatesh, Viswanath; Morris, Michael G.: Why Don't Men Ever Stop to Ask for Directions? Gender, Social Influence, and Their Role in Technology Acceptance and Usage Behavior. In: MIS Quarterly 24 (2000) 1, S. 115-139.

Venkatesh et al. 2003
> Venkatesh, Viswanath; Morris, Michael G.; Davis, Gordon B.; Davis, Fred D.: User Acceptance of Information Technology: Toward A Unified View. In: MIS Quarterly 27 (2003) 3, S. 425-478.

Venkatesh, Ramesh 2006
> Venkatesh, Viswanath; Ramesh, V.: Web and Wireless Usability: Understanding Differences and Modelling Use. In: MIS Quarterly 30 (2006) 1, S. 181-205.

Venkatesh, Speier 1999
> Venkatesh, Viswanath; Speier, Cheri: Computer Technology Training in the Workplace: A Longitudinal Investigation of the Effect of Mood. In: Organizational Behavior & Human Decision Processes 79 (1999) 1, S. 1-28.

Venkatesh et al. 2002
> Venkatesh, Viswanath; Speier, Cheri; Morris, Michael G.: User acceptance enablers in individual decision making about technology: Toward an integrated model. In: Decision Sciences 33 (2002) 2, S. 297-316.

Venkatraman, Grant 1986
> Venkatraman, N.; Grant, John H.: Construct Measurement in Organizational Strategy Research: A Critique and Proposal. In: Academy of Management Review 11 (1986) 1, S. 71-87.

Victor, Günther 2005
> Victor, Frank; Günther, Holger: Optimiertes IT-Management mit ITIL. 2. Aufl., Vieweg, Wiesbaden 2005.

vom Brocke 2003
> vom Brocke, Jan: Referenzmodellierung - Gestaltung und Verteilung von Konstruktionsprozessen. Dissertation, Westfälische Wilhelms-Universität, Münster 2003.

von Jouanne-Diedrich et al. 2005
> von Jouanne-Diedrich, Holger; Zarnekow, Rüdiger; Brenner, Walter: Industrialisierung des IT-Sourcings. In: HMD - Praxis der Wirtschaftsinformatik 41 (2005) 245, S. 18-27.

von Maur et al. 2003
> von Maur, Eitel; Schelp, Joachim; Winter, Robert: Integrierte Informationslogistik - Stand und Entwicklungstendenzen. In: von Maur, Eitel; Winter, Robert (Hrsg.): Data Warehouse Management. Springer, Berlin et al. 2003, S. 3-23.

von Maur, Winter 2003
> von Maur, Eitel; Winter, Robert (Hrsg.): Data Warehouse Management. Springer, Berlin et al. 2003.

Wagner 1997
> Wagner, Christian: Learning through role play software: A feasible approach to professional education? In: Wirtschaftsinformatik 39 (1997) 6, S. 547-553.

Wagner, Flannery 2004
　　Wagner, Dale; Flannery, Daniele: A quantitative study of factors affecting learner acceptance of a computer-based training support tool. In: Journal of European Industrial Training 28 (2004) 5, S. 383-399.

Wand et al. 1995
　　Wand, Yair; Monarchi, David E.; Parsons, Jeffrey; Woo, Carson C.: Theoretical foundations for conceptual modelling in information systems development. In: Decision Support Systems 15 (1995) 4, S. 285-304.

Wang 1998
　　Wang, Richard Y.: A Product Perspective on Total Data Quality Management. In: Communications of the ACM 41 (1998) 2, S. 58-65.

Watson 2005
　　Watson, Hugh J.: Are Data Warehouses Prone to Failure? In: Business Intelligence Journal 10 (2005) 4, S. 4-6.

Watson et al. 1999
　　Watson, Hugh J.; Gerard, Joseph G.; Gonzales, Lilian E.; Haywood, Mary E.: Data warehousing failures: Case studies and findings. In: Journal of Data Warehousing 4 (1999) 1, S. 44-55.

Watson et al. 2002
　　Watson, Hugh J.; Goodhue, Dale L.; Wixom, Barbara H.: The benefits of data warehousing: Why some organizations realize exceptional payoffs. In: Information & Management 39 (2002) 6, S. 491-502.

Watson, Haley 1998
　　Watson, Hugh J.; Haley, Barbara J.: Managerial Considerations. In: Communications of the ACM 41 (1998) 9, S. 32-37.

Watson et al. 1997
　　Watson, Hugh J.; Houdeshel, George; Rainer, Rex K., Jr.: Building Executive Information Systems and other Decision Support Applications. Wiley, New York et al. 1997.

Weber 2003
　　Weber, Ron: Conceptual Modelling and Ontology: Possibilities and Pitfalls. In: Journal Of Database Management 14 (2003) 3, S. 1-20.

Wegener, Carlston 2005
　　Wegener, Duane; Carlston, Donal: Cognitive Processes in Attitude Formation and Change. In: Albarracín, Dolores et al. (Hrsg.): The Handbook of Attitudes. Lawrence Erlbaum Associates, Mahwah 2005, S. 3-20.

Whetten 1989
　　Whetten, David A.: What Constitutes a Theoretical Contribution? In: Academy of Management Review 14 (1989) 4, S. 490-495.

Wilde et al. 2008
　　Wilde, Thomas; Hess, Thomas; Hilbers, Konrad: Akzeptanzforschung bei nicht marktreifen Technologien: Typische methodische Probleme und deren Auswirkungen. In: Bichler, Martin et al. (Hrsg.): Proceedings der Multikonferenz Wirtschaftsinformatik 2008, München 2008.

Wilhelmi 2008
　　Wilhelmi, Christian: Entwicklung einer Typologie der unternehmensweiten Informationslogistik. Dissertation, Universität St. Gallen, St. Gallen 2008.

Winter 2003
Winter, Robert: Modelle, Techniken und Werkzeuge im Business Engineering. In: Österle, Hubert; Winter, Robert (Hrsg.): Business Engineering - Auf dem Weg zum Unternehmen des Informationszeitalters. 2. Aufl., Springer, Berlin et al. 2003, S. 87-118.

Winter 2007
Winter, Robert: Relevance and Rigour - What are Acceptable Standards and How are they Influenced? In: Wirtschaftsinformatik 49 (2007) 5, S. 403-409.

Winter 2008a
Winter, Robert: Business Engineering - Betriebswirtschaftliche Konstruktionslehre und ihre Anwendung in der Informationslogistik. In: Dinter, Barbara; Winter, Robert (Hrsg.): Integrierte Informationslogistik. Springer, Berlin, Heidelberg 2008a, S. 17-38.

Winter 2008b
Winter, Robert: Design Science Research in Europe. In: European Journal of Information Systems 17 (2008b), S. 470-475.

Winter et al. 2007
Winter, Robert; Bucher, Tobias; Fischer, Ronny; Kurpjuweit, Stephan: Analysis and Application Scenarios of Enterprise Architecture - An Exploratory Study (Reprint). In: Journal of Enterprise Architecture 3 (2007) 3, S. 33-43.

Winter, Klesse 2008
Winter, Robert; Klesse, Mario: Data Warehousing Organization Scenarios. 2008.

Winter, Klesse 2009
Winter, Robert; Klesse, Mario: Organizing Data Warehouse Service Providers. In: Business Intelligence Journal 14 (2009) 1.

Winter et al. 2008
Winter, Robert; Schmaltz, Moritz; Dinter, Barbara; Bucher, Tobias: Das St. Galler Konzept der Informationslogistik. In: Dinter, Barbara; Winter, Robert (Hrsg.): Integrierte Informationslogistik. Springer, Berlin et al. 2008, S. 1-16.

Winter, Strauch 2003
Winter, Robert; Strauch, Bernhard: A Method for Demand-driven Information Requirements Analysis in Data Warehousing Projects. In: Proceedings of the 36th Hawaii International Conference on System Sciences (HICSS-36), Big Island, Hawaii 2003.

Winter, Strauch 2004
Winter, Robert; Strauch, Bernhard: Information Requirements Engineering for Data Warehouse Systems. In: Haddad, Hisham M. (Hrsg.) Proceedings of the 2004 ACM Symposon on Applied Computing, Nicosia 2004, S. 1359-1365.

Wissenschaftliche Kommission Wirtschaftsinformatik 1994
Wissenschaftliche Kommission Wirtschaftsinformatik: Profil der Wirtschaftsinformatik. In: Wirtschaftsinformatik 34 (1994) 1, S. 80-81.

Witte, Hauschildt 1999
Witte, Eberhard; Hauschildt, Jürgen: Promotoren. Champions der Innovation. 2. Aufl., Gabler, Wiesbaden 1999.

Wixom, Todd 2005
Wixom, Barbara H.; Todd, Peter A.: A Theoretical Integration of User Satisfaction and Technology Acceptance. In: Information Systems Research 16 (2005) 1, S. 85-102.

Wixom, Watson 2001
Wixom, Barbara H.; Watson, Hugh J.: An Empirical Investigation of the Factors Affecting Data Warehousing Success. In: MIS Quarterly 25 (2001) 1, S. 17-41.

Wöhe 1993
Wöhe, Günter: Einführung in die Allgemeine Betriebswirtschaftslehre. 18. Aufl., Vahlen, München 1993.

Wölfle, Schubert 2006
Wölfle, Ralf; Schubert, Petra (Hrsg.): Prozessexzellenz mit Business Software - Praxislösungen im Detail. Hanser, München, Wien 2006.

Wortmann 2006
Wortmann, Felix: Entwicklung einer Methode für die unternehmensweite Autorisierung. Dissertation, Universität St. Gallen, St. Gallen 2006.

WTO 2007
WTO: International Trade. Trends and Statistics. Genf 2007.

Ye, Johnson 1995
Ye, L. Richardye; Johnson, Paul E.: The Impact of Explanation Facilities on User Acceptance of Expert Systems Advice. In: MIS Quarterly 19 (1995) 2, S. 157-172.

Yi, Davis 2001
Yi, Mun Y.; Davis, Fred: Improving computer training effectiveness for decision technologies: Behavior modeling and retention enhancement. In: Decision Sciences 32 (2001) 3, S. 521.

Yi et al. 2006
Yi, Mun Y.; Jackson, Joyce D.; Park, Jae S.; Probst, Janice C.: Understanding information technology acceptance by individual professionals: Toward an integrative view. In: Information & Management 43 (2006) 3, S. 350-363.

Yin 2003
Yin, Robert K.: Case Study Research. Design and Methods. 3. Aufl., Sage Publications, Thousand Oaks et al. 2003.

Zarnekow et al. 2006
Zarnekow, Rüdiger; Brenner, Walter; Pilgram, Uwe: Integrated Information Management - Applying Successful Industrial Concepts in IT. Springer, Berlin, Heidelberg 2006.

Zhao et al. 2005
Zhao, Yong; Lei, Jing ; Yan, Bo ; Lai, Chun ; Tan, Sophia What Makes the Difference? A Practical Analysis of Research on the Effectiveness of Distance Education. In: Teachers College Record 107 (2005) 8, S. 1836-1884.

Zmud 1984
Zmud, Robert W.: An Examination of 'Push-Pull' Theory Applied to Process Innovation in Knowledge Work. In: Management Science 30 (1984) 6, S. 727-738.

Zmud 1997
Zmud, Robert W.: Editor's Comments. In: MIS Quarterly 21 (1997) 2, S. xxi-xxii.

Lebenslauf

Persönliche Angaben

Name, Vorname	Schmaltz, Moritz Andreas
Geburtsdatum	07.08.1976
Geburtsort	Tübingen, Deutschland
Staatsangehörigkeit	Deutsch

Schulische und universitäre Ausbildung

08/1982 – 07/1986	Uhland-Grundschule Tübingen
08/1986 – 07/1989	Uhland-Gymnasium Tübingen
08/1989 – 07/1995	Goetheschule Essen
10/1996 – 04/2003	Diplomstudium der Wirtschaftsinformatik an der Westfälischen Wilhelms-Universität Münster
10/2005 – 01/2010	Doktorandenstudium an der Universität St. Gallen, Fachprogramm Informationsmanagement

Berufliche Tätigkeiten

08/1995 – 09/1996	Zivildienst am Universitätsklinikum Essen
07/2003 – 06/2005	Product Manager Analytical CRM bei Lycos Europe, Gütersloh
07/2005 – 07/2009	Wissenschaftlicher Mitarbeiter am Institut für Wirtschaftsinformatik der Universität St. Gallen, Lehrstuhl Prof. Dr. Robert Winter